中国社会科学院创新工程学术出版项目

华侨华人蓝皮书

BLUE BOOK OF OVERSEAS CHINESE

华侨华人研究报告（2013）

ANNUAL REPORT ON OVERSEAS CHINESE STUDY (2013)

主　编／丘　进
副主编／张禹东　骆克任

社会科学文献出版社
SOCIAL SCIENCES ACADEMIC PRESS (CHINA)

图书在版编目（CIP）数据

华侨华人研究报告. 2013/丘进主编. —北京：社会科学文献出版社，2014. 1
（华侨华人蓝皮书）
ISBN 978-7-5097-5395-8

Ⅰ. ①华… Ⅱ. ①丘… Ⅲ. ①华侨-研究报告-世界-2013 ②华人-研究报告-世界-2013 Ⅳ. ①D634. 3

中国版本图书馆 CIP 数据核字（2013）第 293072 号

华侨华人蓝皮书
华侨华人研究报告（2013）

主　　编 / 丘　进
副 主 编 / 张禹东　骆克任

出 版 人 / 谢寿光
出 版 者 / 社会科学文献出版社
地　　址 / 北京市西城区北三环中路甲 29 号院 3 号楼华龙大厦
邮政编码 / 100029

责任部门 / 社会政法分社（010）59367156　　责任编辑 / 曹长香
电子信箱 / shekebu@ssap. cn　　责任校对 / 朱润锋
项目统筹 / 王　绯　　责任印制 / 岳　阳
经　　销 / 社会科学文献出版社市场营销中心（010）59367081　59367089
读者服务 / 读者服务中心（010）59367028

印　　装 / 北京画中画印刷有限公司
开　　本 / 787mm×1092mm　1/16　　印　　张 / 24. 25
版　　次 / 2014 年 1 月第 1 版　　字　　数 / 394 千字
印　　次 / 2014 年 1 月第 1 次印刷
书　　号 / ISBN 978-7-5097-5395-8
定　　价 / 118. 00 元

主要编撰者简介

丘　进　男，汉族，籍贯安徽全椒。1987 年获博士学位（中外关系史专业）。曾先后任暨南大学副教授、教授，国务院侨办文化宣传司处长、副司长、司长，汕头市副市长，国务院侨办政研司司长，西安交通大学副校长兼副书记、华侨大学校长；曾任中国人民大学、上海师范大学、外交学院等多所高校的兼职教授；获国务院政府特殊津贴。现任国务院参事室特约研究员，华侨大学华侨华人研究院名誉院长，西安交通大学、暨南大学博士生导师，加拿大萨斯喀彻温大学客座教授，中国中外关系史学会会长。

主持教育部哲学社会科学研究重大课题、财政部有关华侨事业发展的委托项目课题、国务院侨办重大课题，参与国家社会科学基金重大项目和教育部重大委托项目等。出版《中国与罗马》等学术著作 4 部，主持编写学术著作若干部，发表学术论文数十篇。

张禹东　男，籍贯福建惠安。1982 年 2 月毕业于厦门大学哲学系。现为华侨大学副校长、教授、博士生导师，兼任华侨华人研究院院长。国务院侨办和福建省重点学科带头人。社会兼职主要有：中国侨联委员、中国宗教学会理事等。

研究领域主要为华侨华人宗教与文化和宗教学理论。近年来主持国家社科基金项目“海外华人社会网络与中国传统宗教关系研究”“东南亚华人传统宗教源流、演变及现代转化之研究”等 2 项，以及省部级社科基金项目 6 项，参与教育部重大委托项目“华侨华人在国家软实力建设中的作用研究”。在《世界宗教研究》《华侨华人历史研究》《哲学动态》等刊物发表的论文有《东南亚华人传统宗教的构成、特性与发展趋势》《马来西亚的华人宗教文化》《新加坡华人宗教信仰的基本构成及其变动的原因与前景》等 30 多篇；出版的著作有《宗教与社会——华侨华人宗教、民间信仰与区域宗教文化》《华商管理学》等5部；获福建省第七届社会科学优秀成果奖等奖项。

骆克任 男，籍贯浙江诸暨，1969年毕业于兰州大学物理系，华东师范大学教授、研究员，人口学专业人口统计与规划方向和人口国际迁移与发展方向的博士生导师；复旦大学公共管理与公共政策研究国家哲学社会科学创新基地访问教授；国务院侨办侨务理论研究上海基地、上海侨务理论研究中心顾问；国务院侨办侨务理论研究福建基地专家；现任华侨大学特聘教授、博士生导师，华侨华人信息中心主任；国家社会科学基金重大项目“海外华侨生存安全预警与救护机制研究”首席专家。曾承担国家及国内外课题50余项，在国内外出版个人专著4部，译著2本，合著17本，发表论文38篇，国内外会议论文23篇。曾获国家省部级科研成果一等奖2次、二等奖3次及其他多项奖励。

摘 要

华侨大学作为国务院侨办直属高等院校，建校半个多世纪以来一直秉承“为侨服务，传播中华文化”的办学宗旨，以鲜明的办学特色服务于国家侨务工作大局。华侨华人研究院作为国家侨务理论研究基地，2013 年继续推出华侨华人蓝皮书，希望借这个平台能够持续为有关方面和人士提供最新的信息动态、理论研究成果和政策建议。

2013 年华侨华人蓝皮书分总报告、侨情篇和华文教育篇三部分，涉及全球各大洲，重点包括了周边国家中的东南亚各国和日本、韩国以及拉丁美洲各国，主要介绍了相关国家华侨华人的规模、分布、结构、发展趋势，以及全球涉侨生存安全环境和华文教育情况等。

本书总报告综合介绍了全书研究的三大特点，并提出了作者对新形势下侨务工作的理论与实践的见解；侨情篇继续统计分析海外华侨华人的最新一手数据，并借助国家哲学社会科学重点项目的阶段成果，研究了全球涉侨突发事件的危害等级情况；华文教育篇介绍了菲律宾、马来西亚和新加坡的华文教育历史演变、现状和相关政策，也介绍了台湾地区对外华文教育的历史与现状。

Abstract

Huaqiao University was founded in 1960. Over half a century, the university has consistently followed its distinctive principle of servicing overseas Chinese and promoting Chinese culture. The overseas Chinese Research Institute, one of Huaqiao University's research facilities, has again compiled *The Blue Book of Overseas Chinese*. Many of the most recent studies are updated and shared through this platform to provide better policy recommendations.

The Blue Book of Overseas Chinese of 2013 incorporates research findings in relation to the overseas Chinese language educations and the livelihood of overseas Chinese. The book covers recent research from all continents, highlighting neighboring countries including Southeast Asian countries, Japan, South Korea as well as Latin American countries. It emphasises on a broad-based study including the living environment for overseas Chineses and the Chinese educational developments, along with the trend and distribution of the ethnic Chinese population around the world.

In the general report of the book, the three main characteristics of the blue book are underlined and presented with practical insights. The next section discusses the current state of overseas Chinese based on the most recent statistical evidence; this analysis is conducted in conjunction with other in-depth studies highlighting different political scenarios and their impacts on the overseas Chinese communities. The education section describes the historical evolution of Chinese language education in Asian countries such as the Philippines, Malaysia and Singapore, as well as the development of Chinese language education in Taiwan.

目录

𝔹 Ⅰ 总报告

𝔹 Ⅱ 侨情篇

BⅢ 华文教育篇

CONTENTS

B I General Report

B II Reports on Overseas Chinese

𝔹Ⅲ Reports on Chinese Language Education

总　报　告

General Report

B.1

试探新形势下侨务工作的理论与实践

丘　进

摘　要：

第一部分，撷取本书所载各篇文稿之精华，略加评述，以突出本书之特点和要点，此乃作为总报告的一项任务。第二部分，以欧洲华商经济这一新时期最具代表性的移民经济作为案例，剖析其发展过程、目前处境和存在的主要问题，并由此推及其他地区新侨民的类似情况，从侨务工作的整体角度，提出若干建议，以供有关部门参考。第三部分，试图就如何在新形势下把侨务工作的理论研究从粗放式、分散化向内涵式、集约化的方向发展，及增强理论工作对侨务实践的指导性作了初步探索。

关键词：

特点　欧洲华商经济　侨务工作理论研究

在本期皮书组稿后期，适逢国务院侨务办公室、华侨大学举办“第三届中国侨务论坛”，海内外百名专家学者聚首厦门，围绕“加强侨务理论研究，助力实现‘中国梦’”这一主题，从不同角度展开热烈研讨。除了国务院侨办主任裘援平博士所作长篇主旨报告和其他领导的讲话外，各界学者提交的论文多达七八十篇，而且作者均有机会在小组讨论会上一一报告（尽管时间非常有限，但这在以往官方主办的类似研讨会上并不多见）。论题大致可以归为五大类：国内外侨情与侨务政策，华侨华人与中国公共外交，华侨华人与中国经济转型，海外华文教育，海外少数民族侨胞及对台工作。无论大会还是分组，均有不少即席发言穿插其中，颇多精彩。可以说，此次论坛对皮书编者的最终结稿也起到定音鼓的作用。

一般说来，每一年的皮书都有一个或几个相对突出的主题或亮点。例如，2011 年作为《华侨华人研究报告》之首发，无疑需要对侨务政策和国内外侨情作基础性铺陈，展示了一些重要信息，同时该皮书也以较大的篇幅，从国际移民大趋势的角度深入分析、探讨了海外侨情的发展历程。2012 年的皮书首次以人口学方法系统揭示了美国华侨华人的状况，引起媒体的高度关注，该书的几篇文献还深入研究了海外华人华侨在中国国家软实力建设中所起的特殊作用。

一　本期研究报告的几个特点

本书是第三部《华侨华人研究报告》，从编辑角度观之，大体上有三个主要特点。

第一，对拉美、日韩的最新侨情作了详细考察和阐述，尤其是采用官方的人口统计数据，这在以前是不多见的。

李安山教授所撰《拉丁美洲华侨华人的生存、适应与融合》，对拉美华侨史所作的历史考察，颇有典型意义。文章指出，拉美华侨华人历史及其分期主要受四种因素影响：中国国内局势、华侨华人所在家乡情况（当地政策的鼓励程度、移民历史传统和分布因素）、目标国的局势（国家的移民政策以及偶然性因素）、世界经济特别是国际劳动分工。在此基础上，该文将拉美华侨华人史分为三个阶段，伴有 5 次移民潮，即 1847 ~ 1874 年、1890 ~ 1930 年、

1949 ~ 1950 年代、1960 ~ 1970 年代、1970 年代末以来。

第一次移民潮即“苦力贸易”阶段，其间有数十万中国人抵达拉美。以契约华工为主的华人移民主要在拉美从事种植和务农。他们的生存十分艰难。契约期满后，他们或续签合同，或流落城镇，或当自由工，或沿街推销商品。正是在他们当中产生了最早的拉美华商。

第二阶段经历了三次华人移民潮，而 1882 年美国宣布排华法案对拉美产生重大影响。排华无疑给当地华人经济带来困难，但也促使华人提高自身竞争力。

第二次世界大战时期，欧洲宗主国因忙于战争，使拉美各国有机会发展民族工业，华侨华人也趁机发展。值得关注的是，拉美华侨华人积极参与救亡运动，各地组织建立华侨抗日救国抗日筹饷会，广大侨胞踊跃筹款，支援国内的抗战。此间，多数拉美华侨仍将中国看作自己的祖国，希望有朝一日荣归故里，告老还乡。

新中国的成立对拉美华人产生了不同影响。一些华侨向往新生活，从海外回到中国；另一些人因政治因素而移民拉美。1949 年以后，海峡两岸分治，加剧了海外华人的分裂，绝大多数华侨有意无意地逐渐远离故土，开始嵌入居住国的主流社会。此外，1949 年以后中国的政治运动频繁，侨务政策缺乏稳定性，许多华侨原先希望赚一笔钱后归国的梦想一时难以实现。由于众所周知的原因，他们与家乡的联系逐渐减少，落地生根成为常态。而新生代的华裔则已经融入当地社会，很难将自己看作“中国人”或“华人”。

第三阶段的主要背景是大陆的改革开放、台湾地区对外观光解禁以及拉美国家经济发展缓慢，这三个因素为华侨华人移民拉美提供了新机会，进而导致了从 1970 年代末以后的第五次移民潮。

目前，拉美华侨华人从事的职业大致可分为四个方面。第一是商业，包括进口、出口、批发、零售等。第二是服务业，如餐饮、洗衣等。第三是知识技术行业，包括政府行政部门以及医生、律师、会计、保险、教师、工程师等职业和科研技术等相关职业。第四是制造业、建筑业与资源行业，这也是中国基础工程承包企业向国外迅速扩展的行业。这一行业也带动了华侨华人从事房地产行业。

该文重点分析了近些年来拉美国家的新移民情况，主要是涌现了大量的华文学校、华文报刊和新移民的社团组织，凸显了多元文化的色彩。

我们知道，华人在一个国家的影响力是通过两点来体现的：华人的融合程度与华人的参政程度。李安山教授认为，拉美国家华侨华人的影响力与社会融入度有很大关系，华人要在海外真正立足于当地社会，除了发展经济外，还应努力实现社会融合和政治参与。这也是本文的一个重要思想。

本期研究报告刊载了对日本、韩国的侨情报告。两篇分量都很重。作者采用大量精确的数据，使得相关研究更为严谨，所得出的各种结论也颇具参考价值。

《二十一世纪的日本华侨华人》采用了日本法务省、厚生劳动省、文部省、财团法人入管协会等日本官方最新统计资料，对在日各种身份的华人（含华侨、华人、华裔、居住者等）进行了类别和状况分析（共达 27 小类）。文章揭示，到 2012 年 12 月，在日侨居者和华人总数已达 75.8 万人，其中华人有 47.2 万人；而在日中国籍人口（含侨居者和流动人口）总数也高达 73.63 万人。作者认为，尽管近现代两国战争给中日关系留下阴影，但是受众多因素影响，日本一直是中国留学生的主要留学目的地国家。过去三十多年中，赴日中国留学生人数总体上逐年增长，并且在世界各国的中国留学生人数中保持第二，仅次于赴美国留学生人数。此外，中国已成为在日外国专业人才的最大来源地，也是日本外来单纯劳动力的最大来源国。

同样，《二十一世纪的韩国华侨华人》一文，也采用了韩国法务部、韩国统计年鉴、韩国统计信息服务网等官方信息源，对韩国华侨华人的历史、发展、规模、现状作了细致分析。1990 年代以后，中国向韩国人口迁移的规模迅速增加，至 2013 年 3 月，在韩华侨华人人口总数已达 51.45 万人，其中华人有 20 万人；而在韩中国（包括台湾/香港）籍人口总数高达 76.5 万人。韩国已经成为接受中国移民最多的五大发达国家（美国、加拿大、日本、澳大利亚、韩国）之一。中国籍劳务人员也一直是韩国外来劳动力的最大来源。随着赴韩高层次中国留学生人数的增加，加上韩国政府的欢迎政策，估计今后在韩中国籍专业人员规模将会逐步扩大。文章通过田野调查的方法，发现对在韩中国移民来说，韩国永住身份可能比韩国国籍更受欢迎。此外，据韩国法务部的统计估算，2013 年 3 月末，在韩不法滞留的中国籍人数高达近7万人，在来韩外国人中居首位。大规模的不法滞留者，对在韩华人整体形象带来一定的负面影响。

日、韩两国是我国的近邻，也是国际事务交往的重要国家，中国人在日、韩的人数、状况、发展趋势，都在很大程度上影响国家之间的多种关系。这两篇文章所透露出的量化信息，相信对我国外事、侨务、教育、公安等诸多部门都有重要的参考价值。

此外，《二十一世纪的东南亚华人社会：人口趋势、政治地位与经济实力》一文对上述海外侨情作了重要补充。据2011年的统计与估算，仅新、马、泰、菲、印尼五国华侨华人就接近3000万，占全球华侨华人总数的六成。伴随着新世纪东南亚各国民主化进程的推进与华人融入的加深，这些华人比较密集的国家政府对华人的政策不断放宽，尤其值得一提的是印度尼西亚，政府放松了华文教育管制，将春节列入法定节日，2004年华裔黄少凡当选为山口洋市长，为印度尼西亚历史上首位华人市长；2012年，钟万学当选雅加达专区副省长，更具有里程碑式的意义。2012年9月10日，菲律宾华人公会（菲华公会）在马尼拉正式宣告成立，这是菲律宾第一家以参政为宗旨的华人团体。马来西亚政府中拥有行政决策权的华人高管人数不断增加。菲律宾、泰国若干位总统、总理都彰示自己的华裔血统和在中国的祖籍情况。这些都表明，东南亚各国华人的政治生态在发生重大改观。但我们也应该看到，在不少东南亚国家，对华人的歧视不同程度地存在，各种风险、隐患尤深。

当然，我们高兴地看到，各国华人经济经过1997年亚洲金融危机洗礼后，再现勃勃生机，华商资本总量日益扩大，并在房地产、金融、商业、农业及部分领域的制造业占据牢固地位，显示出强大实力。有的研究显示，当前东南亚华人资本规模已达1.35万亿美元，而上述五国大约占东南亚华人资本总额的95%以上。另据不完全统计，华人上市公司占东南亚地区证券交易市场上市企业数量的七成，华人资本占了日本、韩国、中国大陆以外的亚洲10个股票交易市场股票价值总额的66%。

但我们对此也要有清醒的认识。部分学者对东南亚华人经济实力的估算和汇总性研究，当然有其一定的学术价值，但实际意义并不大，如果就此过分渲染东南亚华商的总体经济实力，简单地认为华商控制了所在国的经济命脉，是大错特错的。因为，所谓华商经济，大多是中、小、微企业的总量，企业之间的关系十分松散，并非归属于某几个强大的实体；此外，即使在东南亚这五个华人经济发达的国家，华人资本的总和也仅占本国总资本的三分之一。如果过度强调类似这样的数字，不但不会产生任何正面作用，反而会授人以柄，造成其他族裔和政治、社会势力不必要的疑虑或恐慌。

第二，对东南亚几个国家和地区华文教育的历史、现状作了系统回顾、分析和预测。

华文教育历来是海外各国侨社十分重视的一项事业，侨社兴，华文教育则兴。反过来，华文教育办得好，对侨社的发展具有至关重要的作用。马来西亚、菲律宾和新加坡的华文教育各具典型意义。

应该说，在中国（含港澳台）以外的地区，以中文为第一教学语言的教育，在马来西亚保存得最为完整，水平也最高，堪称海外华文教育的奇迹。这一成就来之不易，是马来西亚华人社会和奉献华文教育事业的先辈们经过半个多世纪艰苦卓绝的奋斗才取得的。近百年来，马来西亚一直倾向于单元主义教育政策，华文教育的生存和发展形势一直十分严峻。为捍卫华校的存在与发展，华人社会坚持不懈，一方面持续提升华族对华校存在和发展的认识，另一方面采取强化措施，抗衡一切不利于华教的官方政策。根据《马来西亚华文教育的现况与展望》一文的统计数字，2010 年马来西亚华裔人口约 639 万，占全国人口的 24.6%。在马来西亚华文教育体系内，有 1357 所华校，学生总数逾 66.6 万人，即 1294 所华文小学有 59.1 万名学生，60 所华文独立中学有 7 万名学生，3 所民办华教高等教育学府有 5000 名学生。这些学校，为马来西亚国家和社会各界、各民族培养了大量熟悉多种语言、具有良好中华传统文化基础的优秀人才，得到马来西亚政府、社会、其他各个族裔的高度评价和赞誉。但这些学校却一直游离于政府主流教育体系之外，它们的办学基本得不到政府财政的帮助，而完全依赖于华人社会的捐款和学费。领导马来西亚华文教育的是华校董事总会（董总）和教师总会（教总），被誉为马来西来的民间“教育部”。我们注意到，2012 年，董总在马来西亚五个地区分别主办了群众请愿大会，要求政府公平合理地对待各民族源流学校，提出反对不利于各族母语教育的若干政策，促请政府建立多元文化的国家教育体系。这不仅对马来西亚的多种族文化教育建设具有重大影响，也对世界各地华文教育发展有重要意义。本期刊载《马来西亚华文教育的现况与展望》一文的作者叶新田博士是马来西亚华校董总主席，他在文中对马来西亚华文教育存在的问题提出应对策略，颇有价值。

1899 年 4 月，中国驻菲律宾第一任总领事陈纲在领事馆内创办“大清中西学堂”，教授四书五经和尺牍，不收学费，堪称中国政府在海外设立公办华文学校之鼻祖。《菲律宾华侨华人的留根工程——菲律宾华文教育》的作者为菲律宾华文教育的资深领导人黄端铭先生，也是著名教育专家，从他亲身经历的许多重大事件，提出“华文教育是留根工程”这一理念。本文全面系统地阐述了菲律宾华文教育复杂的演变过程和现状，并且以翔实的数据资料介绍了菲律宾华教中心进行的一系列改革，探讨了一条适合菲律宾国情的华文教育发展道路。

《新加坡华文教育政策分析》通过一个案例对海外华文教育进行了深刻的思考。华人占人口绝大多数的新加坡虽然一直奉行多元语言政策，但实际上多年来英语占据主导地位。当然，一个新独立的国家，如何在错综复杂、危机四伏的国际形势中得以稳定、发展，选择何种语言作为官方语言，从而确立这个国家和民族的价值取向有着重大关系。应该说，英语是这个东南亚新兴岛国在经济上、政治上得以脱颖而出的重要媒介。新加坡虽然人少地狭，但它的快速崛起，在经济上取得令世界瞩目的成就，在国际（尤其在东南亚地区）事务中所起的独特作用，在城市管理上的巨大成功，以及在教育、科技进步方面的卓著表现，都证明当时这个国家的领导者具有精英的思想意识。从历史眼光观之，新加坡双语政策的实施及 1978 年、1991 年新教育制度的实施和改革，使英语明显挤占了华文教育的生存空间，日益西化的文化观念使华文教育发展前途显得十分黯淡，与邻国（马来西亚）相比，新加坡的华文教育乏善可陈，甚至日益衰竭。这个文化和民族传统上的损失，已经引起当局的关注。例如，新加坡青年一代价值观念日益西化，造成了离婚率上升、犯罪现象严重、家庭观念淡薄、生育意愿降低、社会责任感弱化、个人主义及功利主义盛行等突出的社会问题，被视为与儒家伦理的缺失和亚洲价值观的淡化密切相关。语言是文化的载体，语言教育和价值观的塑造相辅相成，要想改变社会风气，唤起青年人的家庭观念、社会道德及社会责任意识，重塑新、老领导人一直强调的亚洲价值观和儒家精神，加强华文教育，浸濡中华传统文化是唯一有效的途径。

我们高兴地注意到，新加坡老一代和新一辈的精英领导人，不仅大力推动中文教育，而且他们自己也都身体力行，中文已经成为这个国家精英阶层和普通百姓的常用语言。我们有理由相信，未来新加坡的华文教育会逐渐成为显学；我们也期待，处于特殊地理位置的新加坡，将在东西方语言、文化和民族价值观的交流、融合、双赢方面，为世界创造新的奇迹。

1951 年以来，海外华文教育一直是中国台湾海外侨务的重点工作。中国台湾的侨务和教育等部门在海外推展和协进华文教育方面不仅入手早，而且渠道和方法多样，经验丰富，成效显著。在某种程度上可以说中国台湾的海外侨务工作有很多精彩的大手笔。近年来，中国台湾官方和民间积极推动海外侨校教师进入主流学校进修深造，并运用中国台湾地区较为先进的信息科技设置云端学习平台，为海外华校提供华语学习的技术接口，力图让华文教育与国际接轨。《台湾地区涉外华文教育的历史与现状》由中国台湾著名教育家董鹏程先生和方丽娜教授提供。作者采用文献分析法，从华文教育的主管单位与职掌、政策制定与沿革、师资培育的管道，以及教材编写与推广等方面，为我们提供了大量信息和新的思路。需要说明的是，尽管当前海峡两岸还存在政治上的很多分歧，但大陆和台湾同属一个中国，是不可分割的整体。20 余年来，两岸各方面的合作从无到有、从小到大，领域逐步拓展，层次持续提高，两岸关系和平发展保持着良好势头。我们高兴地看到，两岸的侨务部门已经在海外华文教育的许多方面达成共识，双方的合作已站在新的起点上，面临着重要机遇。我们希望，在两岸官方和民间的共同努力下，海外华文教育能够得到更快的发展。

第三，展示了一项国家社科基金重大课题的部分成果：骆克任教授的《全球涉侨突发事件的危害等级研究》，希望借此引起各界对海外侨胞生存环境的关注，以加强对海外侨胞权益的保护。

研究涉侨突发事件的危害程度是海外侨胞生存安全预警的重要前期工作，目前相关的成果甚少。本文基于 2000 年后 304 个涉侨突发事件新闻报道的统计分析发现：当今严重的全球涉侨突发事件（一级、二级、三级）主要集中爆发在非洲、南美洲、亚洲三大区域，以政治骚乱、武装暴力和影响恶劣的一般犯罪为主，主要事由是政治矛盾、社会犯罪、意外事故和民族排斥。其中，非洲的突发事件大多数会伴随大规模人员死亡；南美洲则出现较大的经济损失；亚洲各类事件交杂，并伴随着有针对性的犯罪、排挤甚至政治清除运动，这在东南亚一些国家尤为突出；北美洲和大洋洲的突发事件危害多属四、五级，常见的是涉侨公共突发事件，主要原因是个人问题，其中学生事件较为突出；欧洲正处于移民过渡阶段，尽管没有大规模的人员死亡，体现为一般社会犯罪事件，但频发游行示威、经济纠纷和个人问题是其主导原因。另外，涉侨突发事件的危害程度，与该国移民政策是否完善、政局是否稳定、侨胞和海外中国流动人口自身行为有很大的关系。针对各大洲突发事件的特点，课题组建议采取相应的防治对策。

一是加强侨胞自我安全意识的教育，通过外交手段，促进非洲贫困国家的经济文化建设。

二是提倡侨胞与当地居民和睦相处，杜绝炫富行为，大力提倡回馈社会的公益事业，促进当地经济的共同繁荣。

三是加强亚洲国家之间的交流沟通，建立互信平台，努力减少政治背景的排华事件。

四是各地侨商要调整运营理念，遵守当地法律，避免投机取巧、行贿受贿等不良行为。

五是提升海外留学生安全防范意识，融入当地生活，减小文化冲突的负面效应。

中国是向海外移民的大国，海外华侨华人愈 5000 万，分散在世界各地，而且人数增长迅速，分布国家增多，情况非常复杂，各种突发事件此起彼伏，甚至严重程度也有恶化趋势。这就要求作为母体国的各级政府、各地侨乡涉侨部门和民间机构有紧迫的风险预测和警示机制，也要有相关的预案。在这一点上，该课题组在另外的报告中介绍了很多发达国家比较成熟的经验，提出了相应的建议，以便各界学习、研究和参照。

二　从欧洲华商经济的状况和问题阐发几项相关建议

近若干年来，在世界各地经商的新华侨剧增，而人数最多、经商规模最大、最为活跃的，首推欧洲。

20 世纪的统计数据显示，全欧华侨华人总数在 50 年代时仅为 1 万余人，60 年代增加到 5 万余人，70 年代后，由于以法国为主的欧洲国家接纳了大批以华裔为主体的印度支那难民，全欧华侨华人总数猛增到 50 万以上。之后，来自中国大陆的新移民源源不断地涌入欧洲。根据欧洲华侨华人社团联合会 2008 年的年度报告，全欧华侨华人总数已经达到 250 多万（见表 1）。目前，新老华侨几乎遍布欧洲各个角落。据李明欢教授的调查，欧洲华社组建了 800 多个社团，开办了 300 多所中文学校，发行了 100 多种中文报刊。可以说，以中国大陆新移民为主体的欧洲华侨华人及其活跃的商务活动，已经引起欧洲各国各界的高度关注，成为当今海外侨情的最大亮点。

表 1　欧洲主要国家华侨华人人口统计（1935～2008）

单位：人

国别＼年份	1935	1955	1965	1975	1985	1995	2008
英国	8000	3000	45000	120000	230000	250000	600000
法国	17000	2000	6000	90000	210000	200000	500000
荷兰	8000	2000	2353	30000	60000	120000	160000
德国	1800	500	1200	8000	30000	100000	150000
比利时	500	99	565	2000	11400	20000	40000
意大利	274	330	700	1000	5000	60000	300000
西班牙	273	132	336	2000	5000	21000	168000
奥地利		30		1000	6000	12000	40000
葡萄牙	1200	120	176	300	6800	4700	30000
丹麦	900	900		1000	3753	6500	18000
卢森堡		1	10	20	200	100	1500
瑞士	148	30	120	1500	6000	7500	10000
希腊		2	16	10	130	300	12000
爱尔兰						10000	60000
瑞典			1000	9000	12000	30000	
挪威		共有 2347 人		500	1000	2000	7450
芬兰				1000	2000		
波兰	139				1500	2000	
捷克	250				10000	4000	
匈牙利					20000	16000	
俄罗斯(独联体)						200000	300000
罗马尼亚							10000

续表

国别 \ 年份	1935	1955	1965	1975	1985	1995	2008
阿尔巴尼亚							2000
保加利亚							3000
斯洛伐克							5000
克罗地亚							800
黑山							200
塞尔维亚							10000
乌克兰							30000
马耳他							1000
斯洛文尼亚							800
马其顿							50
立陶宛							350
拉脱维亚							200
爱沙尼亚							120
总　计	38484	11491	57476	267330	584283	1058600	2514470

资料来源：1935～1995年统计数据详见李明欢《欧洲华侨华人史》，2008年数据由欧华联会秘书处提供。

20世纪90年代之前，欧洲华人经济一直以中餐馆、制衣厂、杂货店及唐人街服务行业为主，除法国陈氏公司等个别华人企业能够跻身当地主流商圈外，华人经济总量十分有限，基本是在当地经济缝隙中生存。20世纪90年代中后期以降，在中国经济高速发展的裹挟下，欧洲华人经济急速转型，进出口商贸批发迅速兴起，中欧跨国商贸潮流自东欧、南欧向西北欧涌动，它们凭借源自中国的巨大经济推动力，建立起一座座仓储、批发、零售兼营的综合性大规模商场。在这些商城、商业街区中，大部分经营者为中国新移民，大部分商品为中国制造。进入21世纪后，以进出口批发商贸为主、部分延伸到零售终端的华人商城经济，在欧洲主要国家已经成为当地华人经济的主体。

值得注意的是，经历了近二三十年如大浪淘沙般的市场洗礼，在欧洲华商中已经涌现出一批初步实现本土化的品牌，并被当地人所认可和接受。建立并培育能够得到当地民众认可的品牌，实现本土化营销，是华商提升经营水准、实现可持续发展的必经过程。同时，中国新移民在欧洲已经走过了30年的历程，积累了较为丰富的经验，其间，华商第二代也在异国成长起来，并以新的姿态和形象走入当地社会，华商二代成功企业家已经逐渐涌现，虽然目前尚属凤毛麟角，但其发展趋势值得关注。

作为欧洲土地上前所未有的、以外来移民商户为主经营的大型商贸模式，华人商城既是欧洲华人经济的支柱，中欧贸易的重要集散中心，也是中国商品全球营销网的组成部分，是“中国制造”突破欧盟贸易壁垒的重要通道。

但恰在此时，美国和欧洲遭遇了严重的经济和金融危机，欧洲更有欧债、欧元区严重动荡的重压，整个欧洲经济陷入萧条，失业率居高不下，企业乃至政府大量裁员，税收提高，福利缩水，收入下降，银根紧缩，各国百姓紧捂钱包，不敢消费。犹如一个肌体，脏器重患，皮亦伤损，毛岂能安附？本来根底就浅薄的华商经济，自然深受其害。多年来一直靠做小生意赚点欧元、卢布的华商们，大呼“生意不好做”。更为严重的是，突如其来的华商经济，带到欧洲各地去的不仅仅是中国制造的小商品，也有很多依附于这些华商身上的行为、习惯、模式、文化，犹如钱塘江大潮，气势如虹，泥沙俱下。很多无形的东西，对当地产生的影响程度，并不在有形的商品之下。欧洲许多华商集中的城市，不断发生针对华人商城的“突发事件”，如在俄罗斯、西班牙、意大利、法国、匈牙利、罗马尼亚等国，许多大型华商市场被查抄、取缔，或者不断发生惨烈的火灾等“偶然”事件，致使华商经济屡遭重创，华人社会受到极大伤害。近一二十年来急速形成的欧洲华人商城经济，正在面临严峻考验。

究其原因，我们认为主要有以下数端。

第一，欧洲各国经济衰退不振，百姓生活水准明显下滑，民情容易激愤；各地潜伏的民族保护主义及排外势力趁机抬头，加上某些政治家出于争取舆论之需，将当地人民的不满情绪引向外来移民，直接或间接地导致了各类打击华商事件的发生。

第二，华人移民经济进入欧洲并得以崛起，首先得益于价廉物美的“中国制造”，经营手法简单快捷，而毛利丰厚；其次是来自中国几个很有经商背景的地区（主要是历来向海外移民众多的沿海市县）的商贩们，具有“互帮互助、抱团取暖”的传统和“先拿货后付款”等独特经营方式，利用欧洲各发达国家接纳外来移民的宽容度，迅速在他乡异域落地生根。

第三，欧洲多数国家历史悠久、文化深厚、经济发达、法制严谨，国民素质较高，但在吸收和管理外来移民方面远不如北美和大洋洲国家那样成熟，正因如此，当地人文、社会、法制环境（如税务、海关、市场监管）存在些许“漏洞”，使得来自中国大陆的商人在“合法”与“非法”之间的经营变得游刃有余。

第四，许多华商是来自中国东南沿海城乡的市民、农民，两手空空，初来乍到，致富心切，往往是零起点拼搏，在比较艰苦的环境中谋生存、求发展，“自我剥削”式地超时超量工作，赚钱为上，不注意尊重当地的民风和传统，挤占了当地市场和就业岗位，引发了本地居民不满，恶化了华商的生存环境。很多商铺缺乏安全防范意识，经营过程中存在各种隐患，卫生状况很差，容易授人以柄。

当华商经济处于“小打小闹”的初级阶段时，周边居民和地方监管部门并未留意，或者在可容忍的范围之内。但随着华商经济总量迅速攀升，尤其赶上严重的经济危机和社会动荡，地方政府和主流商界便自然把目光投向在当地迅速坐大的华商群体，各类查抄事件也就频频发生了。

根据李明欢教授的调研，近期欧洲华商经济的发展趋势可能呈现以下几个特点。

其一，进一步向两极分化。近几年来，华人商城经济总体贸易额持续低迷。有的华人商家说，按照目前的贸易量，仓库里的存货五年都卖不完，尤其是服装、鞋帽、箱包等时令性很强的商品，一旦过时，就只能淘汰。那些实力有限的中小商家不得不退出市场，一些债务则转嫁到国内厂家。

但也有一些具有一定实力的华人商家正筹划以联手合股的方式，如果重组适当，很可能在缝隙中发展，逆势而上。

其二，一些华商将积极寻求国内支持，联手中国大型企业在欧洲拓展业务。华商拥有在欧洲经营底层经济的丰富经验，有广泛的人脉关系，这正好是国内大企业之不足。两者若能很好地结合，很可能迸发出新的活力。

其三，部分华商将主动与所在国官、商结合，谋求风险共担的发展模式。如何把握好与当地主流各界的关系，是欧洲华商未来发展需要慎重考虑的问题。

我们认为，欧洲新华商的主体基本上是刚刚在市场经营中浅尝试水的基层市民或农民，本身并非成熟的企业家，大多没有受过系统完整的专业教育，更缺乏国际交往的基本素质和经验，他们突然涌进万里之遥的西域异国，其主要目的还是尽快获取可观的经济效益。他们带到欧洲市场去的（尤其是初期），无非是国内制造的过剩货品，采取地摊棚户、前店后仓的销售方式，“自我剥削”的辛苦劳作，家庭作坊的管理模式，顾此失彼的短期行为，简单粗放的经营理念，小富即显的庸俗文化，导致这个群体以及他们从事的经济活动，逐渐脱离根深蒂固的当地社会和民风民俗。愈是在民族历史悠久、文明程度深厚、经济水平较发达的国家，此种反差便愈是明显，所发生的各种相关事件也就愈多，程度也愈烈。

通过调查案例分析，结合我们的研究和思考，对华商在欧洲（包括世界其他地区）的落地、生根、发展，提出以下意见和建议，仅供领导和有关部门参考。

第一，建议侨务、外事部门的人员更多地从历史、文化、政治、法律、民族、习俗等宏观角度看待当前中国海外新移民的态势，急需在侨务、外事干部和海外各类教育、培训等活动中，增加这类教学和考察的内容。让我们的侨务、外事干部更加深入地了解对象国家的国情，要站在更高的文化层面上，善于运用科学的方法，去看待和处理复杂的国际移民、异域社会、华商经济等具体问题。

第二，对于在世界各地从事社会、经济活动的华侨华人，尤其是华商社团的首领，要通过有组织、有计划的形式（如回国参观、考察、开会，举办长、短期学习、培训班等），通过案例教学等生动、实用的方式，引导他们在提高管理水平，注意微观的生存、经营理念的同时，投入一定的时间和精力，注意学习并谙熟中外国情，在微观经济活动中学会把握宏观，顾全大局，正确理解“融入与发展”的辩证关系；通过他们带动更多的华商认真了解、熟悉所在国家的历史、文化、法规、民俗、语言等；要让他们着眼长远，使华商经济活动不致破坏当地的商业生态平衡，尽量融入当地民众的生活传统。

第三，要通过多种有效渠道，教育和引导在国外经商的华侨华人，充分学习和尊重、遵守当地各项法律法规，绝对不能把在家乡养成的一些不良习气和手段（诸如伪造文书、虚开发票、偷税漏税、掺杂使假、以次充好、行贿受赌、拉帮结派、不讲卫生、乱堆乱放、滥用农药、污染环境、洗黑钱等）带到外国异域去。在华侨华人内部，要大力彰显依法、守法、遵法、护法的正气，在这方面，我们的侨胞应该也完全可以做得比当地民众更好。

只有如此，才能消除当地政府和主流商界对华商的警惕，避免授人以柄。华商只有依法、守法、遵法、护法，做到严格自律，才能在所在国站得稳，立得深，华侨华人才能尽快融入当地社会，华商经济才能稳健发展，做大做强。

第四，将各地涌现的华商为所在国家和地方社会和谐发展作出贡献的案例，汇编成为宣传品或教材，通过各国华侨华人社团、媒体，做到广为人知，使新一代的华商个体不断提升与当地人民共享成果、共荣发展的意识。无论是华侨华人社团、华商个体或家庭，都要把为居住国创造就业机会、创造更多税收和社会福利、回馈当地社会作为自己的一项重要社会责任；在积累了以上善举之时，国内侨务部门、外宣部门，要灵活协调国内外各种媒体，对国内侨乡、外国地方政府和民间开展宣传，实时、适当地推出典型事例和人物，以期得到所在国政府和主流社会的了解、理解、认同和赞许，不断改善华侨华人与当地政府、社会和民众的关系，增进中外友好情谊。

第五，对于那些以制造业为特色的华商企业，根据当地的法规和传统做法，适当引导和帮助它们采用“中外合作”等形式，将成本较低的产业链转移到外国去，既可以合理规避税收、减少成本，也能为当地创造就业机会，进而纳入当地经济主体。俄罗斯的中国企业康奈集团的做法就是一个比较成功的案例，值得借鉴。

第六，我国各级涉侨、外事部门，要利用各种接待、出访等机会，通过各国华侨华人社团、侨领和华文传媒、华文学校，积极鼓励、教育和推动在外居住、就业、创业、经商的华侨华人（包括临时留居的华商），学习、继承和发扬优秀的中华传统，如勤劳节用、质朴俭约、仁爱中和、合群团结、以德处世、顺应自然、轻松随和、淡己尊他、谦敬礼让、除淫戒赌、尊师重教、孝敬耆老、以商会友、以友辅仁等，处理好家居事务和邻里关系，认真学习所在国的优秀文化，充分尊重所在地的民俗习惯，在各项社会和经济活动中，大力提倡讲文明、讲礼仪、讲法纪、讲诚信、讲管理、讲学习、讲节俭、讲友谊、讲奉献、讲团结的“十讲”活动。有意识地打造并彰显既有中华优秀文明因素，又有所在国传统特色的华商文化。

第七，中国大型国有企业到国外去开拓市场，要充分注意处理好与当地华商经济的关系，因为中资企业在资金、设备、人力、技术、市场等方面往往十分强势，如果它们的经营范围与当地华商重合，若善于协调和利用华商的优势，则可做到“短平快”而达致双赢；但若无视华商的存在，则极易造成对后者的致命性冲击，从而形成某种程度的“内斗”，甚至两败俱伤。诸如某些地方的孔子学院对当地民办华文教育造成冲击，致使形成 $1+1<1$ 的负面效果，应该引起主管部门的重视。

第八，从长远发展看，为了帮助各国华人经济良性发展，似可搭建“三个平台”：①在国外，通过资源整合，搭建企业优势互补的操作平台；②推动当地华文媒体与华商各界更多结合，尤应注意与外国主流媒体良性互动，成为教育培训、正面推介的宣传平台；③在国内，由大学、研究机构、咨询公司为华商经济提供更多信息、咨询和前景预测的理论平台。

中国的侨务、外事部门可以在以上三个平台的构建上，发挥指导、引领和推进的重大作用。

与我国相比，发达国家在外侨管理上的做法显得比较成熟，因为它们殖民海外的历史比较悠久，对侨民的保护机制经历了多次危机考验并不断改进，与国内整体法律体系的结合比较紧密，也与它们的经济实力雄厚、科技手段先进等因素分不开。

从预警机制来说，许多西方发达国家（含我国台湾地区）建立了较为完善的海外公民登记系统，便于掌握海外公民基本情况，并可以通过该系统给海外公民发送多种信息，包括在紧急情况下发送安全警告。这些国家（地区）政府的驻外机构与海外侨民社区通过组建顾问小组、经常召开安全研讨会等方式，与海外公民社区保持密切交流和沟通。在官方的直接帮助下，海外侨民组织大多建立了自己的网站，搭建海外侨民交流信息、分享经验的平台，形成良性互动。

我们也发现，这些国家（地区）的政府和侨团比较内敛，并不刻意（也许是有意回避）在海外和国内搞大型招商、引资、演出、迎送、展览、论坛、大会等过于彰显、招摇的活动，因为这些活动利少弊多，既铺张浪费，又招人现眼。坦率地说，我们国家不同的部门、机构，似乎越来越看好组织类似活动，而且规模越搞越大，形式越来越豪华，甚至互相攀比，“你追我赶”，也许本意是为海外侨胞带去慰问、欢乐、祥和、祝福，但无意之中造成政府行为的“炫富”，给海外华社本来固有的喜欢张扬和摆谱的庸俗习惯推波助澜，对侨民社会风气造成不良诱导；同时，也容易引起当地民众、政府和其他国家侨民的不悦。热热闹闹的场面过去之后，却留下了诸多隐患。

发达国家对其海外移民的理念和做法，有很多地方值得我们学习和借鉴。目前，我国在保护海外侨民机制建设方面，似可考虑采取以下措施。一是通过民间科研或信息机构，建立海外公民网络登记系统，了解海外公民的基本情况，以便及时传达侨务政策和相关信息，并能在紧急情况下联系到多数侨胞。二是在国内建立海外华侨华人信息中心，这个中心不仅仅是一个普通的网站，而是具有多种功能的文化、商务、政治、社会、法律、宣传、学习、培训、安全警示的大平台，要下大力气，投入足够的人力和技术，制定科学而切实的计划，尽快将这个平台建设成全世界华侨华人社团、中心、媒体、学校甚至个体都感兴趣、不可或缺的信息和能量来源。三是国内侨务机关要制定一套普适性很强的华侨华人社团建设、管理规范体系，让全世界成千上万大大小小的华侨华人社团既有各自的宗旨、功能、服务对象，也有与祖（籍）国政府、侨乡联系、互动，获取信息、支援、帮助的功能。四是充分学习、参考联合国、国外对移民的法律、管理、参与、互动机制，在国内尽快建立起与国际移民法律接轨的侨民管理机构和机制，也大力鼓励社会力量参与其中，以获取更大的社会关注和支持。五是要注意适当调整对海外华社的工作重点，不能老是盯住极少数侨团领袖和巨商富贾，要更多地深入中下层普通民众中去，关心他们的状况，了解他们的心声，让更多的侨胞及时察悉国家的侨务政策，受益惠侨措施，进而与国内的侨务部门（特别是依托民间举办的教育、科研和信息机构）建立直接或间接的联系，如是便可为拓展侨务工作打下更为广泛的基础，使侨务或移民政策的制定更为准确、科学。

三　对侨务研究加强指导性、针对性和实践性的探讨

在第三届“中国侨务论坛”上，国务院侨办主任裘援平以新的姿态和风

格，对当前侨务工作的重点作了战略部署。她强调指出："以深化对华侨华人和侨务事业规律性认识、侨务工作重大理论和现实问题研究为重点，以构建中国特色侨务理论体系为方向，努力增强服务意识、实践意识、精品意识和创新意识，不断提高侨务理论研究、战略研究、实证研究、政策研究的系统性、指导性、针对性和实践性，为侨务事业全面协调可持续发展提供理论支撑，这是今后一个时期中国侨务理论研究工作的总体思路。"

她明确提出："中国侨务理论研究需要从粗放式、分散化向更加注重质量和效用方向转变，走上内涵式、集约化发展道路；今后，其进一步发展必须增强基础性、指导性、实践性和系统性。"

如何理解上述转化？如何增强"理论研究、战略研究、实证研究、政策研究的系统性、指导性、针对性和实践性"？笔者试作浅议。

（一）关于侨务工作的理论与实践

国内外侨务工作者都清楚，无论是侨务理论性研究，还是涉侨的各种实务，几乎都离不开华侨的历史渊源。因为对于一个庞大的民族而言，在异域海外的同胞，无论距离多远，时间多久，在情感上和文化上都离不开自己的根源和母体。这也是我们做相关工作和学术研究的出发点和落脚点。因此，无论各年度的皮书设定什么主题，有何种内涵和外延，恐怕都离不开对侨史的追溯。

自古以来，大凡沿边、靠海的地方，人员的流动和交往都比较频繁。中国人远走他乡，到异域从事各种活动，历史记载颇为丰富，远可追溯至公元前千年的殷箕子东迁，秦时徐福东渡，汉有张骞西使，唐更涌现住蕃之潮。但那时毕竟人数不多，规模不大，更重要的是准确的一手资料甚为稀少。"侨"这个字及其定义，是在清末才正式使用。自18世纪末至19世纪初，在中国东南沿海一带，出于天灾人祸等种种原因，得便于千年航海之成熟条件，部分民众离乡背井，驾舟扬帆，漂洋过海，到南洋诸岛谋生创业，遂后渐成传统，人员亦渐成批量，数量可观，在马来半岛还出现了最早的侨团（在汕头的侨批馆存有那时的文物）。因此这一时期被学界视为海外华侨社会之始端，应该是比较合理的。及至清末，在海外各地的华侨已达百万之众，他们大多是以苦力的身份被贩卖出去的，直到当今，外国学者的相关论文中还常用"coolie"这个词，在人类文明史上留下了永不磨灭的印痕。

回顾和发掘一两个世纪前华侨的血泪和苦难，仅仅是对华侨华人社会整体研究的一部分，甚至一小部分。用数学语言来说，那是线性研究，主要依赖于史实资料和文物。从目前的情况看，华侨史料的主体已经得到发掘、保护和利用，当然很可能有些资料比较分散，有许多散落于世界各地的华侨史料，有待得到科学的整理、研究和发表。但和一般的历史学研究不同，侨史的时间并不久远，很难有更多的文物古迹和考古发现，全新的历史性研究成果恐怕也就很有限了。

若从经世致用的角度来看，侨务研究更为重要、更为实际的意义，还在于对各个不同国家（地区）近期和当前状况的深刻揭示、严密分析（尽可能做到量化），最终推导或凝练出切合实际的理性认识和解决具体问题的应用方案。用古语名言蔽之，即“实事求是”和“与时俱进”，而不仅仅是平铺直叙的华侨历史，或模棱两可的“各抒己见”。

最近，学界对建立侨务理论（甚至有人提出“华侨学”）的呼声颇高，在各地还建立了侨务理论研究基地。这显然是件好事，显示出有关部门和学者对于侨务工作的重视。但何为侨务理论？可谓见仁见智。此端笔者也愿意参与一点探讨。

海内外华侨华人社会，历经百年，缤纷繁杂，所谓华侨华人研究之范围，大概除了军事学以外，几乎涉及社会科学的全部领域，甚至还可以延伸到许多自然科学的研究范围，如医学、生物学、人类学、农学、信息科学等，如果把华侨华人科学家的研究课题和成果也算在内，那就更可无限扩展了。

从社会科学研究方法论的角度观之，指导和规范某种学科的理论，应该有一定的范围、比较独立的规律、几种基本的方法和学科范式。

学界一般将社会科学研究领域分为哲学、文学、史学、法学、经济学、管理学、教育学、军事学、艺术学等九个学科门类。这九大门类，相对各自独立，边界比较清晰，在本学科领域内也各有独自的研究范围、规律、方法和范式。

举个例子，这九个人文学科门类中，领域最为广大的当属历史学，因为史学是对人类社会过去时间活动的认识和判断，可以说“一切学科都是历史学的分支”（王蒙语），马克思强调得更为博大而高远：“我们仅仅知道一门唯一的科学，即历史科学。”但如果从学术意义上来看，史学研究的只是过去的人和事。所谓过去，本质上都是历史的陈迹，而非正在或今后发生的事情。此外，历史学的基本内容，包括历史事件、历史人物、历史概念、历史发展的基本线索等。历史学的研究范式（或曰史观），大致可以规范于文明史、整体史、阶段史，也可将阶级斗争史列入其中；历史学的基本构架大致为史学立场、观点、方法、角度和史料；研究的内容可分为历史事件、现象、纵向的发展脉络与规律、横向的断面考察和分析等；历史学的方法主要有对事件、事物的考据以及定量、定性的分析，还可以有不同时空的比较等。总的来说，历史学科及其理论框架，边界明确，具有时间性强、人文性强、考证和推理性强的显著特点。

笔者以为，侨务（或华侨华人）之研究，难以独立形成一个边界清晰的学科。华侨华人是一个特定的国际移民群体，而为某一个群体设定一种理论，是很困难的，因为其相关事物和影响会涉及文理各个学科，不限于某一个理论领域。比如，侨史研究理所当然地归于历史学，侨商研究基本属于经济学范畴，针对侨团、侨社的考察和移民问题的探讨则是在法学理论指导下的研究，而华侨宗教则是哲学领域里的一个课题，华文教育、华侨华人作家、书画家、音乐家的研究，理所当然地分别落在教育学、文学和艺术学的领域之中。同理，侨务研究与数十个一级学科，诸如宗教学、人口学、环境学、世界经济学、劳动经济学、统计学、数量经济学、国际法学、社会学、外交学、民俗学、民族学、心理学、语言学、新闻传播学、考古学等，都有疏密不等的交叉关系；又可根据不同主题，使用各种不同的研究范式，纳入数百个二级学科之中；若下溯到难以胜数的三级学科或学科方向，其理论边界便更加模糊了。所以，如果要把如此纷繁复杂的华侨华人研究搞出一套理论体系和研究范式，划定大致的研究内容，规范出几种通用的研究方法，使之涵盖涉及华侨华人社会的全部范围，然后要求方方面面在这个理论框架的指导下从事研究和工作，是难以设想的。

实际上，数十年、上百年来，国内外侨界、教育界、理论界撰写、出版的各种文章、书籍汗牛充栋，还有更为丰富的文物、建筑、遗迹等，散布于世界各地，以各种不同的形态，形成了巨大的理论宝库。值得注意的是，这些灿若繁星的侨务研究资料和成果，几乎都不是在某一种严格的理论指导下产生的。

当然，要设计一套侨务研究的理论，从学术研究的角度来看，肯定是有积极意义的，但那只能大致设定在侨史、侨情、侨社、侨教、侨报、人物、侨乡、华侨经济、国内侨政等方面，换言之，是传统而狭义的侨务。目前各地、各界的相关研究早已突破上述传统，仅仅在第三届中国侨务论坛上，我们就读到很多其他学科领域的论文，分属国际法、统计、人口、信息、语言、宗教等诸多学科领域，远远超出了任何一种学科理论的范围。我们不难发现，不仅在学术界、理论界，而且在海外侨界和国内侨务部门，每时每刻都在不断涌现大量的成果。换言之，很多有思想、有见地、实用性很强的计划、报告、方案、讲话，可能只是具体业务工作中的文字材料，未必是一般意义上的“理论研究成果”，不一定公开发表于某一级别的出版物，但这些也是侨务工作理论大厦的重要组成部分。

因此，笔者认为，侨务工作与其说是一个专业或学科，不如说是一项涉及广泛、实践性很强的社会事业。与之相关的理论研究，既不能像历史学那样尾随于它的后尘，仅做一些追述、回顾、点评、总结、注释等滞后性的工作，也不能像哲学、文学、经济学等学科那样有比较明确的边界和范围。华侨华人问题研究的特点在于它的广度和学科交叉，以及它的实践性和前瞻性。因为真正有价值的理论，应该偏重于站在这项事业实践的前面，尤其对宏观、长远、重大、紧迫的问题，起到预测、规范、指导、引领性的作用。

海外华侨华人社会（社团）、国内侨务机构、侨乡广大侨属侨眷，以及与侨有关的社会各界，对侨务事业开展研究的期望，也不仅仅在于纯粹的理论建树，更多地在于它的实践功能，要求它能够解决紧迫的实际问题。对海外华社和国内侨务工作而言，无论过去、现在还是未来，最为重要、最有时代意义的，是在翻天覆地的制度更迭、变幻莫测的国际风云和纷繁缭乱的社会变化中，保持审时度势的清醒头脑，既要站在历史的、民族的和国际的高度，又要用科学的和微观的眼光看待海内外侨情，从基础工作、具体事件，或某些独立的项目入手，以严谨务实的态度，进行深入的分析，作出尽量准确的判断，提出切实可行的建议；还应针对当前海外侨情的现实问题，进行有针对性的调研、考察，提出解决方案，并在政府、社会和民间的共同参与下加以推进和实现。这样的研究成果和工作成绩，才能真正为海外侨胞所理解、认可和采纳，也能为国内相关部门、机构和侨乡社会提供有价值的参考和帮助。如果侨务方面的研究和业务工作能上升到难度更高的层面，如对海外华文教育开展普查，并就各类学校的师资、课程、教材、发展提出科学的标准；对海外侨社现状进行普查，并对其管理、建设提出可供参考的模式；对海外侨民的经营和生存潜在风险进行预测，设计相应的应急措施；对华社与所在国、与中国的双重关系提供既符合当前实际又有长远前瞻的预测；充分研究发达国家的移民管理（含领事磋商和协调条例）经验；设定我国未来的国际移民法规和操作机制；制订新的华侨出入境管理方案、部分国家华侨的双重国籍制度；对外来侨民（移民）在中国定居、就读、就业的管理制度等迫切、现实问题的研究。相信这些理论和实际问题的研究，将对我国新时期侨务工作和外事工作有重大的现实意义。当然，要研究这些，掌握现阶段侨情的变化，建立海外侨情检测系统则是首先要做的基础工作，是形成华侨华人研究智库的关键环节，是需要官、产、学通力配合才能完成的科学工程。

（二）关于侨务工作的宗旨、内涵和外延的思考

侨务工作的根本宗旨，在2005年的一次重要会议上被概括为“以人为本，为侨服务”。

“以人为本”是放之四海而皆准的宏观原则，几乎适合于任何事业，而在侨务工作的实践中，更有针对性的应该被理解为“以侨为本”，如是，才不致发生偏移。

众所周知，从孙中山、毛泽东，直至当今，历届党政领袖和高层人士，对华侨都十分重视，而且两岸皆然（甚至包括晚清朝廷，此处不赘）。这既是历史之传统，亦为国情之必需。

侨务工作的基本方针，随着内外侨情、国情变化，也有不同的指向。就现阶段而言，该方针分为三个不同层面。一是对华侨，主要是保护华侨的正当合法权益，关心他们的生存与发展，促进侨胞与当地人民的和睦相处，鼓励侨胞为住在国和中国的发展多作贡献，并为国家之间的友谊与合作发挥积极作用。

二是对外籍华人，主要是关心他们在外国的长期生存和发展，增进他们与我国的亲情乡谊、友好关系和交流合作（如同走亲戚），鼓励和帮助他们更好地融入当地主流社会、继承和传播中华优秀传统文化，为居住国与祖籍国的发展和增进国家间的友好关系发挥积极作用。三是对归侨、侨眷，要保护他们的合法权益，尊重并适当照顾他们的需求，发挥他们与海外亲属密切联系的独特作用，为国家的发展创造更好的外部环境。

在此方针指导之下，侨务工作的内涵相当宽泛，若从狭义和传统的角度来看，其范围大致有以下方面：侨史（地域上分侨乡、海外，领域上分侨政、侨社、经济、文教、报刊等），侨情（含人口、社团、与所在国主流之关系、安全等），侨务（主要指国内政府对侨务工作之政策、作为、效果等，可分为法规、社区、招商、经科、华教、文宣等）。

侨务工作的指导思想，一般总是比较宏观和原则，而且比较稳定。如果说近 30 年有何变化，恐怕主要在于对“独特机遇”和“宝贵资源”的不同理解。20 世纪 90 年代初，邓小平在推进社会主义市场经济的重大改革时，将海外几千万侨胞视为中国少有的独特机遇之一，此后，海外侨胞（含港澳同胞）成为中国大陆外资经济板块的先锋队和主力军，强势延续 20 余年。20 世纪 80、90 年代，港、澳、台侨同胞成为各地招商引资活动的主要对象，几乎被当成“摇钱树”。1980 年，国家分别针对港、澳、台、侨，设立了四个“经济特区”——深圳、珠海、厦门、汕头，作为改革开放、先行先试的窗口。在市场经济的大潮中，这四个城市各显其能，充分发挥了经济排头兵的作用，成为全国的示范和楷模。

我国加入 WTO 之后，与国际贸易逐渐并轨，发展迅速，在世界经济中堪称一枝独秀；而一度被视为“宝贵资源”的海外侨胞，大多在东南亚和欧美，他们的产业受到当地金融危机的数次冲击，有的一蹶不振。近几年来，与中国内地的国有企业和民营经济相比，侨胞和港澳台胞的经济优势明显弱化了。前述欧洲华商经济在较短时期的大起大落，正是一个典型的写照。人们也察觉到，近些年来，侨务工作的指导方针虽然始终如一，但其内涵已经有所变化，在各地招商引资的大舞台上，侨资不再是主角，因为“摇钱树”已经不太茂盛，甚至显得有些凋零了。30 多年过去了，深圳、珠海、厦门三个特区的发展虽然也有曲折跌宕，但总体还是与港澳台同步发展，而且不断显示新的机遇，势头不减当年，唯独为侨而设的汕头特区显得颇为落伍，处境十分尴尬，其中固然有行政和社会的各种原因，但海外侨胞在经济上的变化，也不能不说是一个内在的负面影响。

然而，海外侨胞的经济状况和对国内经济建设的贡献率，不能作为侨务工作内涵的唯一判断依据。随着中国国际化程度不断深化，侨务工作的涉及面无形中也在扩张和外延。我们认为，侨务工作新的增长期正在到来，理由如下。

其一，从政治上看，中国在国际事务中的地位愈来愈高，海外侨胞的自信心也随之增强。在东南亚一些传统排外的国家，老一辈的华侨在政治上长期抬不起头的局面已经大为改观，新一代华人参政议政意识渐浓，政治新秀不断涌现。在欧美发达国家，华人社团、领袖、政治家对主流社会的影响力也在迅速上升。作为海外华侨华人的祖（籍）国，中国中央和地方政府的侨务部门近些年来已经充分注意到这一现象，而且将鼓励和帮助华人精英参政列为海外工作的重点之一。但在这方面，尚有许多工作可以拓展。

首先是通过国家领导人与有关国家高层的接触，把住在国华侨华人的事务提升到国家关系的层面上，而不仅仅是纯粹的民间事务。我们经常在央视新闻上看到，各国师生寥寥的孔子学院开张、挂牌、上课这样细微的事情，都堂而皇之地列入中央领导出访频繁且高调参加的活动，或作为双边协议或合作项目的内容之一，而为何涉及数十万、上百万之众的华侨华人事务，却要躲躲闪闪，难入正题呢？有些老一辈的侨务工作者，几十年的基调不变，一味地强调“敏感”，好像侨务工作除了“敏感”就没有别的特点了。这样的工作思路，在新时期是否应该调整？我们不否认，在某些地方，华侨华人问题仍然敏感，但只要适当注意，谨慎为之，便可化敏感为公开，甚至化危机为机遇。如果老是遵循一成不变的惯性思维和工作模式，那只能把侨务工作引向“无为而治”、自我封闭的禁区。

其次是引入国际化的移民管理模式。我们知道，现在国际移民已成为大多数国家的普遍现象。我国与国际移民组织（IOM）已经有了正式关系。2006年，国际移民组织在北京设立联络处，2007年，中国与该组织合作开展了中国移民管理能力建设项目。2011年4月，中国移民管理能力建设二期项目正式启动，为期三年。充分利用国际组织的影响力，逐步达到参与其标准和制度的制定，对我国侨民的管理应该有很大的作用。中国是个向外移民的大国，许多发达国家（如英国、德国）也有大量人员向外移民，而且形成常态，这些国家对出入境的移民管理有比较成功的经验，非常值得我们学习。我们数十年沿用至今的侨务对外工作方式方法，当然有很多可取之处，如招商引资的宣传，举办国内情况的讲座，“请进来”培训、考察、咨询，组织文艺团慰问演出，派厨师、中医、画家等出去示范或指导，举办各种论坛、大会、夏令营，赠送书籍、乐器、龙舟等用品，请侨领回国出席国庆、春节宴会和观摩，以及日常的接待陪同等。但有些活动过于形式化，有的花费巨资，而事倍功半，侨社褒贬不一，甚至啧有烦言。除了清理、统筹、整合这些传统做法使之更加有效以外，是否可以制订专门的计划、方案，系统地、全面地学习、研究发达国家对其海外移民管理的理念、法律、政策、方式、方法，找出既不违背我国国情，又符合海外侨胞实际的相关管理办法。笔者十几年前曾在侨务部门工作，在国外出差时接触过一些侨领和文化界人士，还私下参观过中国台湾举办的文化活动。笔者一个深刻的感受是，台湾方面对海外侨胞的工作理念、方针和做法，非常值得我们思考。2009 年末，两岸侨务部门的高层首次有了直接的和实质性的接触，此后频有互访，在诸多方面达成共识，两岸侨务部门互相学习、交流、借鉴的时机已臻成熟。2013 年 10 月 6 日，习近平总书记在印度尼西亚 APEC 会议上会见台湾两岸共同市场基金会荣誉董事萧万长时强调：“两岸经济同属中华民族经济，在亚太地区经济发展新形势下，双方只有加强合作，才能更好应对挑战。要加强两岸经济合作制度化建设，并更加重视促进产业合作。”我们据此似可领会并推论为：海外几千万华侨华人也都同属中华民族，在此原则之下，两岸侨务部门完全可以在更大的领域、更深的层面进行实际合作。如果在这方面有所迈进和突破，不仅对共同做好海外侨胞的工作有所助益，而且必将对推进“两岸一家亲”的理念和“一国两制”的大格局起到积极作用。

其二，从经济上看，海外华商人数众多，资产总量巨大，尽管颇为分散。总的来说，可以分为三种情况：东南亚、欧美、非洲和拉丁美洲。欧洲的情况前已有述，非洲和拉美国家的华商经济尚不发达，此处仅就东南亚略作浅析。

东南亚，即所谓南洋各国，是老一辈华侨华人的移民和聚居区，华人总数超过3700万，无论是人口，还是经济、政治、文化、教育等其他方面，都足以构成海外华侨华人的主体。

东南亚各国华人早已落地生根，他们的社区成熟，经济稳定，政治地位也显著上升。尤其是东盟成立以来，各国关系平稳，政治生态良好，采取经济一体化政策，与区域内外自由贸易迅猛发展，经济快速发展，各国华商也从中得益，不仅基本摆脱20世纪末亚洲金融危机的阴霾，而且获得更为广阔的国际市场空间，各国华社之间的联系也日渐加强。

东南亚华人大企业密集，实力雄厚，经营行业多元化，几乎无孔不入，无处不在。华人富豪资产超过百亿美元者不乏其人，如谢国民、施至成、陈永栽、郭鹤年等，拥有亿万资产者则不计其数，在东南亚各国，华人大企业、大富豪的数量均占绝对优势。据不完全统计，华人上市公司占东南亚地区证券交易市场上市企业数量的七成，华人资本占了日本、韩国、中国大陆以外的亚洲10个股票交易市场股票价值总额的66%（详见本书《二十一世纪的东南亚华人社会：人口趋势、政治地位与经济实力》一文）。这是亚洲、欧洲、美洲各国华商所难以比肩的。值得我们特别注意的是，东南亚华商所经营的许多重要产业，如贸易、海运、金融、制造、零售、文化等，不仅在其本国保持领先地位，而且在国际上也获得高度认可。

东南亚为中国近邻，海空交通发达近便，各国华人的家乡情结最为深厚。这一点与纯粹的外国企业和商家是有本质区别的。

我们注意到，中国在WTO成员中仍属于非自由经济体国家，根据WTO章程，这个身份可以有15年的期限，即到2016年，中国将自动成为自由经济体国家。但实际上，由于过去的十几年中，中国在WTO里面基本上是以国有经济跟外国的私人经济竞争，所以引起很多贸易纠纷，尤其是欧美企业对此严重不满。目前在WTO之外，有三个协议正在谈判，一是TPP（美国牵头的12个国家，拟签订“跨太平洋伙伴关系协议”），中国不在其中；二是TTIP（“跨大西洋贸易及投资伙伴协定”），即美国和欧盟建立一个自由贸易区，更没有中国的事；三是PSA（多边服务业协议），也是排斥中国的。如果这三个协议谈成、生效，到2016年，中国即使成为自由经济体国家，在WTO中的地位也随之被架空。实际上，东南亚国家在上述协定中也没有太多的利益，而华商经济在东南亚占有充分的优势，这就给中国与东盟国家的经贸关系带来了新的机遇。我们应该尽早在这个层面上，更多地与东南亚各国华商，尤其是大企业家、大商会，深入地研讨今后的国际贸易战略部署，并通过他们，带动中国与东南亚各国主流经济更深入、更广泛的合作，以抵消不久的将来可能产生的国际贸易困境。

此外，上海自由贸易区的建立，也是开拓与华商经济合作的一大亮点。这个自贸区对外开放的领域比较广泛，包括口岸、海关、外贸、税收、金融、证券、保险等，还涉及文化、社会管理等上层领域。我们有理由相信，如果上海自贸区的建设进展与整体设计思路吻合、同步，最容易进入并且发挥效益的，很可能还是华商，尤其是东南亚华商，因为他们以及他们背后的东南亚各国主流经济与此有着太多的共同利益。这或许将是30年前设立经济特区发展势头的重现。

我们期望看到，在上海自贸区的起步阶段，有更多的侨务经济、金融工作的成分和作用。比如，东南亚华人银行业颇为发达，而且大多既与国际金融规则接轨，又有强烈的中国文化背景，应可制订相应鼓励措施，着力引进，而不可嫌其规模偏小，或知名度偏低。又如，自贸区允许博彩设施的生产和对外销售，这个行业是海外华商的长项，里面涉及很多文化、社会的内容和规则，不能因其不符合我国国情而加以摒弃。侨务部门在此类特殊产业的发展中，似有必要投入先期调查研究，明晰政策，扫除障碍，为其顺利推进铺平道路。

其三，从法律上看。一方面，我国的法制建设成果丰硕，中国特色的社会主义法制体系已经形成，法律法规的涵盖较为齐全，其中也包括了涉及华侨的法律法规，主要是《归侨侨眷权益保护法》（1990年全国人大颁布）和《归侨侨眷权益保护法实施办法》（1993年国务院颁布），在这两部法律之下，各省（区、市）也相应制定了对归侨侨眷权益保护的地方性法规，有关行政部门也制定了一些涉及这一权益保护的办法和规定等。但遗憾的是，迄今为止，还没有一部针对海外华侨的法律。这与一个海外侨民大国的地位是极不相称的。

关于是否应该对华侨立法，历来有很多争议，无非三种：应该也可以立，不宜立，分散立。主张不宜立的，主要是考虑华侨在国内的权益涉及面太广，难度太大。主张分散立的主要是依托国际公法和国际上的双边领事保护条约，加上国内其他法律法规中含有或加入对华侨保护的内容，以避免敏感问题的发生。

这里需要明确的一点是，对华侨在国内权益立法，并非给华侨什么特权，而是对中国在海外的公民法律权益长期缺失的一种弥补，让他们得以享受与国内公民相同或接近的权益和待遇。

对这个问题产生争论的关键，恐怕在于对华侨身份的传统看法仍然没有进步。各级立法机构和政府，对华侨经商投资、公益捐赠等经济上的鼓励措施很容易出台（尽管出了问题、引发争议后的处理却往往因法律依据不足而难以解决），但在一些涉及政权、人权、安全或政治的问题上则趋于保守。例如，村民（公民）选举、土地权益、置业、养老和医疗保障、就学权益、身份证和户口办理、就业、殡葬习俗等，几乎没有相应的法律规定，即使可能分散在其他法规中，但由于没有针对华侨的上位大法，这些分散于下位法规中的内容很难得到重视和落实。这样的局面已经造成了很不好的负面效果，我们不难发现，现在的华侨回到国内，与30年前华侨回国的感觉已完全不同，当时华侨还有经济上的优势，并不在意其他方面的权益；现在华侨回国，经济上的优势明显弱化了，而在政治和社会上凸显出被矮化、虚化、边缘化，他们心理非常不平衡。这对于我们在新时期更好地发挥海外华侨的作用非常不利。

在这方面，我们需要很好地学习、借鉴其他一些海外侨民大国的做法，如爱尔兰、英国、意大利、以色列、印度、巴基斯坦、希腊、韩国，还有中国台湾地区，各自都有很多成熟的做法，而且不乏相关法律和制度的保障。国内上述困难和问题，其他国家也不同程度地遇到过，但只要主管部门下决心，问题总能得到解决。

另外一个值得深入思考的法律问题是如何对待双重国籍的讨论。

其实中国早在清末就有了间接承认双重国籍的法律——1909年颁布的《大清国籍条例》，该条例开章就以血统原则规定了中国国籍："凡左列人等不论是否生于中国地方均属中国国籍：（一）生而父为中国人者。（二）生于父死后而父死时为中国人者。（三）母为中国人而父无可考或无国籍者。"虽然第11条规定，"凡中国人愿入外国国籍者应先呈请出籍"，但该条例未宣称只承认单一国籍，亦未排斥第二国籍，更未对在国外出生的中国人后裔的国籍选择作任何规定。此后，在东南亚各国出生的中国人后裔，便顺理成章地具有双重国籍，因为东南亚国家几乎都采用出生地原则赋予国籍。

我国后来之所以重新审查国籍问题，主要是20世纪中期东南亚诸国质疑中国在向它们“输出革命”，因为抗战期间，中国共产党与东南亚部分国家的共产党（成员多为华侨）关系密切，而且一直延续到60年代，也的确发生了一些破坏当地政治稳定的事件，使这些国家感到严重威胁，是不难理解的。1955年印度尼西亚万隆会议上，中国和印度尼西亚签订了《关于双重国籍问题的条约》，取消华侨的双重国籍身份，让他们自行选择一种国籍。周恩来代表国家明确宣布，这个条约规定的国籍政策同样适用于其他国家，以解除东南亚其他国家的顾虑。

改革开放之初，中国与东南亚国家的关系仍然敏感，数千万侨胞仍处于十分被动甚至危险的境地。为此，1980年全国人大通过了《中华人民共和国国籍法》，以法律的形式，确定中国不承认双重国籍。给东南亚国家吃了一颗定心丸。可以说，不承认双重国籍，在20世纪的国际关系上是成功的，有利于海外华侨华人融入当地主流社会，减少了疑虑，增进了互信。

30多年过去了，当时我国处理国籍问题的主要国际政治动因、外交政策、双边关系，以及东南亚各国的社会环境都发生了巨大变化，原来很保守的国家，经过反复考虑，最终都不同程度地调整、放松了国籍管理制度。

目前，世界各国在公民国籍问题上，总共有四种政策：明确承认双重（或多重）国籍、间接承认（默认）双重（或多重）国籍、有条件承认双重（或多重）国籍、明确不承认双重国籍。据统计，全世界195个国家和地区属于前三种。明确不承认双重国籍的是：中国（大陆）、朝鲜、蒙古、缅甸、老挝、马来西亚、文莱、尼泊尔、白俄罗斯、不丹、巴林、阿曼、科威特、津巴布韦、博茨瓦纳、沙特阿拉伯、阿联酋、肯尼亚、坦桑尼亚、尼日尔、尼日利亚、毛里塔尼亚、莫桑比克、巴布亚新几内亚、瓦努阿图、密克罗尼西亚、古巴、苏里南。其中够得上大国称号的，只有中国，呈鹤立鸡群之势。如果对上述28个国家的国籍政策进行深入的分析和归类，还可以发现其中更加微妙的因素。囿于篇幅等原因，此处不赘。

近若干年，要求实行双重国籍制度的呼声渐高，尤其是在欧美地区的新华侨华人，因为他们所在的国家大多实行复合国籍制度，如果拥有双重国籍，会给他们在两国间的频繁来往带来很大方便，这样也就直接推动了国家双边关系的改善，大大促进经贸发展，有利于中国文化的对外传播，对提升中国国家软实力也有很大的好处。

还有的观点认为，双重国籍制度更有利于引进和造就高端科技成果和人才。例如，诺贝尔奖得主中，双重国籍者占了很大比例。

但为何这个问题在我国外交、侨务、法律界一直不愿意公开谈论，更不能着手研究呢？可能有以下几个原因。

首先是历史的阴影。人们担心，如果中国政府承认双重国籍，有可能使华人较多的国家政府警觉，怀疑中国的动机，引起对当年发生在东南亚国家共产党反政府活动的痛苦回忆，进而导致对华态度的变化，给当地华人的生存造成新的困难。

其次，如果承认双重国籍，数千万外籍华人申请入籍的难度太大。发生法律纠纷的几率很大，而且涉及双边不同法律体系和制度的管辖，不利于双边关系的稳定发展，甚至可能造成严重后果。

复次，拥有双重国籍，意味着一个人有两个祖国，这就陷入如何同时效忠两个国家的尴尬，这既可能是国家对公民爱国的基本要求的一种抵触，也会导致个人在信念、信仰、忠诚等深层次上的思想和心理障碍。

还有，双重国籍制度会给立法、依法、遵法、执法带来很多新的问题和困难，因为有的行为在一个国家属违法，在另一个国家则不违法；有的行为在一个国家要受重罚，在另一个国家则可能只受轻罚；在诉讼、辩护、审判等法律程序上也有很大差别，这不仅会给不法分子以可乘之机，也给执法带来极大不便。这也是很多国家不明确承认双重国籍的重要原因。

但利弊相衡之下，很多国家还是在国籍制度上趋于宽松。事实证明，历史上曾经因政治制度、思想体系、信仰差异、宗族派别等原因，而不是武力、领土、资源或大规模流血事件造成的敌对性问题，一旦大的体制、政策和社会环境得到改善，双边共同利益往往成为主流，其他方面的问题便迎刃而解。海外侨民国籍问题的解决，正面作用大于负面影响。

例如，印度先于1999年对其海外侨胞发放“海外印裔卡”，随后于2003年实行对部分国家（主要是发达国家）的双重国籍制度，据说效果明显。韩国国籍法修订案允许海外韩侨、全球人才等，在保持原有国籍的同时持有韩国国籍。越南于2009年明确承认双重国籍，随后，数百万海外越侨重新恢复了越南籍。这些国家都比较稳妥地处理好了大量海外侨民国籍问题。

笔者认为，目前我们可以采取“重点考察、鼓励研究、分类对待、顺其自然、间接解决、部分默认”的做法。

重点考察：对上述三种实行双重国籍制度的典型国家进行考察和调研，发现它们符合国际惯例和本国国情的做法和经验，以供我们有关部门参考。

鼓励研究：不要害怕或阻止学者对国籍问题展开研究和探讨，我国改革开放的重要经验就是大胆探索，小心行动。学术研究应该不设禁区，甚至国家行政管理部门可以针对此类问题设定各种研究课题，让学界、理论界解放思想，展开讨论，从中获取真知灼见。

分类对待：很多国家的国籍制度是有不同指向性的，即对某些国家的侨民（移民）给予双重国籍，但对另一些国家则保持单一国籍。比较稳妥的做法是对等承认，即对方和己方互相承认双重国籍，否则都不承认。

顺其自然：一个不可否认的事实是，我国在外侨民中，很多人既有外国国籍，而又以多种形式保留着中国国籍（如户口、身份证），形成事实上的双重国籍。如果要加以清理和规范，甄别这种人员的身份，其难度也不会比放开双重国籍小多少。不如在加强宣传、严格管理的同时，暂时不去触动这种现状，静观待变。

间接解决：指对于特殊群体的外籍侨胞，如知识分子、工商界人士等，扩大发放长期居留证（绿卡），这与印度等国家的做法有些类似。

部分默认：对于已经有了事实上双重国籍的港澳台同胞、海外侨胞，一律使其得以享受国民待遇，至少应享有华侨的同等待遇，尤其在出入境、经商、置产、继承、赠与等一般性常规社会功能上，尽量给予方便。

如是，再经过一个不太长的历史时期，中国也许就会很自然地像世界大多数国家那样，顺利而稳妥地解决好双重国籍问题。

综上所述，虽然当前欧美深陷金融危机泥淖，总体形势欠佳，海外侨商经济也难免深受牵连和阻滞，但由于我国政治升平，社会稳定，经济保持较快发展，对国际形势的影响力大增，与东南亚许多国家的关系有了本质性的改善，这对我们从更高的角度看待国外侨情打开了广阔的视野，也为我们以新的思路进一步拓展侨务工作提供了更多的抓手。正如国务院侨办主任裘援平在第三届"中国侨务论坛"上所说，当前"世情、国情、侨情的发展变化和国家侨务事业的发展需要，是侨务理论研究重要的导航仪；加强新形势下的侨务理论研究，需要更宽广的世界眼光和专业视野，更深厚的战略素养和谋划意识，科学研判世情、国情、侨情的发展变化，准确把握侨务工作新任务、新挑战、新要求，推动侨务理论研究与时代发展共振、与侨务实践结合，发挥理论的引领作用"。

我们希望看到，在今后的一个时期里，侨务工作的内涵与外延更加丰富，领域与平台更加宽广，理论研究的地位和作用大幅提升。在广大侨务工作者和海内外侨胞、侨眷的共同努力和推进下，华侨华人研究得以汇集力量，形成优势，多出精品，尤其能够为提高侨务工作的水平和层次起到积极作用，对海内外侨胞、侨社在政治、经济、文化、教育各方面的发展、进步提供具体而有益的帮助。

A Tentative Exploration in the Theory and Practice of Overseas Chinese Affairs under the New Situation

Qiu Jin

Abstract: The general report is divided into 3 parts. Firstly, the essence of the all articles of the blue book has been captured and a comprehensive review is given in order to highlight the main points and characteristics, this is a key purpose of the general report. Second, the process and problems of the Chinese business activities in Europe is analyzed as a case study, and some advices and suggestions are put forward from a consideration of new angle of the study on overseas Chinese economy in the whole world. Lastly, a preliminary exploration in the theoretical transformation from extensive and scatted research to an intensive model is presented, and many new ideas and suggestions are provided for the practice and guidance for research on overseas Chinese.

Keywords: The Business Activities of Overseas Chinese in Europe; Theoretical Research and Practice

侨 情 篇

Reports on Overseas Chinese

B.2
二十一世纪的东南亚华人社会：人口趋势、政治地位与经济实力

刘文正　王永光*

摘　要：

历史上，东南亚地区是中国海外移民的主要目的地，该地华侨华人人数之众、分布之广、聚居程度之高皆非其他海外华人社区可比拟。2011年仅新加坡、马来西亚、泰国、菲律宾、印度尼西亚五国华侨华人就接近3000万，占全球华侨华人总数的六成。伴随着新世纪东南亚各国民主化进程的推进与华人融入的加深，各国华人政策不断放宽，华人参政获得新的发展。各国华人经济经过1997年亚洲金融危机洗礼后，再现勃勃生机，华商资本总量日益扩大，并在房地产、金融、商业、农业及部分领域的制

* 刘文正，博士，华侨大学华侨华人研究院助理研究员；王永光，硕士，国务院侨务办公室政策法规司主任科员。

造业占据牢固地位，显示出强大实力。

关键词：

东南亚华人社会　人口趋势　政治参与　华商

一　引言

东南亚是我国重要的周边地区，人口众多，资源丰富，战略地位重要，扼印度洋和太平洋之间的交通要道，自古以来就是中国通向世界的必经之地。中国人大规模移民东南亚始于17世纪，盛于20世纪上半叶，并持续至今，先后经历四次移民高潮①。东南亚华侨华人的数量增长很快，鸦片战争前夕东南亚华侨华人为150万，至太平洋战争前夕已达700万，目前已突破3500万（见表1）。

表1　2011年东南亚华侨华人分布及在当地人口中所占比例

单位：万人，%

国　家	全国总人口	华侨华人人口	华侨华人占总人口比例
新加坡	518.37	384.16	74.11
马来西亚	2896	660	22.79
泰　国	6672	718	10.76
菲律宾	9583	162	1.69
印度尼西亚	24103	1057	4.39
缅　甸	6038.4	263	4.36
越　南	8784	155	1.76
柬埔寨	1452.13	71	4.89
老　挝	638.51	32	5.01
文　莱	42.27	6	14.19
总　计	60727.68	3508.16	5.78

说明：1. 各国总人口数据来自所在国国家统计局和东盟秘书处。
2. 华侨华人人口系笔者在庄国土教授2007年估算基础上的推估。

① 详情参见庄国土《论中国人移民东南亚的四次大潮》，《南洋问题研究》2008年第1期。

第二次世界大战后，东南亚各国相继独立，各国华侨社会逐渐向华人社会过渡，作为中国海外移民及其后裔的群体，认同取向也从落叶归根转向落地生根。但东南亚华侨华人与中国的联系并未因此中断，依然在中国与东南亚的合作中扮演关键角色。在经济层面，东南亚华人是所在国对华贸易的主力，是中国外资的开路先锋；在政治交往层面，东南亚华人一直是中国改善同东南亚国家政治与外交关系的重要管道和动力之一；在人文交流层面，东南亚华人是双方民间交往、文化交流的重要实践者、推动者。基于学术价值与现实意义的考量，学界、政界历来十分关注“东南亚华人社会发展变迁及其与中国关系”研究。本文主要从人口趋势、政治参与、经济实力三个方面对东南亚华人社会的现状进行最新的跟踪和分析，以期对相关人员推进东南亚华人社会研究，开展侨务、外交实践有所助益。

二 华侨华人人口的变化趋势、数量及分布

（一）新加坡

新加坡在东南亚是一个相当特殊的城市国家。从自然环境来看，其是太平洋与印度洋往来的交通枢纽，在经济、战略上都具有极高价值；从人文环境来看，新加坡是东南亚唯一华人占人口绝对多数的国家，华人在新加坡的政治和社会发展进程中扮演着关键角色①。

新加坡的现代史肇始于1819年开埠。1826年新加坡成为英国海峡殖民地的一部分，六年之后又成为海峡殖民地首府。开埠后的新加坡经济持续发展，华人、马来人、印度人移民随之纷至沓来。1824年新加坡华人人口3317人，1836年增至13749人，占当地人口的45.9%，超过马来人，成为当地第一大族群②。鸦片战争后，中国移民开始持续、大规模地涌入，1849年新加坡华

① 李一平、刘文正：《论冷战国际环境中的中国与新加坡关系》，《厦门大学学报（哲学社会科学版）》2008年第1期。

②〔新加坡〕苏瑞福：《新加坡人口研究》，薛学了、王艳等译，厦门大学出版社，2009，第29～30页。

人人口为27988人，到1891年增至121906人，占当地人口的67.1%。进入20世纪后，华人人口继续快速攀升。1901年华人数量为164041人，到1947年，华人人口已激增至729473人，占当地人口的77.8%①。1963年9月，新加坡和马来亚合并，成立马来西亚联邦。1965年8月9日新加坡宣布退出联邦，成为独立的主权国家。独立后，新加坡华人人口比重长期维持在总人口的75%左右。2011年新加坡总人口518.37万，公民为325.72万、永久居民为53.2万，剩余的139.44万为暂住人口②，在公民和永久居民中，华族为280.83万，占74.1%（见表2）③。我们假定暂住居民中华人比例与公民和永久居民种族比例相当④，则新加坡的华侨华人总数约为384.16万人。

表2　新加坡常住居民（公民和永久居民）的族群构成

年份	人口数量（千人）					占居民人口比重（%）				
	合计	华人	马来人	印度人	其他	合计	华人	马来人	印度人	其他
1990	2735.9	2127.9	384.3	194.0	29.6	100.0	77.8	14.0	7.1	1.1
2000	3273.4	2513.8	455.2	257.9	46.4	100.0	76.8	13.9	7.9	1.4
2010	3771.7	2794.0	503.9	348.1	125.8	100.0	74.1	13.4	9.2	3.3
2011	3789.3	2808.3	506.6	349.0	125.3	100.0	74.1	13.4	9.2	3.3
2012	3818.2	2832.0	509.5	351.0	125.7	100.0	74.2	13.3	9.2	3.3

说明：本表只对新加坡常住居民的族群构成进行分析，不包括暂住人口。

数据来源：*Population Trends 2012*，Department of Statistics，Ministry of Trade & Industry，Republic of Singapore，p. 3。

据新加坡2010年人口普查，该国华人常住居民可分为以下几个方言群：排在首位的是福建人即闽南人，人数为111.88万，占华人常住居民的

① 〔新加坡〕苏瑞福：《新加坡人口研究》，薛学了、王艳等译，厦门大学出版社，2009，第29～30页。

② 暂住人口（Non-resident population）是指未获得新加坡永久居留权，但在新加坡工作、学习和生活的外国人，排除了旅游者和短期访问者。

③ *Population Trends 2012*，Department of Statistics，Ministry of Trade & Industry，Republic of Singapore，p. 3.

④ 基于笔者对新加坡本土社会的长期观察。

40.04%；其次是潮州人，占20.12%；再次为广府人，占14.62%，排在第四位和第五位的分别为客家人和海南人，前者占8.34%，后者占6.35%。此外，还有其他小方言群，如福州人、兴化人、上海人、福清人，他们人数从5.4万至1.6万不等（见表3）。近年来，由于大批来自中国非南方省份的新移民定居新加坡，新加坡的华人方言群结构将有所变化，祖籍为闽粤的比例将有所降低。

表3　2000年和2010年新加坡华人常住居民方言群分布

方言群	2000年		2010年	
	数量(人)	所占比例(%)	数量(人)	所占比例(%)
福建(闽南)人	1033337	41.11	1118817	40.04
潮州人	528259	21.01	562139	20.12
广府人	386144	15.36	408517	14.62
客家人	199080	7.92	232914	8.34
海南人	168338	6.70	177541	6.35
福州人	47076	1.87	54233	1.94
兴化人	23649	0.94	25549	0.91
上海人	21588	0.86	22053	0.79
福清人	15555	0.62	16556	0.59
其他	90821	3.61	175661	6.29
合　计	2513847	100.00	2793980	100.00

说明：本表只对新加坡常住居民的方言群分布进行分析，不包括暂住人口。

数据来源：Census of Population 2010 和 Census of Population 2000。

近半个世纪以来，新加坡人口的总生育率（Total Fertility Rate）呈现逐步下降的趋势，1960年新加坡人口的总生育率为5.8，1975年降至2.08①，开始低于维持人口更替所需的2.1，到2011年仅为1.2，其中华族的总生育率为1.08，低于马来人的1.64和印度人的1.09②。如此之低的生育率，使得新加坡经济与社会发展不得不长期依靠外来移民，而马来西亚、中国、印度尼

① 〔新加坡〕苏瑞福：《新加坡人口研究》，薛学了、王艳等译，厦门大学出版社，2009，第160页。

② *Population Trends 2012*, Department of Statistics, Ministry of Trade & Industry, Republic of Singapore, p. 21.

西亚、印度等国成为新加坡外来移民的主要来源地。据统计，1980～2009年，新加坡接受的新移民高达164万，华人新移民约130万，主要来自马来西亚和中国。中国（包括港澳台）新移民大规模进入新加坡始于20世纪90年代初，近年来呈现加速趋势，总量可能在50万～60万①。2013年1月新加坡公布人口白皮书，预测全国总人口在2020年将提升到580万～600万，并于2030年达到650万～690万。为实现该目标，新加坡政府需每年引进1.5万～2.5万个新移民，并批准3万名外籍人士成为永久居民②。可以预料，未来马来西亚、中国仍然是新加坡外来移民的主要来源地。

（二）马来西亚

马来西亚是一个由13个州和三个联邦直辖区组成的联邦制国家，分为“西马”“东马”两部分，前者位于马来半岛，后者位于婆罗洲北部，总面积约为33.03万平方公里，人口2896.43万③（2011年）。

英人殖民马来半岛之后，建立了相对有序和开明的殖民统治制度，并大力招徕华商、华工，因此相比西属菲律宾和荷属印度尼西亚，英属马来亚是中国人下南洋的较佳去处。19世纪中叶以来，马来半岛的华人人口持续增长。1921年马来半岛（不包括新加坡）华人人口已达85.65万，到1931年增至128.5万，占总人口的33.9%④。1941年日本南侵新马后，华侨流动基本停止。马来亚独立后，新移民基本断绝，华人人口主要通过自然繁衍增加，1947年华人人口为188.45万，1970年增至312.13万，到2000年华人人口已达569.19万。华人人口绝对数量虽然不断增加，但由于华人人口自然增长率低于土著，导致华人占本国人口的比重不断下降，1947年为38.4%，1970年为35.5%，至2000年已降至26%。据马来西亚官方统计，2011年全国人口中，公民为2661.82万，另有非公民149.12万；马来西亚公民中，华人为647.49

---

① 谢美华：《近20年新加坡的中国新移民及其数量估算》，《华侨华人历史研究》2010年第3期。

② *A Sustainable Population for a Dynamic Singapore*: *Population White Paper*. National Population and Talent Division, Prime Minister's Office. January, 2013, p. 49.

③ *Statistics Yearbook Malaysia 2011*, Department of Statistics, Malaysia, September, 2012, P. xxi.

④ 庄国土、刘文正：《东亚华人社会的形成和发展》，厦门大学出版社，2009，第415页。

万，约占公民总数的24.32%[①]。若加上尚未加入马来西亚国籍的中国新移民（如婚姻移民、退休移民等）和合法与非法中国劳工，可推估出2011年马来西亚华侨华人总数约为660万。

华族的低出生率是导致近十年来华人人口比重下降的主要因素[②]。据统计，2000～2010年，华人的出生率为14.79‰，而同期马来人为22.03‰，两者相差达7.24个千分点[③]。与此同时，战后马来西亚华人再移民也成为影响华人人口规模的重要因素。有资料显示：1957～2010年，马来西亚华人再移民总数高达113万人[④]，移民的目的国主要为新加坡及英国、美国、加拿大、澳大利亚等西方发达国家。另据马来西亚国家统计局预测，2010～2040年，在公民中，马来人将增加660万人，而华族仅增加70万人，至2040年，华族人口为709.89万人，仅占马来西亚公民总数的19.79%（见表4）[⑤]。

表4　2010～2040年马来西亚各族群人口增长预测

年份	马来西亚公民					非马来西亚公民
	马来人	其他土著	华人	印度人	其他	
各群体人口数量（千人）						
2010	14322.1	3354.7	6430.4	1924.9	232.0	2324.5
2015	15479.6	3672.4	6642.0	2012.6	267.4	2411.4
2020	16717.7	4005.0	6827.1	2096.5	306.1	2488.8
2025	17944.8	4336.1	6962.2	2167.8	347.4	2535.8
2030	19083.2	4647.9	7042.2	2220.9	389.8	2581.7
2035	20059.9	4926.9	7083.1	2249.1	433.3	2637.1
2040	20865.5	5166.7	7098.9	2257.8	477.3	2691.6

① *Statistics Yearbook Malaysia 2011*, Department of Statistics, Malaysia, September, 2012, P. xxi.

② 大体而言，教育程度提高、生活品质要求提升、缺乏相关政策引导等诸因素是促使华族生育率降低的原因。

③ 笔者根据历年马来西亚统计年鉴整理。

④ 康晓丽：《战后马来西亚华人再移民：数量估算与原因分析》，《华侨华人历史研究》2012年第3期。

⑤ *Population Projection, Malaysia, 2010-2040*, Department of Statistics, Malaysia, 18 January 2013.

续表

年份	马来西亚公民					非马来西亚公民
	马来人	其他土著	华人	印度人	其他	
人口年均增长率(%)						
2010～2015	1.55	1.81	0.65	0.89	2.84	0.73
2015～2020	1.54	1.73	0.55	0.82	2.71	0.63
2020～2025	1.42	1.59	0.39	0.67	2.53	0.37
2025～2030	1.23	1.39	0.23	0.48	2.30	0.36
2030～2035	1.00	1.17	0.12	0.25	2.12	0.42
2035～2040	0.79	0.95	0.04	0.08	1.94	0.41

数据来源：马来西亚国家统计局。

尽管华人占总人口比重不断下降，但华人始终是马来西亚的第二大族群，马来西亚也仍是东南亚地区除新加坡外，华人占当地人口比例最大的国家。马来西亚华侨华人的祖籍大多是中国福建、广东、广西、海南四省。其中福建又以闽南、福州居多，广东则以客家、广府、潮州籍人为最。华侨华人在马来西亚的分布情况为：西马多，东马少；城市多，农村少。在西马地区，华人人口比重较大的州市依次是槟城、吉隆坡联邦直辖区、柔佛、霹雳、雪兰莪、马六甲、森美兰、彭亨等，在东马地区，华人则主要集中在沙捞越州。

（三）泰国

泰国地饶物丰，人民和善，是中国移民下南洋的福地。有史可考的中国人迁移泰国的活动始于素可泰王朝。据泰国官方统计，到19世纪中期，泰国华侨已有30万人[①]。19世纪后半叶，中国移民前往泰国的规模不断扩大，每年有万余人入境。这种大规模的移民在20世纪二三十年代达到历史最高水平，平均每年约有9.5万人入境。数据显示：1882～1944年，中国人入境泰国人数达323.7万，离开泰国人数219.4万，入境比出境多了104.3万人[②]。20世纪50年代，泰国政府颁布新的移民条例，规定每个国家每年移民限额不超过

① 庄国土教授认为仍有数以十万计的华人未被纳入官方统计。

② 〔美〕施坚雅：《泰国华人社会：历史的分析》，许华等译，厦门大学出版社，2010，第183页。

200 名，无国籍者也不得超过 200 名。此后，华人移民泰国人数锐减。1950 ~ 1979 年，中国人移民泰国人数仅为 7524 人[①]。进入 80 年代后，随着中国的开放及中泰经贸关系发展，中国人移民泰国浪潮再次兴起，近 30 年间，有 40 万 ~50 万中国新移民涌入泰国[②]。

泰国华人融入主流社会之深，在东南亚地区恐无出其右者。中国移民普遍与泰人通婚，很多华人移民的后代虽具有华人意识，但大都取泰名，行为方式与泰人无甚区别，通常被官方视为泰人。加之官方也没有关于泰籍华人及其后代的统计资料[③]，所以，20 世纪以来泰国华人人口数量一直没有准确的数据。美国著名学者史金纳在对泰国华人社会进行详尽调查后，估算 1955 年泰国华人总数为 231.5 万，约占泰国总人口的 11.3%[④]。这一数据得到学界较为广泛的认可，并成为日后估算泰国华人人口数据的基础。台湾“侨委会”统计室假设华人与总人口之比率不变，并沿用 1955 年史金纳所统计之华人比例 11.3%，依泰国官方总人口推算历年华人人口数，估计 2010 年泰国华人有 739.5 万人[⑤]。庄国土教授按泰国华人自然增长率与全国的人口增长率大体相当、泰国华人占泰国人口 10% 来估算华人数量，再加上近 20 余年涌入泰国的新移民，则 2007 年泰国华侨华人约 700 万。他同时指出，泰国华人混血儿数量很大，如他们大批认同华人身份，则这个数据可能偏于低估。[⑥] 对此估算，笔者倾向接受。本文拟以此数据为基础，假定近 4 年泰国华人人口与全国人口年均增长率大体相当，推算 2011 年泰国华侨华人数量为 718 万[⑦]。

泰国华侨华人主要聚居在曼谷、清迈、合艾等大中城市，其中曼谷最多，有 50 多万华人，以潮州人为主。闽籍华人主要聚居在泰南。泰南的普吉府总人口约 50 万，华裔占总人口的 60% 左右，约 30 万人。泰北 17 个府现有华侨

① 〔泰〕江白潮：《二十世纪泰国华侨人口初探》，《东南亚》1992 年第 4 期。

② 庄国土、刘文正：《东亚华人社会的形成和发展》，厦门大学出版社，2009，第 415 页。

③ 泰国官方只有中国人出入境数据和中国籍侨民统计数据。

④ 〔美〕施坚雅：《泰国华人社会：历史的分析》，许华等译，厦门大学出版社，2010，第 193 页。

⑤ 台湾“侨委会”统计室：《泰国 2010 年华人人口统计推估》，2011 年 5 月，第 3 ~4 页。

⑥ 庄国土：《东南亚华侨华人数量的新估算》，《厦门大学学报（哲学社会科学版）》2009 年第 3 期。

⑦ 泰国人口数据来自 http：//www. indexmundi. com/g/g. aspx？ c = th&v = 21.

华人约100万，其中华侨约5万，其祖籍地绝大多数为云南、广东和海南等省。清迈府是华侨华人聚居较为集中的地区，约有华侨华人30万，祖籍潮州和云南的华人占大多数，其次是客家人、海南人和广肇人。在清莱、清迈、夜丰颂、达府等地，分布着70个“难民村”，居住着原国民党93师残部及其后代，还有不少从缅甸逃难到泰国的云南籍人以及国内历次政治运动中逃出去的各省籍人，共15万~20万人，其中云南籍占90%以上。此外，泰北是中国新移民的集散地。尤其是从陆路去往泰国的中国新移民，都居留在泰北，再伺机流向泰国各地乃至其他东南亚国家。自20世纪80年代中期始，泰北还是前往欧美的中国新移民的重要中转地之一[①]。

（四）菲律宾

菲律宾是东南亚一个群岛国家，北隔巴士海峡与中国台湾遥遥相对，南和西南隔苏拉威西海、巴拉巴克海峡与印度尼西亚、马来西亚相望，全国共有大小岛屿7000多个，其中吕宋岛、棉兰老岛、萨马岛等11个主要岛屿占全国总面积的96%。

华侨寓居菲律宾可溯自宋代，到17世纪初，菲律宾华侨已达2.5万人[②]，是当时海外最大规模的华侨社会。但在随后近300年的时间里，菲律宾华侨所受的限制和迫害堪称南洋华侨史之最，西班牙殖民者曾五次对菲律宾华侨大肆屠杀并多次驱逐。至19世纪末，菲律宾登记华侨人口仅为10万人[③]。1918年之后，菲律宾华侨数量持续增长。1939年中国驻菲律宾总领事馆对全菲华侨进行登记，华侨人数约13万，其中马尼拉有华侨5万[④]。第二次世界大战后，菲律宾华侨社会逐步向华人社会过渡。1975年中菲建交后，菲律宾政府对华侨入籍政策放宽，在随后的20年里，大部分的华侨加入菲律宾国籍，仅1975~1986年，就约有20万华侨获得菲律宾公民身份。

---

① 庄国土、刘文正：《东亚华人社会的形成和发展》，厦门大学出版社，2009，第420页。

② Blair and Robertson, *The Philippine Islands, 1493-1988*. Vol. 14, p. 14.

③ *Census of the Philippine Islands: 1903*, Vol. I, the Unite States Bureau of the *Census*, *Washington*, P. 490.

④ 施雪琴：《菲律宾华人移民政策与人口的变化：从十七世纪初至二十世纪九十年代》，《南洋问题研究》1996年第3期。

与大多数的东南亚国家一样，菲律宾政府并未公布华侨华人的统计数据。著名的菲律宾华人问题专家，加拿大教授魏安国（Edgar Wickberg）认为，菲律宾华人总数在80万~120万，普遍认可的估计是100万，约占全菲律宾人口的1.4%，这一估算包括了20世纪90年代初以前来菲律宾的不到10万中国新移民[①]。同期，菲律宾华人研究专家洪玉华（Teresita Ang See）女士，估计华人人口大约占菲律宾人口的1.2%[②]，廖建裕教授则认为菲律宾华人人口大约占全国人口的1.3%[③]。若二者数据不包括来菲律宾的中国新移民，则他们的估算与魏安国教授大体相当。与此同时，福建省侨办的统计数据显示，20世纪80年代末菲律宾华侨华人人口为100万，约占全国人口的1.5%，中国台湾“侨委会”亦认为菲律宾华人人数约占全菲律宾人口的1.5%，并以此推估1994年菲华数量大约为102.6万。如上所述，相关学者和机构对90年代中期菲律宾华人数量的估算差别不大。

庄国土教授赞同魏安国的估算，即20世纪90年代中期菲律宾华侨华人约100万，为总人口的1.4%，并以此数据为基础，加上自然增长率和90年代初以来至少15万的新移民及其自然增长率，推算出2007年菲律宾华侨华人数量为150万。庄教授还指出，菲律宾存在规模庞大的华菲混血儿（Chinese Mestizo）。近二十年来，随着中菲经贸的飞速发展和中国经济的迅速崛起，华菲混血儿的华人意识有所增强，有再华化的现象（resinification）。如考虑这个因素，则对菲律宾华侨华人的数量应有更高的估计[④]。对此，笔者倾向认同，本文拟以此数据为基础，假定菲律宾华侨华人与菲律宾人口增长率[⑤]相当，推估2011年菲律宾华人人数为162万。

在菲律宾华侨华人中，祖籍为福建者占十之八九，当中又以泉州为最；其

---

① 魏安国：《菲律宾华人篇》，潘翎主编《华侨华人百科全书》，新加坡华裔馆，1998，第187页。

② Teresita Ang See, The Ethnic Chinese as Filipinos, in Leo Suryadinata, *Ethnic Chinese as Southeast Asians*, Singapore: Institute of Southeast Asian Studies, 1997, p. 174.

③ Leo Suryadinata, *Ethnic Chinese as Southeast Asians*, Singapore: Institute of Southeast Asian Studies, 1997, p. 21.

④ 庄国土、刘文正：《东亚华人社会的形成和发展》，厦门大学出版社，2009，第433~434页。

⑤ 2008~2011年菲律宾人口增长率分别为1.99%、1.96%、1.93%、1.9%。数据来自 http://www.indexmundi.com/g/g.aspx?v=24&c=rp&l=en。

余约百分之十，以广东籍为多，其他省籍为数不多。传统菲华社会以第二、三代乃至第四代的土生华人为主体，占 90% 以上，第一代移民不足 10%。土生华人和近半数新移民主要聚居在大马尼拉地区（60 万 ~70 万），其余则散居在维萨亚斯群岛和棉兰老岛等地。福建籍华人中，以原属泉州的晋江、惠安、南安等地最多，大部分居住在吕宋岛，尤其是大马尼拉地区，从事工商业和文教事业的，也以在大马尼拉地区的最为发达。祖籍为龙海、厦门、金门者，则大多数集中在中部维萨亚斯群岛，其中又以宿务为最。目前宿务市的 80 多万人口中，华人约占 15%，是整个菲律宾华人比例最高的地方。华人主要居住城市包括：马尼拉都会区、宿务都会区、安吉利斯、八打雁、巴科洛德、达沃、伊利甘市、伊洛伊洛市、卢塞纳市、苏禄、打拉市、美岸、三宝颜等，几乎遍布菲律宾全国各地[①]。

（五）印度尼西亚

印度尼西亚（以下简称“印尼”）位于亚洲东南部，由太平洋和印度洋之间 17508 个大小岛屿组成，是世界上最大的群岛国家，印尼拥有人口 2.376 亿[②]（2010 年），为世界第四人口大国。中国人移居印尼的历史久远，据可信的文献资料，早在 9 世纪下半叶开始就有成批的中国移民在印尼苏门答腊岛定居，至 14 世纪中叶，当地已建立起繁荣的华人社区[③]。荷印政府统治时期，华侨人口增长较快，据殖民当局的人口调查资料，1860 年印尼华侨人口为 22.14 万人，到 1930 年已达 123 万人[④]。1950 年印尼共和国成立，1954 年印尼外侨事务局统计资料显示，该国华侨华人人口为 300 万[⑤]。此后数十年间，印尼中央统计局虽然进行了六次人口普查，但普查资料均未列出华人人口的相

---

① 资料来源：维基百科的“菲律宾”条目，http：//zh. wikipedia. org/wiki。

② 数据来自印尼共和国网站（http：//www. indonesia. go. id/en/indonesia - glance/geography - indonesia）和印尼国家统计局网站（http：//www. bps. go. id/eng/tab_ sub/view）。

③ 李学民、黄昆章：《印尼华侨史》，广东高等教育出版社，2008，第 1 页。

④ 数据来源：荷印政府中央统计局：《1930 年人口调查》第 7 卷，巴城，1935，第 48 页。荷印当局为防止中国政府过多干预荷印华人事务，鼓励华人尤其是土生华人加入荷籍。在人口统计中，多将混血华人计入印尼土著籍。因此，许多学者认为这一数据偏于低估。

⑤ 印尼《生活报》1960 年 1 月 8 日。转引自黄昆章《印尼华侨华人史（1950 ~ 2004）》，广东高等教育出版社，2005，第 10 页。

关统计数据。

由于缺乏准确的统计数据，加之印尼华人有相当大部分同化于当地土著，尚有一部分华人自认为是印尼土著或以印尼土著身份对外交往，很多底层华人及其子女仍无国籍，故关于印尼华侨华人人口数量的估计差距较大①。暨南大学黄昆章教授认为，20 世纪末，印尼华侨华人总人口应在 800 万以上②。印尼华人问题专家廖建裕认为，2000 年印尼华侨华人数量为 402 万，约占全国总人口的 2%③，印尼大同党主席吴能彬则估计 2003 年印尼华侨华人的数量有 2000 万④，二者估算数字与通常认为的印尼华侨华人人口占印尼人口 3% ~ 5% 的比例有明显差别。1999 年 11 月，印尼驻新加坡大使鲁弗班查依旦中将⑤在向全体华人保证瓦希德政府不会再有歧视华人的政策时，说明印尼的华人有 1100 万，是印尼的第三大种族⑥。2003 年 5 月 23 日，印尼华裔总会举行关于华族人口及融入主流社会问题的时事双语座谈会，多数与会者认为 1000 万这个数字比较接近客观情况。座谈会倾向接受《国际日报》主编李卓辉根据历史变迁而提出的 1100 万人这个数据⑦。庄国土教授以 1972 年台湾侨务部门《华侨经济年鉴》推算的华侨华人人口 450 万人，占印尼总人口的 3.68% 为基数，根据自然增长率和机械增长率（进入印尼的中国移民）以及适当增加无国籍华人和华人身份不甚明确的部分，推估出 2007 年印尼华侨华人约 1000 万⑧，该数据与鲁弗班查依旦中将、李卓辉等的估算相差不大，对此笔者倾向认同。本文拟以此数据为基础，假定近 4 年来印尼华人人口与全国人口年均增长率⑨（1.4%）大体相当，推算 2011 年印尼华侨华人数量为 1057 万。

① 庄国土：《东南亚华侨华人数量的新估算》，《厦门大学学报（哲学社会科学版）》2009 年第 3 期。

② 黄昆章：《印尼华侨华人史（1950 ~ 2004）》，广东高等教育出版社，2005，第 190 页。

③ Leo Suryadinata, *Issues and Events of Ethnic Chinese Communities*, Chinese Heritage Center Bulletin, N. 9, May, 2007, pp. 4 – 5.

④ 数据来自泉州晚报网，http://www.qzwb.com/gb/content/2003 – 06/09/content_ 889707.htm。

⑤ 鲁弗班查依旦与印尼国军情报局有密切联系，其曾被内定为国军战略与情报部主任。国家情报局曾有完整的华人资料，因此这个数字应有一定依据。

⑥ 《印尼现有华人 1100 万》，《八桂侨刊》2000 年第 2 期。

⑦ 印尼《千岛日报》2003 年 5 月 26 日。

⑧ 庄国土：《东南亚华侨华人数量的新估算》，《厦门大学学报（哲学社会科学版）》2009 年第 3 期。

⑨ 印尼国家统计局网站，http://www.bps.go.id/eng/tab_ sub/view.php? kat = 1&tabel = 1&daftar = 1&id_ subyek = 12&notab = 1。

20 世纪 50 年代起，印尼政府严格限制中国移民。目前，印尼华人多为数代以上的土生者，第二代已不多，第一代移民则凤毛麟角。印尼华侨华人的籍贯结构与二战前情况大体相当，其祖籍以福建省为多，约占 50%，广东次之，约占 35%；海南、广西、江苏、浙江、山东、湖北等省籍者共约占 15%①。印尼华人主要分布在爪哇、马都拉、苏门答腊、加里曼丹、苏拉威西及伊利安加亚各大岛。1959 年 11 月 18 日，苏加诺颁布“总统第 10 号法令”，禁止外侨零售商在县以下营业，由印尼土著民或合作社来经营②。华人被迫离开县乡，只能在城市谋生，故当前华人大部分都居住在县以上的城市。雅加达、泗水、万隆、日惹、茂物、棉兰、巨港、坤甸、马辰、乌戎班棠、万鸦老、三宝垄等大中城市是印尼华侨华人分布最为集中的地方③。

三　华人参政的新发展

由于历史等各方面原因，东南亚各国的华人政策，以及各国的华人政治参与也都各有特点。例如，在新加坡，由于华人占主导地位，华人有充分的政治权利，甚至主导政治；在泰国、马来西亚和菲律宾等国家，华人与当地民族关系比较融洽，华人参政空间较大，但也各有特点；在印尼，伴随着本国的政治民主化、现代化进程，华人参政环境逐步好转。

近年来，随着各国民主化进程不断推进，华人融入不断加深，各国的华人政策也不断放宽，东南亚地区华人参政的热情不断提升，并不断取得新的突破。

（一）印度尼西亚

1998 年“五月暴乱”后，苏哈托政权的专制统治垮台，印尼实行了政治改革和民主化，进入后民主转型期，苏哈托威权时期对华人采取的强制的全面同化政策得以逐步取消。这是印尼华人政治地位发生变化的重要转折点。印度

① 资料来源：中华人民共和国国务院侨务办公室网站：http：//www. gqb. gov. cn/node2/node3/node52/node54/node62/userobject7ai284. html。

② 戴鸿琪：《印尼华侨经济》，台北海外出版社，1956，第 93 页。

③ 庄国土、刘文正：《东亚华人社会的形成和发展》，厦门大学出版社，2009，第 415 页。

尼西亚华人开始积极参政。华人通过组织华人政党、组织华人社团、参加其他党派、积极参与大选和创办各种华文媒体与印尼文媒体以报道国政时事及讨论华人政治参与问题等方式积极参政①，并取得了一定成绩。

1. 后民主转型期，印尼对华人政策不断放宽

印尼后民主转型期，其华人政策包括两方面内容：一是涉及适用于所有群体的基本民主改革举措，二是直接针对华人群体的具体政策措施②。在第一方面，哈比比总统解除党禁、实行言论新闻出版自由等，并通过了《政党法》《大选法》和《人民协商会议、国会和地方议会组织结构法》等政治法律，这些都适用于华人。停止使用“原住民”和“非原住民”的用语，取消种族歧视条例③。另外，梅加瓦蒂总统任内的宪法修正案取消了总统必须是土生印尼人的限制④。在第二方面，首先表现在众多政治精英在公开场合的表态，显示出对华人的民主包容心态⑤；其次，政治精英以实际行动作出亲华人的姿态，如瓦希德、梅加瓦蒂和苏西洛三位总统等都曾出席华人的春节庆祝会⑥。同时，以总统训令方式解除对华人的社会文化限制，瓦希德总统任内取消了华人公开庆祝宗教和传统节日的限制，梅加瓦蒂总统将春节定为印尼全国的法定假日，等等。总之，民主转型后的几位总统及主流政治精英都致力于改变针对华人的诸多压制和非民主政策。

2. 印尼华人参政不断取得突破

在印尼对华人政策不断放宽的背景下，华人的政治参与态度与行为都在不断高涨⑦。例如，在1999年和2004年的两次全国大选中，都有近700万的华

---

① 曹云华、许梅、邓仕超：《东南亚华人的政治参与》，中国华侨出版社，2004，第232～240页。

② 龙异：《印度尼西亚华人政策与华人政治参与的历史分析》，《暨南大学学报（哲学社会科学版）》2013年第5期。

③ 黄昆章：《印尼华侨华人史》，广东高等教育出版社，2005，第299～300页。

④ Jacques Bertrand. Nationalism and Ethnic Conflict in Indonesia，Cambridge：Cambridge University Press，2004. p. 70.

⑤ 黄昆章：《印尼华侨华人史》，广东高等教育出版社，2005，第299～300页。

⑥ 唐慧：《印度尼西亚历届政府华侨华人政策的形成与演变》，世界知识出版社，2006，第249、258、261页。

⑦ 龙异：《印度尼西亚华人政策与华人政治参与的历史分析》，《暨南大学学报（哲学社会科学版）》2013年第5期。

裔公民参与投票，甚至出现了“数以千计的华裔青年走上街头，为以华人为核心的大同党拉票”的情况[①]。一些华人政治家也开始通过选举走上政治舞台。在1999年大选中，华人中有5人当选国会议员，7人当选为人协议员；在2004年大选中，则有7人当选国会议员[②]。开放党禁、实行言论自由也给华人政治参与提供了广阔的空间。苏哈托政权倒台后，一些华人有识之士积极组建政党，或加入非种族性的政党，印尼迅速出现了由华人主导的政党，如印尼中华改革党、印尼大同党等[③]。与此同时，印尼华人社团以及一些代表华人利益的报纸杂志、电台等大众传媒也开始复苏。这些社团或组织通过举办研讨会、联名上书等形式，经常吁请政府废除苏哈托时代歧视华人的政策法令，改善华人的政治生态。

可以说，婆罗洲山口洋是印度尼西亚华人从政取得的第一个突破点，2007年12月，华裔候选人黄少凡成功击败对手，在华人人口密集的山口洋当选市长，成为印度尼西亚第一位华人市长。黄少凡的成功激励了其他地区的华人。

更让印尼华人感到振奋的是，在2012年9月举行的雅加达专区省长选举中，印尼苏南省邦加出生的华裔钟万学成功当选雅加达专区副省长[④]。雅加达市民认为这是华裔新生代参政的一大突破，钟万学的中选标志着印尼人民把各种族全看成是印度尼西亚国民。雅加达民族民主论坛外事主任罗秉光说，有一个华裔副省长，对提升华族地位肯定有所帮助[⑤]。有学者提出，钟万学的当选在印尼华人的参政史上具有里程碑意义，将会改变印尼华人的政治生态[⑥]。这是因为在后苏哈托时代，虽然已经有不少华人积极参与印尼政治，进入政府部门和国会工作，如印尼前经济统筹部部长郭建义、现旅游和创新经济部部长（前贸易部长）冯慧兰、西加里曼丹省副省长黄汉山、印尼国会对华合作小组

---

① 曹云华、许梅、邓仕超：《东南亚华人的政治参与》，中国华侨出版社，2004，第238页。

② 曹云华、许梅、邓仕超：《东南亚华人的政治参与》，中国华侨出版社，2004，第268页。

③ 不过由于华人在全国所占的人口比例低而又选票分散，形成不了合力，华人政党往往跨不过进入国会的门槛，只在个别省市议会中能有一些影响。

④ 雅加达作为印尼政治、经济、文化中心，具有重要的战略地位，在印尼的行政体制中，雅加达省长职位的重要性仅次于总统和副总统。

⑤《印尼华裔钟万学当选雅加达专区副省长》，2012年9月22日，中国新闻网，http://www.chinanews.com/hr/2012/09-22/4204447.shtml。

⑥《世界侨情报告（2012~2013）》，暨南大学出版社，2013，第179页。

协调主任兼民主党议员叶锦标，以及多个地方的县长、市长和十多名国会议员都是华人，但是像郭建义、冯慧兰等人的成功仕途，多带有新秩序时期的任命色彩，黄汉山等人都是任职于首都之外的省份。能够真正通过选民投票方式从草根阶层崛起、进入印尼首都雅加达核心阶层的，钟万学还是印尼华人中的第一人[①]。

3. 印尼华人参政过程中存在的问题

民主化进程虽然打开了印尼华人政治参与的大门，赋予华人平等的选举权和被选举权，但印尼所实施的游戏规则仍以有利于大党以及多数族群为基础，华人的少数地位使其在利益诉求的实现过程中依然人微言轻[②]。这是印尼华人政治参与面临的重要问题[③]。

华人在参政方面也会偶尔因为对手摆弄种族议题而受阻。2010 年，印度尼西亚华人陈金扬在棉兰市长选举中进入第二轮，但因政客操弄种族议题、华人不愿投票而落败。棉兰是印度尼西亚第三大城市，华裔候选人的胜利将有更大的象征意义，因此华人对其寄予厚望。不过，陈金扬最终还是无法打破肤色的隔阂，在第二轮市长选举中败给获得民主党及专业集团党支持的印度尼西亚原住民候选人。棉兰《讯报》编务顾问吴仲达对《亚洲周刊》说，陈金扬的败选主要是因华人选民投票率过低。对手也玩弄“华人当市长可能发生动乱”等种族恐吓手段，致使许多华裔选民不愿出来投票[④]。这说明华人仍然未被原住民全面接受，为了赢得选举，政客依然操弄种族议题影响华人参政。对印度尼西亚原住民而言，他们对华人的效忠还是有一定的质疑。

事实上，2012 年 5 月，以登尼为首的“印尼调查圈”（LSI）作出的快速民意调查显示，印尼国民对华族的接纳程度不高，只有 21.4% 的受访者接受华人

---

① 《世界侨情报告（2012～2013）》，暨南大学出版社，2013，185 页。

② 孔祥利：《民主化进程中东南亚国家的华人政治参与——以菲律宾、马来西亚和印度尼西亚为例》，《东南亚研究》2008 年第 5 期。

③ 孔祥利：《民主化进程中东南亚国家的华人政治参与——以菲律宾、马来西亚和印度尼西亚为例》，《东南亚研究》2008 年第 5 期。

④ 《原住民存戒心　政客操弄种族议题　印尼华人参政受阻》，2010 年 7 月 29 日，中国新闻网，http：//www.chinanews.com/hr/2010/07－29/2433886.shtml。

出任地方首长，同意华人出任总统的仅 17.03%[①]。印尼长期以来的排华历史所遗留的歧视难以在短期内消除，印尼华侨华人的生存和发展风险依然存在[②]。

（二）菲律宾

与印度尼西亚不同，菲律宾华人融入较好，加入该国国籍后便享有与当地居民同等的权利。并且，由于华人经济地位以及受教育程度一般较高，他们在参政过程中可能更具优势。所以，菲律宾华人政治参与的自立性较强，可以高调参与各类竞选，利用各种社会团体为华社争取权益，很少被他人控制[③]。不过，菲律宾华人参政一个明显的特点，就是该国还没有一个代表自身族群利益的华人政党。但菲律宾社团组织较为发达，华人可借助其表达诉求。菲律宾现有数百个华侨华人团体，绝大多数都属于同业会、同乡会、同学会和同宗会等社会团体性质，其中最具影响力的是成立于 1954 年的菲华商联总会[④]。大体而言，与所在国政府、民众开展广泛协商与合作是菲律宾华人施加其政治影响的主要方式。

目前，华裔担任菲律宾政府高级职位者比比皆是。现任总统阿基诺三世的总统发言人陈显达、科技部长蒙特约、税务局长洪钦钦等都是华人，担任地方议员或任职于地方政府的华人更多，而势力最强大的许寰戈家族则四代都是国会议员[⑤]。

2010 年 7 月，菲律宾中吕宋蜂雅丝兰省拉古坂市华人社会“三喜临门”：林国民先生当选为拉古坂市市长；林瑛瑛女士蝉联拉古坂市副市长；黄书达先生荣膺蜂雅丝兰省省议员，创下华裔精英参政议政的辉煌成绩。菲律宾《世界日报》称，“这丰收记录，可作为华人融入主流社会奉献、安身立命国家的楷模，承前启后，勉励更多华裔精英献身从政，为国家社会服务，也为华社谋

① 《虽比新秩序时期更受保护，国民仍不太接纳华族》，《印尼星洲日报》2012 年 5 月 30 日。

② 《世界侨情报告（2012～2013）》，暨南大学出版社，2013，第 179 页。

③ 孔祥利：《民主化进程中东南亚国家的华人政治参与——以菲律宾、马来西亚和印度尼西亚为例》，《东南亚研究》2008 年第 5 期。

④ 《菲律宾华人公会成立首家以参政为宗旨华人团体》，2012 年 9 月 11 日，新华网，http://news.ifeng.com/gundong/detail_2012_09/11/17516841_0.shtml。

⑤ 《世界侨情报告 2011～2012》，暨南大学出版社，2012，第 24 页。

取应得的权益”[1]。

2011 年 9 月香港《大公报》报道说，福建省侨办统计数据显示，包括正副省长、正副市长和众议员以及委任官员，包括部长、局长在内，菲律宾政要已有至少 250 位系华人血统。一位福建省侨办人士表示，菲律宾华人已开始由从商转入从政，不少学业有成的精英成为专业人才，被菲律宾部长、副部长级高官相中当助手，唐人街里走出了越来越多的政坛新星[2]。

虽然华人参政取得了一定成绩，但就整体而言，华人并未团结一致形成统一的合力，致使政治参与情况并不乐观。洪玉华早在 1992 年就指出：“很明显，华人自己并没有形成一个统一的集团，统筹安排一致的候选人，以保证有较大机会中选，而是各行其是，各自竞选，以致互相竞争，直至互相攻击，互相挖墙脚。”[3]此外，一些华菲混血儿精英分子往往以马来裔菲人而非华裔身份参与政治。

同时，华人似乎更乐意出钱出力，在幕后影响政治，如通过赞助议员来达到自己的目的。一些具有一定资本实力的华人与政治家结成了亲密的盟友关系。不过，随着华人社会的发展，他们对政治的热情和参与方式会发生变化。菲华商联总会理事长庄前进指出：“现在菲律宾华人已经不是全部从商，大约一半成为专业人才，很多部长、副部长级高官延揽华裔专才当助手。”“华人直接组织政党的时机还没到，但应鼓励华人去参加当地每一个党派。”2010 年 12 月，商总曾经邀请全国各地民选出来的华人正副省长、正副市长和议员共 250 多人聚会[4]。这也许是华人寻求改变政治参与的一个开端。

2012 年 9 月 10 日，菲律宾华人公会（菲华公会）在马尼拉正式宣告成立，这是菲律宾第一家以参政为宗旨的华人团体。菲华公会主席邱仁士表示，菲华公会是一个志愿发起的民间组织，其成员主要为华裔菲律宾人。成立公会的目的是

---

① 《频问鼎政坛高位　海外华人参政“中央”地方齐头并进》，2010 年 9 月 17 日，中国新闻网，http：//www. chinanews. com/hr/2010/09 – 17/2539971. shtml。

② 《大公报：从商转政菲律宾 250 位政要具华裔血统》，2011 年 9 月 1 日，中国新闻网，http：//www. chinanews. com/hb/2011/09 – 01/3298859. shtml。

③ 〔菲〕洪玉华：《菲律宾华人的政治地位》，《融合：菲律宾华人》（第二集），菲律宾华裔青年联合会，1997，第 71 页。

④ 《菲华商联总会理事长庄前进：华人参政机会越来越多》，2011 年 5 月 3 日，中国新闻网，http：//www. chinanews. com/hr/2011/05 – 03/3013812. shtml。

为了团结菲律宾广大华人群众，保护华人及其他少数族裔在菲律宾的合法权益。菲华公会的近期目标是吸引更多拥有华人血统的菲律宾人加入该会，以达到菲律宾政府关于组建政党最低人数的要求，从而更好地在政治舞台上为华人等菲律宾少数族裔争取权益①。这也许会带来菲律宾华人参政格局的新变化。

（三）马来西亚

20 世纪 90 年代后，马来西亚政局发生了重大变化，并对华社造成深刻影响。1998 年“安华事件”引致马来人族群发生分裂，回教党（马来人反对党）支持率持续增高，巫统独霸受到严重挑战。在 1999 年的大选中，巫统获得胜选，这是因为华人全力支持国阵和巫统候选人，华人政治由此重获生机。华人政党几乎成为可决定执政党命运的关键性少数，与巫统协商的资本增加。20 世纪 90 年代以来，马来西亚民族政治明显淡化，民族关系呈现新的局面②。在文化政策上，马来西亚政府逐渐采取开放的文教政策，允许保持文化的多元性。马来西亚政府明确表示，对于儒家文化、伊斯兰文化和基督教文化这世界三大文化，都应予以重视……③

如今，马来西亚华人已经获得相当大的发展空间，在参与政治过程中所展现的力量受到政府的更多重视。正如前马来西亚华人公会总会长、马来西亚房屋及地方政府部部长黄家定 2008 年向媒体所表示的，与印尼、菲律宾、泰国等国相比，马来亚华人的境遇是最好的，因为只有我们最完整地保留了华人社群，我们的文化传统、语言教育、生活方式、信仰宗教都完整地保留了下来，华人一直能在这里安居乐业，取得成功④。

但是，马来西亚的政治制度和政治组织基本上都贯彻了“马来人优先”的原则，打上了种族不平等的烙印，华人和其他少数民族的参政空间也很有限⑤。例如选举制度，马来西亚实行单议员选区模式和“比例分配制”原则，以地

---

① 《菲律宾华人公会成立首家以参政为宗旨华人团体》，2012 年 9 月 11 日，新华网，http：//news. ifeng. com/gundong/detail_ 2012_ 09/11/17516841_ 0. shtml。

② 韦红：《20 世纪 90 年代以来马来西亚民族政治的变化》，《世界民族》2002 年第 1 期。

③ 韦红：《20 世纪 90 年代以来马来西亚民族政治的变化》，《世界民族》2002 年第 1 期。

④ 《马来西亚华人如何参政：华人社会参与度最高》，2008 年 2 月 25 日，《南都周刊》，http：//news. sina. com. cn/w/2008 -02 -25/175915015101. shtml。

⑤ 朱陆民：《从制度视角看马来西亚华人的参政空间》，《世界民族》2005 年第 2 期。

域大小为划分标准。对于聚居在城市的华人来说，显然有损于一人一票的平等政治权利。每次选举之后，马来政府又会依据有利于“国阵”的原则重新划定选区。这使得马来西亚华人在选举政治中长期处于弱势地位[①]。不过，马来西亚华社注重内部协调与沟通，其政治参与的基本特征就是“有组织抗争”[②]。

对马来西亚华人来说，值得庆幸的是，在马来西亚华人组建社团政党比较自由，马来西亚华人政党和华人社团都非常活跃，在维护华人权益方面发挥着各自的作用[③]。马华公会、民政党、民主行动党和人联党是主要的华人政党。华人的参政意识比较强，华人政党在马来西亚政治发展中一直发挥着积极的作用[④]。

马来西亚的华人政策也在不断变化发展，马来西亚华人的参政空间正在逐步开拓。在2008年大选中，华人选民一边倒地支持反对党，是国阵遭受重大挫折的重要原因。此后，为争取华人选民的支持，政府对华人政策进行了一系列调整，放宽华人政策，华人的生存环境进一步改善。调整主要包括：提出“一个马来西亚”的治国理念，调整新经济政策，废除“英语教数理”政策，废除《内部安全法》等[⑤]。

马来西亚中华大会堂总会副会长陈友信指出，华人人数占马来西亚人口总数的26%，马来西亚执政党，在野、在朝华人都有参与，且官方高级职位都有华人担任。他强调，马来西亚华人在参政方面已经发展得相当全面。当然，他还指出，这并不代表马来西亚华人参政议政方面完全没有遇到问题，只是说华人参政的整体趋势和进步是显著的[⑥]。21世纪以来，马来西亚华裔公务员人数也在逐年攀升。以该国公共服务领域为例，与10年前华裔行政及决策官仅有3名形成鲜明对比的是，2008年新任此要职的华裔人士已有18人，而2009年该数字飙升至61人[⑦]。

---

① 孔祥利：《民主化进程中东南亚国家的华人政治参与——以菲律宾、马来西亚和印度尼西亚为例》，《东南亚研究》2008年第5期。

② 刘文正：《中国—东盟关系中的华商（1970～2010）——以东盟五国华商为例》，厦门大学博士学位论文（未刊），2011，第111页。

③《世界侨情报告2011～2012》，暨南大学出版社，2012，第47页。

④《世界侨情报告2011～2012》，暨南大学出版社，2012，第44页。

⑤《世界侨情报告2011～2012》，暨南大学出版社，2012，第51页。

⑥《列席全国政协海外侨胞：华人参政是重要的新发展》，2010年3月12日，中国新闻网，http：//www.chinanews.com/hr/news/2010/03－12/2166734.shtml。

⑦《频问鼎政坛高位　海外华人参政“中央”地方齐头并进》，2010年9月17日，中国新闻网，http：//www.chinanews.com/hr/2010/09－17/2539971.shtml。

（四）泰国

相比马来西亚、印尼，华人在泰国基本享有充分的政治权利，政治地位与原住民相当。可以说，在东南亚，泰国华人融入当地社会最为成功，华人的政治权利一直都得到较好保障。

早在大城王朝时，泰国王室就为一些对泰国社会作出重要贡献的华人封官赐爵，华人很早便参与泰国的政治活动，也很早就意识到参政的重要性[①]。现在泰国华人不仅可以担任公职、当选议员，甚至出任政府部长乃至当选总理，如泰国前总理川·立派、他信等。

2011 年 8 月 5 日中午，泰国议会选举新一任总理，来自为泰党的唯一候选人英拉·西那瓦当选为泰国第二十八任总理，也成为泰国历史上首位女总理。英拉出生于西那瓦家族，西那瓦家族祖籍广东梅州，而英拉与他信是第四代华裔。英拉曾称自己有 25% 的中国血统，早年在商界打拼时更多次到过中国，“所以对中国民众有特别的亲切感”[②]。

据泰国中华总商会主席刘锦庭介绍，泰国华人积极参政，该国历届总理和内阁部长中有不少华裔，他们已成为泰国主流社会的重要力量[③]。泰国华人之所以能取得如此成就，与泰国对华人的政策不无关系。泰国政府同化政策温和，入籍政策也较为宽松，在政治待遇方面基本上一视同仁，使得华人能够较好地融入当地社会。泰国历史上曾出现华裔领导的王朝，一些华裔直接参与政治来管理国家事务。魏源曾在《海国图志》暹罗条说：“华人驻此，娶番女，唐人之数多于土番，惟潮州人为官属，封爵，理国政，掌财赋。”这种历史传统与温和的同化政策对泰国华人的政治参与产生相当大的影响[④]。

需要注意的是，在泰国，华人参政并不凸显华族身份。这主要是由于泰国

---

① 陈健民：《泰国对华人的政策和战后华人社会的变化》，《华侨华人历史研究》1989 年第 4 期。

② 《英拉当选泰国首位女总理》，2011 年 8 月 5 日，中国新闻网，http：//news. sina. com. cn/w/p/2011 - 08 - 05/123222940894. shtml。

③ 《消除“过客”心态　海外华侨华人要勇敢走出唐人街》，《人民日报（海外版）》2012 年 5 月 7 日。

④ 潘少红：《二战后泰国华人参政历程及原因分析》，《东南亚纵横》2004 年第 3 期。

华人融入程度较高，华社精英普遍以泰族认同为第一认同，而以华族认同作为第二认同①。

（五）新加坡

新加坡是东南亚地区唯一的华族主导政局的国家。1959 年自治以来，人民行动党便在新加坡长期执政，人民行动党秘书长及掌握政府实权的总理一职历来都由华人担任。由于独特的族群结构和复杂的邻国关系，新加坡的华人执政者十分注意保障非华人族群的政治权利。在政治上，人民行动党坚持党员种族的多元化；在政府里来自不同族群的公务员大致占与其人口数量相当的比例；而在内阁中，也确保有马来族、印度族的政治代表②。

1964 年，新加坡独立后，努力塑造国家意识，以强化国民的政治认同。在文化和教育方面，新加坡政府持续进行国家意识教育，努力将移民文化改造为国民文化；在教学中则强化东南亚史和新加坡史的教学。新加坡多元族群、共同同化政策的短期目标是缓和族群矛盾，其长期目标则在于通过多元族群的融合来实现文化的统一，以塑造成一个新加坡民族③。目前，东南亚华人中最具国家意识的就是新加坡华人。但是新加坡华人也付出了一定的代价，那就是牺牲了很多民族传统和一些已有的民族事业的权益，如华文教育丧尽，华文文化衰退，华人社团衰落，许多优良传统日渐式微④。毫无疑问，这也影响到了华人社会文化传统的传承和发展。缺乏作为社会核心理念的民族文化和特质，在短期内由政治力量构建成的国家意识和政治认同是难以持久的。现在，新加坡政府开始研究在政治认同之外，重新审视华人传统文化对国家的作用，将其视为凝聚国民力量和支撑国家意识形态的支柱之一。20 世纪 80 年代以来，新加坡政府致力于纠正偏差，采取了一系列措施，掀起一场声势浩大的保“根”

---

① 庄国土：《东南亚华人参政的特点和前景》，《当代亚太》2003 年第 9 期。

② 刘文正：《中国--东盟关系中的华商（1970 ~ 2010）——以东盟五国华商为例》，厦门大学博士学位论文（未刊），2011，第 112 页。

③ 曾少聪、汪鲸：《东南亚华侨华人与居住国的政治关系——以菲律宾、新加坡、马来西亚和印尼为例》，载《第九届中国世界民族学会会员代表大会暨学术讨论会论文集》（上册），2010，第 6 页。

④ 王望波：《东南亚华人社会政治地位的现状和发展趋势》，《南洋问题研究》2000 年第 3 期。

运动[①]。1989年允许重新开办少数华校和培训班；制定儒家教育课程；推广华语、举办华族文化节；全方位、多层次地研究华族文化，促使其在新形势下实现转化；华人社团的工作重心也转移到了协助保存适合现代新加坡的华族文化价值观和传统上来[②]。

（六）小结

总体来说，进入21世纪以来，随着各国民主化进程的不断推进，各国对华人的政策逐渐放宽，以及华人融入主流社会的不断加深，印尼、菲律宾、马来西亚、泰国等东南亚国家的华人参政都取得一定进展，乃至突破。例如，印尼产生第一位雅加达专区华人副省长，菲律宾在无华人政党的背景下成立了第一家以参政为宗旨的华人团体，马来西亚录取的华裔公务员人数正在逐年攀升，泰国出现数位华人总理，等等。

但是，在东南亚的一些国家，由于华人众多，且在商业领域占据重要地位，政府在给予华人参政和从政权利的问题上，一直存在疑虑。这些国家或者在法律上对华裔公民的参政和从政权施加一系列限制，或者虽然在法律上规定各族裔公民拥有平等的政治权利，但实际上仍对华裔公民参政设置各种障碍[③]。这个问题在印尼、菲律宾和马来西亚都有一定体现。在印尼，甚至华人参政有时还会遇到竞争对手通过摆弄种族问题予以打击，说明主流社会对华人的效忠还是存在一定的疑虑。同时，华族内部不够团结，也限制了华人参政的效果，如在菲律宾和马来西亚。而在泰国、新加坡，华人在参政方面取得很大成功，但其参政并非强调其华人/华族的身份，亦非为了争取和维护华人/华族权益而参政，可以说并不能算普通意义上的华人参政。

正如庄国土教授所言，东南亚华人能否有更多政治参与，在很大程度上还取决于当地多数民族的开放程度与容忍程度。因此，华人在住在国参政议政

① 曾少聪、汪鲸：《东南亚华侨华人与居住国的政治关系——以菲律宾、新加坡、马来西亚和印尼为例》，《第九届中国世界民族学会会员代表大会暨学术讨论会论文集》（上册），2010，第7页。

② 刘晓斌：《论东南亚华人文化的现状与前景》，《华侨华人历史研究》1995年第3期。

③ 王望波、庄国土等：《2009年海外华侨华人概述》，世界知识出版社，2011，第145页。

时，也应充分关注当地社会经济、族群关系和原住民的利益。只有东南亚各族群均衡发展，减少社会冲突，才能从根本上保障华人的政治权益[①]。

四 华商的经济实力与发展现状

（一）华商实力总体评估

进入新世纪，东盟经济保持良好发展态势，2003～2011 年，GDP 年均增长率为 5.4%，印尼、马来西亚、菲律宾、新加坡、泰国也分别达到 5.7%、5.1%、5.1%、6.7%、3.8%[②]。国家宏观经济稳定发展，为各国华商摆脱亚洲金融危机的阴霾，实现新的快速发展，奠定坚实基础。与此同时，近十余年东盟经济一体化持续推进及东盟与区域外大国自由贸易安排的迅猛发展，也为华商企业发展提供了广阔的市场空间。

正是得益于良好的外部环境，加上华商的不懈努力与创新，东盟各国华人经济皆获不俗发展，华人资本规模迅速扩张。据庄国土教授课题组的估算，当前东南亚华人资本规模已达 1.35 万亿美元，大约是 20 世纪 90 年代初的 4.5 倍，其中新加坡为 5723 亿美元、泰国 3498 亿美元、马来西亚 1491.2 亿美元、印尼 1638 亿美元、菲律宾 758.3 亿美元，东盟五国占东南亚华人资本总额的 95% 以上（见表 5）[③]。另据不完全统计，华人上市公司占东南亚地区证券交易市场上市企业数量的七成，华人资本占了日本、韩国、中国大陆以外的亚洲 10 个股票交易市场股票价值总额的 66%[④]。

《亚洲周刊》一年一度的全球华商 1000 强排行榜是各国华商实力的重要风向标。2009 年全球华商 1000 强华人企业中，中国大陆以外的上榜企业有 335 家，其中新加坡 28 家、马来西亚 25 家、菲律宾 8 家、泰国 7 家、印尼 9

① 庄国土：《东南亚华人参政的特点和前景》，《当代亚太》2003 年第 9 期。

② 数据来自东盟秘书处网站：http：//www.asean.org/component/zoo/item/macroeconomic－indicators。

③ 庄国土等：《华侨华人经济资源研究》，2011，第 17～18 页。

④ 纪硕鸣等：《华商在国际市场举足轻重》，《亚洲周刊》2004 年第 41 期。

表5　东南亚华人资本额的变化统计表

年代	东南亚华人资本估计额
第二次世界大战前(20世纪30年代末以前)	9.43亿美元(据福田省三估计)
20世纪50～60年代	29.67亿美元(据内田直作估计) 29.30亿美元(据游仲勋估计)
20世纪70年代	166亿美元(据吴元黎估计)
20世纪80年代前半期	600亿美元(据游仲勋估计)
20世纪80年代后半期	1000亿美元(据郭梁估计)
20世纪90年代	3000亿美元(据《亚洲周刊》估计)
21世纪初	1.35万亿美元(庄国土课题组估计)

资料来源：郭梁：《东南亚华侨华人经济简史》，经济科学出版社，1998，第200～202页；庄国土等：《华侨华人经济资源研究》，2011，第18页。

家，东盟五国合计77家上榜；东盟五国上榜华商企业总市值约为2421.5亿美元，总资产7759亿美元。至2012年，东盟五国上榜企业增至82家，其中新加坡27家、马来西亚26家、菲律宾10家、泰国9家、印尼10家，企业总市值3991.7亿美元，较2009年增加64.84%；企业总资产①11737亿美元，较2009年增加51.27%（见表6）。毋庸置疑，上述数据反映了近3年东南亚华商发展的不俗业绩及其在全球华商领域的重要地位。

表6　2012年全球华商1000强中东南亚华人企业状况

单位：亿美元，%

国家/地区	上榜公司数目	市值	纯利	总资产
新加坡	27	1495.4	118.5	5942.5
马来西亚	26	1023.5	74.8	2882.7
菲律宾	10	510.3	27.8	670.7
印尼	10	392.5	35.2	532.2
泰国	9	570.0	30.1	1708.9
东盟五国	82	3991.7	286.4	11737
全球(除中国大陆外)	334	16558.2	1340.4	43269.5
东盟五国占比	24.55	24.11	21.37	27.13

数据来源：香港《亚洲周刊》2012年第26卷第50期。

① 一般认为，总资产是指某一经济实体拥有或控制的、能够带来经济利益的全部资产；总资产等于负债总额加上所有者权益总额。

华人富豪是华人企业的首脑或大股东，他们的资产情况在一定程度上反映了华商企业的实力与地位。据《福布斯》杂志的统计，2013 年东南亚十大华人富豪净资产高达 941 亿美元，排名榜首的是泰国首富、正大集团掌门人谢国民，其净资产为 143 亿美元；排名第二的为菲律宾首富施至成，其个人财富达 132 亿美元，旗下拥有菲律宾最大购物中心和最大银行；马来西亚首富、嘉里集团董事长郭鹤年位列第三，其个人财富达 125 亿美元；其他跻身东南亚十大华人富豪榜的商业巨子包括：苏旭明、黄志祥与黄志达兄弟、黄惠忠、黄惠祥、郑鸿标、陈永栽及黄祖耀。

纵观东南亚各国富豪榜，华人企业家无不占据绝对优势。2013 年马来西亚排名前十位的富豪中，有八位是华商；排名前 20 位的富豪中，华人富豪占 14 位，财富高达 455.7 亿美元[①]。2013 年泰国富豪榜中，排名前五位的富豪全部为华商，排名前 10 位的富豪中有 7 位属于华族，7 大华人富豪的财富达 492 亿美元（见表 7）[②]。2012 年菲律宾的十大富豪中有七位是华商，施至成、陈永栽分列排行榜的前两名，七大华商的净资产大约为 237 亿美元[③]。2012 年印尼 10 大富豪中，有 7 位是华商；排名前 20 名的富豪中，有 14 位属于华族，14 位华人富豪净资产达 554.4 亿美元[④]。2012 年新加坡十大富豪中，有 8 位为华人；二十大富豪中有 16 位属于华族；四十大富豪中有 34 位是华人，34 位华人富豪净资产为 508.65 亿美元[⑤]。

（二）华商大企业[⑥]的经济实力与行业分析

1. 经济实力

华商大企业是东南亚华人经济的中坚力量。经过 20 世纪 90 年代后期金融

---

① 数据来源：《郭鹤年 8 年高居亚洲福布斯榜首 9 新贵晋身大马 50 富豪》，马来西亚《星洲日报》2013 年 2 月 28 日。

② 根据《福布斯 2013 泰国 50 富豪榜》整理。

③ 根据《福布斯 2012 菲律宾 40 富豪榜》整理。

④ 根据《福布斯 2012 印尼 40 富豪榜》整理。

⑤ 根据《福布斯 2012 新加坡 40 富豪榜》整理。

⑥ 文中的华商大企业是指东南亚华商中具有经营控制权的上市公司和未上市大型华人企业。在现实研究中，学术界经常运用“华人企业集团”的概念指称华商大企业。所谓“华人企业集团”是指，由华人资本家或其家族所有为主的核心企业及其若干相关企业所组成的企业群体。

表 7　2013 年东南亚十大华人富豪

单位：亿美元

排名	姓名	净资产	国　籍	行业分类	公司
1	谢国民	143	泰　国	多元化经营	正大集团
2	施至成	132	菲律宾	多元化经营	SM 集团
3	郭鹤年	125	马来西亚	多元化经营	马来西亚郭氏兄弟、香港嘉里集团
4	苏旭明	117	泰　国	食品饮料	泰国 TCC 集团
5	黄志祥与黄志达兄弟	101	新加坡	房地产	信和集团
6	黄惠忠	85	印　尼	金融	印尼针集团、中亚银行
7	黄惠祥	82	印　尼	制造	印尼针集团
8	郑鸿标	56	马来西亚	金融	大众银行
9	陈永栽	50	菲律宾	多元化经营	菲律宾航空、联盟银行
10	黄祖耀	50	新加坡	金融	新加坡大华银行

数据来源：根据《福布斯》2013 年华人富豪榜整理。

危机洗礼后的华商大企业，在 21 世纪逐渐走向成熟，经营业务方式趋于稳重，整体素质有效提高。它们不仅在所在国的经济地位举足轻重，而且在东亚区域经济整合进程中正发挥着愈加重要的作用。2008 年东南亚最大的 20 家华人上市企业总营业额为 782.96 亿美元，总市值 1582.72 亿美元，总资产达 5382.48 亿美元。至 2012 年，东南亚最大的 20 家华人上市企业平均营业额已达 39.15 亿美元，较 2009 年增加 59.08%，总市值 2401.68 亿美元，总资产达 8125.87 亿美元，分别较 2009 年增加了 51.74% 和 50.97%（见表 8）。东南亚华商大企业可谓是实力雄厚！

表 8　2012 年东南亚最大的 20 家华人上市企业

单位：百万美元

名次	公司名称	总部所在地	市值	营业额	纯利	总资产
1	华侨银行有限公司	新加坡	25527.3	4500.5	1838.3	220828.1
2	大华银行有限公司	新加坡	24245.4	4530.8	1850.1	188390.6
3	丰益国际	新加坡	16003.0	44710.0	1600.8	39639.8
4	菲律宾长途电话公司	菲律宾	13990.1	3615.6	731.8	9134.6
5	云顶新加坡	新加坡	13297.1	2562.5	814.2	8443.9
6	泰华农民银行	泰　国	12893.2	4008.1	794.5	56504.7

续表

名次	公司名称	总部所在地	市值	营业额	纯利	总资产
7	盘谷银行有限公司	泰　国	11439.7	2696.9	896.5	69097.2
8	大众银行有限公司	马来西亚	11318.4	4168.8	1138.5	81506.9
9	亚太酿酒有限公司	新加坡	10928.1	2364.6	271.7	2028.6
10	云顶有限公司	马来西亚	10725.6	6391.8	937.1	17759.7
11	IOI 集团	马来西亚	10563.3	5111.2	584.8	7537.5
12	SM Investments Corp.	菲律宾	10438.1	4624.1	490.0	10367.8
13	盐仓集团	印　尼	10083.3	4775.6	558.0	4456.9
14	CP All Public Company Limited	泰　国	9879.4	5309.3	262.6	1814.9
15	星狮集团	新加坡	9347.6	4988.3	696.0	10949.7
16	城市发展有限公司	新加坡	8364.8	2608.1	634.9	11895.8
17	丰隆银行	马来西亚	8077.4	1272.5	538.6	51564.5
18	吉隆坡甲洞有限公司	马来西亚	7931.2	3510.9	513.5	3584.9
19	卜蜂食品企业大众有限公司	泰　国	7836.7	6854.7	519.4	5244.1
20	Golden Agri-Resources Ltd.	印　尼	7278.4	5952.9	1268.0	11837.4

资料来源：系笔者根据《亚洲周刊》发布的“2012 全球华商 1000 强”数据资料整理而来。

在东南亚地区，新加坡华商大企业可以说最具规模和实力。据《亚洲周刊》的统计，2012 年新加坡最大的 20 家华人上市公司总资产 5774.55 亿美元，股票总市值 1411.62 亿美元，营业额 836.38 亿美元，平均每家公司的资产规模 288.73 亿美元，市值 70.58 亿美元。以市值衡量，2012 年在东南亚排名前三位的华人上市公司都来自新加坡，分别是华侨银行、大华银行、丰益国际；东南亚排名前 40 名的华人上市公司中，有 12 家是新加坡的华人企业[①]。

马来西亚华商大型企业实力历来不容小觑。2012 年马来西亚最大的 20 家华人上市公司总资产 2771.85 亿美元，股票总市值 957.06 亿美元，营业额 462.25 亿美元，平均每家公司的资产规模 138.59 亿美元，市值 47.85 亿美元[②]。另据马来西亚官方统计，2008 年华族拥有的有限公司股权市价 2030.92 亿马元，较 2000 年增加了 57.05%，华族仍然是拥有有限公司股权最多的族群，占总量的 34.9%[③]。虽然华商大企业在马来西亚经济中占有重要地位，但

① 根据《亚洲周刊》发布的“2012 全球华商 1000 强”数据资料整理。

② 根据《亚洲周刊》发布的“2012 全球华商 1000 强”数据资料整理。

③ *10th Malaysia Plan 2011 – 2015*, 2010, p. 403; *Ninth Malaysia Plan 2006 – 2010*, 2006, p. 336.

随着国有企业和土著企业的迅速扩张，华商大企业经济地位的下降已经不可避免。据《福布斯》杂志的统计，2012 年全球 2000 强企业中，马来西亚有 18 家企业上榜，其中仅有 6 家属于华商资本；排名前 3 位的企业都是国有、土著私人企业，排名前 10 位的，也只有三家是华商企业①。

泰国华商大企业在本国经济发展中占有举足轻重的地位。2009 年泰国 100 家最大的上市公司中②，有 46 家是华人企业。这 46 家华人企业总市值高达 15417 亿泰铢，约合 441.42 亿美元。2009 年泰国国内大企业有三分之一为华商所有，华商大企业的资本规模大约为 2342 亿美元，其中上市的华商企业资本为 1575 亿美元，非上市华商大企业资本约为 767 亿美元③。另据美国《福布斯》杂志统计，2010 年全球 2000 强企业中，泰国共有 14 家企业上榜，其中有 5 家属于华商企业，分别是泰华农民银行、盘谷银行、大城银行、卜蜂食品、泰国酿酒。2012 年泰国最大的 9 家华人上市公司总资产 1708.87 亿美元，股票总市值 570 亿美元，营业额 255.14 亿美元，平均每家公司的资产规模 189.87 亿美元，市值 63.33 亿美元④。

1997 年的亚洲金融危机之后，印尼华商大企业经过艰难的、长期的资产重组和结构调整，逐渐摆脱了经营困境，并重新在印尼经济和社会发展中扮演重要角色。据 2008 年度营业业绩报告进行统计排名，印尼 8 家最大的私人企业中，有 5 家是华人企业。黄奕聪的金光集团 2008 年营业总值为 81.36 万亿盾，净利润 18.78 万亿盾，成为印尼最大的私营企业。排名第二的是林逢生的三林集团，该集团在 1997 年金融危机时损失惨重，2005～2006 年才从危机中恢复过来⑤，进而在随后的几年里实现快速增长，2008 年集团在印尼市场共获得 60.02 万亿盾的收入。2009 年印尼华人上市公司市值约为 1045 亿美元⑥，

① 马来西亚《星洲日报》2012 年 4 月 20 日。

② 指 2009 年 12 月 30 日泰国证券交易所股票市值最大的 100 家上市公司。

③ 王艳：《1997 年亚洲金融危机后的泰国华商中小企业研究》，厦门大学南洋研究院硕士学位论文（未刊），2010，第 26～27 页。

④ 根据《亚洲周刊》发布的“2012 全球华商 1000 强”数据资料整理。

⑤ Marleen Dieleman, “Shock-Imprinting: External Shocks and Ethnic Chinese Business Groups in Indonesia”, *Asia Pacific Journal of Management*, Vol. 27, 2010, p. 489.

⑥ 原晶晶、杨晓强：《印度尼西亚华人及其资本发展现状》，《东南亚纵横》2011 年第 6 期。

约占同期国内上市企业市值的49.48%。另据《亚洲周刊》统计，2012年印尼九大华商上市企业的总市值为376.36亿美元，营业收入达264.39亿美元[①]。目前印尼大约有170家华人大财团或集团企业[②]，投资主要分布在农业（种植业）、房地产、百货零售、金融业以及香烟、造纸、食品、纺织成衣、建材、石化、家居用品等制造业领域。

尽管与其他老东盟成员国相比，菲律宾的华人人口相对较少，但当地华商的表现不遑多让。据菲律宾学者张素玉（Carino Theresa Chong）估算，20世纪90年代华商至少拥有全菲1000家最大公司的30%左右[③]。在上市公司方面，截至2009年12月24日，菲律宾股市共有上市企业248家，华商拥有其中的73家，占菲律宾上市企业总数的30%以上，其中金融业14家、服务业14家、工业11家、地产16家、矿业4家、控股14家[④]；从各行业所占资本的比例来看，华商在服务业拥有较大优势，占该领域所有上市公司市值的80%左右；在地产、控股、矿业的比重大约为50%，制造业相对较弱，仅占10.4%。2009年73家华商上市公司总市值达19400亿比索（421.18亿美元），约占菲律宾股市总市值的32%[⑤]。近十年来，菲律宾华商大企业资本规模迅速扩大。例如：2002~2012年，菲律宾长途电话公司的市值从12.41亿美元增加至139.9亿美元；鞋庄控股的市值从10.85亿美元增至57.48亿美元，巅峰控股从2.16亿美元增至53.33亿美元。2012年10大华商上市企业的总市值为370.35亿美元，而2002年菲律宾10大华商上市企业的市值为50.46亿美元，前者大约是后者的7.3倍。

2. 行业分析

东盟五国华商大企业主要分布在金融业、地产建筑业、农业、百货零售

---

① 根据《亚洲周刊》的2012年全球华商1000排行榜整理。

② 林文光：《中国实施“走出去”发展战略与印尼华商》，中国侨网，http://www.chinaqw.com，2010-07-10。

③ Carino Theresa Chong, *Chinese Big Business in the Philippines: Political Leadership and Change*, Singapore, Times Academic Press, 1998, p.2. 另据《华人经济年鉴》2001年的资料，华商拥有全菲1000家最大公司的半数左右。

④ 2006年菲律宾证券交易所采用新行业分布规则，将菲律宾上市公司分为六大行业，具体行业范围如下：（1）金融业：包括银行和其他金融服务业；（2）工业：电力、能源、食品、饮料、烟草、建筑、基础设施、化工、多元工业；（3）控股；（4）房地产；（5）服务业：媒体、信息技术、运输、酒店、娱乐、教育、多元服务业；（6）矿业：矿产、石油。

⑤ 王晓东：《从上市企业看菲律宾华商企业的发展特点和趋势》，《亚太经济》2010年第5期。

业、制造业及各类服务业。

华商在东盟各国金融业中占重要地位，其中尤以新加坡、泰国最为突出。该领域主要的华商大企业如新加坡的华侨银行、大华银行、大东方控股，马来西亚的大众银行、丰隆银行、天安亚洲，泰国的盘谷银行、开泰银行、大城银行、康蒂证券集团，菲律宾的金融银行、首都银行、国家银行、联盟银行、黎刹商业银行，印尼的中亚银行、泛印度尼西亚银行、大华宇宙银行、金光银行、国信银行，等等。2012 年东南亚最大的五家银行中有三家属于华商，最大的十家银行中有五家为华人银行；东南亚最大的三家华人银行依次为华侨银行、大华银行、大众银行，总资产达 4900 亿美元，纯利 48.27 亿美元①。

房地产、建筑行业是近 20 年华商的主要投资领域，目前华商大企业在该行业占有较大优势。主要的华商大企业如新加坡的远东机构、城市发展有限公司、仁恒置地，马来西亚的国浩地产、嘉里建设、YTL 置地、成功置地，泰国的玲英豪集团、曼谷置地、卜蜂置地、意泰集团，菲律宾的美佳世界地产、SM 控股、罗宾森地产、菲人投资开发公司，印尼的力宝卡拉哇吉公司、芝布特拉集团、大都会肯加纳公司，等等。新加坡远东机构及其设在香港的姐妹公司信和置地集团，是全亚洲最大的房地产集团之一，二者 2009 年的销售额高达 55 亿美元，资产价值超过 400 亿美元，在全世界拥有 13000 名雇员，截至 2010 年总计开发超过 700 处产业。玲英豪集团是泰国第一大房地产商，集团 2009 年的销售额为 172.73 亿泰铢，其中 73.2% 来自独立住宅开发项目，占据了曼谷地区独立住宅市场份额的 21.5%②，截至 2012 年 12 月 31 日集团总资产高达 644 亿泰铢③。李文正家族的力宝卡拉哇吉公司是印尼最大的上市房地产开发商，2012 年公司总资产 24.87 万亿盾，营业收入 6.16 万亿盾，总利润 2.82 万亿盾④。

百货、零售是各国华商的传统优势行业。主要的华商大企业如马来西亚的百盛集团，泰国的中央零售集团、7 - 11 连锁店，菲律宾的 SM 集团、罗宾森商场、纯金商场，印尼的太阳超市、英雄超市、王牌硬件公司等等。施至成家族的 SM 集

---

① 根据《亚洲周刊》2012 年亚洲银行 300 排行榜整理。

② *Land and Houses Public Company Limited Annual Report 2009*, p. 2.

③ *Land and Houses Public Company Limited Annual Report 2012*, p. 1.

④ *Lippo Karawaci Annual Report 2012*, pp. 16 - 17.

团是全球最大的购物中心开发商和运营商之一，2010年在菲律宾各地和中国境内已拥有41家大型综合购物中心，总建筑面积逾470万平方米，每日人流量达300多万人次[①]。郑氏家族的中央零售集团是泰国最大的零售商，经营三个品牌（Central Department Store，Zen and Robinson）的大型购物中心、Tops超级市场和五个种类（电器、运动、书籍音像、家居、办公用品）的专门零售商场[②]。其中Central Department Store主要面对高端市场，目前在全国有12家购物中心。罗宾逊（Robinson）商场主要面对中端市场，在全国已开设22家。此外，截至2010年，郑氏家族在全国开设114家Tops超级市场，其中79家在曼谷地区[③]。

农业是华商的重要投资领域。印尼的棕榈种植业是近年来华商最热衷投资的行业，当前华人企业集团在该领域已占据绝对优势。2009年印尼最主要的11家棕榈种植企业，有9家属于华商企业，排名前三位的分别是黄奕聪的金光集团、林逢生的三林集团、陈江和的金鹰集团。其中金光集团是印尼最大、世界第二大棕榈种植企业，2008年棕油产量169万吨，共拥有棕榈种植园面积63.74万公顷[④]。马来西亚的凯业集团、玻璃市种植集团、吉隆坡甲洞公司、玉波控股、云顶种植、常青集团，三林环球等都是该领域举足轻重的华商大企业。凯业集团是马来西亚最大的棕榈种植和加工企业之一，截至2012年6月，该集团有82个种植园，种植总面积达158881公顷，其中65%位于东马，29%位于西马，剩下的4%在印尼[⑤]。

华商大企业在东盟各国制造业中占有一席之地，其中尤以农产品开发、食品、香烟、造纸、建材、酿酒等领域为突出。新加坡的丰益国际和泰国的正大集团是东南亚实力最强的农产品开发企业。其中郭孔丰的丰益国际是世界最大的粮食、食用油及农产品供应商、贸易商之一，2013年该集团营业额454.63亿美元，在世界500强中排名第224位[⑥]，在全球50多个国家拥有超过450家

① 《SM集团简介》，SM集团（中国），http：//www.smcity.cn/。

② Central Group，http：//en.wikipedia.org/wiki/Central_ Group.

③ About Tops Supermarket，http：//www.centralretail.com/en/brand_ inner4.php.

④ 《印尼主要棕榈业企业资料》，印尼《国际日报》2009年4月28日第B7版。

⑤ *IOI Corporation Berhad Annual Report 2012*，p.27.

⑥ 《2013年世界500强排行榜（企业名单）》，财富中文网：http：//www.fortunechina.com/fortune500/c/2013-07/08/2013G500.htm。

的制造工厂和销售网络，雇员达9.3万人[①]。三林集团旗下的印多食品公司（Indofood）是印尼最大的食品制造企业，2010年该公司生产面粉达440万吨，占印尼面粉市场份额的58%～59%[②]。以产量计算，Indofood为全球最大的方便面制造商之一；以单一地点产能计算，Indofood于雅加达的磨粉厂为全球最大的磨粉厂之一[③]。陈永栽旗下的福川烟厂是菲律宾最大的烟草企业，占有菲律宾国内60%的市场份额；蔡道平的盐仓集团和黄惠忠兄弟的针集团是印尼本土两家最大的丁香烟制造企业，二者在印尼香烟市场占有率超过四成。黄奕聪家族的亚洲浆纸业有限公司（APP）和陈江和的亚太资源国际控股有限公司（APRIL）皆为东南亚最具规模的造纸企业，其中APP为亚洲最大的浆纸企业和世界纸业十强之一（排名第三），2010年拥有20多家制浆、造纸公司和200多万公顷人工速生林，主要分布在印尼[④]和中国大陆。

（三）华商中小企业[⑤]的经济实力与发展现状

今天的东南亚华人资本，占压倒多数的还是华商中小企业，它们作为所在国华人经济的基础，在当地的生产和流通中发挥着相当重要的作用。正如日本学者岩崎育夫所认为的那样："东南亚华人资本一方面有盘谷银行、三林集

① Corporate Profile，http：//www.wilmar－international.com/who－we－are/corporate－profile/.

② 《印多福面粉销量指标440万吨》，印尼《国际日报》2008年8月24日第B2版。

③ 《第一太平有限公司2010年度中期报告》，第68页。

④ APP在印度尼西亚有七家大型浆纸工厂，分别是：T. Pabrik Kertas Tjiwi Kimia Tbk.，PT. Indah Kiat Pulp & Paper，PT. Pindo Deli Pulp & Paper Mills，PT. Ekamas Fortuna，PT. Purinusa Ekaapersada，PT. The Univenus以及PT. Lontar Papyrus，每年浆纸产量超过700万吨。

⑤ 文中的华商中小企业是指东南亚华商经营或控制的生产经营规模属于中小型的企业。由于经济发展水平的差异，东盟国家对中小企业的界定标准不尽一致，但基本以雇工数、营业额抑或资产值作为主要的衡量标准。各个时期，各国出于政策制定需要，亦会出台不同的界定标准。就目前的情形来看，新加坡对中小企业的界定如下：中小企业是指营业额低于1亿新元或雇用人数少于200人的企业。在马来西亚，该国政府对中小企业的界定是：在制造业领域，营业额低于2500万马元或全职雇员人数少于150人的企业；在农业和服务业领域，营业额低于500万马元或全职雇员人数少于50人的企业。泰国工业部2002年颁布的最新中小企业定义则规定：一个企业如果其雇员少于200人或者它的固定资产少于2亿泰铢就可归入中小企业行列。在菲律宾，该国的贸工部规定：企业资产低于1亿比索或雇员人数少于200人的企业属于中小企业。在印尼，该国国家统计局以雇员人数为标准对企业类型进行界定：雇员人数1～4人为家庭式作坊或称微型企业，雇员人数5～19人的为小型企业，雇工人数20～99人的为中型企业，雇工100人以上的为大型企业，其中微型、小型、中型企业统称中小企业。

团、丰隆集团等大企业，它们轰轰烈烈地在世界上展开资本主义竞争活动，另一方面又有这些无数的家族小企业固守着传统的形态和产业领域而生存着，这里形成极为鲜明对照的两副面孔正是东南亚华人资本的真实面貌。”[①] 在马来西亚，华人企业中有80%属中小企业，而且特别集中于小企业[②]；在菲律宾，华商企业超过20万家，但它们绝大多数都属于中小企业[③]；新加坡、泰国、印尼的情况也大体相当。据估算，新加坡、马来西亚、泰国、菲律宾、印度尼西亚五国华商中小企业的资本接近4000亿美元。[④]

1. 新加坡

2012年新加坡大约有17.1万家企业，其中99%属于中小企业，华商中小企业约占所有中小企业数的90%。中小企业一直是新加坡的主要经济力量之一，其对经济增加值的贡献从2003年的46%稳步增加至2012年的50%，与大型企业平分秋色[⑤]。2009年新加坡中小企业产值大约为1325.29亿新元，占GDP总值的50%，吸纳了62%的就业人口[⑥]。

新加坡华商中小企业资本约为1367亿美元[⑦]，几乎遍布经济领域的所有行业。据官方统计，2007年中小企业行业分布情况如下：批发零售业占32%，地产与商用服务业占19%，社区、社会及个人服务业占14%，金融服务行业占6%，运输与仓储业占6%，制造业占5%，住宿与餐饮业占3%，其他行业占11%；就经济增加值的贡献而言，批发零售业占25%，地产与商用服务业占19%，制造业的企业数量虽然不多，但其对生产增加值的贡献却

① 〔日〕岩崎育夫：《东南亚的华人资本与国民经济（下）》，《南洋资料译丛》1999年第2期。

② 董孟雄、陈庆德：《战后经济动荡中的东南亚华人、华侨社会》，《华侨华人历史研究》1989年第4期。

③ Teresita Ang See and Go Bon Juan, "China, the 'Chinese economy' and Ethnic Chinese Business in the Philippines" in Leo Suryadinata ed., *Southeast Asia's Chinese Businesses in an Era of Globalization: Coping with the Rise of China*. Singapore: Institute of Southeast Asian Studies, 2006, p. 223.

④ 庄国土等：《华侨华人经济资源研究》，国侨办政策法规司编，2011，第17~18页。

⑤ Singapore Economy, http://www.singstat.gov.sg/statistics/visualising_data/Singapore-Economy.pdf.

⑥ Singapore Department of Statistics, *Profile of Enterprise in Singapore*, p. 2, Singapore Department of Statistics, *Gross Domestic Product (GDP) by Industry*, http://www.singstat.gov.sg/stats/themes/economy/ess/essa11.pdf.; IE Singapore, 2010 Work Plan Seminar of "Small & Mighty Enterprise".

⑦ 庄国土等：《华侨华人经济资源研究》，国侨办政策法规司编，2011，第17页。

达到 17%[①]。考虑到华族所占的比重，华商中小企业的行业分布应该与上述新加坡中小企业的总体情况大体相当。

2. 马来西亚

据马来西亚官方统计，2010 年中小企业总数 61.42 万家，约占大马企业总数的 99.2%，吸收了国内 59% 的就业人口，贡献了 32% 的国内生产总值[②]。一般认为，当前在中小企业领域，华商大约占 80%[③]。若以这个比例作为测算的标准，2010 年华商中小企业大约有 51.3 万家，对马来西亚国内生产总值的贡献超过 2255 亿马元[④]。

华商中小企业几乎遍及国内经济所有行业，其中批发及零售贸易、制造业、建筑与工程承包、房地产、专业服务领域[⑤]是华商中小企业最集中的行业，占华商中小企业总数的八成。在制造业方面，华商中小企业主要集中在纺织、服装、食品、日化、五金、电子、家具等行业，企业所在地主要集中在柔佛、吉隆坡、雪兰莪、霹雳州、槟城等比较重要的工业区。南部的柔佛主要生产纺织品、木制品和服装；中部的雪兰莪，以生产交通设备和用电产品为主；中北部的霹雳州主要生产食品和与食品相关的产品；北部的槟城则在半导体和电子产品制造方面占据优势。

3. 泰国

据泰国官方统计，2010 年泰国 292.49 万家企业中，291.37 万家为中小企业，约占全国企业总数的 99.6%。同年中小企业的 GDP 为 37469 亿泰铢，约占泰国国内生产总值的 37.1%。一般认为华人资本约占泰国企业数量的40%[⑥]。若以这个比例作为估算的基础，我们大致认为占企业总数 99.6% 的泰国中小企业中，大约有 40% 属于华商企业，即华商中小企业有

① Singapore Department of Statistics, *Profile of Enterprise in Singapore*, p. 2.

② National SME Development Council (NSDC), *SME Annual Report 2010/2011*, November. 2011, p. 21.

③《陈耀星：发挥融资真正作用，中小企业银行应重组》，马来西亚《星洲日报》2010 年 8 月 15 日。

④ Department of Statistics, Malaysia, *Yearbook of Statistics Malaysia 2011*, p. xxiv.

⑤ 专业服务领域包括律师、会计师、工程师、绘测师等。

⑥ Ikuo Iwasaki, A Reflection on Some Basic Characteristics of Ethnic Chinese Capital in Contemporary Southeast Asia, in edited by Yu Chungsun, *Ethnic Chinese Their Economy*, *Politics and Culture*. The Japan Times Ltd., 2000, p. 30.

116.55万家；假设华商中小企业产值与泰国中小企业平均水平大体相当，那么中小华商对该国GDP的贡献为14987亿泰铢，大约占整个国家GDP的14.84%①。

华商中小企业遍布泰国全境，大曼谷地区、清迈、合艾等华人聚居地，是华商中小企业最集中的地区。就行业分布而言，华商中小企业广泛地分布在商业、服务业、制造业等领域。在商业领域，华人是泰国主要的零售商、批发商、进出口贸易商，据泰国华商团体的估计，批发业、进出口业、杂货业、百货业的企业大约有70%为华商所有②。在服务业，中小华商的投资主要分布在餐饮、酒店、娱乐、旅游、交通运输、设备维修、中医药等领域。在制造业方面，华商中小企业主要分布在食品加工制造、纺织服装、金属机械、化工、电子电器等领域。电子电器是泰华经济中的新兴行业，从初期与外国技术合作进口组装，逐渐发展到现在的自行装配、生产，近年来华商在该行业的比重从原来占30%提高到40%左右，并不断与外资合作生产更高层次的产品③。

4. 菲律宾

据菲律宾官方统计，2011年全国中小企业总数为81.68万家，占企业总数的99.6%，吸收了国内61%的就业人口，贡献了35.7%的全国经济增加值④。菲律宾的华商中小企业大约占全国中小企业总数的四分之一。假设华商中小企业产出与全国中小企业的平均产出相当，那么2011年华商中小企业对菲律宾经济增加值的贡献在9%左右。考虑到菲律宾华族人口仅占总人口的1.6%，华商中小企业在该国经济领域能有如此之地位，实属不易。

就行业分布而言，商品批发、零售、贸易、餐饮是华商中小企业最集中的行业，除此之外，华人中小型企业还广泛地分布在小五金制品工业、药业、纺

① Office of Small and Medium Enterprises Promotion (OSMEP), *The White Paper on Small and Medium Enterprises of Thailand in 2010 and Trends 2011*, 2010, pp. 3－21.

② 华侨经济年鉴委员会编1993年《华侨经济年鉴》，台北海宇文化事业有限公司，1993，第52页。

③ 刘文正：《21世纪初泰国华商经济地位初探》，《八桂侨刊》2012年第3期。

④ 数据来自菲律宾贸工部网站，http://www.dti.gov.ph/dti/index.php?p=321。

织及成衣工业、电子与电器器材工业、木材加工业、建筑材料工业、食品加工业及化学制品工业等行业。需指出的是，20 世纪 70 年代以来，20 余万中国新移民的南来，在当地经商谋生，敢闯敢拼，为菲华中小企业注入新鲜的血液，成为推动华人经济发展的重要因素。

5. 印尼

据印尼官方统计，截至 2011 年底，印尼中小及微型企业的总数已达 5200 万家（中小规模的工业企业达到 380 万家），吸纳了全国 97% 的劳动力，产值占 GDP 的 65%，出口占总额的 70%[①]。一般认为，华商中小企业产值占印尼所有中小企业产值的三成，有学者估算 2009 年印尼华商中小企业资本大约为 593 亿美元[②]。华人经营的中型企业有 5000 多家，小型企业和家庭式手工业小作坊难以计数，它们中有许多分布在印尼政府设在全国各城镇的约 1 万个小型工业区内（Industrial Clusters），雇用数名工人，其中包括不支付工资的家庭成员[③]。西方学者实地调研表明，印尼政府仅在人口密集和资源相对贫瘠的中爪哇便设立了 4400 个小型工业区，其中印尼华裔人士开设的工厂在工业区内往往占据较有优势的地位[④]。

就行业分布而言，华商中小企业主要集中在批发零售、进出口贸易、餐饮休闲、制造业、交通、建筑、农产品种植与加工等行业。批发零售、贸易等商业领域是华商中小企业经营的传统产业，营业网点遍布全国各地，对于丰富印尼人民的物质文化生活，促进国内商品流通和出口具有重要意义。据印华著名企业家林文光估计，经营商贸的华人小企业主大约为 30 万[⑤]。在制造业方面，中小华商广泛地分布在家具、纺织、服装、鞋类、食品、饮料、木材加工、塑料制品、小五金、零配件制造等领域。

---

① 《印尼中小微企业迅速增长　2011 年底已达 5200 万家》，《经济日报》2013 年 5 月 31 日。

② 原晶晶、杨晓强：《印度尼西亚华人及其资本发展现状》，《东南亚纵横》2011 年第 6 期。

③ 沈红芳：《经济全球化下的东南亚中小华商企业》，《华侨华人历史研究》2007 年第 3 期。

④ Hendrawan Supratikno, “the Development of SME Clusters in Indonesia”, in Denis Hew and Loi Wee Nee (eds.), *Entrepreneurship and SMEs in Southeast Asia*, Singapore: Institute of Southeast Asian Studies, 2004, pp. 120 – 123.

⑤ 林文光：《中国实施“走出去”发展战略与印尼华商》，中国侨网，http://www.chinaqw.com，2010 – 07 – 10。

（四）小结

进入21世纪，东南亚华人经济进一步融入当地社会，华商资本总量日益扩大，并在房地产、金融、商业、农业及部分领域的制造业占据牢固地位，显示出强大实力。从国别来看，在新加坡和泰国，华商资本发展平稳，经济实力与外国资本并驾齐驱。在马来西亚和印尼，虽然华商资本绝对值仍在增长，但由于土著企业和国有资本的持续发展，华商在所在国的经济地位较20世纪90年代相对来说有所下降①。在菲律宾，当地华商的经济实力，已呈现出超越西班牙裔商业精英的势头②。东盟五国华商强势的经济地位，既是维系华族社会的支柱之一，也是华族政治地位提升的主动力。

一些媒体和学者刻意渲染东南亚华商经济实力，认为其掌握所在国的经济命脉，这是不切实际的。日本学者岩崎育夫根据翔实的企业经济资料，对东南亚华人资本作出新的估计和分析，他认为新加坡、马来西亚、菲律宾、泰国、印度尼西亚5个东盟国家的华人资本实际上只占其本国总资本的1/3左右③。这一估计是比较客观的，也与本文相互印证，因此笔者倾向认同。

经过20世纪末金融危机洗礼的华商大企业逐渐走向成熟，传统家族经营弱化，经营业务方式趋于稳重，整体素质有效提高，如正大集团、金光集团、丰隆集团、三林集团等一批华人企业集团在国际化的道路上获得前所未有的发展。但就企业规模而言，华商大企业与西方跨国公司相比仍稍逊一筹。2013年世界500强企业，东南亚华商仅有一家上榜，全球2000强企业，东南亚华商上榜企业也只有22家。东南亚华商企业绝大多数是中小企业，

---

① 1990年华族在马来西亚有限公司股权的比重为45.5%，到2008年这一数字已经下降到34.9%。数据来自 *Seventh Malaysia Plan 1996 – 2000* 和 *10th Malaysia Plan 2011 – 2015*。

② Ellen H. Palanca，"Public Policy，Political Culture，and Ethnic Chinese Business in the Philippines"，Leo Suryadinata ed.，*Southeast Asia's Chinese Businesses in an Era of Globalization: Coping with the Rise of China*. Singapore：Institute of Southeast Asian Studies，2006，pp. 274 – 277.

③ Ikuo Iwasaki，A Reflection on Some Basic Characteristics of Ethnic Chinese Capital in Contemporary Southeast Asia，in edited by Yu Chungsun，*Ethnic Chinese Their Economy，Politics and Culture*. The Japan Times，Ltd.，2000，p. 30.

近年来得益于稳定的宏观经济和政府政策扶持，发展十分迅速。深具活力的华商中小企业，在促进就业、繁荣本国经济中扮演重要角色，但同时也面临经营者文化素质较低、劳工不足、不善于利用政府鼓励措施、国家经济政策歧视等诸多挑战。

参考文献

中文文献

〔美〕施坚雅著《泰国华人社会：历史的分析》，许华等译，厦门大学出版社，2010。

〔日〕岩崎育夫：《东南亚的华人资本与国民经济》（下），《南洋资料译丛》1999年第2期。

〔泰〕江白潮：《二十世纪泰国华侨人口初探》，《东南亚》1992年第4期。

〔新加坡〕苏瑞福著《新加坡人口研究》，薛学了、王艳等译，厦门大学出版社，2009。

第一太平有限公司：《第一太平有限公司2010年度中期报告》，2010。

《世界侨情报告》编委会：《世界侨情报告（2012～2013）》，暨南大学出版社，2013。

曹云华、许梅、邓仕超：《东南亚华人的政治参与》，中国华侨出版社，2004。

曾少聪、汪鲸：《东南亚华侨华人与居住国的政治关系——以菲律宾、新加坡、马来西亚和印尼为例》，载《第九届中国世界民族学会会员代表大会暨学术讨论会论文集》（上册），2010。

戴鸿琪：《印尼华侨经济》，台北海外出版社，1956。

董孟雄、陈庆德：《战后经济动荡中的东南亚华人、华侨社会》，《华侨华人历史研究》1989年第4期。

黄昆章：《印尼华侨华人史（1950～2004）》，广东高等教育出版社，2005。

纪硕鸣等：《华商在国际市场举足轻重》，《亚洲周刊》2004年第41期。

康晓丽：《战后马来西亚华人再移民：数量估算与原因分析》，《华侨华人历史研究》2012年第3期。

孔祥利：《民主化进程中东南亚国家的华人政治参与——以菲律宾、马来西亚和印度尼西亚为例》，《东南亚研究》2008年第5期。

李学民、黄昆章：《印尼华侨史》，广东高等教育出版社，2008。

李一平、刘文正：《论冷战国际环境中的中国与新加坡关系》，《厦门大学学报（哲学社会科学版）》2008年第1期。

刘文正：《21世纪初泰国华商经济地位初探》，《八桂侨刊》2012年第3期。

刘文正：《中国—东盟关系中的华商（1970～2010）——以东盟五国华商为例》，厦门大学博士学位论文（未刊），2011。

刘晓斌：《论东南亚华人文化的现状与前景》，《华侨华人历史研究》1995 年第 3 期。

龙异：《印度尼西亚华人政策与华人政治参与的历史分析》，《暨南大学学报（哲学社会科学版）》2013 年第 5 期。

潘翎主编《华侨华人百科全书》，新加坡华裔馆，1998。

潘少红：《二战后泰国华人参政历程及原因分析》，《东南亚纵横》2004 年第 3 期。

沈红芳：《经济全球化下的东南亚中小华商企业》，《华侨华人历史研究》2007 年第 3 期。

施雪琴：《菲律宾华人移民政策与人口的变化：从十七世纪初至二十世纪九十年代》，《南洋问题研究》1996 年第 3 期。

台湾“侨委会”统计室：《泰国 2010 年华人人口统计推估》，2011。

唐慧：《印度尼西亚历届政府华侨华人政策的形成与演变》，世界知识出版社，2006。

王望波、庄国土等：《2009 年海外华侨华人概述》，世界知识出版社，2011。

王望波：《东南亚华人社会政治地位的现状和发展趋势》，《南洋问题研究》2000 年第 3 期。

王晓东：《从上市企业看菲律宾华商企业的发展特点和趋势》，《亚太经济》2010 年第 5 期。

韦红：《20 世纪 90 年代以来马来西亚民族政治的变化》，《世界民族》2002 年第 1 期。

谢美华：《近 20 年新加坡的中国新移民及其数量估算》，《华侨华人历史研究》2010 年第 3 期。

原晶晶、杨晓强：《印度尼西亚华人及其资本发展现状》，《东南亚纵横》2011 年第 6 期。

朱陆民：《从制度视角看马来西亚华人的参政空间》，《世界民族》2005 年第 2 期。

庄国土、刘文正：《东亚华人社会的形成和发展》，厦门大学出版社，2009。

庄国土：《东南亚华侨华人数量的新估算》，《厦门大学学报（哲学社会科学版）》2009 年第 3 期。

庄国土：《东南亚华人参政的特点和前景》，《当代亚太》2003 年第 9 期。

庄国土：《论中国人移民东南亚的四次大潮》，《南洋问题研究》2008 年第 1 期。

外文文献

A Sustainable Population for a Dynamic Singapore: Population White Paper. National Population and Talent Division, Prime Minister's Office, Singapore, January 2013.

Carino Theresa Chong, *Chinese Big Husiness in the Philippines: Political Leadership and Change*, Singapore, Times Academic Press, 1998.

Census of the Philippine Islands: 1903, Vol. I, Unite States Bureau of the Census, Washington, 1905.

Economic Planning Unit, *10th Malaysia Plan 2011 - 2015*, Primes Minister's Department, Putarajaya, 2011.

Economic Planning Unit, *Ninth Malaysia Plan 2006 - 2010*, Primes Minister's Department, Putarajaya, 2006.

Economic Planning Unit, *Seventh Malaysia Plan 1996 - 2000*, Primes Minister's Department, Putarajaya, 1996.

Ellen H. Palanca, " Public Policy, Political Culture, and Ethnic Chinese Business in the Philippines", Leo Suryadinata ed. , *Southeast Asia's Chinese Businesses in an Era of Globalization: Coping with the Rise of China.* Singapore: Institute of Southeast Asian Studies, 2006.

Hendrawan Supratikno, "The Development of SME Clusters in Indonesia", in Denis Hew and Loi Wee Nee (eds.), *Entrepreneurship and SMEs in Southeast Asia*, Singapore: Institute of Southeast Asian Studies, 2004.

Ikuo Iwasaki, A Reflection on Some Basic Characteristics of Ethnic Chinese Capital in Contemporary Southeast Asia, in edited by Yu Chungsun, *Ethnic Chinese Their Economy, Politics and Culture.* The Japan Times Ltd. , 2000.

Land and Houses Public Company Limited, *Land and Houses Public Company Limited Annual Report 2009*, 2010.

Land and Houses Public Company Limited, *Land and Houses Public Company Limited Annual Report 2012*, 2013.

Leo Suryadinata, *Ethnic Chinese as Southeast Asians*, Singapore: Institute of Southeast Asian Studies, 1997.

Leo Suryadinata, *Issues and Events of Ethnic Chinese Communities*, Chinese Heritage Center Bulletin, No. 9, May, 2007.

Marleen Dieleman, "Shock-Imprinting: External Shocks and Ethnic Chinese Business Groups in Indonesia", *Asia Pacific Journal of Management*, Vol. 27, 2010.

National SME Development Council (NSDC), *SME Annual Report 2010/2011*, Malaysia, November. 2011,

Office of Small and Medium Enterprises Promotion (OSMEP), The White Paper on Small and Medium Enterprisesof Thailand in 2010 and Trends 2011, 2010.

Population Trends 2012, Department of Statistics, Ministry of Trade & Industry, Republic of Singapore, 2012.

PT Lippo Karawaci Tbk, *Lippo Karawaci Annual Report 2012*, 2013.

Statistics Yearbook Malaysia 2011, Department of Statistics, Malaysia, September 2012.

Teresita Ang See and Go Bon Juan, "China, the 'Chinese Economy' and Ethnic Chinese Business in the Philippines" in Leo Suryadinata ed. , *Southeast Asia's Chinese Businesses in an Era of Globalization: Coping with the Rise of China*, Singapore: Institute of Southeast Asian Studies, 2006.

Teresita Ang See, The Ethnic Chinese as Filipinos, in Leo Suryadinata, *Ethnic Chinese as Southeast Asians*, Singapore: Institute of Southeast Asian Studies, 1997.

Ethnic Chinese Communities in Southeast Asia in the 21st Century: Population Trend, Political Status and Economic Strength

Liu Wenzheng　Wang Yongguang

Abstract: Southeast Asia has been a prime destination for Chinese emigrants throughout history, where the number and distribution of local ethnic Chinese have no match among overseas Chinese communities in the rest of the world. The number of Ethnic Chinese in ASEAN countries-Singapore, Malaysia, Thailand, the Philippines, Indonesia was nearly 30 million in 2011, which accounted for 60 percent of all overseas Chinese. With the development of political democratization in Southeast Asian countries and the further ethnic Chinese integration into the local community, ethnic Chinese policy has been gradually relaxed, and political participation of ethnic Chinese makes new progress in 21st century. After the Asian Financial Crisis of 1997, ethnic Chinese business actvities in Southeast Asia have shown vigor and vitality, ethnic Chinese capital grows increasingly, and ethnic Chinese businesses are a powerful economic force, which have entrenched themselves in real estate, finance, commerce, agriculture and some manufacturing industries.

Keywords: Southeast Asia Ethnic Chinese Communities; Population Trend; Political Participation; Ethnic Chinese Business

B.3
二十一世纪的日本华侨华人

戴二彪*

摘　要：

第二次世界大战以后，中国至日本的人口迁移经历了长期停滞阶段。但是1980年代以后，中国成为日本的外国留学生、外国专业技术人员和单纯劳动力、日本人的外籍配偶的最大来源国，日本也成为接受中国移民最多的5个发达国家之一。与1980年代以前相比，日本的华侨华人无论在人口数量上，还是在其居住身份的多样性和个人属性上，都发生了巨大的变化。这些变化显著地提升了华侨华人在日本的社会地位和影响力，也有效地促进了中日两国间在高等教育、科技、投资和贸易、体育和文化等领域的交流和合作。

关键词：

日本　中国　台湾　华侨华人　人才循环

一　前言

中国与日本一衣带水，自古以来，中日之间就有相当密切的人文交流与经贸关系。特别是19世纪末以后，“东渡留学热”促使两国间的人员往来更加频繁。但是受两国关系以及中日各自国内政治环境的影响，近代中国至日本的人口迁移，经历了增长、长期停滞、恢复、激增等变化。

70多年前的日本侵华战争严重影响了两国在1930年代至1970年代各领域的交流关系。但是1972年中日恢复邦交、1978年中国开始改革开放以后，

---

* 戴二彪，男，日本国际东亚研究中心主席研究员、九州大学研究生院客员教授，1997年获日本京都大学经济学博士学位。研究重点：人力资源对经济发展的影响、专业人才的国际迁移、中国和东亚经济。

随着两国经贸交流的急速扩大以及日本人口结构上“少子老龄化”的加速与移民政策的变化，作为世界第二经济大国和科技强国的日本逐步成为中国人出国留学、移民的主要目的地之一。据日本法务省统计，2012 年末，在日中国（含台湾、香港）籍人口已经从 1980 年的 5.3 万人左右激增到 73.6 万人（包括已经定居在日的华侨 28.6 万人）。同年日本总人口中，有 12.7 万人是归化为日本籍的原中国籍移民，此外至少有约 34.5 万人是作为日本国民子女直接取得日本国籍的华裔后代，合计有日籍华人 47.2 万人。中国籍人口和日籍华人两部分相加，在日华侨华人规模已经超过 120 万人，日本也已经成为接受中国移民最多的 5 个发达国家（美国、加拿大、日本、澳大利亚、韩国）之一。

在日华侨华人规模的急速扩大引人注目，但是由于其变化太快，既有的相关文献对在日华人社会的介绍与实际状况还有一定距离。本文利用最新的日本政府统计资料和实地调查结果，力图对日本华人人口规模的变迁、现状、特征及其变化背景作一详细的考察。全文由六部分构成。本部分之后的第二部分介绍日本人口的基本状况，第三部分考察 1970 年代末以后从中国到日本的人口迁移急速扩大的背景，第四部分详细考察日本华侨华人现状与中国籍全体人口的结构、特征，第五部分概观日本华侨华人与中国、日本的关系，第六部分是对本文的小结。

必须说明的是，参照中国政府侨务办公室的定义，本文详细考察在日华人群体的各组成部分时，“华人”指的是已经取得日本国籍的原中国国籍者及其后代，“华侨”指的是定居在日本但保留中国国籍者。但是，为叙述方便，本文部分不针对特定对象的叙述中所用的“日本华人”或“在日华人”泛指由在日华侨、华人以及尚未取得定居身份的中国籍人员构成的群体。

二　日本人口的基本状况

（一）规模变化和性别结构

从日本实施首次人口普查的 1920 年到 2005 年，除了 1940 年代的战争时期，日本人口均保持了持续增长。但是，在经历了 1940 年代后期（第二次世界大战结束后）至1970年代后期的快速增长后，1980年代以后人口增长速度开始放慢。2005年，日本总人口出现了战后的首次减少。此后，基本处于停滞或小幅增减状态。2010年，日本总人口为1.2806亿人（普查数据），2011年后跌至1.28亿人以下（见图1）。

导致日本人口增长停滞乃至下降的主要原因是：随着日本女性学历的提高和就业率的上升以及婚姻观、家庭观的变化，妇女生育率逐年下降。1940年代后期，日本妇女总和生育率（TFR）高达4人以上，1975年以后，降为2人以下，开始低于维持人口规模必需的最低生育率（2.1人左右）。近年，更是降至1.4人以下，低于绝大多数发达国家和几乎所有发展中国家。由于妇女生育率过低，2005年以后日本人口的自然增长率基本保持负值（2006年除外）（见图2）。

日本新生儿的男女性别结构相当平衡，但由于女性比男性寿命长，总体上女性人口略多于男性。随着老龄化的加速，女性和男性的人数差在渐渐扩大（见图1）。

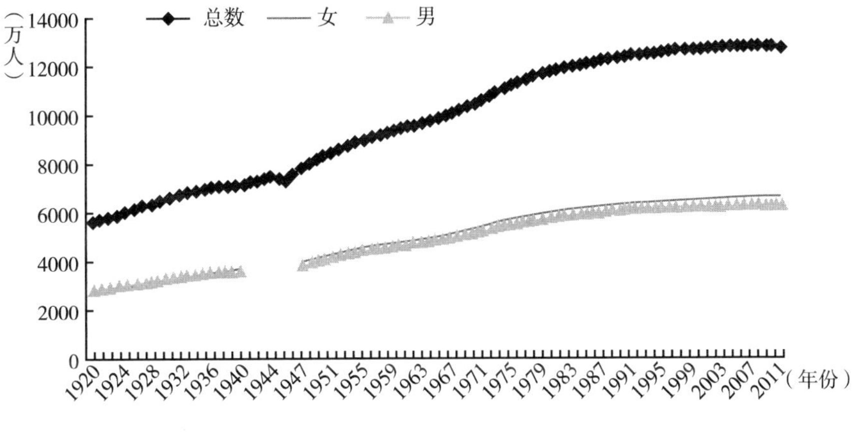

图1　日本总人口规模的变化（1920～2011）

数据来源：国立社会保障与人口问题研究所（2013）：《人口统计资料集》。

（二）年龄结构

日本既是世界上妇女生育率最低的国家之一，也是世界上屈指可数的长寿国家，特别是日本女性的平均寿命多年来一直居世界第一。这样的低出生率、长

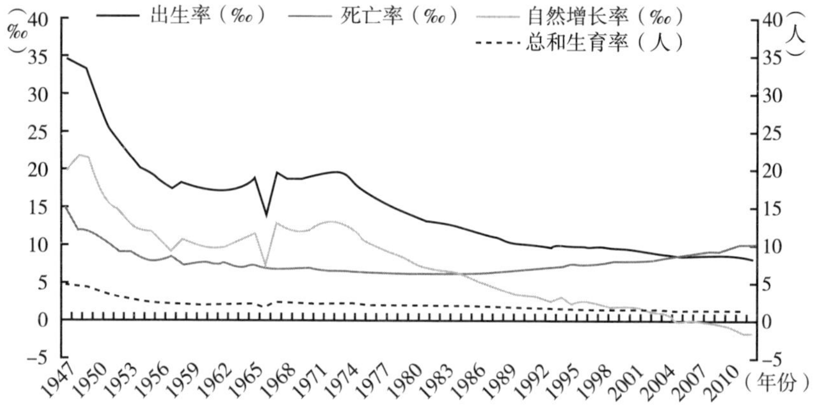

图2　日本的出生率、死亡率、自然增长率和妇女总和生育率的变化（1947～2010）

注：总和生育率为每个妇女在育龄期（假定为15～49岁）生育的孩子数的平均值。
数据来源：国立社会保障与人口问题研究所（2013）：《人口统计资料集》。

寿命的人口动态导致日本成为世界上老龄化（65岁以上人口占总人口的比例）最严重的国家（见表1）。1950年前，日本65岁以上人口占总人口的比例基本不满5%，1970年该比例首次超过7%（老龄化的国际基准线），但尚低于当时绝大多数欧美发达国家。然而，此后该比例持续上升，2010年日本65岁以上人口的比例已高达22.84%，短时间内后来居上，跃居世界第一。与此相对，14岁以下人口比例从1950年前的30%以上降至2010年的13.12%，人口结构日益趋向“头重脚轻”（即上部的老年人口比例过大，下部的低龄人口比例过小）。同时，15～64岁的劳动年龄人口也从战后至1990年的持续上升转为1990年以后的逐年下降，其占总人口的比例从峰值（69.5%左右）下降到2010年的63.28%。曾经为战后日本经济的高速成长作出重要贡献的人口红利（指劳动年龄人口增长率超过被抚养人口增长率的人口结构状态）已经不复存在。

表1　日本人口的年龄结构变化

年份	0～14岁(%)	15～64岁(%)	65岁以上(%)	平均年龄(岁)	年龄中位数(岁)
1920	36.48	58.26	5.26	26.7	22.2
1925	36.70	58.24	5.06	26.5	22.0
1930	36.59	58.66	4.75	26.3	21.8

续表

年份	0～14岁(%)	15～64岁(%)	65岁以上(%)	平均年龄(岁)	年龄中位数(岁)
1935	36.89	58.46	4.66	26.3	22.0
1940	36.05	59.19	4.73	26.6	22.1
1947	35.30	59.90	4.79	26.7	22.3
1950	35.41	59.64	4.94	26.6	22.2
1955	33.44	61.24	5.29	27.6	23.6
1960	30.15	64.12	5.72	29.0	25.6
1965	25.73	67.98	6.29	30.3	27.4
1970	24.03	68.90	7.06	31.5	29.0
1975	24.32	67.72	7.92	32.5	30.6
1980	23.50	67.35	9.10	33.9	32.5
1985	21.51	68.16	10.30	35.7	35.2
1990	18.19	69.50	10.05	37.6	37.7
1995	15.94	69.42	14.54	39.6	39.7
2000	14.55	67.93	17.34	41.4	41.5
2005	13.71	65.82	20.09	43.3	43.3
2010	13.12	63.28	22.84	45.0	45.0

数据来源：总务省统计局（历年 aa）：《国势调查报告》（即人口普查报告）。

（三）学历结构

日本非常重视教育。除了在亚洲最早普及义务教育，对高等教育的投入也逐步加大。人口普查数据显示（见表2），1970年，日本15岁以上人口的学历结构以小学、中学为主，接受过高等教育的比例仅为8.6%（男12.0%，女5.1%）。但是此后，随着高等教育市场供需双方的增长，特别是私立大学的发展和女性大学升学率的上升，日本15岁以上人口中的大学学历者比例逐年上升。2010年，该比例已达28.0%（男29.6%，女26.5%）。引人注目的是，在20～44岁的年龄段，女性（中青年）的这一比例已经全面超越男性。特别是25～34岁的婚龄女性，50%以上受过高等教育，比同年龄段男性高7～8个百分点。女性的高学历化和就业选择的白领化，导致了部分传统服务业（如饮食业、酒店旅馆业等）单纯劳动力的不足，也在一定程度上减少了低学历男性的择偶机会。

表2　1970年和2010年日本15岁以上人口的学历构成比

单位：%

年龄	1970年				2010年			
	小学教育	中学教育	高等教育	在学者	小学教育	中学教育	高等教育	在学者
男								
总数	49.3	27.9	12.0	10.4	14.0	36.1	29.6	7.6
15~19	20.2	14.5	—	65.1	3.3	8.9	—	87.6
20~24	29.7	43.3	9.2	17.7	4.4	30.4	21.1	35.2
25~29	38.7	40.6	19.6	0.9	5.3	30.7	42.8	2.4
30~34	43.8	38.6	17.3	0.2	5.2	33.9	43.2	0.7
35~44	53.3	30.5	15.9	0.1	5.9	37.9	40.6	0.2
45~54	66.6	19.9	13.0	0.0	6.4	40.8	40.3	0.1
55~64	73.5	15.8	10.0	0.0	16.3	43.5	28.3	0.1
65岁以上	81.2	9.5	7.3	0.0	33.7	37.0	16.8	0.0
女								
总数	53.9	32.0	5.1	7.9	16.3	38.9	26.5	6.4
15~19	19.4	16.7	—	63.7	2.8	7.3	—	89.7
20~24	30.5	52.3	10.9	6.1	4.2	28.1	31.6	28.2
25~29	42.0	47.9	9.8	0.2	3.9	28.2	50.6	1.5
30~34	50.7	42.2	6.8	0.1	3.3	30.4	51.5	0.6
35~44	56.9	37.9	4.9	0.0	3.7	38.6	44.5	0.3
45~54	71.5	24.6	3.4	0.0	4.4	46.5	38.3	0.2
55~64	78.4	17.6	2.7	0.0	15.8	52.0	20.9	0.1
65岁以上	82.0	8.6	1.3	0.0	39.7	40.0	6.8	0.0

注：原始数据来自总务省统计局（历年a）《国势调查报告》。

数据来源：国立社会保障与人口问题研究所（2013）：《人口统计资料集》。

（四）地区分布

日本由47个县级行政区构成，包括1都1道2府43县。日本的区域经济分析以及统计报告中经常提到的三大都市圈指的是：东京圈（东京都、神奈川县、千叶县、埼玉县等1都3县）、名古屋圈（爱知县、岐阜县、三重县等3县）、京阪神圈（大阪府、京都府、兵库县、滋贺县、奈良县、和歌山县等2府4县）。而地方圈指的是三大都市圈以外的34县。

战后日本的高度经济成长过程中（1950年代至1970年代中期），随着工业化和城市化的加速，日本人口的地区分布呈现出向三大都市圈集聚的特征。1970年代中期以后，随着区域间收入差距的缩小和日本政府的国土开发政策的诱导，日本地方圈向三大都市圈的人口移动明显减少。

但是1980年代中期以后，伴随日元升值、日本对外投资的激增和东京在世界经济体系中地位的上升，从日本国内外向东京圈的人口迁移再度增加。同时，集聚在名古屋地区以丰田汽车公司为代表的日本汽车工业稳步发展，也吸引了大量国内外劳动力迁移到名古屋都市圈。因此，1980年代中期以后，尽管京阪神圈的人口呈现停滞趋势，三大都市圈的人口占全国总人口的比例仍然持续上升，2011年，该比例从1980年的34.6%上升到53.1%。其中东京圈的人口占全国的比例从13.0%上升到27.9%（见图3）。

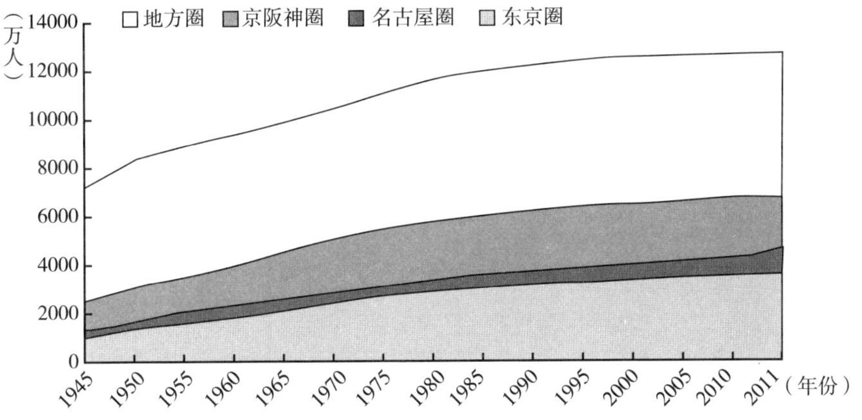

图3　战后日本人口的地区分布变化

数据来源：总务省统计局（2013）：《日本统计年鉴（2013）》。

（五）国籍结构

日本国土小、人口多，从19世纪后期到20世纪70年代，长期属于人口净迁出国。即使是在战后高度经济成长时期（1950年代至1970年代中期），日本也没有仿效欧美国家引进外国劳动力，主要是通过国内劳动力的产业间、地区间转移以及发展自动化技术与改善企业管理，解决了城市产业部门劳动力短缺的问题。但是，1980年代以后，随着日本经济国际化（对外贸易、对外投资）的扩大，以及日本人口结构上“少子老龄化”的加速，日本政府审时度势逐步改革移民政策（出入国管理政策），为各类外国人来日留学、就劳、定居打开了大门，使日本很快转变为人口净迁入国。

表3反映的是1950~2011年日本总人口以及外国国籍人口的变化。对于外国国籍人口，表中采用了两种常用的统计数字：法务省统计和总务省统计。前者以出入国记录为依据，优点是遗漏少，总数把握上更准确（覆盖所有合法居住者和逾期滞留者）。后者以5年一度的人口普查以及定期人口抽样调查为依据，优点是能确认外国人入国后的实际居住工作状况，但是在人数上往往有较多遗漏（如调查对象中没有包括三个月以下的短期居住者，以及逾期滞留者等不愿参加调查者）。

表3　日本总人口以及外国国籍人口的变化（1950~2011）

年份	按总务省的外籍人口数据计算				按法务省的外籍人口数据计算			
	日本籍（万人）	外国籍（万人）	港人口（万人）	外国籍（%）	日本籍（万人）	外国籍（万人）	港人口（万人）	外国籍（%）
1950	8257	53	8310	0.63	8257	60	8317	0.72
1955	8868	60	8928	0.67	8868	64	8932	0.72
1960	9284	58	9342	0.62	9284	65	9349	0.70
1965	9768	59	9828	0.60	9768	67	9835	0.68
1970	10312	60	10372	0.58	10312	71	10383	0.68
1975	11125	64	11189	0.57	11125	75	11200	0.67
1980	11632	67	11699	0.57	11632	78	11710	0.67
1985	12029	72	12101	0.60	12029	85	12114	0.70
1990	12240	89	12328	0.72	12240	108	12347	0.87
1995	12430	114	12544	0.91	12430	136	12566	1.08
2000	12539	131	12670	1.03	12539	169	12707	1.33
2001	12593	139	12732	1.09	12593	178	12771	1.39
2002	12605	143	12749	1.12	12605	185	12790	1.45
2003	12621	149	12770	1.17	12621	192	12812	1.49
2004	12627	152	15779	1.19	12627	197	12824	1.54
2005	12573	156	12729	1.22	12573	201	12774	1.57
2006	12629	162	12790	1.26	12629	208	12837	1.62
2007	12635	169	12803	1.32	12635	215	12850	1.68
2008	12634	174	12808	1.36	12634	222	12856	1.72
2009	12634	169	12803	1.32	12634	219	12853	1.70
2010	12536	165	12701	1.30	12536	213	12749	1.67
2011	12618	162	12780	1.27	12618	208	12826	1.62

注：原始数据来自日本总务省（历年a、历年b）、日本法务省（历年）。

数据来源：根据国立社会保障与人口问题研究所（2013）《人口统计资料集》计算。

从表3可以看出，1980年以前的30多年，因为几乎没有从海外引进新移民，日外国籍人口的变化主要受第二次世界大战结束前迁移到朝鲜半岛和台湾的移民及其后代自然增长的影响，因此增长缓慢。但是1980年代以后外国籍人口出现了急剧的增加。按总务省统计，1980～2011年的31年中，在日外国人从67万人上升到162万人。而据法务省统计，2011年，在日外国人已从1980年的78万人上升到了208万人，比总务省数据多46万人。

随着来日外国人的增加，在日外国籍人口的国籍结构也发生了显著变化。1980年，在日外国籍人口（78万人）的84.9%为韩国和朝鲜籍（66.2万人）、6.8%为中国籍（5.3万人），他们绝大部分是1945年第二次世界大战结束前迁移到朝鲜半岛和台湾岛（当时均为日本殖民统治地区）的移民及其后代。1980年代以后，在日外国人国籍逐步多元化，非亚洲国家中，巴西、秘鲁、美国等国籍的人口增长引人注目。亚洲各国中，中国籍和菲律宾籍人口的增加最为迅速。特别是中国籍人口，2007年取代了韩国和朝鲜籍人口，成为在日最大的外国籍群体。据日本法务省统计，2011年12月，208万在日外国籍人口中，人数最多的中国国籍者占全体的32.5%。其他依次为韩国和朝鲜籍（26.2%）、巴西籍（10.1%）、菲律宾籍（10.1%）、秘鲁籍（2.5%）、美国籍（2.4%）。这6个来源地的外国人占在日外国籍人口总数的83.8%（见表4）。

值得注意的是，2009年以后，尽管东亚各国逐步走出世界金融危机的阴影，但是日本与中、韩这两个重要邻国（也是最大的外籍人口来源地）在领土问题、历史问题上时有摩擦，加上2011年3月日本东北大地震、核泄漏事件的影响，导致在日外国人人口出现异常的连续下降。外国籍人口占日本总人口的比例也从2008年的最高值（1.72%）下跌到2011年的1.62%（见表3）。

表4　在日外国籍总人数以及主要国籍人口的比例

单位：%

年份	总人数	中国	韩国、朝鲜	巴西	菲律宾	秘鲁	美国
1950	100.0	6.8	91.0	0.0	0.1	0.0	0.8
1955	100.0	6.8	90.1	0.1	0.1	0.0	1.3
1960	100.0	7.0	89.3	0.0	0.1	0.0	1.8
1965	100.0	7.4	87.6	0.1	0.1	0.0	2.4
1970	100.0	7.3	86.7	0.1	0.1	0.0	2.7

续表

年份	总人数	中国	韩国、朝鲜	巴西	菲律宾	秘鲁	美国
1975	100.0	6.5	86.1	0.2	0.4	0.0	2.9
1980	100.0	6.8	84.9	0.2	0.7	0.0	2.9
1985	100.0	8.8	80.3	0.2	1.4	0.1	3.4
1990	100.0	14.0	64.0	5.2	4.6	1.0	3.6
1995	100.0	16.4	48.9	13.0	5.5	2.7	3.2
2000	100.0	19.9	37.7	15.1	8.6	2.7	2.7
2005	100.0	25.8	29.8	15.0	9.3	2.9	2.5
2006	100.0	26.9	28.7	15.0	9.3	2.8	2.5
2007	100.0	28.2	27.6	14.7	9.4	2.8	2.4
2008	100.0	29.6	26.6	14.1	9.5	2.7	2.4
2009	100.0	31.1	26.5	12.2	9.7	2.6	2.4
2010	100.0	32.2	26.5	10.8	9.8	2.6	2.4
2011	100.0	32.5	26.2	10.1	10.1	2.5	2.4

数据来源：根据国立社会保障与人口问题研究所（2013）《人口统计资料集》计算。原始数据来自日本法务省（历年）。

三 1980年代以后中日间人口迁移激增的背景

1. 战后中日间人口迁移的变化过程

中国与日本列岛之间的人员往来历史悠久。其中，从中国到日本有记载的人口迁移，可追溯到秦朝徐福携三千童男童女赴东海求长生不老之药的传说（请参阅《史记》）。其后，受两国关系以及其他政治、经济、社会因素的影响，中日间的人口迁移时断时续。对于如何划分中国到日本的人口迁移历史，来自不同学科背景的研究者之间，见解不一。的确，许多史实也尚待进一步验证。不过，在相关记载较详细的19世纪末以后，从迁移者的规模、特征及其时代背景来看，中国—日本间的人口迁移大致可分为以下阶段：第一阶段，1896～1945年以留学生、商人为主的迁移增长时期；第二阶段，1945年至1970年代末的迁移停滞时期；第三阶段，1980年代至今人口迁移的恢复、激增时期。

上述三个阶段中，特别是关于第二次世界大战以后（1945年以后）第二、第三阶段的中日间人口迁移，日本法务省有详细的统计记录。图4显示了

1950～2012年从中国到日本的净迁入人数的变化，其从停滞到激增的巨变过程一目了然。

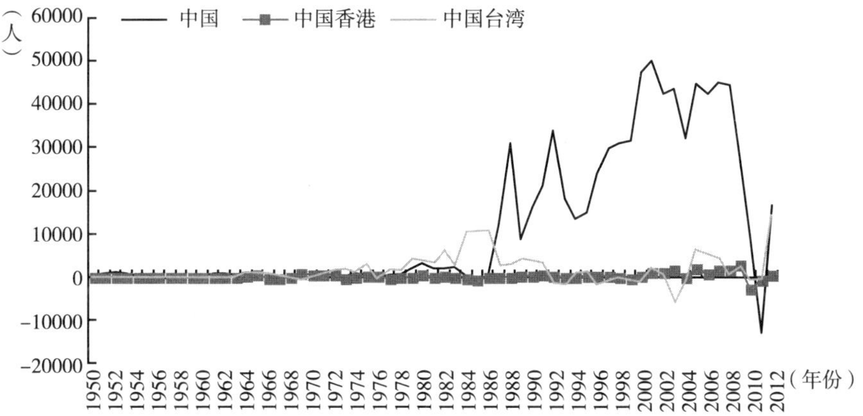

图4　从中国到日本的人口净迁移规模的变动

注：1950～1964年的中国数据包括大陆、台湾和香港，该时期的原始数据不分地区。1964年以后的数据仅包括大陆。

资料来源：根据法务省历年《出入国管理统计表》（1950～2012）计算整理。

2. 1980年代以后中日间人口迁移激增的原因

为何1980年代以后中日间人口迁移规模出现急速扩大？从日中两方的拉—推（pull-push）关系看，日本方面的拉力因素如下。

第一，1985年的《广场协议》（*Plaza Accord*）后，日元急剧升值（前后一年左右，日元对美元升值1倍以上）使得日本企业不得不（也有能力）大规模投资海外，企业经营的国际化带来对外国专业人才（特别是中国这样的投资重点国以及英语圈诸国出生者）的需求。同时，日元升值与日本的世界第二经济大国地位，使日本成为世界最有吸引力的劳动市场之一。

第二，1980年代后，随着日本国民所得水准的上升和年轻人的高学历化，单纯劳动力出现结构性不足。建设业、餐饮服务业、部分传统制造业等所谓3D（Dirty，Dangerous，Difficult）或3K（与3D对应的日文罗马字是Kitanai，Kiken，Kitsui）职业不受年轻人欢迎，国内劳动力供不应求（OECD，2004）。与此同时，90年代以后，信息技术等新兴高科技领域对专业人才的需求大幅增加。但是日本国内年轻一代出现疏远理工科的倾向，优秀的后继科技人才不足。

第三，晚婚化、生育率下降和长寿化带来日本人口结构上的“少子高龄化”问题日益显露，2005 年以后总人口开始减少。据日本国立社会保障与人口研究所预测，如果不扩大接受外国移民，日本人口将从 2005 年的 1.28 亿人下降到 2050 年的 9515 万人，45 年内净减少 3200 万人以上（国立社会保障与人口研究所，2006）。

第四，日本政府适应形势变化，逐步调整和修订了移民政策以及相关法规。1989 年，日本对 1951 年制定的《出入国管理以及难民认定法》（通常简称《入管法》）作了修改。依据该法，日本法务省出入国管理局进一步在 1992 年、2000 年、2005 年、2010 年四次修订了详细的出入国管理计划，确立了日本移民政策的改革方向。除了优先接受日本国籍者以及日本永住者之家属来日定居外，还鼓励大学、企业积极吸收外国留学生和专业技术人员。继 1980 年代中期中曾根内阁提出“接受 10 万外国留学生”战略后，2008 年福田内阁进一步推出了“接受 30 万外国留学生”计划。此外，虽然原则上不接收外国单纯劳动力，但同时另开边门，设立“研修生”（2010 年以后改为“技能实习生”）和以海外日裔为对象的“定住者”留日资格，变相引入单纯外国劳动力。

第五，日本逐步放宽在日外国人申请永久居住与加入日本国籍的条件，鼓励新移民与日本社会融合。

与此同时，中国方面也存在以下推力因素。

第一，1972 年中日建交，为两国推进各领域的正常交流奠定了基础。特别是 1978 年中国实行改革开放政策以后，日本为报中国放弃战争赔款之恩，在 1979 ~2009 年通过提供对华巨额日元低息贷款（约 3.3 万亿日元）和其他无偿技术、资金援助，积极帮助中国推进大型基础设施建设和发展医疗、环境治理事业，改善了中国国民的对日感情，一定程度上消除了中国人赴日留学、工作、缔结国际婚姻的心理障碍。

第二，中国人口资源丰富，从有发展潜力的优秀年轻学子到肯吃苦耐劳的普通劳动力，数量巨大。同时，中国的年轻人中，对日本的科技、动漫文化、音乐、电子产品、汽车、服装、化妆品、饮食有兴趣者数量不小。

第三，中日之间存在显著的劳动报酬差距和生活水准差距。随着中国经济的高速发展，虽然沿海大城市与日本的差距已经日益缩小，但是中国幅员辽阔，与日本存在巨大经济差距的地区依然大量存在。

第四，中国国内有数万家日资企业和更多的外资企业。在经济大国日本的留学、工作经历有利于年轻人的职业发展。

在以上因素的共同影响下，除了2011年等少数年份，中国向日本的人口迁移基本保持相当大规模的净迁出。据日本法务省统计，自1980年至2012年，净迁入的中国国籍人数高达82.4万人，平均每年净迁入人数超过2.57万人（见图4）。下面的第四部分中，我们将对在日华侨华人以及所有在日中国籍人员的现状作一详细考察。

四　日本华侨华人与中国籍全体人员的现状

（一）取得日本国籍的在日华人的规模与构成

1. 日本国籍的取得途径

日本的国籍法总体上基于民族血统主义，因此过去对接受外国人的入籍（归化）一直设置了严格的条件。但是，1980年代以后，随着经济全球化和日本“少子老龄化”的加快，日本逐步修改国籍法，入籍基准和相关手续日益宽松、透明。根据2008年颁布的新国籍法，取得日本国籍的途径主要有以下3种（法务省民政局，2008）。

（1）因出生而取得。孩子出生时，只要其父母的任何一方为日本国民，办理出生登记手续后即可获得日本国籍。但是，在日本国内出生且其父母均无国籍者，或者出生时父母不详者（孤儿），也可获得日本国籍。

（2）通过申报取得。例如，日本人生父和外国人生母之间未满20岁的非婚生子女，在父母结婚后或者父亲确认父子血缘关系后，在年满20岁前可通过申报获得日本国籍。此外，因各种原因（比如在美国出生自动获得美国籍但没有申请保留日本国籍）失去日本国籍的日本人子女，也可通过申报重新加入日本籍。

（3）通过申请归化而入籍（原外国国籍者申请加入日本国籍）。

对于父母双方都是外国国籍的在日外国人，归化入籍是取得日本国籍的唯一方式。归化入籍的条件是：第一，在日本以合法身份居住 5 年以上；第二，是 20 岁以上成年人（20 岁未满者随父母申请）；第三，品行端正；第四，依靠自己的资产、能力或者靠家族成员能够维持生计；第五，不可持双重国籍，须放弃他国国籍（放弃申请不被母国批准者有时可特殊处理）；第六，遵守日本宪法。近年，满足这些条件的外国人申请者 90% 以上能被法务省（法务大臣）批准入籍。特别是与日本或日本国民有密切关系者（日本人的配偶和子女、在日本出生者等）的入籍条件更为宽松。比如，日本人的配偶结婚后在日本连续居住 2 年以上，即有可能被批准入籍。

上述三种入籍途径（出生、申报、归化）中，对中国国籍者加入日本籍有直接影响的当然是归化。但是，对日籍华人全体规模的增长有重要影响的途径包括归化入籍和出生入籍，后者的影响甚至更大。

2. 日籍华人的人口规模及其构成

（1）通过归化入籍的在日华人规模。

对于归化入籍（日本国籍）的外国人人数及其原国籍构成，日本政府有准确的统计。1992 年以后，该统计数据基本上定期公布（通常把原国籍分为三类：韩国和朝鲜、中国、其他）。据法务省的归化许可统计，1952～2012 年，共有 127200 位中国（包括台湾）籍者通过归化申请取得日本国籍。其中，1952～1991 年的归化入籍者为 41034 人，虽然没有详细的本籍地信息，但是可以推测其大部分是从台湾来日的迁移者及其后代。1992～2012 年的归化入籍者为 86166 人（见表 5），其绝大部分则为中国内地出生者。比较这两个时期可以看出，最近这 21 年的归化入籍者人数达到了 1991 年以前 40 年归化入籍者的两倍以上。其背景是：1992 年以后，由于日本政府放宽外国人入籍条件，加上中日间国际结婚人数和赴日留学生规模的扩大，符合归化入籍条件的在日中国人人数（主要是日本人配偶、其他定居者、有稳定工作和较高收入的专业技术人才）出现了显著增加。

但是，值得注意的是，尽管 1992 年以后归化入籍者人数总体上趋于增加，但是时升时降。特别是在近年，中日间所得水准和发展机会差距的日益缩小以及两国关系的不稳定，一定程度上削弱了在日中国人的入籍动机，因此，2009年以后，归化入籍人数反而出现了显著下降。

表5　通过归化取得日籍的外国人人数及其原国籍构成（1992～2012）

单位：人

年份	归化入籍者总数	归化前国籍		
		韩国·朝鲜籍	中国籍	其他国籍
1992	9363	7244	1794	325
1993	10452	7697	2244	511
1994	11146	8244	2478	424
1995	14104	10327	3184	593
1996	14495	9898	3976	621
1997	15061	9678	4729	654
1998	14779	9561	4637	581
1999	16120	10059	5335	726
2000	15812	9842	5245	725
2001	15291	10295	4377	619
2002	14339	9188	4422	709
2003	17633	11778	4722	1133
2004	16336	11031	4122	1183
2005	15251	9689	4427	1135
2006	14108	8531	4347	1230
2007	14680	8546	4740	1394
2008	13218	7412	4322	1484
2009	14785	7637	5392	1756
2010	13072	6668	4816	1588
2011	10359	5656	3259	1444
2012	10622	5581	3598	1443
累计	291026	184562	86166	20278

资料来源：法务省民政局（历年）：《归化许可外国人统计》。

（2）出生时以日本国民子女身份取得国籍的华人规模。

如前所述，根据日本国籍法，出生时父母（任何一方）为日本国民的孩子通过出生登记即可取得日本国籍。因此，上面介绍的通过归化申请取得日本国籍的华人（2012年为12.7万人），只是日籍华人中重要的一部分，但并非全部。要考察日本全体华人的人口规模，必须估算出生时作为日本国民子女出生而取得日本国籍的华裔后代的人数。

问题是，虽然日本法务省每年公布归化入籍的原中国籍人数，却没有任何行政或研究机构做过关于“因出生而取得日本国籍”的人数的统计。尽管如此，我们仍可以利用相关统计数据，通过下面的方法大致估算出这部分华人（JBC）的数值。

JBC 人数 = 至今与日本人结婚的中国配偶者累计人数 ×
其间日本女性的平均生育人数

根据日本厚生劳动省始于1965年的“日本人与外国人的结婚”统计（见图5），自1965年到2011年，累计共有238147位当时为中国（含台湾）籍者和日本人登记结婚，其中女性213245人，男性24902人（厚生劳动省，2013）。在这238147人中，87.8%（女性189960人，男性19079人，合计209039人）是1990年以后的结婚者。自1965年到1990年和2011年，日本女性平均生育人数逐步从2.14人降为1.54人和1.39人（参阅第二部分图2），1965～2011年和1990～2011年的平均值分别为1.69人和1.45人。考虑到在日中国籍配偶者人数的变化过程（87.8%为1990年后结婚者），我们在计算时采用1.45人这一低值。

根据上述两个重要的统计数据（中国籍配偶者累计人数238147人和其间平均生育人数1.45人），可以估算出，1965年至2011年（可看作至2012年，因为从结婚到生育有时间差），全日本有中国籍配偶者（生育时）的家庭至今为止至少已经生育了34.5万混血华裔后代（二分之一以上华人血统），他们在出生登记后一般均已取得日本籍（丈夫为中国籍的家庭中，也有为孩子选择中国国籍的。没有统计，估计为数不多）。鉴于从日本向海外的移民人数很少，这34.5万人（最大年龄48岁，大部分为20岁以下）的绝大部分现在应该在日本生活、工作。

值得注意的是，这样的国际结婚家庭中，一小部分可能已经拥有第三代（四分之一以上华人血统），但是其人数尚少，所以在此忽略不计。另外，夫妇均从中国籍归化为日本籍后结婚生育的孩子，是100%的华人血统，但在出生时也可同时取得日本籍。不过，这样的夫妇不属于国际结婚，在厚生劳动省的统计中被分类为“夫妇均为日本人”，因此不可能区分出其华人背景。因为现实中，这样的家庭出生的孩子数远远少于中日国际结婚家庭的孩子数，加上没有可靠的统计可用于估算，在此也忽略不计。

综合以上对“通过归化入籍的在日华人规模”和“出生时以日本国民子女身份取得国籍的华人规模”的统计整理和估算，我们可以得出结论：截至2012年，在日本生活的日籍华人总规模至少已经达到47.2万人（12.7万人与34.5万人之和）。其中，出生时以日本国民子女身份取得国籍的华人规模，因为无官方统计而常被忽视，但是其对日籍华人规模之影响已经明显超过归化入籍者。

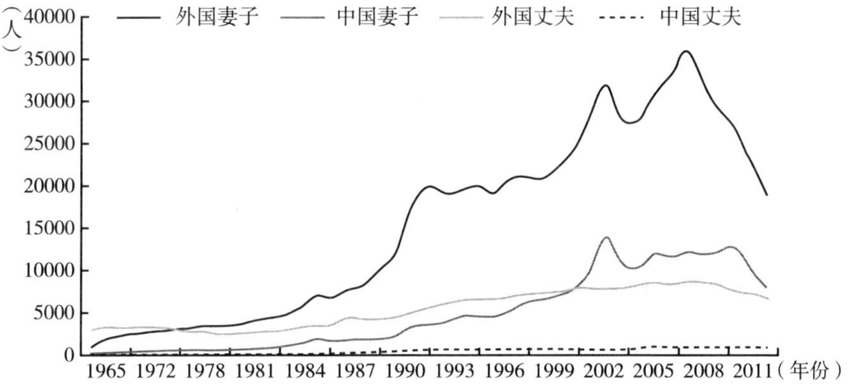

图5　历年与日本人结婚的外国籍和中国籍配偶者人数

资料来源：厚生劳动省（2013）：《人口动态统计》。

（二）在日华侨人口规模及其构成

1. 在日华侨的定义与统计范围

参照中国政府侨务办公室的定义，本文中的“华侨”指的是定居在日本但保留中国国籍者。但是，何为定居，学术界存在不同意见。特别是世界各国的移民管理制度不一，外国移民的定居条件与含义往往有相当大差异。在这样的制度背景下，要搞清楚一国的华侨人口规模等问题，首先必须在全面考察、把握研究对象国为外国移民制定的在留资格（居住身份）体系的前提下，对定居外国人给出清晰的定义及其统计范围。

日本具有独特的外国人出入国管理体系。1980 年代末以后，日本政府对来日的外国人，根据其来日目的或者在日本的居住身份，设计了以下 7 大类（含 27 小类）签证：

①外交：外交。

②公用：公用。

③就业（共 16 类）：教授（大学教员）、艺术、宗教、报道、投资经营、法律、会计业务、企业内转岗、医疗、研究、教育（以语言教师为对象）、技术、人文知识、国际业务、兴业（演艺界人士）、技能（厨师等有一技之长者）。

④一般：文化活动、留学、就学、研修、家族滞在（以就业者、留学者等的家属为对象）。

⑤通过：短期滞在（中转客）。

⑥短期滞在：短期滞在（观光、商务旅行、亲戚访问等）。

⑦特定：日本人之配偶等、永住者、永住者之配偶等、定住者、特定活动。

上述 27 类签证加上特设的“特别永住者”资格，成为外国人在日本的 28 种居住身份（日语称“在留资格”）。其中，以下 5 类居住身份持有者可被视为定居者或准定居者。

“特别永住者”：主要针对 1945 年前迁移为朝鲜半岛籍和台湾籍的人员及其后代而设置。无居住时间上限，可以自由就业。

“永住者”：获得永住身份者（“特别永住者”除外）。无居住时间上限，可以自由就业。

“日本人之配偶”等：每次签证准许的居住时间上限为 5 年，5 年内几乎全部可以获得日本国籍或永住身份，可以自由就业。

“永住者之配偶等”：每次签证准许的居住时间上限为 5 年，5 年内几乎全部可以获得永住身份，可以自由就业。

“定住者”：主要针对来日的海外日裔三世（日裔一世、二世可直接申请日本国籍和永住身份）和少数难民。每次签证准许的居住时间上限为 5 年，但绝大部分的签证可以继续更新，也可以自由就业。有稳定职业者可获得永住身份。

根据各类身份持有者的居住和就业限制条件等特征，本文中把持有“特别永住者”或“永住者”身份的中国籍定居者定义为狭义在日华侨；把持有“特别永住者”“永住者”以及“日本人之配偶者等”“永住者之配偶者等”“定住者”身份的所有中国籍者定义为广义在日华侨。

2. 狭义在日华侨的人口规模

狭义在日华侨即在日中国籍永住身份者，包括中国籍“特别永住者”和中国籍“永住者”这两类公认的定居者。前者绝大多数来自日本殖民统治时期（1895～1945）的台湾，后者以改革开放以后来日的中国内地新移民为主体。1990年代以后，因为归化和年老死亡原因，在日中国籍“特别永住者”和韩国、朝鲜籍的“特别永住者”（占在日“特别永住者”90%以上）一样，逐年减少。与此相反，随着来日中国籍“日本人之配偶者等”和“永住者之配偶等”的逐年增加以及中国籍就业者（不包括技能实习生等非专业技能人员）的身份转换（即从“教授”“研究”“技术”“人文知识”“国际业务”等16种就业身份转为永住者身份），同时期的中国籍永住身份者人数急剧上升（见图6）。

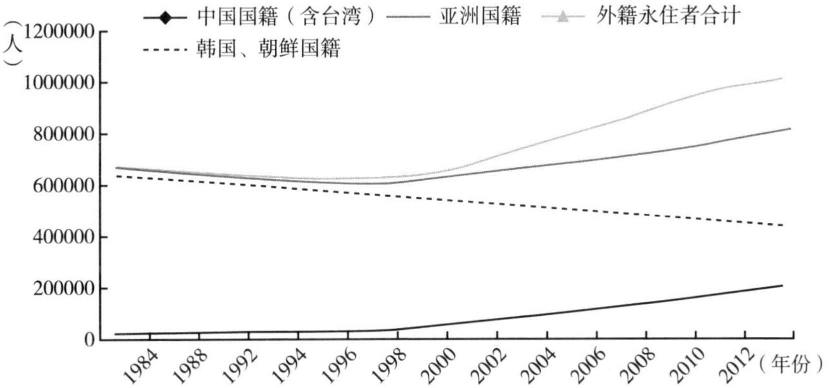

图6　在日外国籍永住身份者的国籍构成变化

数据来源：财团法人入管协会（历年）：《在留外国人统计》。

据日本法务省2013年6月公布的在日外国人统计数据，2012年12月，狭义在日华侨全体人数为203252人。其中，1980年代达2万人以上的“特别永住者”（1984年为22318人）因归化日本籍和年老死亡等原因，只剩下2622

人，而以中国内地新移民为主体的永住者则已高达200630人（见表6）。值得注意的是，虽然中国籍“特别永住者”（2622人）多数来自台湾，但是，他们向法务省提交的本籍地（原籍）信息中，2116人（约81.0%）填写了中国，只有506人（约19%）填写了台湾。因为日本法务省统计的外国人本籍地信息完全源于个人填写记录，这个比例一定程度上反映了现存的在日中国籍“特别永住者”对自己的归属地区的认同倾向。

表6　狭义在日华侨的人口规模和构成（2012年12月末）

单位：人

在留资格	本籍地		中国（合计）
	中国内地、香港	中国台湾	
特别永住者	2116	506	2622
一般永住者	191946	8684	200630
合　计	194062	9190	203252

数据来源：日本法务省（2013）：《在留外国人统计》。

3. 广义在日华侨的规模

本文中，广义在日华侨指的是：上述的狭义在日华侨加上其他中国籍准定居者（包括“日本人之配偶者等”“永住者之配偶者等”“定住者”这三种身份持有者）。据日本法务省的统计数据计算，2012年12月，中国籍定居者（狭义华侨）和准定居者人数分别为203252人、83255人，两者相加构成的广义在日华侨人口总规模为286507人，其中95.6%的本籍地为中国内地和香港（后者极少），4.4%为台湾（见表7）。

表7　广义在日华侨的人口规模和构成（2012年12月末）

单位：人

本籍地	定居者		准定居者			广义华侨总人数
	永住者	特别永住者	日本人之配偶	永住者之配偶等	定住者	
中国内地、香港	191946	2116	43771	8792	27148	273773
中国台湾	8684	506	2546	104	894	12734
合　计	200630	2622	46317	8896	28042	286507

数据来源：日本法务省（2013）：《在留外国人统计》。

三种中国籍准定住者中，“日本人之配偶者等”规模最大（46317人），而且增长也最快。该身份持有者一般在3~5年均能取得日本国籍或永住者身份，所以每年有1万人左右会有身份变化。但与此同时，每年通常有接近或更多的中国人与日本人结婚（参阅图5），以“日本人之配偶者等”的身份来日。他们与在日中国籍就业者（专业技术人员）一样，是在日华侨以及（日籍）华人的最主要来源之一。

但是，值得注意的是在日中国籍配偶的高离婚率。从表8可以看出，1992~2011年，日本籍丈夫—中国籍妻子（不含已入日本籍者）以及日本籍妻子—中国籍丈夫（不含已入日本籍者）的离婚率分别高达38.4%和45.3%，明显高于夫妇均为日本籍的离婚率（31.5%）。不过，如果反比较国际结婚家庭，虽然日本籍妻子—中国籍丈夫的离婚率（45.3%）高于日本籍妻子—外国籍丈夫全体的离婚率（36.7%），但是日本籍丈夫—中国籍妻子的离婚率（38.4%）低于日本籍丈夫—外国籍妻子全体的离婚率（41.2%）。

表8　外国人与日本人的国际结婚、国际离婚（1992~2011）

	日本籍丈夫、外国籍妻子	日本籍丈夫、中国籍妻子	日本籍妻子、外国籍丈夫	日本籍妻子、中国籍丈夫	参考：夫妇均为日本籍
A：累计结婚数（件）	513304	182475	152289	17582	14535069
B：累计离婚数（件）	211600	69995	55872	7966	4577901
B/A：离婚率（%）	41.2	38.4	36.7	45.3	31.5

注：结婚与离婚有时差，因此表中的离婚率计算式（B/A）并不是很严密，但计算时用的是20年累计结婚数与离婚数，总体上能够反映实际状况。

数据来源：笔者根据日本厚生劳动省（2013）《人口动态统计》中的“结婚”“离婚”历年统计数据计算。

（三）在日中国籍人口全体的现状和特征

1. 中国籍人口全体的规模与构成

如本文第二部分所述，2007年以后，中国籍人口已经成为在日外国人的最大群体。2012年12月，（包括从短期访问到永久居住的）在日中国籍人口总数已经达到73.63万人（法务省，2013），表9反映了全体在日中国籍人口的在留身份构成。

表9　在日中国籍人口以及其他外国籍人口的在留身份构成（2012年末）

单位：人

国籍·地域	全体	外交、公务	就业	留学	研修实习	家属同居	短期逗留	特别活动	定居
总数	2249720	16605	201663	180929	155760	120707	197128	20784	1356144
亚洲	1778471	7282	158449	168826	154527	108078	131195	17101	1033013
中国	736254	721	89442	118813	112702	63234	59751	5084	286507
韩国	567047	1263	24060	18643	346	15120	35460	5063	467092
欧洲	83923	3178	15630	6297	559	5157	23424	1561	28117
非洲	13109	1556	1113	1289	142	1262	648	551	6548
北美	88757	3725	21069	3182	320	4609	23836	418	31598
美国	70887	3198	16979	2441	196	3976	19215	169	24713
南美洲	255723	468	993	695	165	509	1993	142	250758
巴西	192173	174	556	312	73	326	1377	67	189288
秘鲁	49444	62	91	87	41	30	124	50	48959
大洋洲	28962	383	4373	627	46	1049	16016	1010	5458
澳大利亚	23646	227	3218	406	24	768	14509	660	3834
无国籍	775	13	36	13	1	43	16	1	652

数据来源：法务省（2013）：《在留外国人统计》。

如表9所示，在日中国籍人口73.63万人中，除了前述的持有定居身份的广义华侨总人数28.65万人外，还有其他中国籍人口44.98万人（包括外交公务人员、就业者、留学生、技能实习生、家属同居者、短期逗留者、特别活动身份者）。其中，与其他国籍者相比，规模特别突出的有：就业者、留学生、技能实习生、家属同居者、短期逗留者。因为短期逗留者居住时间不长（3个月以下），家属同居者数主要受就业者人数影响，因此，在日中国籍非定居者中，对日本社会以及华人人口增长影响最大的是就业者、留学生、技能实习生。下面，我们主要对这三大群体作进一步的考察。

2. 在日中国留学生的现状

历史上，中国曾是日本的最主要留学目的地国家。隋唐时期的日本留学生归国后将汉字以及当时领先世界的中国技术、制度在日本推广改良，促进了日本的文化、社会、经济发展。然而，中日甲午战争（1895）以后，中国社会上下开始认识到日本在军事、科技、制度、教育等领域已经全面反超中国，从而引发东渡留学热。自19世纪末到20世纪20年代，日本成为中国学人的最主要留学目的地国。但是，30年代以后，由于日本侵华战争的影响，中国（内地）赴日留学人数逐步减少。自日本战败（1945）至1970年代后期，赴日留学人数更是微乎其微。

1978年中国实施改革开放政策以后，中国人的赴日留学重新升温。尽管近代的两国战争一直对中日间的各种交流留下阴影，但是受众多因素（包括日本作为世界第二经济大国与科技强国的地位，日本国公立大学对留学生的学费减免或全免制度以及仅次于美国的其他奖学金机会，发达国家中屈指可数的面向留学生的打零工机会，距离相近且同属汉字圈，中日贸易与日本对华投资扩大带来的留学后就业机会的增加，年轻一代对日本文化、日本产品的喜爱，日本政府和各大学对吸收留学生的重视）的影响，1970年代末改革开放以后至今，日本一直是中国留学生的主要留学目的地国家。过去三十多年中，赴日中国留学生人数总体上逐年增长，并且在世界各国的中国留学生人数中保持第二，仅次于赴美国留学生人数（戴二彪，2012；OECD，2011）。

据日本法务省统计（见表10），2012年12月，持有“留学”签证的中国籍者为118813人（含中国台湾籍学生4829人），占持有同签证的在日外国籍学生的

表10　在日中国籍留学身份（签证）持有者人数的变动

单位：人

年份	人数	年份	人数
1984	8138	2007	85905
1986	17459	2008	88812
1990	53605	2009	94355
1995	58475	2010	134483
2001	89249	2011	127435
2005	89374	2012	118813

数据来源：财团法人入管协会（历年）：《在留外国人统计》。

比例高达 65.7%。应当注意的是，近年日本已把以高等学校学生为对象的“留学”签证和以语言学校等大学阶段前的学生为对象的“就学”签证合并为“留学”签证；同时，一小部分“留学”签证持有者并不是在高等教育机构正规课程注册；另外，也有一部分留学生毕业后没有及时改变身份或者逾期不归。因此，实际在日本高等教育机构正规课程注册的中国籍学生人数要小于上述的 118813 人（日本学生支援机构，2013）。

据日本文部科学省统计，2011 年在日本高等教育机构学习的中国籍（含台湾）学生总数为 78516 人，其中来自中国的留学生为 72960 人，从日本高中毕业升入大学的在日华侨子女为 5556 人（见表 11）。全体在日中国留学生中，约三分之一处在研究生院学习阶段，低于近年在美中国留学生的比例（约二分之一），但略高于大多数发达国家中国留学生的比例。

表 11　2011 年在日本高等教育机构学习的中国籍学生的构成

单位：人

国籍类别	学生总数	奖学金状况		学习阶段		
		日本国费生	其他学生	大学本科	研究生院	短期大学
外国籍全体	124646	—	—	80083	42342	2221
外国留学生	110278	9012	101266	68794	39633	1851
在日外国人子女	14368	—	—	11289	2709	370
中国籍全体	78516	—	—	51942	25109	1465
中国留学生	72960	1703	71257	47707	23876	1377
华侨子女	5556	—	—	4235	1233	88

注：日本国费生指的是日本文部省奖学金获得者，不包括日本政府和民间机构资助的其他奖学金项目的受益者。

数据来源：文部科学省生涯学习政策局调查企画课（2013）：《学校基本调查报告书（高等教育机关编）》。

根据日本法务省公布的历年外国籍留学生毕业后“在留资格变动人数”统计，估计在日中国留学生毕业后有 40% 左右（各年不同）选择留在日本就业。另外已毕业的中国留学生中，小部分去了积极引进外国专业人才的美国、加拿大、澳大利亚等传统的移民接收国家以及新加坡、中国香港等高收入的华人国家和地区，但更大部分回到了中国国内（大陆）发展。由于留日学生回国人数规模大，从日本归国的中国留学生在中国的高等教育、研究咨询决策、创业开发、外资企业的经营管理等领域发挥了重大作用。据笔者2012年的调查，在上海、北京和东北地区的主要高校中，绝大部分学校有一位以上从日本获得博士学位的副校长级以上领导（包括1995年在东京大学取得工学博士的2008～2012年清华大学党委书记胡和平）以及大批有留日经历的教授、院系负责人。同年，根据中国科学院学部和院士网站的资料进行统计（见表12），可以发现，2012年的在任中国科学院院士中，有96人为1978年改革开放后在海外取得博士学位回国的学者，其中从日本回国的海归院士（不包括未获日本学位的访问学者）人数为17人，仅次于留美海归院士人数（38人）。从这些数据，归国留日学生在国内各领域中的贡献可见一斑。

表12　2012年在任中国科学院院士中在海外取得学位者（220人）的留学国构成

单位：人

留学国	留学时期			取得的学位				合计
	1949年以前	1950～1978年	1978年以后	博士	副博士	硕士	学士	
全　体	63	61	96	159	41	10	11	220
美　国	50	3	38	80	0	10	1	91
苏　联	0	53	0	7	39	0	7	53
日　本	0	0	17	17	0	0	0	17
英　国	7	1	9	16	0	0	1	17
德　国	3	0	11	12	0	0	2	14
法　国	2	0	6	8	0	0	0	8
加拿大	1	2	1	4	0	0	0	4
丹　麦	0	0	3	3	0	0	0	3
比利时	0	0	2	2	0	0	0	2
奥地利	0	0	2	2	0	0	0	2
瑞　典	0	0	2	2	0	0	0	2
俄罗斯	0	0	1	1	0	0	0	1
瑞　士	0	0	1	2	0	0	0	1
澳大利亚	0	0	1	1	0	0	0	1
其他国家	0	2	2	2	2	0	0	4

资料来源：笔者根据中国科学院学部与院士网站（2012）“院士名单与简介”中的个人信息整理。

值得注意的是，2008年日本政府推出了“接受留学生30万人”计划以及相关的辅助措施后，赴日中国留学生虽曾出现过显著增长，但是因为历史问题、领土纠纷导致的中日两国关系不稳定、日本东北大地震及核泄漏事故（2011 年）以及中国所得水准上升带来的留学目的地多元化、远距离化等因素，近年赴日中国留学生的人数有停滞乃至减少倾向（参阅前面的表 10）。面对赴欧美、澳新等国的中国留学生人数激增动向，大多数日本的高等教育机构希望两国关系尽快改善，从而扭转在竞争日趋激烈的国际留学市场中的不利局面。

3. 就业者和技能实习生

战后至 20 世纪 80 年代中期的经济增长（高度增长和稳定增长）时期，不同于欧美其他发达国家，日本一直没有引进外国劳动力。但是，20 世纪 80 年代中期以后，一方面，随着日本经济的国际化，为了配合日本企业走向世界的全球化战略以及增强日本在研究开发方面的国际竞争力，日本对各类外国专业人才的需求逐步增大；另一方面，日本的妇女生育率逐年下降，“少子老龄化”趋势的加速带来劳动力的减少，同时，年轻人对 3D 行业的嫌弃导致一部分行业劳动力缺口越来越大。在这样的背景下，20 世纪 90 年代以后，日本开始扩大就业签证的发放规模。通过增设与充实，建立了“教授、研究、技术、人文知识与国际业务、企业内调动、医疗、法律、会计、技能”等 16 种以专业技术、技能人员为对象的就业签证（在留资格）体系。与此同时，尽管日本政府原则上坚持不接收外国单纯劳动力，但同时另开边门，设立“研修生”（2010 年后改为“技能实习”）和以海外日裔（主要来自南美）为对象的“定住者”在留资格，变相引入单纯外部劳动力。

鉴于语言交流的重要性，16 种以专业技术、技能人员为对象的签证中，除了“技能”、“兴业”（文艺娱乐业）、“教育”（以英语等语言教师为对象）、“企业内调动”以外，大部分签证优先发放给毕业于日本高校的在日留学生。因为在日外国留学生中的中国留学生比例一直高达 60% 左右，加上中国在日本企业全球化战略中的显著地位，过去 20 多年，毕业后的优秀中国留学生一直是日本人才市场的受欢迎者。表 13 反映的是在日外国籍就业签证持有者的国籍构成，从中可以看出各类中国籍就业者在日本外国专业人才市场中的重要性。

从表 13 可以看出，中国已经成为在日外国专业人才的最大来源地。应当指出，有长期合同的就业签证持有者一般在日本居住10年（近年放宽为5年）以后，绝大部分能取得永久居住身份或日本国籍。对专业人员来说，归化入籍要求的居住年限短一些，因此显得更容易一些。但是，由于历史问题和两国关系等因素的影响，在日中国就业者中选择永住身份的反而更多一些。因此，在日中国籍就业者是在日中国永住者的最大来源。当然，中国籍就业者也是日籍华人的重要来源，但其重要性次于日本人配偶、日本人子女。

表13 在日外国专业技术人员的主要来源国和地区（2012年）

单位：人

	教授	投资、经营	研究	教育	技术	人文知识、国际业务	企业内调动	技能
总人数	7849	12607	1979	10121	42279	69708	14909	33865
亚洲	4550	10415	1335	604	38730	53713	11784	33080
中国	2100	4423	666	84	20933	33540	5288	19023
中国台湾	90	331	34	17	335	1367	350	55
韩国、朝鲜	952	2941	196	93	5367	9755	1753	1394
欧洲	1523	1045	415	1647	1893	5911	1643	319
非洲	142	59	46	201	167	312	54	48
北美洲	1280	820	124	6502	1076	7815	1100	159
美国	998	687	90	5250	787	6158	980	107
南美洲	79	41	22	27	112	159	126	84
大洋洲	275	227	37	1140	301	1798	202	175

数据来源：法务省（2013）：《在留外国人统计》。

与此同时，如表14所示，中国和巴西是日本单纯劳动力的两大来源国。历史上巴西曾是日本移民的主要接受国，巴西的日裔绝大部分以“定住者”身份来日，中国籍劳动力则大多以“研修生”（2010年后改为“技能实习”）身份来日。2012年，在日巴西籍“定住者”身份持有者为53044人，与世界金融危机发生前的2007年的人数（148528人）相比有大幅度下降，但在外国籍“定住者”身份持有者中仍然居于首位。同年，在日中国籍“技能实习”身份持有者达111406人（含台湾籍6人），占在日外国籍该身份持有者总数（151482）的73.5%。同时，在日中国籍“定住者”身份持有者也达28042

人，仅次于巴西籍。两者相加，中国实际上也已成为日本单纯劳动力的最大来源国（见表14）。

表14　在日外国单纯劳动力的主要来源国

类别	国籍	人数(人)				百分比(%)			
		1993年	2001年	2007年	2012年	1993年	2001年	2007年	2012年
研修、技能实习生	中　国	9575	25640	66576	111406	54.9	67.2	75.6	73.5
	印　尼	1575	3938	5069	9098	9.0	10.3	5.8	6.0
	菲律宾	1520	2356	4919	8842	8.7	6.2	5.6	5.8
	泰　国	1664	1478	2583	3464	9.5	3.9	2.9	2.3
	韩　国	560	—	133	66	3.2	—	0.2	0.0
	越　南	—	—	6704	16715	—	—	7.6	11.0
	其　他	2537	2206	2102	1891	14.6	5.8	2.4	1.2
	各国合计	17431	30169	88086	151482	100.0	100.0	100.0	100.0
定住者	巴　西	55282	142082	148528	53044	42.7	58.1	55.3	32.1
	中　国	26267	36580	33816	28042	20.3	15.0	12.6	17.0
	秘　鲁	14274	22047	20255	11938	11.0	9.0	7.5	7.2
	菲律宾	—	15530	33332	40707	0.0	6.4	12.4	24.7
	韩　国	13361	9243	8803	7774	10.3	3.8	3.3	4.7
	越　南	5582	—	5342	5556	4.3	—	2.0	3.4
	其　他	14740	18978	18528	12427	11.4	7.8	6.9	7.5
	各国合计	129506	244460	268604	165001	100.0	100.0	100.0	100.0

数据来源：财团法人入管协会历年《在留外国人统计》。

"定住者"和"技能实习"者都属于日本社会的低层劳动阶层，在日本从事最艰苦的工作。但"定住者"大多为海外日裔后代（第三代及其亲属），有相当大机会取得永久居住身份。而"技能实习"者的工资水准更低（从事同样工作的正式工人工资收入的一半以下），逗留年限也限定于三年以内（国际研修协力机构，2004），因此几乎没有机会取得永住身份或入籍（两者均要求最低居住年限为5年）。此外，由于技能实习生直接从中国等发展中国家的农村招聘来日，语言水平、沟通能力、法制观念不强，在异国他乡，如果劳动环境过于严酷或不如意，很容易发生劳资纠纷。近年，在日本熊本县和广岛县等地，相继发生了中国研修生的凶杀事件（受害者大多为雇主及其家属），引起了当地社会的高度关注和反思。

4. 在日中国籍人员的来源地结构与居住地分布

（1）来源地结构。

日本是世界上唯一对国内中国籍人员的本籍地（省份）有长年记录并且定期汇总公布的国家。如前所述，本籍地统计来自于每个人在办理外国人登记时填写的表格。一部分人填写了籍贯地，大多数人则填写了来日前的居住地，总体上，本籍地统计反映了来日人员的来源地信息。如果把在日中国籍人员分为1970年代末以前来日的旧移民和1980年代以后来日的新移民，前者绝大多数来自台湾地区，后者绝大多数则来自中国内地。由两者构成的全体在日中国籍人员的来源地（省份）结构见图7。

从图7可以看出，日本的中国籍人员主要来自东北三省、华东地区（上海、福建、山东、江苏、浙江等）、北京和周围地区以及台湾地区。这些地区与日本要么有较特殊的历史关系，要么有很密切的贸易、投资关系或者文化教育交流关系。而中国广大内陆省份与日本的各方面联系较弱，因此在日人数也不多。

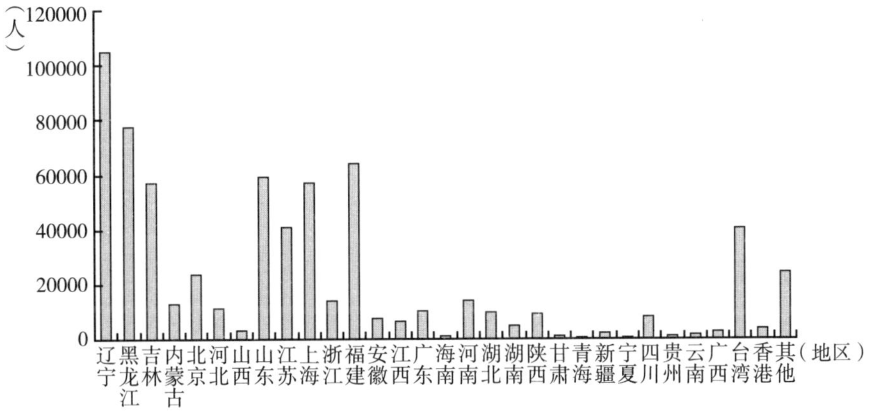

图7　在日中国国籍者的来源地构成（2012年）

注：本图的原始资料中，短期逗留者、外交公务人员不在统计之内。

数据来源：法务省（2013）：《在留外国人统计》。

不过，必须注意的是，1980年代来日中国人的主要来源地是作为中国高等教育、文化、经济、信息中心的北京、上海。1990年代以后，沿海的华东地区诸省以及东北三省才后来居上，在人数上超过了北京、上海（Dai Erbiao, 2004）。发展中国家的对外国际人口迁移过程中，迁出中心常常始于少数与海外信息、交通联系方便的中心城市，然后渐渐扩散到其周围地区。因此，随着中国内陆地区的发展以及对外交流的增多，今后在日中国籍人员的来源地结构还会变化，来自高所得地区者的比例可能会减少，而来自所得水准较低的内陆地区者的比例将逐步提高。

（2）在日本的居住地分布。

外国移民在空间分布上的高度集中是常见现象，在日中国人的地域分布也不例外。从表15可以看出以下两个特征。

首先，在日中国人的70%左右集中在三大都市圈。因为留学生选择的高等教育机构以及毕业后的就业单位大多位于三大都市圈，这样的分布理所当然。但是，与其他国籍者相比，中国既是最大的在日外籍专业技术人员来源国（参照表14），也是实际上的最大单纯劳动力（技能实习生加定住者）来源国。同时，中国也是日本人外国籍配偶的最大来源国。由于来自中国的单纯劳动力和

表15　中国籍、外国籍全体的区域分布

	2007年		2012年	
	外国籍全体	中国籍	外国籍全体	中国籍
日本全国(人)	2152973	606889	2033656	674879
三大都市圈(人)	1513206	412847	1458107	482752
东京圈(人)	765890	255784	779095	311183
名古屋圈(人)	331269	67592	284727	71559
京阪神圈(人)	416047	89471	394285	100010
地方圈(人)	639767	194042	575549	192127
日本全国(%)	100.0	100.0	100.0	100.0
三大都市圈(%)	70.3	68.0	71.7	71.5
东京圈(%)	35.6	42.1	38.3	46.1
名古屋圈(%)	15.4	11.1	14.0	10.6
京阪神圈(%)	19.3	14.7	19.4	14.8
地方圈(%)	29.7	32.0	28.3	28.5

数据来源：据财团法人入管协会编（历年）《在留外国人统计》计算。

外国人配偶较多分布于地方圈的中小城市与农村，因此在日全体中国人在三大都市圈的比例略低于全体外国人该比例的平均值。

其次，2008 年以后，居住在三大都市圈的中国人占全体中国籍人口的比例有所上升，从 2007 年的 68.0% 上升到 2012 年的 71.5%。这一变化，一定程度上反映了世界金融危机后，以中小企业为中心的日本地方圈经济在融资、经营方面遇到了比三大都市圈更多的困难，导致地方圈的中国籍人数占全国的比例趋于下降。这一趋势今后是否会继续，尚待观察。

五 日本华侨华人的地位变化以及和中国的联系

（一）华侨华人的职业状况与社会形象的变化

1980 年代以前，在日华侨华人规模较小（1980 年，中国籍全体人口为 5.3 万人，归化入籍者约 2 万人）。没有加入日籍的华侨，和其他在日外国人一样，除了不能在各级政府部门担任公职外，进入大公司就职的机会也很小。归化入籍者相对有较大的职业选择自由度，但是要在政府机构与大企业担任管理职务，在日本传统的社会文化环境下还是相当困难。因此，当时华侨华人最典型的职业是：中餐馆的厨师和经营者、汉方药店和杂货店店主、游戏机店经营者、针灸推拿师、小型进出口贸易公司经营者、商业饮食服务业的小业主。当然，也有少数华侨华人成为体育、文艺、文化学术界的知名人士。最著名的是棒球选手王贞治（1940 年出生于东京，父亲原籍浙江，母亲为日本人），他在棒球这项日本最有影响的运动中的出色成绩（本垒打记录）和良好的个人品行赢得日本球迷的喜爱和日本社会的尊重。1977 年，王贞治获得日本政府颁发的史上第一个“国民荣誉奖”（对象为文化、体育、学术领域有重大贡献人士，获奖人数极少），也是唯一一位获奖时为非日本籍人士。一直到现在，他在日本棒球界、体育界的影响不减。此外，当时以邓丽君为代表，有不少台湾、香港文艺界人士来日发展，虽然最终大多没有在日本定居，但其影响深远。其中，邓丽君 1974 年以东京一家音乐公司的签约歌手身份首次来日，此后将东京作为重要的演艺活动据点之一，展开演艺活动长达十余年。作为在日本最受欢迎的亚洲歌姬，她曾多次应邀在日本传统的红白歌会（每年 12 月 31 日的迎新年晚会）登场。虽已早逝，至今仍作为最有影响的华人歌手被日本中老年歌迷怀念。

1980 年以后，在日华侨、华人与其他各类中国籍人口规模（包括大量的高学历者）迅速增加。特别是进入 1990 年代后，来日中国留学生毕业后成为日本外籍专业人才的最大来源。因此，在日华人、华侨、中国籍就业者的职业结构从传统的小规模饮食服务业的厨师、经营者到大公司白领（包括工程师、翻译、市场分析和新产品开发人员、涉华业务部门管理人员）、新兴企业（包括多家东京证券交易所上市企业）的创业者、大学（包括东京大学、京都大学、早稻田大学、庆应大学等名校在内的几乎全日本所有大学）教员、国家公立研究机构科研人员、医生、律师、记者以及文艺体育界专业人士（包括代表日本国家队参加奥运会或世界锦标赛的排球、乒乓球、垒球等项目的许多华裔男女运动员），变得更加专业化、多样化。

与此同时，1980 年代以前来日的华侨华人的二世、三世（第二代、第三代），生在日本、长在日本，与其父辈以及 1980 年代以后来日的中国新移民相比，显得已经更加融入日本社会。其中的一小部分（尽管为数不多）开始涉足政坛，莲舫（1967 年出生于东京，父亲原籍台湾，母亲为日本人，1995～1997 年曾在北京大学留学）是其中的代表者。她曾为著名电视台主播，2004 年成功当选为国会议员（民主党）。2010～2012 年担任日本民主党执政的内阁大臣（主管行政改革），也是日本史上首位华人大臣。

1980 年（特别是 1990 年以后）的上述变化，在总体上已经明显提升了在日华人的形象与社会地位。但是与此同时，1990 年代后，持各种签证来日的中国籍人员大幅增加，鱼龙混杂。其中的一部分留学生、研修生和技能实习生、定住者（大多为 1945 年日本投降后残留在中国东北等地的日本孤儿及其后代、亲属）以及持各种签证来日但逾期不归者，来日后大多从事服务业、制造业、建筑业、农林水产业中的 3D 工作，成为日本社会的底层劳动者。尽管日本社会传统上相当尊重劳动者，但他们中的一小部分，由于生活、工作环境欠佳，加上缺乏法制观念以及和日本社会的正常交流，较容易涉及违法犯罪事件。据日本警察厅按国籍排列的外国人刑事犯罪统计，最近10年，在日本的中国籍涉案人数一直名列榜首。虽然这一现象一定程度上可以用“在日外国人中，中国籍人数为第一”来解释，但是坏事传千里，相关报道对在日全体华人带来的负面影响不言而喻。特别是2003年发生的3位小留学生（18～20岁）谋财害命、杀害福冈一家4口（夫妻以及两位幼儿）事件，震动日本列岛。当时，各种报道铺天盖地，后来在中国公安部及时将潜逃回国的两位嫌犯捉拿归案、判决后，事态才慢慢平息。

值得注意的是，长期以来，在日从事专业工作的华人华侨和其他中国国籍者兢兢业业，为日本的产业、文化、高教、科研等各领域的发展以及日中两国的相互理解作出了贡献，因此也得到日本社会的普遍尊重。但是，近年由于中日两国关系的不稳定，日本国内一部分媒体对在日华人专业人员的负面报道也有所增多。例如，针对个别在日本知名制造业企业任职的华人技术人员的技术泄密事件，日本一些媒体将其上升到中国政府参与的国家战略行为，以耸人听闻的标题过度炒作，给许多无辜的在日华人专业技术人员的工作带来压力。客观地说，被报道的这些行为违反职业道德，无论在日本和中国，都是不允许的。但是，将个别人的行为上升到国家行为的片面报道，不利于两国的正常人才交流和两国人民的相互信赖。对此，日本的大多数有识之士以及政府部门也有清醒认识。目前，日本政府的留学生扩大战略和专业人才引进计划并没有受到影响。

（二）在日华侨华人与中国、日本的关系

1. 1970年代末以前来日的华侨华人与中国、日本的关系

在对中国和日本的关系上，1980年代以前来日者及其后代大多已经归化为日本籍。1984年，在日中国籍特别永住者有2.23万人。到2012年，中国籍特别永住者只剩下2622人。换言之，除了年老死亡者以外，大多已加入了日本籍。应当说，这是外国移民融入当地社会的正常过程。

在对中国和台湾地区的关系上，1980年代以前来日者及其后代与台湾更密切一些。虽然其中相当部分的祖籍为中国大陆（福建、广东、浙江等），但是他们中的第一代来日者大多来自日本统治时期的台湾或者长期持有台湾护

照。因此，相比中国大陆，对台湾更有亲近感。但是在对“自己是中国人还是台湾人”的认识上，尽管没有专门的调查数据，但是从2012年残存的“特别永住者”自己申报的本籍地记录来看，如前所述，2622人中，81%选择了中国，19%选择了台湾。说明至少在老一辈华侨中，作为“中国人”的身份意识要明显强于“台湾人”。

2. 1980年代以后来日的华侨华人与中国、日本的关系

1980年代以后增加的华侨华人大部分是中国大陆出生的新移民及其后代。在对中国大陆和台湾的关系上，与在此以前来日的华侨华人相比，理所当然，绝大部分对中国大陆有强得多的亲近感。

在对中国与日本的关系上，新移民因为来日时间相对较短，加上中国国力的日益增强，因此更多人感情上偏向中国。当然，在留身份或者在日时间不同，对两国的感情也有所不同。新移民在日本就职后，特别是有了下一代后，对日本以及所在地区、社区的方方面面会变得更加关心，自然会考虑永住或入籍等重要问题。日本社会法制健全、行政透明度高、机会基本均等、国民勤劳守纪、环境整洁、治安良好、医疗和教育水平高，虽然最近20年经济增长缓慢，但作为发达国家中第二经济大国和科技大国，依然是一个颇有吸引力的国家。因此，如果没有70多年前的日本侵华战争及其带来的遗留问题，本来应该会有更多的中国新移民选择在日定居。但是，因为历史问题，最近10来年两国关系“政冷经热”，一直不够安定乃至紧张。在这样的背景下，加上中国经济的发展与国际地位的上升，许多新移民最终选择了回国。而选择定居的新移民中，更多的人选择了永住身份而不是日本国籍。

当然，对于目前中日两国关系的紧张局面，最感到担忧的是在华数万家日资企业和广大在日华侨华人。无论是取得了日本国籍还是选择了永住身份，在日华侨华人都衷心希望两国政府能顾全大局，促进这两个影响世界经济的东亚大国友好相处，携手带领亚洲继续和平发展。

六　小结

本文利用日本最新的统计数据，结合笔者在日本的实际体验，详细考察了战后日本华侨华人社会的变化和最近的现状。主要结论可概括如下。

（1）19 世纪末至今，受中日关系和两国国内的政治经济社会状况等国内外环境的影响，中国至日本的人口迁移经历了增长、长期停滞、恢复、激增等变化。特别是 1980 年代以后，日本的华侨华人以及其他中国籍人口规模日益扩大，日本已经成为接受中国移民最多的 5 个发达国家（美国、加拿大、日本、澳大利亚、韩国）之一，中国籍人员也在 2007 年以后成为日本外籍人口中的最大群体。

（2）取得日本国籍的在日华人主要由两部分构成：通过归化取得日本国籍和出生时作为日本国民的子女取得国籍者。2012 年末，前者的累计人数已达 12.7 万人（统计值），后者则达 34.5 万人（保守估算值），两者构成的华人总数已达 47.2 万人。

（3）取得日本定居身份但保留中国国籍的广义在日华侨（包括永住者、特别永住者、日本人之配偶者等、永住者之配偶者等、定住者）人数已经达到 28.6 万人。其中，取得日本永久居住身份但保留中国国籍的狭义在日华侨（包括永住者和特别永住者）为 20.3 万人。

（4）2012 年末，在日中国国籍人口总数已经高达 73.63 万人（包括取得定居身份的在日华侨 28.6 万人）。中国已经成为日本的外国留学生和外国籍专业技术人员的最大来源国，也是外国籍单纯劳动力、日本人的外籍配偶的最大来源国。中国国籍者的 70% 以上分布在日本三大都市圈，他们主要来自中国的东北地区、以上海为中心的华东地区、以北京为中心的华北地区以及台湾地区。

（5）1980 年代以前，华侨华人的职业集中在商业饮食服务业。1980 年代以后，随着来日中国留学生的激增和日本各界对毕业留学生的积极聘用，以及老一辈华人华侨后代的成长，在日华侨华人的职业范围扩展到各种专业技术领域以及政府管理岗位，社会地位日益提高。

（6）1980 年代以前来日的中国移民，大多来自台湾，绝大部分（包括后代）已经加入日本籍。1980 年代以后来日的中国新移民，规模远大于从前，大多来自中国内地。在已经定居日本的新移民中，选择永住身份者多于选择日本国籍的人数。随着中国经济的发展和国际地位的提高，新移民在日本学习工作后，半数以上选择回国，在中国的高等教育、研究咨询决策、创业开发、外资企业的经营管理等领域发挥了重大作用。

展望未来，日本人口结构的“少子老龄化”问题带来的人口减少以及各种相关问题将更趋严重（UN，2000）。为了维持日本的经济活力与（以年轻在职者扶养退休老年人为特征）社会养老保障体系，进一步扩大外国年轻移民规模已经成为日本必须考虑的战略选择（日本经济团体联合会，2008；自民党，2008）。尽管中日两国间存在一些历史遗留问题，但是两个相邻大国在经济贸易、可持续发展等领域存在广泛的互惠合作乃至相互依存关系。只要两国政府从大局出发，这些问题并非不能解决。如果中日关系趋于好转和稳定，在日华侨华人规模还会继续扩大，从而进一步为两国关系的健康发展和各领域的深入合作作出更大的贡献。

参考文献

财团法人入管协会：《在留外国人统计》，1985～2013年。

戴二彪：《新移民と中国の経済発展：頭脳流出から頭脳循環へ》，東京：多賀出版，2012。

法务省：《出入国管理统计表》，1950～2012年。

法务省：《在留外国人统计》，http：//www.e－stat.go.jp/SG1/estat/List.dolid＝000001111233，2013。

法务省：《国籍法》（2008年改订版），http：//law.e－gov.go.jp/htmldata/S25/S25HO147.html，2008。

法务省民政局：《归化许可外国人统计》，历年。

国际研修协力机构编《2004年版外国人研修技能实习事业实施状况报告：JITCO白皮书》，2004。

国立社会保障与人口问题研究所：《日本的将来人口推计（2006年12月推计）》，2006。

国立社会保障与人口问题研究所：《人口统计资料集》，2013。

厚生劳动省：《人口动态统计》（http：//www.e－stat.go.jp/SG1/estat/GL08020103.do_toGL08020103_&listID＝000001101889&requestSender＝dsearch），2013。

日本经济团体联合会：《面对人口减少的经济社会之对策》，http：//www.keidanren.or.jp/japanese/policy/2008/073.pdf，2008。

日本学生支援机构：《外国人留学生在籍状况》，http：//www.jasso.go.jp/statistics/index.html#ryugaku。

高等教育机关编《学校基本调查报告书》，文部科学省生涯学习政策局调查企画课，http：//www. stat. go. jp/data/nenkan/22. htm，2013。

《院士名单与简介》，中国科学院学部与院士网站，http：//www. casad. cas. cn/channel. actionchnlid = 209，2012。

自民党《外国人才交流推进议员联盟》：《接受 1000 万移民提言》，《读卖新闻》2008 年 6 月 8 日。

总务省统计局统计调查部：《国势统计报告》，历年 a。

总务省统计局统计调查部：《人口推计年报》，历年 b。

总务省统计局：《日本统计年鉴》（2013 年版），东京，2013。

Dai Erbiao："The Changes in the Structure of Origin of the New Chinese Migrants; Effects of Economic Development", *Journal of Chinese Overseas Studies*, No. 1, 2004.

OECD："Ageing and Employment Policies Japan", 2004.

OECD：Education at a Glance 2010：OECD Indicators, Paris：OECD, 2011.

Population Division, Department of Economic and Social Affairs, United Nations Secretariat (UN)："Replacement Migration：Is it a Solution to Declining and Ageing Populations?" 2000.

Chinese and Chinese Japanese in the 21st Century

Dai Erbiao

Abstract: After World War Ⅱ, Chinese migration to Japan experienced a long period of stagnation phase. But after the 1980s, China became Japan's the largest source of foreign students, foreign skilled and unskilled labors, and foreign spouses of Japanese. Meanwhile, Japan has become one of the five main receiving countries of Chinese migrants. Compared with the past time before the 1980s, the current situation of overseas Chinese in Japan has undergone tremendous changes, both in population size and in the diversity of their residency status as well as their personal attributes. These changes not only have increased the social status and influence of overseas Chinese in Japan, but also have contributed to the mutual understanding between the nationals of China and Japan and the cooperation between the two countries, in a lot of fields, including higher education, science and technology, investment and trade, sports and cultural exchanges, etc.

Keywords: Japan; China; Taiwan; Overseas Chinese; Brain Circulation

B.4
二十一世纪的韩国华侨华人

戴二彪　彭 雪*

摘　要：

20 世纪 90 年代之前，韩国曾被称为“主要国家中没有华人街的国家之一”。但是，1992 年中韩建交以后，随着两国经贸关系的紧密化、韩国人口结构上“少子老龄化”的加速及其移民政策的变化，中国赴韩移民（特别是朝鲜族）迅速增加，韩国已经成为接受中国移民最多的 5 个发达国家之一。与 1992 年前相比，今日的在韩华人无论在人口数量上，还是在居住身份的多样性和个人特征上，都发生了显著的变化。这些变化扩大了华人在韩国的整体影响，也促进了中韩两国的相互理解以及两国在各领域的协作。

关键词：

韩国　中国　人口迁移　华人　中国朝鲜族

一　前言

中国与朝鲜半岛海陆相连，自古以来，中韩之间有着密切的文化经济交流与人员往来。但是受两国国内与国际政治环境的影响，中韩间交流关系时断时续，19 世纪 80 年代以后的近代中国至韩国的人口迁移也经历了增长、停滞、减少、恢复、激增等变化。与此相应，韩国华人社会也发生了巨大变化。

---

* 戴二彪，男，日本国际东亚研究中心主席研究员、九州大学研究生院客员教授，1997 年获日本京都大学经济学博士学位。研究重点：人力资源对经济发展的影响、专业人才的国际迁移、中国和东亚经济；彭雪，女，日本国际东亚研究中心客员研究员，2007 年获北京大学城市规划专业学士学位，2012 年获日本北九州市立大学城市与区域发展专业博士学位。研究重点：国际人才迁移、中国海归的区位选择、创新城市。

20 世纪 90 年代之前，韩国曾被称为“主要国家中没有华人街的国家之一”（山下清海，2001）。但是 1992 年中韩建交以后，随着两国关系的改善、经贸关系的紧密化、韩国人口结构上“少子老龄化”的加速与移民政策的改革，韩国已经逐步成为中国新移民的主要目的地之一。据韩国法务部统计，2013 年 3 月，在韩中国（含台湾、香港）籍人口已经从 1992 年前的 2 万人左右激增到 76.5 万人。此外，同年韩国总人口中，有近 10 万人是归化为韩国国籍的原中国国籍移民（韩国统计信息服务网，2013），还有 10 万人左右是作为韩国国民子女自动取得韩国国籍的华裔。三部分相加，在韩华人规模接近 100 万人，韩国已经成为接受中国移民最多的五大发达国家（美国、加拿大、日本、澳大利亚、韩国）之一。

在韩华人规模的急速扩大与变化引人注目，但是由于其变化太快，既有的研究文献对在韩华人社会的实际现状及其变化过程的介绍存在许多不足或不正确之处。本文利用最新的韩国统计资料和当地访问调查，力图对韩国华人的现状、特征及其变化背景作一详细的考察。全文由六部分构成。本部分之后的第二部分介绍韩国人口的基本状况，第三部分概观中韩间人口迁移的变化过程，第四部分详细考察韩国的华侨华人以及全体中国籍人口的现状、特征，第五部分介绍韩国华侨华人与中国、韩国的关系，第六部分是对本文的小结。

需要说明的是，本文详细考察韩国华人群体的各组成部分时，“华人”指的是已经取得韩国国籍的原中国国籍者及其后代。“华侨”指的是定居在韩国但保留中国国籍者。但是，为叙述方便，本文的标题以及一部分不针对特定对象的叙述中所用的“韩国华人”或“在韩华人”泛指在韩国的华侨华人，以及持非定居身份的中国籍人员构成的群体。

二　韩国人口的基本状况

（一）规模变化和性别结构

1910 年朝鲜被并入日本之后，一直到 1940 年代早期，朝鲜半岛南部（现在大韩民国所辖地域）的人口保持了持续增长。在 1940 年代中期，因跟随日本参与战争，人口减少。1948 年大韩民国在朝鲜半岛南部建国之后，人口一直保持增长。不过，增速在逐渐放缓（见图 1）。

朝鲜战争（1950 ~ 1953）以后，韩国出现了人口快速增长期。1955 ~ 1960 年，平均每年增长 32‰。高速人口增长导致被抚养人口的比例迅速增大，当时被认为是阻碍经济增长和所得水准上升的不利因素。因此，韩国政府于 1962 年制定了历史上第一个家庭生育计划方案，开始在韩国限制生育，宣传小规模家庭的优越性和合理性。随着家庭生育计划方案的实施，1970 年代韩国妇女总和生育率（TFR）逐步降低，从 1960 年的 6.12 人降为 1978 年的 2.65 人。1970 年代末，由于朝鲜战争结束后的婴儿生育高峰期出生的那一代人进入生育年龄，妇女生育率出现回升现象，在 1979 年上升到 2.90 人。这个短暂的回升导致韩国政府进一步强化了家庭生育计划，此后韩国妇女的总和生育率迅速降低，在仅仅 4 年之后的 1983 年便降为 2.08 人，开始低于维持既有人口规模所必需的生育率基准线（2.1 人）。而生育率降低的趋势并没有停止，到 1996 年已经降低至 1.58 人。为此，1996 年韩国取消了人口出生限制政策，随后推出了鼓励生育的政策。但是，韩国国民已经接受了少生育的观念以及小规模家庭的生活方式，生育率并没有在鼓励生育的政策下引起回升，反而继续下降。总和生育率在 2005 年降到最低值 1.08 人后略有反弹，2010 年达到 1.23 人，不过仍然远远低于正常水平，导致近年韩国人口增长率仅为 4‰左右（见图 2）。

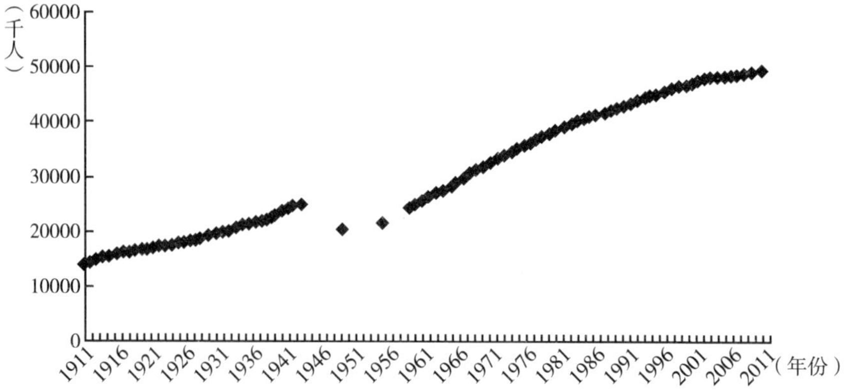

图 1　韩国历年总人口规模（1911 ~ 2011）

数据来源：韩国统计厅（历年）：《韩国统计年鉴》。

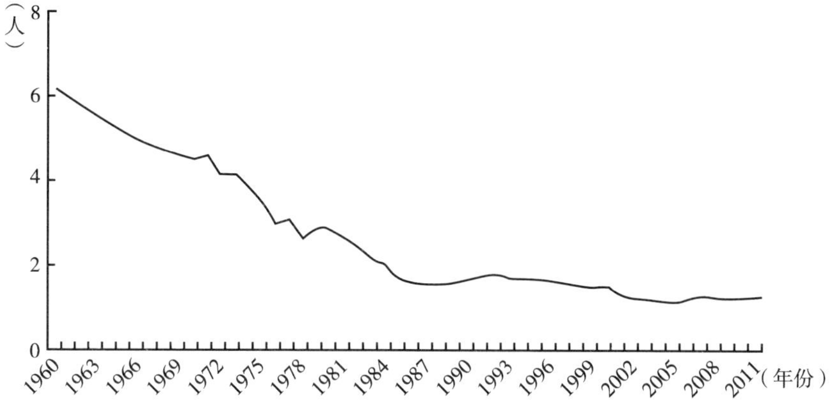

图 2　韩国的妇女总和生育率变化趋势（1960～2011）

注：总和生育率为平均每个妇女在育龄期（假定为 15～49 岁）生育的孩子数。

数据来源：1960～2010 年数据来自世界银行数据库（World Databank，http：//databank. worldbank. org/data/）。2011 年数据来自 Korea Statistics Information Service（韩国统计信息服务网，http：//kosis. kr/eng/），2013。

20 世纪早期，韩国与其他亚洲国家一样，受男尊女卑思想的影响，男女比例曾高达 110。但是，20 世纪年代早中期以及 20 世纪 50 年代早期，在两次战争中大批韩国男性在战场上失去了生命，男女比例一度降至 100 以下。1948 年大韩民国建国以后，直至 1970 年代早期，随着休养生息、人口增加，男女比例又逐渐上升，1973 年达到 102. 2。但是在欧美妇女运动第二浪潮的影响

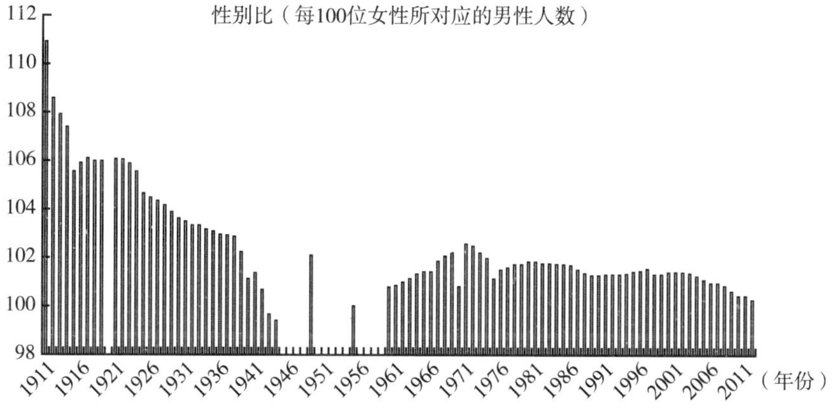

图 3　韩国的总人口性别比历年变化趋势（1911～2011）

注：韩国历届人口普查数据。

数据来源：韩国统计厅（历年）：《韩国统计年鉴》。

下，1970 年代之后，随着妇女权利意识的觉醒和经济自立度的提高，传统的以男性为主导的家庭模式逐渐转变，人口中的男女比例也逐渐趋于平衡。

（二）年龄结构

在过去的 100 年中，韩国的人口年龄结构经历了从发展中国家普遍呈现的金字塔形状向发达国家的陀螺状的转变（见图 4）。在朝鲜战争结束（1953）到 1960 年代（1962 年的计划生育政策效果出现之前），反映年轻人口比例的金字塔下部基础非常坚实。但是因战争中损失了大量青壮年男性，1955 年的人口年龄结构图中 20 ~ 34 岁年龄段的男性比例出现异常减小。进入 1970 年代以后，韩国在所得水准逐渐上升的同时，人口增长率开始放缓，人口年龄结构也逐渐向发达国家靠拢。1970 年代以后 15 岁以下人口比例呈现出持续下降趋势。与之相对，65 岁以上人口的比例迅速上升，2000 年该比例达到 7.2%，首次超过了联合国定义的老龄化社会的最低基准线（7%）。2010 年，韩国 65 岁以上人口的比例已高达 11%，14 岁以下人口比例仅为 16%，发达国家中普遍出现的各种老龄化问题在韩国也变得日益严重。

（三）学历结构

韩国 15 岁以上人口的学历结构以高中学历为主，但大学及以上学历的比例在逐年上升。2012 年的数据显示，高中学历占人口的 38.12%，其次为大学及以上学历，占 24%，接近经济合作与发展组织（OECD）国家平均水平（见图 5）。

（四）地区分布

韩国人口的地区分布呈现出向以首尔市为中心的首都圈高度集中的特征。自 1948 年大韩民国建国以来，首尔市的人口比例从 7.1% 持续上升，进入 1960 年代后，人口向首尔市集中的动向更趋加速，1990 年峰值时首尔市人口曾接近全国总人口的四分之一（24.4%）。1990 年代之后，首尔的人口比例略有下降，2010 年该比例降至 20.1%。但是与此同时，包括首尔市、京畿道、仁川市的首都圈占全国总人口的比例在逐步上升（见图 6）。1949 年首都圈人口约占全国总人口的五分之一（20.7%），朝鲜半岛战争后的 1955 年略降至 18.3%，随后则一直保持上升的趋势，到 2010 年时该地区已经聚集了全国人口的将近一半（48.9%）（见图 7、图 8）。

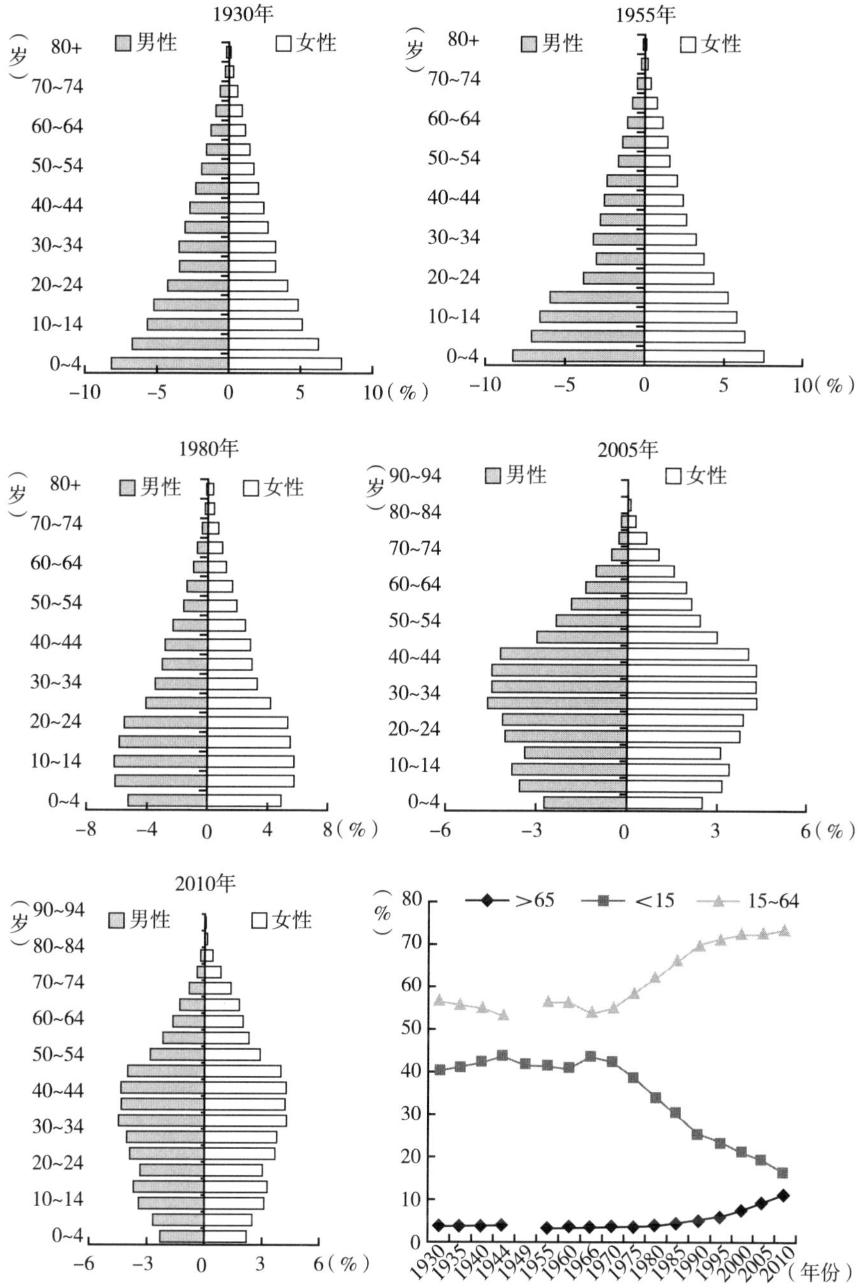

图 4　韩国各年龄组占总人口比例的变化趋势

数据来源：韩国历年人口普查数据，来自 Korea Statistics Information Service（韩国统计信息服务网，http：//kosis. kr/eng/），2013。

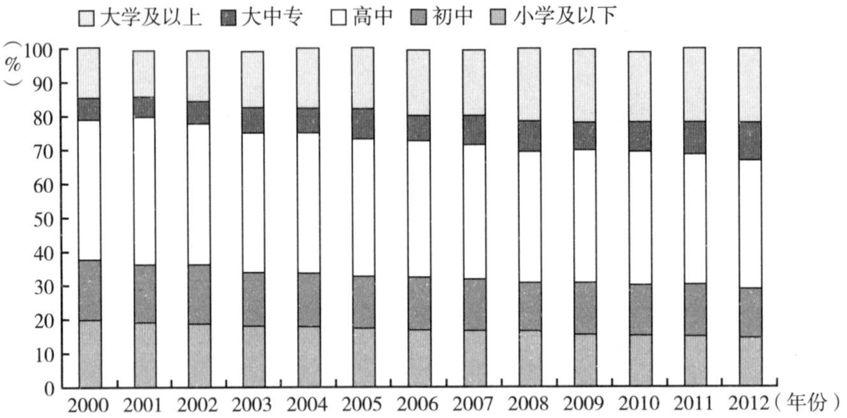

图5　2000～2012年韩国15岁以上人口的学历构成比

数据来源：Korea Statistics Information Service（韩国统计信息服务网，http：//kosis. kr/eng/），2013。

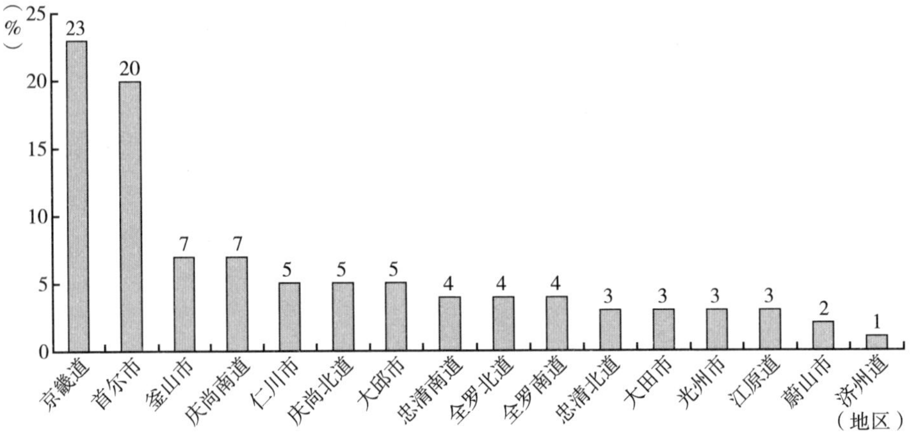

图6　韩国人口地区分布比例（2010）

注：韩国的省级行政区划中，全国由一个特别市（首尔）、六个广域市（釜山、大邱、仁川、光州、大田、蔚山）、八个道（京畿、江原、忠清北、忠清南、全罗北、全罗南、庆尚北、庆尚南）和一个特别自治道（济州）组成。

数据来源：韩国2010年人口普查数据，来自Korea Statistics Information Service（韩国统计信息服务网，http：//kosis. kr/eng/），2013。

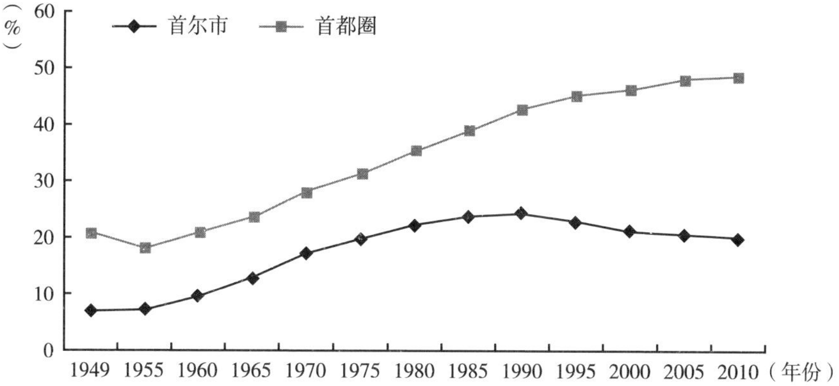

图 7　1949～2010 年历届人口普查中首尔市和首都圈人口比例变化趋势

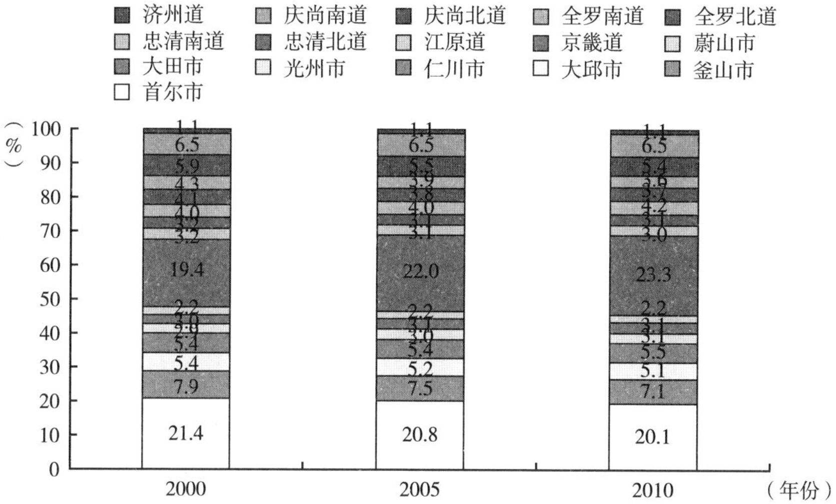

图 8　2000～2010 年历届人口普查中各省市人口比例变化趋势

数据来源：韩国历年人口普查数据，来自 Korea Statistics Information Service（韩国统计信息服务网，http：//kosis. kr/eng/），2013。

（五）国籍结构

1980 年代后期以前，韩国是亚洲乃至世界主要国家中民族结构最单一的国家。韩国在经历了 1940 年后期的独立、1950 年代初期的朝鲜战争以及其后的多年政治动荡以后，渐渐走上本国主导的经济发展快车道。但是过度的民族自立意识导致了韩国在工商业经营/土地开发利用政策等方面的排外倾向，大大压缩了在韩外国人（主要为华侨）的生存发展空间。1950年代后的30多年间，在韩外国人不增反减。据1990年人口普查，全国4000多万人口中，99.95%为大韩民族（又称高丽族、朝鲜族。在中国，习惯上称朝鲜族）。而在韩外国籍人口（不包括美国驻军）仅为2万人（90%以上为中国国籍者）。

但是，1980年代后期以后，随着经济高速增长，韩国逐步开放国门。1988年韩国成功地主办了奥运会，展现了一个高速成长、拥抱世界的新兴国家形象。1996年，韩国被接纳为OECD成员，标志着韩国已经成为发达国家的一员，同时也使得韩国成为一个有吸引力的地区性国际移民目的地。此后，受"少子老龄化"和经济全球化带来的国家间产业/技术竞争加剧的影响，韩国出现部分产业劳动力结构性不足和高新产业专门人才不足的问题。在这样的背景下，韩国不断完善移民政策，扩大引进外国劳动力（包括单纯劳力和专门人才）。同时，韩国政府开始放宽在韩外国人的永久居住和归化（加入韩国国籍）条件，鼓励韩国社会所需要的外国人在韩长期居住，共创多文化国家。2010年，韩国全国200个地方政府中有70%设置了多文化促进机构（梁起豪，2001），走在了亚洲前列。这些战略/政策促使各种赴韩外国人以及选择在韩国定居（归化入籍或永久居住）的外国人急速增长。

表1反映的是1970~2013年韩国总人口以及外国国籍人口的变化。为了尽量保证可比性，表中2010年前的数据均取自韩国人口普查数据（5年一次，普查对象包括在韩常住外国人），2013年为韩国法务部公布的在韩居住三个月以上的外国人统计数据。从该表可以看出，如前所述，1990年以前，在韩外国籍人口长期处于增长停滞甚至下降状况，但是1990年代以后出现了急剧的增加。1990~2010年的20年中，在韩外国人从20525人激增到589532人，是原来的28倍多。特别需要指出的是，最近10来年赴韩外国人加速增加，但人口普查数据只能反映其中常住韩国并且实际接受普查的外国人的状况。而据韩国法务部《统计月报》的数据，如果包括未参加人口普查的外国人（半年以下的短期居住者、普查遗漏者、逾期滞留者等不愿参加普查者等），2010年（6月）的各种在韩外国人实际规模已经高达120万人（韩国法务部，2011），要比同年人口普查数据（58.95万人）高60多万人。

2010 年以后，韩国走出世界金融危机的阴影，经济贸易恢复良好增长势头，导致迁入韩国的外国人人口增长更趋加速。据韩国法务部《统计月报》最新公布数据，2013 年 3 月末，在韩外国籍人口已经高达 147.09 万人（包括居住三个月以下者和近 18 万非法滞留外国人）。其中，在韩国各地正式登记且居住三个月以上者也达到 93.62 万人，占韩国总人口的比例已达 1.86%（韩国法务部，2013b），超过了邻国日本的同指标值（1.6% 左右）。

1980 年代末以前在韩外国籍人口（2 万 ~ 3 万人）的 90% 以上为中国国籍者。其绝大多数为大陆出生者及其在韩国出生的子孙，但几乎均持台湾地区护照（参阅第四部分）。1990 年代以后，虽然在韩外国人国籍逐步多元化，中国国籍者仍保持半数以上。据韩国法务部（2013a）统计，2013 年 3 月，147.09 万在韩外国国籍居民中，亚洲国籍者为 124.6 万人，占全体的 84.7%。按人数排列的前 10 位国籍中，中国国籍人数为 76.46 万人，占 52.0%，美国国籍者 13.49 万人，占 9.2%，越南国籍者 11.95 万人，占 8.1%。这 3 个国籍的外国人占了在韩外国籍人口总数的 69.3%。以下为日本籍（3.3%）、泰国籍（3.0%）、菲律宾籍（3.0%）、乌兹别克斯坦籍（2.4%）、印度尼西亚籍（2.3%）、蒙古籍（1.8%）、柬埔寨籍（1.7%）。

表 1　韩国总人口以及外国国籍人口的变化（1970 ~ 2013）

年份	总人口（人）	外国国籍人口（人）			外国国籍人口占总人口比例（%）
		合计	男	女	
1970	30882386	30402	16062	14340	0.10
1975	34706620	27648	15998	11650	0.08
1980	37436315	29500	17895	11605	0.08
1985	40448486	28834	16201	12633	0.07
1990	43410899	20525	11235	9290	0.05
1995	44608726	55016	31972	23044	0.12
2000	46136101	150812	90401	60411	0.33
2005	47278951	237517	158304	79213	0.50
2010	48580293	589532	326202	263330	1.21
2013	50219669	936193	526003	410190	1.86

数据来源：2010 年前的数据为韩国历年人口普查数据，取自 Korea Statistics Information Service（韩国统计信息服务网，http://kosis.kr/eng/），2013；2013 年的总人口数据来源同上，外国籍人口数据来自韩国法务部《登录外国人的居住地别、国籍别状况（3 月）》，《统计月报》，2013a。

三　中韩间人口迁移简史

中国与朝鲜半岛之间，自古以来就有密切的人员往来。但是，受政治经济因素影响，这种交流也曾经长时间中断。参考相关研究（緦谷智雄，1998；山下清海，2001），19 世纪后期以后的中韩间人口迁移可分为以下几个阶段：①1880年代～1910 年（朝鲜半岛贸易港开埠时期）；②1911～1945 年（日本殖民统治时期）；③1945～1990 年代初（战后韩国的民族独立发展时期）；④1992年到现在（中韩建交后的人口迁移激增时期）。

（一）1880 年代～1910 年（朝鲜半岛贸易港开埠时期）

1882 年，中国与当时的朝鲜签署了《中国朝鲜商民水陆贸易章程》。与此同时，现在韩国境内的 3 个主要海港（仁川、釜山、元山）指定为中朝间的贸易港，并在这三个商港开设了华人租界，从事贸易活动的华人在租界内居住生活。此外，在这些商港和汉城（现在的首尔）还设立了管理两国贸易的商务署。1885 年，仁川和中国的烟台（山东省）、上海之间开设了定期航线，进一步促进了华人向朝鲜半岛的迁移。当时中国方面指定中朝商港为天津、牛庄（现在的营口）、大连、烟台。从这些中方商港所在地区（特别是从人多地少的山东半岛）向朝鲜半岛三大商港和汉城的人口迁移者占了中朝（朝鲜半岛）人口迁移人数的大多数。

（二）1911～1945 年（日本殖民统治时期）

1910 年，日本兼并了朝鲜半岛。在此后的日本殖民统治时期，在韩华人的经济贸易活动受到限制，甲午战争（1895）后开始低落的华人社会地位更加下降，在朝鲜半岛的华人人口曾数度减少。但是终因中国国内战乱频繁，来半岛求生存发展的中国迁移者继续增加，1942 年高峰时达到 8 万人左右。

（三）1945～1990 年代初（战后韩国的民族独立发展时期）

1945 年，第二次世界大战结束。朝鲜半岛结束了日本殖民统治，走向独立。而中国国内开始三年内战，促使山东等省份人口继续外流至朝鲜半岛。1940 年代后期在韩华侨一度控制了韩国对外贸易（主要是对华贸易）的 70% 左右，经济地位非常重要。但是朝鲜战争（1950 ~ 1953）爆发后，半岛内中国人开始减少。1953 年，朝鲜战争结束，朝鲜与韩国以北纬 38 度线划界而治。据 1954 年的统计，当时大韩民国境内有华侨人口 22090 人，其中原籍山东省的华侨为 20251 人（杨昭全、孙玉梅，1991）。在随后 40 多年（1950 年代至 1990 年代初）中，支持朝鲜的中国与支持台湾的韩国之间停止了正常的外交和经贸往来，两国间人口迁移几乎停止。与此同时，经受过殖民统治之痛的韩国在国内全力扶助民族企业优先发展。但是矫枉过正，对定居国内的外国人（绝大多数是华侨）的经济活动采取了严格限制的措施（包括限制对外贸易和矿产开发等经营活动、剥夺部分行业的经营资格、限制所用土地和建筑物的面积上限等等），而外国人取得韩国国籍（归化）的机会又非常之小。其结果是导致 1960 年代以后韩国国内华侨逐步向第三国（特别是 1960 年代后修改移民法、扩大亚洲移民配额的美国）外流。从 1970 年到 1990 年，由于外流和自然死亡原因，在韩华侨人数不增反减，从 3 万人左右下降到 2 万人（梁必承，2000；山下清海，2001）。

（四）1992 年至今（中韩建交后的人口迁移激增时期）

这一时期，中韩间人口迁移规模急速扩大。其原因主要如下。

（1）1992 年中韩建交，两国间经济贸易/文化交流和人员来往开始正常化。

（2）作为亚洲四小龙之一的韩国在经济发展上领先中国，1996 年被接纳为 OECD 成员国，成为发达国家俱乐部的一员。在其经济发展加快、收入水准上升的同时，劳动力逐步出现结构性短缺，部分 3D（Dirty，Difficult，Dangerous，脏、艰难、危险）行业/岗位的劳动力供不应求。因此，韩国很快成为中国劳务输出的主要目的地国家之一。

（3）在韩国经济高速发展的同时，影视文化领域的“韩流”影响日益扩大，吸引了众多中国年轻人前往韩国留学、研修。

（4）进入 21 世纪以后，韩国人口结构上日益严重的“少子老龄化”趋势促使韩国政府修改了诸多移民相关法规政策。韩国已从一个曾经几乎是单一民族的闭锁国家转变为欢迎外国移民的多文化开放国家。

在以上因素共同影响下，除去受世界金融危机影响的2009年等少数年份，中国向韩国的人口迁移基本保持相当大规模的净迁出（即来自中国的净迁入）。据韩国法务部统计，自2000年至2011年，平均每年从中国净迁入的中国国籍人数高达近5万人（见表2）。下面的第四部分中，我们将对在韩华侨华人以及全体在韩中国籍人员的现状作一详细考察。

表2 近年从中国内地到韩国的纯迁入中国籍人口（迁入数—迁出数）

单位：人

年份	外国籍全体	中国国籍	中国国籍(男)	中国国籍(女)
2000	84304	49178	24927	24251
2001	55010	44993	21836	23157
2002	45569	31952	16266	15686
2003	14526	3462	-295	3757
2004	27982	25142	7478	17664
2005	-10879	-1610	-11599	9989
2006	128721	87352	45182	42170
2007	148288	117450	60827	56623
2008	92186	62347	26440	35907
2009	-627	-3910	-8602	4692
2010	96994	63901	31862	32039
2011	89547	54494	27701	26793
2000~2011年累计	771621	534751	242023	292728

数据来源：Korea Statistics Information Service（韩国统计信息服务网，http://kosis.kr/eng/），2013。

四 韩国华人华侨以及全体中国籍人员的现状

（一）取得韩国国籍的在韩华人的规模与特征

1. 韩国国籍的取得途径

和日本一样，韩国的国籍法总体上基于民族血统主义，因此长期以来对非大韩民族血统的外国人的入籍一直设置了严格的条件。但是，受近年国内外经济社会变化的影响，韩国逐步修改了其国籍法。根据1998年颁布的国籍法，与日本国相似，取得韩国国籍的途径主要有以下几条（奥田安弘、岡克彦，1999）。

（1）作为韩国人的子女获得国籍。对于1998年6月13日以后出生者，条件是其生父生母的任何一方为韩国国民；对1998年6月13日以前出生者，条件是其生父为韩国国民。

（2）在韩国国内出生且其父母均无国籍者，或者出生时被遗弃的孤儿（无父母者）可获得韩国国籍。

（3）被韩国人承认为亲生子女且年龄不满20岁者可获得韩国国籍。

（4）归化入籍（外国国籍者申请加入韩国国籍）。

对于父母为外国国籍者，归化入籍是取得韩国国籍的最主要方式。韩国的归化入籍方式主要有两类：一般入籍和简易入籍。

一般入籍的对象是出生以来没有取得过韩国国籍的外国人，要求条件是：第一，在大韩民国居住5年以上；第二，是20岁以上成年人；第三，品行端正；第四，依靠自己的资产、能力或者靠家族成员能够维持生计；第五，具备一定程度的韩国语能力和韩国社会文化习惯知识等作为韩国国民的基本素养（须通过书面考试和面试）。满足这些条件的外国人可以申请一般入籍。

简易入籍的对象是韩国国民的配偶和亲属（其亲生子女除外）。韩国国民的外国人配偶基本上均能取得韩国国籍，但不能自动取得，同样需要申请并得到韩国法务部长的入籍许可。当然其入籍条件比一般入籍宽松。要求的条件是：配偶是韩国国民，本人为成年人；品行端正，依靠自己的资产、能力或者依靠家族成员能够维持生计；具备一定程度的韩国语能力和韩国社会文化习惯知识等作为韩国国民基本素养（须通过书面考试和面试）；与其配偶结婚后在韩国连续居住2年以上，或者与其配偶结婚满3年且结婚后在韩国连续居住1年以上。在入籍申请期间，申请人必须持有在韩国居住的合法身份。

对中国国籍者来说，相比非朝鲜族，朝鲜族既可通过与韩国国民结婚取得韩国国籍，而且还可作为韩国国民的亲属申请入籍。近年，父母或直系堂表亲的户籍仍保留在韩国国内的中国朝鲜族，以在外同胞身份签证赴韩并在韩国居住满3~5年后，就可以申请简易入籍。

上述入籍途径中，对中国人的入籍影响最大的是（4）和（1）。其中，途径（4）中的一般入籍不要求必须有大韩民族血统，申请手续与审查基准也逐渐宽松。这意味着，韩国政府与时俱进，正在努力创造一个多人种、多文化共存的现代社会。

2. 韩籍华人的人口规模及其构成

由于韩国过去对外国人入籍设置的门槛过高，加上申请手续繁杂，老华侨中加入韩国籍者（转为韩籍华人者）只有很小一部分（少数与韩国人通婚者及其子孙）。但是，中国改革开放以后（特别是1992年中韩建交以后），中韩通婚者人数急剧增加。而且其中来自中国的朝鲜族移民本身就是韩国政府承认的“同胞”（同一血统），因此最近20多年从大陆来韩的移民中，已经归化为韩国籍（即转为韩籍华人）者逐年上升。至2012年，通过归化申请取得韩国国籍的在韩华人已经达到99538人，其中朝鲜族与非朝鲜族分别为68612人（68.93%）和30926人（31.07%）（见表3）。

表3　通过归化取得韩国国籍的在韩华人累计人数及其归化途径

单位：人

归化途径	民族	2009年	2010年	2011年	2012年
与韩国人结婚	非朝鲜族	15241	17922	23085	19764
	朝鲜族	18368	26780	31446	37226
结婚以外的途径	非朝鲜族	5166	8835	11563	11162
	朝鲜族	24099	28219	25812	31386
各种途径合计	非朝鲜族	20407	26757	34648	30926
	朝鲜族	42467	54999	57258	68612
	合计	62874	81756	91906	99538

注：表中2012年末归化入籍的中国非朝鲜族累计人数出现了较大下降，低于2011年。对此异常现象，韩国统计局没有提供官方说明。原因可能有：一部分已入籍者修改了自己的申报民族，从非朝鲜族变为朝鲜族；一部分已入籍的非朝鲜族移民离开了韩国（如回到中国）。

资料来源：韩国统计信息服务网（韩文版），2013。

必须指出的是，通过归化申请取得韩国国籍的华人是韩籍华人中的重要部分，但并非全部。如前所述，根据韩国国籍法，出生时父母（一方或双方）为韩国国民的孩子可自动取得韩国国籍。但是，尽管韩国有关于归化为韩国国籍的华人人数的统计，却没有关于自动取得韩国国籍的华人人数的统计。假设

表3中近5.7万与韩国人结婚的归化者有6万子女（保守地假定平均有孩子1人左右），4.3万其他途径归化者取得韩国国籍后出生的子女有2万人（假定平均有孩子0.5人左右），加上与韩国人结婚但尚未取得韩国国籍的中国籍永住者（约4.4万人，参考后面的表5）有子女约2万人（假定近50%已有孩子），这3部分合计共约10万人。这一估算虽有待今后验证，但应该与实际情况相差不大。

这10万通过出生取得韩国国籍的华人加上表3中归化入籍者近10万人，2012年末在韩国的韩籍华人总规模很可能已经接近或超过20万人。

（二）取得韩国定居身份的华侨人口规模及其构成

本文中的“华侨”指的是定居在韩国但保留中国国籍者。目前在韩华侨人口规模有多大？对于这个问题，既有文献中数据大相径庭。原因之一是对定居者的统计范围不一致，原因之二是韩国的外国人统计中存在一项容易带来误解的“在韩华侨”统计数据。该统计的对象仅仅是在大韩民国建国前（1948年前）旅居韩国的中国籍移民及其子孙，不包括最近几十年取得韩国定居身份的中国籍新移民以及其他中国籍人员。此外，中国籍新移民中包括朝鲜族和非朝鲜族，但韩国的统计部门将两者作为“Korean-Chinese”和“Chinese”分别统计，也容易导致数据引用时的不一致。

为了方便国际比较，必须明确定义和统计范围。本文中，把持有韩国永久居住身份（F-5身份）的中国籍者定义为狭义的韩国华侨，把持有韩国“居住”身份（包括F-5在内的全体F类身份）的全体中国籍者定义为广义的韩国华侨。下面分别详细考察这两种统计口径的在韩华侨的现状。

1. 持有永久居住身份的狭义华侨

（1）“在韩老华侨”的人口规模。

在韩国政府的外国人统计以及关联法规、报道中，“在韩华侨”长期以来已经成为一个专有名词，一般指的是在大韩民国建国前（1948年前）旅居韩国的中国籍移民及其子孙（大多在韩国出生），他们都持有韩国的永久居住身份。这些中国国籍移民当初大多来自中国大陆的山东省以及河北、辽宁、浙江、江苏等沿海省份。新中国成立直至1992年，由于韩国追随美国不承认中华人民共和国的合法地位，选择与台湾“建交”，因此“在韩华侨”一般都持有中国台湾颁发的护照。在韩国的外国人国籍统计上，“在韩华侨”几乎全部归属台湾。

据韩国法务省（2013a）的统计，2013 年 3 月，“在韩华侨”人口总数为 12087 人（男 6817 人，女 5270 人）。其国籍/地区构成为：中国台湾 12075 人，中国大陆 5 人，美国 3 人，日本 2 人，加拿大 1 人，中国香港 1 人。在 1992 年之前，韩国政府统计上的“在韩华侨”人数几乎等于实际在韩国的持有永住身份的中国人全体人数。但是，此后，随着通过其他途径取得韩国永住身份者的激增，这项统计上的“在韩华侨”人数占在韩中国籍永住身份者的比例逐步下降。为了避免误导，同时考虑到其旅韩历史，本文把这部分统计上的“在韩华侨”称为“在韩老华侨”。

（2）狭义华侨全体（所有持有韩国永住身份者）的规模和结构。

如前所述，20 世纪 90 年代以后，赴韩外国人逐年增加。与此同时，在韩国“少子老龄化”加速的背景下，外国人取得韩国永住权的机会与途径日益增多。除了在外韩国同胞、韩国人家属、永住者的家属以外，如果在韩国有较高的稳定收入来源（超过韩国法务部规定的收入基准）或者有突出的专业成就，且在韩居住时间超过法务部规定的最低年限（一般为 5 年，不同对象有不同基准）者，都有机会获得韩国永住权（见表 4）。据韩国法务部的统计，2013 年 3 月，在韩中国籍（包括大陆、台湾、香港）永住者（即狭义的华侨）全体人数已达 74898 人，远远超过统计上的“在韩华侨”人数（12081 人）。其中：中国（大陆）籍永住者人数为 60873 人，台湾籍永住者人数为 13962 人（包括在韩老华侨 12075 人），香港籍永住者人数为 63 人（见表 4）。

表 4 反映了 2013 年 3 月在韩中国籍永住者的人数、地区构成及其永住资格取得途径的详细信息。从该表可以看出以下几个特点。

①取得永居权的狭义华侨 74898 人中，老华侨人数为 12081 人，新华侨人数为 62817 人，新华侨已成韩国华侨的主体（84%）。

②老华侨的 99.95%（12075 人）为台湾籍，新华侨的 97%（60868 人）为中国大陆籍，持中华人民共和国护照。

表 4　在韩中国籍永住者的人数及其永住资格取得途径（2013 年 3 月）

单位：人

永住资格取得途径	中国籍合计	大陆			台湾	香港
		朝鲜族	非朝鲜族	小计		
5 年以上长期居住(F－5－1)	1404	37	45	82	1321	1
韩国国民之配偶(F－5－2)	7295	1575	5515	7090	168	37
韩国国民之子女(F－5－3)	35	10	21	31	4	0
永住者家属(F－5－4)	1361	579	406	985	353	23
50 万美元以上高额投资(F－5－5)	12	1	10	11	1	0
在外同胞来韩满 2 年(F－5－6)	89	84	5	89	0	0
满足取得国籍条件(F－5－7)	51936	45250	6677	51927	8	1
“在韩华侨”(F－5－8)	12081	0	5	5	12075	1
先端领域博士(F－5－9)	39	3	35	38	1	0
先端领域学士(F－5－10)	15	1	14	15	0	0
特殊技能(F－5－11)	1	0	1	1	0	0
突出贡献(F－5－12)	9	7	2	9	0	0
带退休年金来韩(F－5－13)	0	0	0	0	0	0
访问就业满四年(F－5－14)	136	136	0	136	0	0
国内博士(F－5－15)	56	23	33	56	0	0
韩国出生的永住者子女(F－5－20)	429	198	200	398	31	0
合　　计(F5)	74898	47904	12969	60873	13962	63

数据来源：韩国法务部：《长期、短期在留外国人全体状况（3 月）》，《统计月报》，2013a。

③来自中国大陆的新华侨 60868 人中，朝鲜族和非朝鲜族分别为 47904 人和 12964 人，朝鲜族占全体的比例高达 78.7%。

④来自中国大陆的新华侨（60868 人）取得永住权的前 5 位途径为：满足取得国籍条件（51936 人），韩国国民之配偶（7295 人），5 年以上长期居住（1404 人），永住者家属（1361），韩国出生的永住者子女（429 人）。值得注意的是，新华侨中满足取得国籍条件者、韩国出生的永住者子女以及韩国国民之子女（35 人）均可取得韩国国籍，但他（她）们选择了永住身份（保留中国国籍）。

⑤尽管近年韩国政府欢迎外籍先端（尖端）专业技术人才、文化/艺术/体育领域的特殊技能人才以及高额投资者定居韩国，但是因为相关签证项目开始时间还不长，加上在韩中国籍专门人才（高层次留学人员和就职者等）的

规模还较小，所以从高端领域博士学位、高端领域学士学位、特殊技能、突出贡献、高额投资等途径取得永住资格的新华侨人数还只有76人（不包括少数已经归化的韩籍华人）。

2. 广义华侨（所有“居住”签证持有者）的规模和结构

韩国的居住签证（F类）分为探亲团聚者（F－1）、定住者（F－2）、随同配偶（F－3）、在外韩国同胞（F－4）、永久居住者（F－5）、与韩国国民结婚者（F－6）等6个亚类。截至2013年3月，虽然取得韩国永久居住身份（F－5）中国籍者（即狭义华侨人数）还不满7.5万人，但是，实际上全体居住签证持有者的大多数也都有在韩国长期定居的意愿和生活基础，他们将陆续获得韩国永久居住权或韩国国籍。因此，本文中，我们把全体在韩中国籍居住签证持有者定义为广义华侨。

据韩国法务部统计，2013年3月，在韩中国籍人口中，居住签证（F类）持有者（即广义华侨）已经多达31.45万人（见表5）。中国籍居住签证（F类）持有者急剧增加的原因主要有以下两个。

表5　2013年在韩中国籍居住签证（F类）持有者的构成

单位：人

	F－1 探亲团聚	F－2 定住	F－3 随同配偶	F－4 在外同胞	F－5 永住	F－6 与韩国国民结婚	F类 合计
外国籍合计	54414	57067	19056	199496	87940	95045	513018
中国籍合计	35553	32810	1517	126055	74898	43696	314529
大陆	35030	27701	1328	125998	60873	43294	294224
朝鲜族	12893	12641	103	125998	47904	20629	220168
非朝鲜族	22137	15060	1225	0	12969	22665	74056
台湾	510	5069	140	44	13962	312	20037
香港	13	40	49	13	63	90	268

数据来源：韩国法务部：《长期、短期在留外国人全体状况（3月）》，《统计月报》，2013a。

（1）韩国《在外同胞法》的影响。1999年，韩国国会通过了《在外同胞法》。基于该法，常住韩国国外的韩裔、韩侨（主要分布在中国、日本、美国以及朝鲜等国）获得了比其他外国人显著优先的赴韩就劳、居住（包括永住）和取得国籍的机会。中国国内的朝鲜族人口接近两百万人，被韩国社会称为

“在中同胞”，他们也是该法的适用对象。凭借语言上的优势和《在外同胞法》的优待保证，中国朝鲜族比非同胞外国人更容易以就劳/居住目的进入韩国。同时，与收入水准高于韩国的在日/在美韩国同胞相比，中国的朝鲜族有更强的赴韩就劳、定居动机。由于朝鲜族年轻人大量迁入韩国，第6次和第5次中国人口普查数据对比显示，2010年，中国国内的常住朝鲜族人口不增反减，已从2000年的192万人减少为183万人。朝鲜族是中国少数民族中这10年人口减少的唯一一个民族。

（2）中韩国际结婚人数规模的扩大。1990年代以后，随着韩国的经济发展和韩国影视作品在亚洲的流行，相邻的中韩间国际结婚人数逐年增加，中国已经成为韩国最大的外国配偶（绝大多数为妻子）来源国。韩国国民的配偶和上述的在外同胞一样，比其他外国人有显著优先的赴韩就劳、居住（包括永住）和取得国籍的机会。从每年与韩国人结婚的中国籍配偶的性别来看，女性远多于男性。

表5反映了在韩中国籍居住签证（F类）持有者（广义华侨）的构成。6大亚类中，人数规模最大的“在外韩国同胞”（12.6万人）全部是朝鲜族，第二位的永久居住者（7.5万人）的70%也是朝鲜族。由此足见《在外同胞法》影响之大。表6和表7反映的是中国籍居住签证（F类）持有者中韩国人配偶的人数及其在相关亚类总人数中的比例。从两表可以看出，韩国人配偶人数的变动对F-6（与韩国国民结婚）、F-5（永住）、F-2（定住）这三类身份的人数（特别是女性）的变化有着很大影响。

表6　2013年中国大陆籍居住签证（F类）持有者中的韩国人配偶人数

单位：人

	F-1:探亲团聚	F-2:定住	F-3:永久居住	F-6:与韩国国民结婚
朝鲜族(男)	325	1184	320	5956
朝鲜族(女)	797	4180	1255	13352
非朝鲜族(男)	2285	799	387	2791
非朝鲜族(女)	3937	6369	5128	18089
中国大陆籍合计	7344	12532	7090	40188

数据来源：韩国法务部：《长期、短期在留外国人全体状况（3月）》，《统计月报》，2013a。

表 7　2013 年韩国人配偶在中国籍居住签证（F 类）持有者中的比例

单位：%

	F－1:探亲团聚	F2:定住	F3:永久居住	F6:与韩国国民结婚
朝鲜族(男)	5.5	26.0	1.3	96.2
朝鲜族(女)	11.5	51.7	5.4	92.5
非朝鲜族(男)	24.4	20.5	8.8	93.9
非朝鲜族(女)	30.8	57.1	59.7	91.9

数据来源：韩国法务部：《长期、短期在留外国人全体状况（3 月）》，《统计月报》，2013a。

图 9 反映了 2002～2012 年在韩中国籍配偶的结婚、离婚人数及其在外国籍配偶全体中比例的变化趋势。2002 年之后，与韩国人结婚的中国籍妻子的人数变化趋势总体上为“倒 U 型”。在 2002 年为 7041 人，之后迅速增长，并在 2005 年达到峰值 18523 人，之后便持续下降。但是 2011 年仍然高于 2002 年的水平，为 7549 人。中国籍妻子在与韩国人结婚的外国籍妻子总数中所占的比例呈相似的“倒 U 型”趋势，从 2002 年的 63.5% 上升到 2004 年的峰值 72.4%，此后总体上呈现下降的趋势。2011 年降至 33.9%，但仍然是韩国人外籍妻子的最大来源。2002 年之后，与韩国人结婚的中国籍丈夫人数同样出现迅速上升，从 272 人上升到 2005 年的最高值 5042 人。2006～2011 年，中国籍丈夫的人数在 1800～2600 人波动。从在韩外籍丈夫总数中所占比例来看，2002 年比例最低，为 5.6%，此后迅速上升到 2005 年的 42.2%，此后一直在 30% 左右波动。

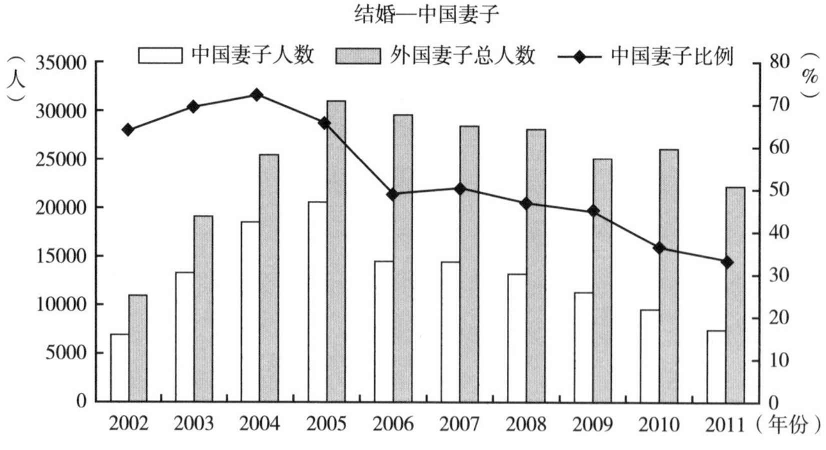

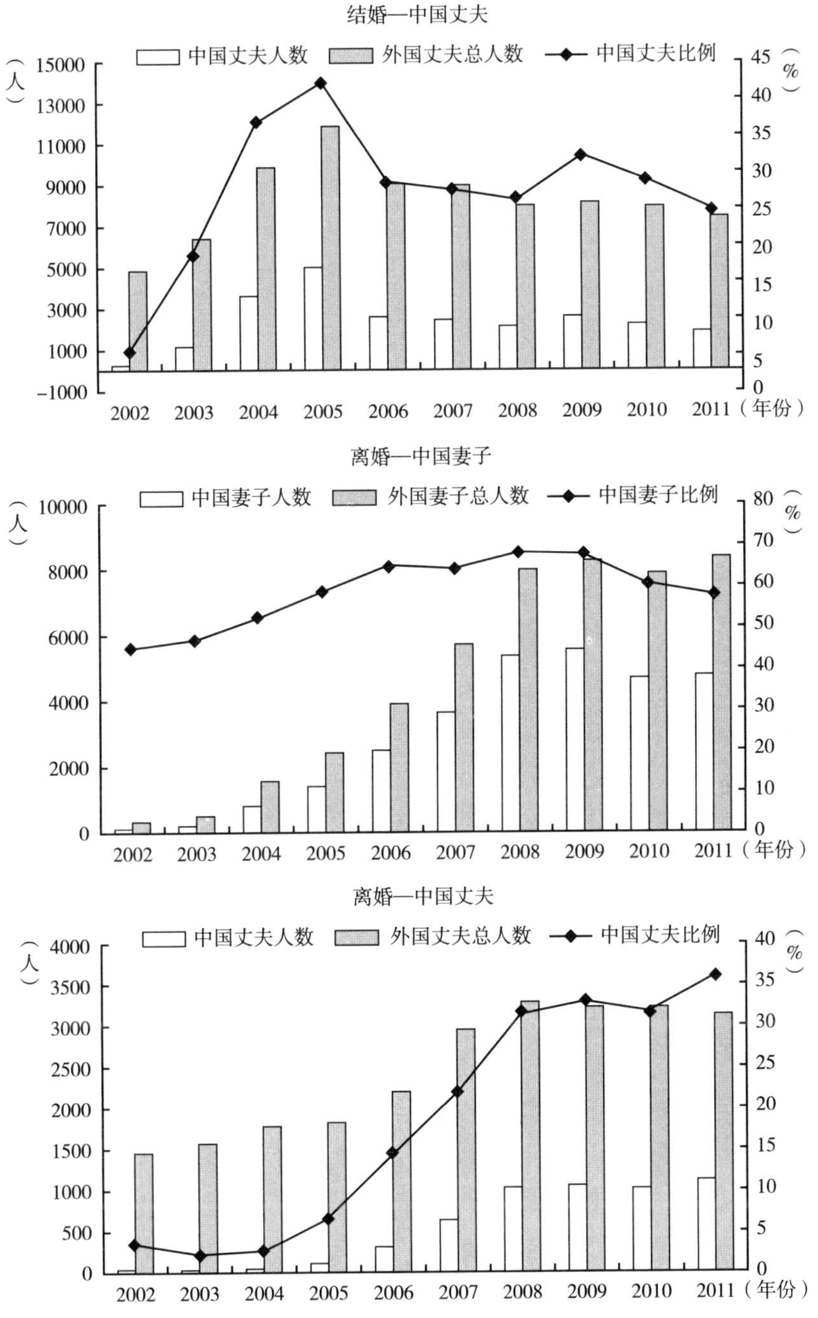

图9　2002～2012年在韩中国籍配偶的结婚、离婚人数及其所占比例的变化趋势

数据来源：韩国统计厅：《韩国统计年鉴》（各年）。

值得注意的是，近年，中国籍配偶（特别是妻子）的离婚率要明显高于与其他外国籍配偶。与韩国人离婚的中国籍妻子人数在2002年之后迅速上升，从181人上升到2008年的5562人，在离婚的外国籍妻子总人数中所占比例也从45.1%上升到67.8%。随后的2009～2011年，该比例虽然略为下降到60%前后，但是远高于同时期其在外籍妻子结婚人数中所占比例（33.9%），相当异常。

与韩国人离婚的中国籍丈夫人数在2002～2004年变化相对较为稳定，人数在30～50人，随后则迅速增加，在2008年离婚人数高达1041人，在离婚的外国籍丈夫总人数中所占比例也相应地从2.5%上升到31.6%。2009年以后，离婚人数维持在1100人左右，比例也稳定在35%前后，略高于结婚人数所占比例（30%），尚属正常。

（三）在韩中国籍人口全体的规模与结构

1. 各类中国籍人口的规模

如前所述，1990年代以后，中韩间人口迁移规模逐年增加，除了一部分归化后成为韩籍华人外，绝大部分（包括取得韩国永久居住身份者）仍然保留中国国籍。据韩国法务部统计，2013年3月，在韩外国籍总人口为147.09万人，其中中国（包括台湾、香港）籍人口数为76.5万人。表8、表9反映了这76.5万人的所持签证结构情况。从这两表可以看出在韩中国籍人口有以下特征。

（1）与1990年代以前相比（参照表1），中国籍人口占外籍总人口比例虽有较大下降，但仍然保持作为最大规模外籍人口群体的传统地位。来自中国（含香港、台湾）的中国籍人口中，大陆籍占94.92%，台湾籍占3.71%，香港籍占1.36%（见表8）。

（2）按所持签证，在韩中国籍人口可分为8大群体。其中，居住者（F类签证持有者）、访问就劳者（H类签证持有者）、就劳者（E类签证持有者）、留学/研修者（D类签证持有者）这4大群体居住时间长，可以说已经成为韩国社会的一部分（见表8）。

（3）来自大陆的72.6万中国籍人口中，朝鲜族达45.5万人，占全体的63%，远高于非朝鲜族（27.0万人，37%）。特别是访问就劳者和居住者这两

表 8　2013 年各类在韩中国籍人口的规模

单位：人

国家/地区	合计	A 类签证	B 类签证	C 类签证	D 类签证	E 类签证	F 类签证	G 类签证	H 类签证
		公务人员	免签人员	商务、旅游人员	留学、研修人员	就劳者	居住者（定居者）	难民、就医者	访问就劳
外国籍合计	1470872	52337	123845	137983	112005	288467	513018	6148	237069
中国籍合计	764556	217	29520	102008	66194	25513	314529	1822	224753
男	382781	131	13174	53646	31330	19128	140330	1059	123983
女	381775	86	16346	48362	34864	6385	174199	763	100770
大陆	725735	172	12915	101977	65017	25219	294224	1822	224389
朝鲜族	455283	0	84	3675	2231	3948	220168	812	224365
非朝鲜族	270452	172	12831	98302	62786	21271	74056	1010	24
台湾	28401	43	6986	15	873	192	20037	0	255
香港	10420	2	9619	16	304	102	268	0	109

数据来源：韩国法务部：《长期、短期在留外国人全体状况（3 月）》，《统计月报》，2013a。

个群体，由于韩国政府在外劳引进和永住权审查制度上“同胞优先”政策的影响，朝鲜族分别占了几乎全部和大多数。但是，在留学/研修、短期商务旅游人员中，则以非朝鲜族为主（见表 9）。

表 9　2013 年各类在韩中国籍人口的百分比

单位：%

国家/地区	合计	A 类签证	B 类签证	C 类签证	D 类签证	E 类签证	F 类签证	G 类签证	H 类签证
		公务人员	免签人员	商务、旅游人员	留学、研修人员	就劳者	居住者（定居者）	难民、就医者	访问就劳
外国籍合计	100	100	100	100	100	100	100	100	100
中国籍合计	52.0	0.4	23.8	73.9	59.1	8.8	61.3	29.6	94.8
男	26.0	0.3	10.6	38.9	28.0	6.6	27.4	17.2	52.3
女	26.0	0.2	13.2	35.0	31.1	2.2	34.0	12.4	42.5
大陆	49.3	0.3	10.4	73.9	58.0	8.7	57.4	29.6	94.7
朝鲜族	31.0	0.0	0.1	2.7	2.0	1.4	42.9	13.2	94.6
非朝鲜族	18.4	0.3	10.4	71.2	56.1	7.4	14.4	16.4	0.0
台湾	1.9	0.1	5.6	0.0	0.8	0.1	3.9	0.0	0.1
香港	0.7	0.0	7.8	0.0	0.3	0.0	0.1	0.0	0.0

数据来源：韩国法务部：《长期、短期在留外国人全体状况（3 月）》，《统计月报》，2013a。

(4) 在韩中国籍人口的性别结构总体上相当平衡，大致各占一半。但是，居住者以及留学/研修者中，女性为主。而访问就劳者和就劳者中，男性占多数（表9）。

在韩中国籍人口8大群体中，居住者、访问就劳者、就劳者、留学/研修者不仅人口规模大，而且居住时间长，对韩国社会经济影响大。下面对居住者（即广义华侨，前面已详述）以外的其他3大群体也作一详细考察。

2. 赴韩中国留学生的激增

2013年，在韩中国籍人口（76.5万人）8大群体中，大陆留学研修者（D类签证）规模排第4位，达65017人。其中，留学人员［包括留学签证（D-2）持有者45306人和语言学习签证（D-4）持有者12994人］规模为58300人，占留学研修人员全体的近90%。

传统上，韩国是留学生输出大国，而非接收国。2000年在韩外国留学生人数仅为6000人左右。随着"少子老龄化"进程的加速，数量过剩的韩国高等教育机构逐渐面临与其他发达国家相似的招生难、经营难问题，因此韩国调整战略，加强了吸引海外留学生的力度。2004年，韩国教育与人力资源发展部（Ministry of Education and Human Resources Development）提出争取在2010年能吸收5万留学生进入韩国大学学习的国际教育发展目标。中国作为迅速兴起的留学市场，首先受到韩国高校与政府的高度重视。

进入21世纪以来，受韩国影视文化流行的影响，韩国在中国年轻人中的影响力逐渐上升，赴韩留学也逐渐成为热门的选项。2000年以后，每年赴韩中国留学生人数快速增长，从2000年的782人上升到2007年的10000多人。与此同时，赴韩先读语言学校（毕业后大多进入韩国的大学继续学习）的人数以更快的速度迅速上升，从2000年的428人猛增到2007年的11576人。

在赴韩中国留学生人数不断增长、质量参差不齐的背景之下，2008年韩国缩小了对中国留学生的名额配给，并加大了对留学生申请资料的审查严格程度。近年，取得留学签证（D-2）和语言学习签证（D-4）的中国籍学生人数及其在韩国留学生总人数中的相应比例都有小幅回落。尽管如此，中国作为韩国最大的留学生来源国的地位已经不可动摇。同时，韩国已经成为中国学生的亚洲第二大留学目的地国（戴二彪，2012）。2013年，在韩中国籍留学生（D-2持有者）的构成为：本科生30532人，硕士生9212人，博士生1626

人，交换留学生等其他各类学生 3935 人，合计 45305 人。此外，语言学习签证(D－4)的中国籍学生也多达 12994 人。总体上看，在韩留学生以本科生和语言研修生为主，研究生（特别是博士生）的规模还较小（见图 10）。

赴韩留学生学成归国后，或受雇于韩国在华企业担任中层管理人员、技术人员和翻译人员，或自己创业开办旅游、贸易、商业、服务企业，也有一部分进入高等教育和研究机构以及政府部门工作。2011～2013 年，入选中国“青年千人计划”（中央组织部面向全世界招聘）的 734 名 40 岁以下高层次理工类青年学者中，在韩国获得博士学位的有 2 人。虽少于从美国、英国、德国、日本、加拿大、澳大利亚、法国等老牌发达国及新加坡、中国香港选拔的博士人数，但多于其他国家。反映了一部分优秀留韩学生的学术研究能力已经达到相当高的水准。

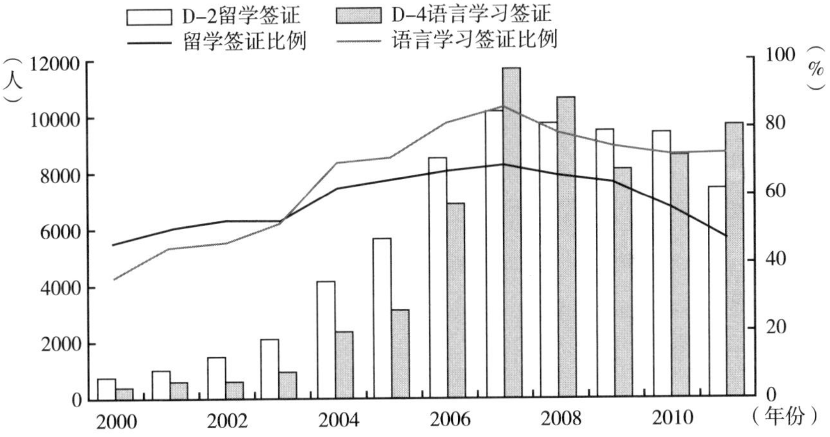

图 10　2000～2011 年中国人赴韩留学和语言学习签证签发数量的变化趋势

数据来源：Korea Immigration Service，http：//immigration. go. kr/，2013。

3. 在韩中国籍劳务人员规模的扩大

和日本相似，韩国从 1948 年建国后至 1980 年代中期，一直没有引进外国劳动力。但是此后，一方面，韩国的妇女生育率已经下降到相当低的水平（低于 2. 1 人），人口增长的放慢及老龄化趋势的加速带来劳动力增长的减速，同时，年轻人对 3D 行业的嫌弃导致一部分行业劳动力缺口越来越大。在这样的背景下，1980 年代以后，韩国仿效日本，从导入外籍“产业研修生”开始，逐步扩大外籍劳动力的引进规模。据韩国法务部的统计，2013 年 3 月，在韩外籍劳动力已超过80万人，包括访问就劳签证（H-2）持有者23.7万人、就业签证（E-1~E-9）持有者28.8万人以及其他有就劳资格者（永住、居住、在外同胞、韩国人配偶等）近30万人。从外籍就劳者的国籍构成看，1992年中韩建交后，中国籍劳务人员一直是韩国外劳的最大来源。

2007年以前，包括中国籍在内的外籍劳务人员主要以产业研修生身份（D-3签证）赴韩就劳。名义为研修生，实际上是各类企业雇用的劳动力。其最长雇用时间限制为3年，只有很小一部分在3年后能取得“研修就业”签证（E-8），获得正式工作身份。由于研修生不属于正式的就业人员，故不受韩国劳动法保护。其弊端是人权侵害问题日益增多，同时，逾期不归、不法滞留乃至走上犯罪道路的外劳数量也急剧增加。为此，2007年，韩国政府废止了“外国人产业研修/研修就业制度”。与此同时，以前以“产业研修”名义来韩国就劳的外国单纯劳动力的引进渠道调整为就业签证（E类签证）中的“非专业雇员”签证（E-9）、“访问就劳”签证（H-2）以及“在外韩国同胞”签证（F-4）。不过，引进渠道各国有别。2007年至今，韩国引入中国籍劳务人员的最大渠道是“访问就劳”签证（H-2）和“在外韩国同胞”签证（F-4）。

“访问就劳”签证允许就业的范围限定在制造业、建筑业、农业、水产业、服务业（包括饮食服务、打扫卫生和家政）等韩国国内供给不足的3D行业岗位。获得该签证后，一般可在韩国持续工作3年，工作期间其基本待遇（如工作时间、最低工资等）受韩国劳动法保护。2007~2011年签发给中国人的数量分别为9.22万、10.28万、7.32万、6.67万和4.63万，分别占了各年H-2签证签发总数的98.86%、97.31%、96.66%、94.03%、92.14%。换言之，九成以上H-2签证签发给了中国籍劳务人员。值得注意的是，由于韩国政府优先考虑在外同胞，所以能够取得访问就劳签证（H-2）的中国籍劳务人员实际上几乎均为朝鲜族。据韩国法务部的统计，2013年3月，韩国国内的中国籍访问就劳人员高达22.47万人（99.98%为朝鲜族），占在韩全体外籍访问就劳人员的94.8%（见前面的表8）。

除了访问就劳签证（H-2），“在外韩国同胞”（F-4）签证也是中国籍朝鲜族劳务人员赴韩的重要途径。访问就劳签证一般不可续签，但“在外韩国同胞”签证期满后可以更新，因此，如果有稳定工作，较容易进一步申请永久居住身份。2010 年，在第一批 H－2 签证到期之前，韩国对访问就劳者工作到期（3 年）后的延长采取了相对灵活的政策，允许签证到期后回国的中国朝鲜族一年后再次申请。但是面临年龄限制等问题，也有大批人选择通过参加韩国产业人力管理公团的考试考取国家资格证，把 H－2 签证换成“在外同胞”签证（F－4）。因此，2010 年后，韩国向中国籍劳务人员签发的在外同胞签证（F－4）的数目大幅增加。如前面表 5 所示，2013 年在韩中国籍“在外韩国同胞”（F－4 签证者）规模高达 12.61 万人，占在韩同类签证外国人的 63.19%，其中大多数为劳务人员。

除了 H－2、F－4 之外，中国籍劳务人员（特别是非朝鲜族）主要通过 E 类签证进入韩国劳动市场。其中，单纯劳动力可通过非专业雇员签证（E－9）以及船员签证（E－10）赴韩就劳。2013 年，持非专业雇员签证和船员签证在韩就劳人员数分别为 8573 人、5055 人，其中非朝鲜族的比例分别为 55.8% 和 99.8%（见表 10）。有一定技能的中国劳务人员（厨师、车工、木工、电焊工等）则可通过特定活动签证（E－7）赴韩。取得该签证后，一般可在韩国务工 3 年，3 年后可续签 2 年。近年来，除了 2009 年受世界经济危机影响，韩国用工需求缩小时略有回落之外，签证发行数大致保持增长态势，但是与访问就劳签证（H－2）、“在外韩国同胞”签证（F－4）相比，其人数规模还较小。2013 年，持该签证的在韩中国籍技能人员为 9612 人，99.10% 为非朝鲜族。

与此同时，在经济全球化和国际竞争加剧的背景下，近年，韩国政府鼓励高等教育机构、研究机构和企业引进外国高级专业人才。有高度专业技能的中国劳务人员（大学教员、中文教师、研究员、技术指导、企业的专业雇员、文艺表演人才等）可通过申请各类专业人员签证（E－1～E－6）在韩就业。但是，与单纯劳务人员或技能劳务人员的规模相比，在韩中国籍专业人员规模还非常小（见表10）。2013 年，持 E－1～E－6 签证的在韩中国籍专业人员（不包括已经转为定住（F－2）、永久居住（F－5）的专业人员）总人数还只有 1979 人（包括 996 位中文教员），其中 98% 为非朝鲜族。不过，取得韩国国籍的在韩华人以及持定住（F－2）、永久居住（F－5）签证者中，很可能包含了相当数量的在韩专业精英人士。由于在韩中国籍专业人员主要来自在韩中国留学生，随着赴韩高层次中国留学生人数的增加，加上韩国政府的欢迎政策，估计今后在韩中国籍专业人员规模将会渐渐扩大（见图 11）。

表 10　中国籍就劳签证（E 类签证）持有者的构成（2013 年 3 月）

单位：人

	E-1 大学教员	E-2 语言教师	E-3 研究	E-4 技术指导	E-5 专业雇员	E-6 艺术表演	E-7 特定活动	E-9 非专业雇员	E-10 船员	合计
外籍总人数	2768	21254	2828	189	686	4663	17675	227349	11055	288467
（男）	1983	11146	2432	187	678	1062	13401	204601	11052	246542
（女）	785	10108	396	2	8	3601	4274	22748	3	41925
中国籍（大陆）	293	996	389	0	0	301	9612	8573	5055	25219
朝鲜族（男）	5	1	9	0	0	5	58	1995	10	2083
朝鲜族（女）	3	9	4	0	0	3	35	1811	0	1865
非朝鲜族（男）	136	100	262	0	0	137	7275	3941	5045	16896
非朝鲜族（女）	149	886	114	0	0	156	2244	826	0	4375

数据来源：韩国法务部：《长期、短期在留外国人全体状况（3 月）》，《统计月报》，2013a。

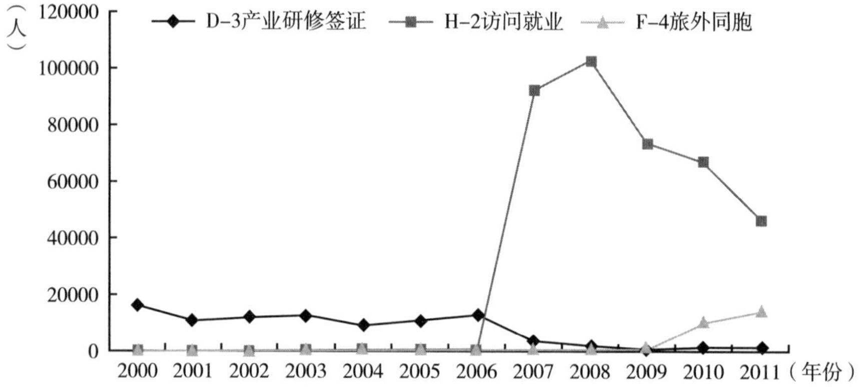

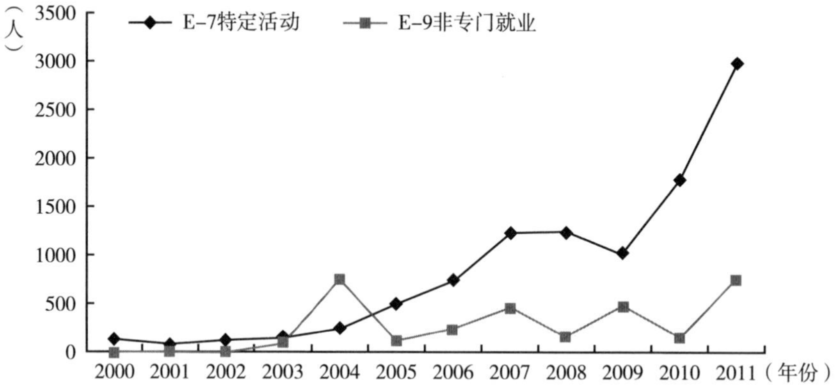

图 11　2000～2011 年中国籍劳务人员相关签证的数量变化趋势

数据来源：Korea Immigration Service，http：//immigration. go. kr/，2013。

五　韩国华侨华人的地位变化以及和中韩两国的关系

(一)华侨华人的职业状况与社会地位的变化

部分华侨研究者曾对2000年以前在韩华人华侨的职业状况做过调查。这些调查表明，1990年代在韩华人华侨（主要是老华侨）的主要职业是中餐馆经营者、中药店/杂货店经营者、小旅行社/小贸易公司经营者，在韩国政府部门或大公司就职者非常少。但随着中韩贸易和韩国对中投资的不断扩大，与中国有贸易投资业务的韩国大中企业已经开始重视聘用华侨子弟（山下清海，2001)。

2000年以后，随着在韩华人与华侨人口规模的迅速增加，其职业结构也更加丰富多样，从传统的小规模饮食服务业经营者到大公司白领（主要为涉中业务部门和中国国内子公司的管理、技术专业人员和翻译)、大学教员与研究人员以及文艺体育界专业人士，职业范围越来越广。与此同时，因为与韩国人通婚的在韩华侨华人数量达10万人以上（大多为女性)，他们更加密切地融入了韩国社会。虽然目前在韩华侨华人中，还缺少特别著名的企业家、学者、文艺体育明星以及政界人士，与过去相比，上述变化在总体上已经明显提升了在韩华侨华人的形象与社会地位，也有效地促进了中韩两国的相互理解和经济、政治、文化等各领域的友好合作。2013年6月，韩国新任总统朴槿惠访华期间在清华大学用中文热情演讲，象征了两国近年的紧密关系。

但是，在韩华人社会中也有值得留意的现象。如前所述，20世纪90年代后，持各种签证来韩的中国籍人员大幅增加，目前有大规模的持短期签证的中国籍劳工（30万~40万人）在韩国从事服务业、制造业、建筑业、农林水产业中的3D工作。这些在韩国艰苦奋斗的底层劳动者在韩国的形象与社会地位类似于中国沿海城市中的民工，其中的大部分在韩国吃苦耐劳，为劳动力结构性短缺的韩国经济发展作出了贡献，也得到韩国政府和社会的尊重。但是，由于劳动强度大、工资待遇相对较低、工作环境欠佳、语言文化习惯上的差异等原因，由一小部分在韩中国籍人员引发的社会治安问题（违反治安条例乃至刑事犯罪）也时有报道。另外，近年在韩不法滞留（大部分为签证逾期不归者，小部分为不法进入韩国者）的中国籍人数居高不下。据韩国法务部的统计估算，2013 年 3 月末，在韩不法滞留的中国籍人数高达近 7 万人，在来韩外国人中居首位。大规模的不法滞留者，和上述治安条例/法规违反者一样，均对在韩华人整体形象带来一定的负面影响。

（二）在韩华侨华人与中韩两国的关系

移居世界各国的华人华侨，一般视中国为祖国，有很强的“根在中国”的认同意识。当然这种认同意识或归属感，受居住国的经济社会发展水准、政治体制、与中国的外交/经贸/文化交流关系以及迁移者个人属性等很多因素影响。如前所述，在韩华人华侨的个人属性方面的特征，与其他国家的华人华侨有相当大的差异。这些差异对在韩华人华侨和中国的关系也产生了一定影响。

1. 老华侨和中国大陆、中国台湾、韩国的关系

被称为“在韩华侨”的老华侨的祖籍大多为中国大陆，心理上当然视中国大陆为根。但是，由于历史原因，他们几乎全部持有台湾护照，在 20 世纪 50 年代至 90 年代初期，与台湾的交流要远多于与大陆的交流。特别是 1992 年以前在韩国出生的老华侨子孙，大多在韩国的华文学校（由台湾当局资助运营）或者去台湾的各级学校接受过中文以及其他科目的教育，对台湾当然更有亲近感。但是，1992 年以后，老华侨子孙接受中文教育的渠道日益多样化，更多的人选择了去大陆留学。因此，对中国大陆的亲近感在不断加强。笔者接触过的在韩老华侨家庭大多希望两岸早日统一。

值得注意的是，20 世纪 90 年代以前，外国人在韩国的经营活动受到严格限制，也很少有机会取得韩国国籍，老华侨在韩国的生存发展中经受了许多歧视和不公正待遇。因此老华侨中的相当部分移居了北美国家，留下来的老华侨对韩国社会的亲近感也不强。不过，2012 年韩国政府进一步修改了国籍法，今后老华侨之韩国出生子孙也可自动取得韩国国籍。这些向“在韩老华侨”示好的政策措施正在改善老华侨和韩国社会的关系。

2. 新华侨华人和中国、韩国的关系

新华侨华人几乎都来自中国大陆，与国籍归属相当特殊的老华侨相比，对中国大陆有强得多的亲近感。不过在对中国与韩国的关系上，朝鲜族与非朝鲜族之间有微妙的差异。朝鲜族华侨华人来韩前就被视为韩国在外同胞，来韩过程以及来韩后的工作、生活、居住、永住、入籍等方面，一般比非朝鲜族得到韩国政府与社会更多的照顾。加上语言相通的优势，他们更容易融入韩国社会。因此，尽管大部分朝鲜族华侨华人对中韩都有很深的感情，但在两者之间一般更偏近韩国。与此相对，非朝鲜族华侨华人在中韩之间显得相对偏近中国。笔者访韩期间碰到过许多“一家两国籍”的家庭：朝鲜族的丈夫或妻子取得了韩国国籍，但是汉族的妻子或丈夫不愿意放弃中国国籍，选择了取得韩国永住身份而不是韩国国籍，其子女的国籍一般跟随父亲。随着中国经济的发展与在国际事务中地位的上升，对在韩中国移民来说，今后，韩国永住身份可能比韩国国籍更受欢迎。

当然，与在韩新华侨华人交流中可以感受到，无论是取得了韩国国籍还是选择了永住等其他定居身份，他们都衷心希望中韩经济贸易关系不断发展，两国永远友好相处。

六　小结

本文利用韩国最新的统计数据，结合实地调查访问，对 19 世纪 80 年代至今的韩国华人社会的变化和现状作了详细考察。主要结论可概括如下。

（1）19 世纪 80 年代至今，受中韩关系以及韩国政治经济状况和人口结构变化等国内外环境的影响，中国至韩国的人口迁移经历了增长、停滞、减少、恢复、激增等变化。目前，韩国的华侨华人以及全体中国籍人口的规模日益扩大，韩国已经成为接受中国移民最多的五大发达国家（美国、加拿大、日本、澳大利亚、韩国）之一。

（2）已取得韩国国籍的在韩华人大部分是 1992 年以后来自中国大陆的新移民及其后代。2012 年末，通过归化申请取得韩国国籍的华人已达 99538 人。其中朝鲜族占 68.93%，非朝鲜族占 31.07%。在这近 10 万韩籍华人中，通过与韩国国民结婚取得韩国国籍者占57%，通过其他途径的占43%。此外，据笔者估算，还有近10万华裔后代（父母中至少有一人曾为中国国籍者）出生时作为韩国国民的子女已经自动取得韩国国籍。

（3）2013年，持有韩国永久居住身份但保留中国国籍者（狭义在韩华侨）人数达74898人。狭义在韩华侨可分为1948年大韩民国建国前移居韩国的老华侨（及其后代）和主要在1992年以后移居韩国的新华侨两大群体。因为历史原因，前者（12081人）的绝大多数（12075人）持台湾护照。后者（62817人）的97%（60868人）则来自中国大陆，持中华人民共和国护照，其中朝鲜族占78.7%，非朝鲜族占21.3%。新华侨主要通过“满足取得国籍条件”“韩国国民之配偶”“5年以上长期居住”“永住者家属”等途径取得韩国永住身份。此外，受韩国移民政策改革的影响，近年，取得韩国永住身份的中国籍高学历专业技术人才、投资家也在逐步增加。

（4）2013年，持有韩国居住身份（F类签证）的全体中国国籍者（广义在韩华侨）总人数已经高达31.45万人。在探亲团聚者（F－1）、定住者（F－2）、随同配偶（F－3）、在外韩国同胞（F－4）、永久居住者（F－5）、与韩国国民结婚者（F－6）等6个亚类中，永久居住者（74898人）已经取得韩国永住身份，其余5类人员的大部分也有很大可能取得永住身份或者归化入籍。

（5）2013年，全体在韩中国国籍人口已经高达76.5万人（不包括取得韩国国籍的华人）。其中，居住者（F类签证持有者）、访问就劳者（H类签证持有者）、就劳者（E类签证持有者）、留学研修者（D类签证持有者）这4大群体的人口规模大、居住时间长，可以说已经成为韩国社会的一部分。

（6）随着人口规模的扩大和职业结构的多样化，华人社会在韩国的影响逐步扩大，在中韩经济文化交流中也发挥了重要作用。但是，在韩华侨华人与中国/台湾和韩国的关系上，存在老华侨和新华侨华人之间的差异。新华侨华人之间也存在朝鲜族和非朝鲜族的差异。老华侨和台湾关系相对密切，但是大多数希望两岸和平统一。新华侨华人中，朝鲜族对中韩都有很深的感情，但相对偏近韩国，非朝鲜族相对偏近中国。但是，无论是朝鲜族还是非朝鲜族都希望两国永远友好，他们将是两国关系健康发展的促进者。

参考文献

〔日〕奥田安弘、岡克彦:《在日のための韓国国籍法入門》,東京:明石書店,1999。

戴二彪:《新移民と中国の経済発展:頭脳流出から頭脳循環へ》,東京,多賀出版,2012。

韩国法务部:《长期、短期在留外国人全体状况)》,《统计月报》,Korea Immigration Service, http://immigration.go.kr/, 2011。

韩国法务部:《长期、短期在留外国人全体状况(3 月)》,《统计月报》,Korea Immigration Service, http://immigration.go.kr/, 2013a。

韩国法务部:《登录外国人的居住地别、国籍别状况(3 月)》,《统计月报》,Korea Immigration Service, http://immigration.go.kr/, 2013b。

韩国统计厅:《韩国统计年鉴》,历年。

韩国统计信息服务网(韩文版),http://kosis.kr/gen_etl/start.jsp?orgId=110&tblId=TX_11025_A020&conn_path=I3&path=?, 2013。

梁必承:《韩国华侨的昨天、今天和明天》,首尔中国学中心第 7 回 Workshop 发表论文,2000。

梁起豪:《転換期に立つ韓国の移民政策—外国人の社会統合を中心に—》,GEMC Journal,2001 年第 3 期。

〔日〕山下清海:《韓国華人社会の変遷と現状》,《国際地域学研究》第 4 号,2001。

〔日〕緫谷智雄:《在韓華僑の生活世界》,《アジア研究》第 44 卷第 2 期,1998。

杨昭全、孙玉梅著《朝鲜华侨史》,中国华侨出版公司,1991。

Korea Statistics Information Service, http://kosis.kr/eng/, 2013.

World Bank: World Databank, http://databank.worldbank.org/data/, 2011.

Chinese and Chinese Koreans in the 21st Century

Dai Erbiao　Peng Xue

Abstract: During a long time before the 1990s, no Chinatown could be found in South Korea (ROK). However, after China and ROK established diplomatic relations in 1992, due to the rapid development of economic and trade relations with China, decreasing birth rate and acceleration of population aging in ROK, and reforms in its immigration policy, ROK has become one of the five main receiving countries for Chinese migrants, particularly for Korean-Chinese. Compared with the past time before 1992, the current situation of overseas Chinese in ROK has undergone dramatic changes, both in population size and in the diversity of their residency status as well as their personal attributes. These changes not only have increased the overall influence of overseas Chinese in ROK, but also have contributed to the mutual understanding between the nationals of China and ROK and the cooperation in various fields between the two countries.

Keywords: Korea; China; Migration; Overseas Chinese; Korean-Chinese

B.5

拉丁美洲华侨华人的生存、适应与融合

李安山*

摘　要：

中国人移民拉丁美洲经历了5次高潮。本文通过分析华侨华人社会在经济、社会和政治方面的活动，提出了以下结论：多元社会组织愈多，华侨华人社会的融入度愈高；华侨华人在一个国家精英阶层所占的比重往往与其融入程度成正比；社会融合是政治认同的基础；华侨华人实现政治认同和参政才是真正融合于当地社会。

关键词：

拉丁美洲　华侨华人　社会融合　政治认同

国内对当代拉丁美洲华侨华人特别是改革开放以来的发展情况缺乏系统研究①。本文通过对现有资料和研究成果的梳理，并对侨乡进行实地考察，力图对拉美华侨华人史和他们的经济状况、社会生活及政治认同与政治参与进行研究。笔者希望通过本文丰富对华侨华人生存状况的研究，认识他们在应付经济压力、面对文化差异、适应生存环境和融入当地社会方面的异同。

---

* 李安山，多伦多大学哲学博士，北京大学国际关系学院教授，非洲研究中心主任，研究方向：非洲研究、华侨华人。此文是在国务院侨办项目2007～2008年课题研究的基础上修改而成。洪聿、李宇敏、邱力戈、陈洁和宫若涵等同学在资料收集和翻译制表方面提供了协助，在此表示感谢。

① 近期研究参见高伟浓《拉丁美洲华侨华人移民史、社团与文化活动远眺》，暨南大学出版社，2012。关于拉丁美洲华侨华人的研究状况，参见 Li Anshan，“A Historiographical Survey of the Study of Chinese Immigrants in Latin America and the Caribbean”，in Walton Look Lai，ed.，*Essays on the Chinese Diaspora in the Caribbean*，University of West Indies，2006，pp. 192－222.

一　拉丁美洲华侨华人的历史考察

拉美华侨华人历史及其分期主要受四种因素影响：中国国内局势、华侨华人所在家乡情况（当地政策的鼓励程度、移民历史传统和分布因素）、目标国的局势（国家的移民政策以及偶然性因素）、世界经济特别是国际劳动分工。中国人何时抵达拉美尚无确切答案①。英国人孟西斯在近作中举出他在墨西哥、危地马拉、哥伦比亚、厄瓜多尔和秘鲁等地找到有关中国人早于哥伦布远航美洲的证据②。然而，西班牙史料表明，中国人在1560年已出现在西班牙美洲。他们通过“马尼拉大帆船”抵达美洲。“马尼拉华人”主要指从东南亚乘马尼拉大帆船来到美洲的华侨华人③。17世纪的墨西哥城，华人理发匠已对当地西班牙理发匠构成威胁，引起西班牙人的请愿抗议④。这一时期的华工贩运称为“猪仔”贩运，与后来的“苦力”贩运不同⑤。在大批契约华工引进之前，抵达拉美的华侨华人人数甚少，在人口统计学上意义甚微。因此，我们可将19世纪以前称为华侨华人移民拉美的“前奏”期。

拉美华侨华人从移民到定居大致经历了三个阶段，并伴有5次移民潮（1847～1874年、1890～1930年、1949～1950年代、1960～1970年代、1970年代末以来）。

1. 第一阶段（1800～1874）

第一次移民潮即“苦力贸易”阶段，其间有数十万中国人抵达拉美。

---

① 参见李春辉、杨生茂主编《美洲华侨华人史》，东方出版社，1990，第3～16页；罗荣渠：《美洲史论》，中国社会科学出版社，1997，第131～257页。

② Gavin Menzies, *1421 the Year China Discovered America*, Perennial, 2004.

③ Evelyn Hu-DeHart, “Integration and Exclusion: The Chinese in Multiracial Latin America and the Caribbean”, Tan Chee-Beng, ed., *Routledge Handbook of the Chinese Diaspora*, Routledge, 2013, p. 91.

④ Rev. Jay S. Stowell, “A Remarkable Chinese Colony in Mexico”, *The Missionary Review of the World*, February 1924, pp. 110 – 113; Homer H. Dubs & Robert S. Smith, “Chinese in Mexico City in 1635”, *The Far Eastern Quarterly*, 1 (1941 – 1942), pp. 387 – 389.

⑤ 关于“猪仔”贩运与“苦力”贩运的区别，参见陈翰笙主编《华工出国史料汇编·第一辑中国官文书选辑》“序言”，中华书局，1985，第6页。关于“苦力”一词的来源，参见Robert Lee Irick, “Ch’ing Policy towards the Coolie Trade, 1947 – 1878”, Unpublished Dissertation, Harvard University, 1971, pp. 2 – 5.

1800~1846年，随着资本主义的发展和对奴隶贸易的谴责，欧洲列强逐渐将注意力转到华人身上。英、葡等国的特许公司利用契约劳工制将华人引入殖民地，其方法是将招募的华工先在澳门等地集中，再运往殖民地，以躲避清政府的禁令，如英属特里尼达的招募计划（1805）、葡萄牙人将种茶华工运往巴西的行动（1810）、英属圭亚那“向中国寻求自由劳工”的报告书（1811）。1800~1850年，约42000名华侨华人抵达古巴、秘鲁和西印度群岛，尚不包括运往墨西哥和巴西的华侨华人[①]。1845~1874年是苦力贸易甚为猖獗的30年，“几乎所有资本主义国家都参加了这一血腥贸易”[②]。1847年6月3日悬挂着西班牙国旗的英商朱利塔公司的双桅船奥奎多号载着从厦门装船的212名契约劳工驶进哈瓦拉港，开始了将契约华工大批引进拉美的时期。契约华工制实为一种“近乎奴隶制的强迫制度”[③]。

华工被运往拉美各地，成为大庄园、种植园和矿场的劳力[④]。多少契约华工来到拉美各地尚无定论，大致有以下说法：多于25万（Arnold J. Meagher）、32万（陈泽宪）、50万（李春辉、杨生茂）。第一批以契约华工为主的华侨华人移民主要在拉美从事种植和务农。他们因为无法与当地人沟通，生存状况十分艰难。契约期满后，他们或续签合同，或流落城镇，或当自由工，或沿街推销商品，正是在他们中产生了最早的华商。秘鲁第一批华工曼努埃尔·德拉克鲁斯获得自由后，10年内就成为当地富商，后来颇有名气的永发、郑记、邓记、宝隆、保安、和安乐、正合、和昌、益昌和永安昌等商号都是华人在19世纪末创办的[⑤]。

---

① 陈泽宪：《十九世纪盛行的契约华工制》，《历史研究》1963年第1期。

② 陈翰笙主编《华工出国史料汇编·第一辑中国官文书选辑》“序言”，第8页。

③ Arnold J. Meagher, *The Coolie Trade the Traffic in Chinese to Latin America, 1847 - 1874*, Xlibris Corporation, 2008, p. 30.

④ Arnold J. Meagher, *The Coolie Trade the Traffic in Chinese to Latin America, 1847 - 1874*；还可参见吴凤斌《契约华工史》，江西人民出版社，1988，第242~308、346~366页；李春辉、杨生茂主编《美洲华侨华人史》，第475~565页。

⑤ 杨超洋：《秘鲁华侨华人事迹回顾》，《历史与发展：纪念华人抵达秘鲁150周年》，第119页。Evelyn Hu-DeHart, “Chinese Coolie Labor in Cuba and Peru in the Nineteenth Century Free Labor or Neoslavery?” *Journal of Overseas Chinese Studies*, 2: 2 (1992), pp. 149 - 181. 关于秘鲁华人社区的最新研究，参见 Isabelle Lausent-Herrera, “New Immigtants, a New Community? The Chinese Community in Peru in Complete Transformation”, Tan Chee-Beng, ed., *Routledge Handbook of the Chinese Diaspora*, pp. 375 - 402.

2. 第二阶段（1874～1970年代）

这一阶段大致经历了三次华侨华人的移民潮，即1890～1930年、1949～1950年代、1960～1970年代。1874年废除契约华工制后，一些华工选择在当地定居。这批早期定居者不熟悉当地语言，多从事种植、餐饮、商业和洗衣业，以生存为目标。1882年美国宣布的排华法案对拉美产生重大影响。美国华侨华人有的退往墨西哥的下加利福尼亚，准备移民美国的华侨华人只好先在墨西哥安顿下来，墨西哥排华浪潮随之而起①。由于拉美尚处于发展初期，需要移民，各国的苛例多颁布于世界经济危机之时，华侨华人得以定居并逐渐适应。

1890～1930年是拉美第二次华人移民潮，也是华侨华人创业期。第一次世界大战期间，拉美向交战双方提供原料和农牧产品，迫切需要劳动力，多数国家放松了对华侨华人入境的限制。牙买加华侨在1891年只有482人，1921年已有3896人，到1943年达12394人②。1922年，古巴华侨达6万～7万人，工商业达到鼎盛期，有杂货店500～600家，餐馆兼旅馆700家，洗衣店400家，生果店约600家。1924年墨西哥华侨约3万人，古巴和西印度群岛有华侨85000人，秘鲁及南美达到55000人③。1900～1933年，2600名华侨华人移民智利。1926年塔拉帕卡区的地方档案表明，当地共有350家华侨华人经营的店铺，269家为杂货铺，32家为牛肉铺④。这批华侨华人移民多是根据拉美国家制定的移民配额制度而获准移民的，怀着创业发财的梦想、带着投资的心理来到新大陆，其经营理念和策略与19世纪的移民相比有较大差别，从商业

---

① Phillip A. Dennis, "The Anti-Chinese Campaigns in Sonora, Mexico," *Ethnohistory*, 26: 1 (1979), pp. 65–80; Leo M. D. Jaques Dambourges, "The Chinese Massacre in Torreon (Coahuila) in 1911," *Arizona and the West*, 16 (Autumn 1974), pp. 233–246; Evelyn Hu-DeHart, "Racism and Anti-Chinese Prosecution in Sonona, Mexico, 1876–1932," *Amerasia Journal*, 9: 2 (Fall/Winter 1982), pp. 1–27; Jaques Dambourges, "The Anti-Chinese Legislative and Press Campaign in Sonora, Mexico, 1916–1921," *Immigrant and Minorities*, 5 (July 1986), pp. 167–180. Leo M. D. Jaques Dambourges. "The Anti-Chinese Campaign in Sonora, Mexico, 1900–1931", Ph. D. dissertation, University of Arizona, 1974.

② Li Anshan, "Survival, Adaptation, and Integration: Origins and Evolution of the Chinese Community in Jamaica (1854–1962)", in Andrew Wilson, ed., *The Chinese in the Caribbean*, Markus Wierner, 2004, p. 57.

③ 《足迹踏遍天涯之华侨》，《南大与华侨》1934年第3期。

④ 周麟：《子孙在智利》，《侨协杂志》2006年第98期。

经营起步，迅速打入企业界并闯进拉美国家的主流社会。虽然这种“闯入”还十分有限，但他们逐渐改变了拉美社会对华侨华人的看法，为华侨华人进入主流社会打下基础。

1929～1933年的经济危机使拉美各国经济受到影响，失业人口剧增，排华舆论或浪潮不时出现。当时，巴拿马、墨西哥、古巴、尼加拉瓜、厄瓜多尔、危地马拉、阿根廷、萨尔瓦多、智利、多米尼加、荷属苏里南、秘鲁等国先后颁布限制华侨华人入境的措施。1925年，智利要求华侨华人移民须先存入180美元保证金，1929年起增至300美金，还要求华侨华人移民申请者提供消毒证明等超过10项证明文件。墨西哥政府于1930年颁布的新移民法共设161条款，涉及移民各方面。尼加拉瓜1930年颁布移民法，禁止华人、阿拉伯人和土耳其人移民该国。苏里南政府1921年规定华侨入境要有财产保证，1935年又规定华侨入境保证金为500盾。危地马拉1933年的居留条例规定，黄种人需交500美元。1933年萨尔瓦多首都圣萨尔瓦多市下令华侨华人每人缴纳营业税300余科郎，限48小时内缴齐，否则限期出境。

这些歧视法令说明了两个问题。其一，大量华侨华人移民已引起当地政府的注意。其二，华侨华人在各行业的扩展已引发当地人的抱怨。各国相继颁布行业限制性法令。1946年尼加拉瓜颁布移民补充法，禁止新移民从事商业，只可从事工矿业、农林业、畜牧业以及教育、宗教工作。一般华侨华人店铺或企业多雇用亲属朋友。为解决失业问题，有的政府强行规定华侨华人企业店铺雇用当地人比例，如墨西哥规定的80%（即需雇用80%的本地人），古巴（1920年）、尼加拉瓜（1931年）和巴拿马（1933年）的75%。墨西哥严命华侨华人停止使用通过合法手续租用的地产，地主不得向华侨华人出租房地产，否则将受到罚款或没收地产的惩罚①。歧视性法令无疑给当地华侨华人经济带来困难，但也促使华侨华人提高自身竞争力。第二次世界大战时期，欧洲宗主国因忙于战争，使拉美各国有机会发展民族工业。华侨华人也趁机发展。

第二次世界大战后的经济复苏为华侨华人移民提供了机会，第三次移民潮开

① 王辟尘：《各国待遇华侨苛例概要》，商务印书馆，1933，第3～16页；周南京主编《华侨华人百科全书·历史卷》，华侨出版社，2002，第230页。

始。在巴西，1949年后从中国大陆、香港和台湾来的移民中有的将机器设备和技术资金带到巴西，在当地开办纺织业、塑胶加工业、植物油提炼业、面粉业、化工等；有的在政府农业政策的吸引下，相继在巴西从事农业生产，并将中国蔬菜引进巴西。这批新移民从各方面促进了当地经济的发展①。1949年来到乌拉圭的华侨华人是当地华侨华人的重要部分，有的学者甚至给他们专门起名为"49年者"②。智利华侨华人虽不多，但1958年已有154家杂货店、77家肉铺和26家其他商店，包括服装、电器等。直至1950年代，尚无华侨华人从事自由职业③。在秘鲁，除杂货店和商铺外，华侨华人在制鞋、家具、养鸡、种茶和捕鱼等方面大显身手。1949年，经商者占华侨华人总数的60%，务农者占25%，务工者约10%，华侨华人商店达588家。秘鲁北部的农场90%以上均为华侨华人所开。中部也有华侨华人农场，他们办了不少企业，如布匹厂、麻绳厂、蜡烛厂、皮革厂、碾米厂等。兴起于1940年代的秘鲁养殖业多与华侨华人有关，到60~70年代蓬勃发展，由黄世化和苏理分别经营的养鸡场在华侨华人中较为突出④。

1949年以前的中国内忧外患，战乱不断。先有清末革命党和保皇党的互相争斗，华侨华人社区的分裂加剧。在孙中山先生的号召下，拉美华侨中的积极分子结社办报，进行反清革命活动，尤以古巴、秘鲁、墨西哥等地为最⑤。抗战期间，拉美华侨华人积极参与救亡运动。1937~1945年，拉美华侨捐助815.6万美元，其中捐助较多的有古巴（240万美元）和墨西哥（200万美元）⑥。秘鲁华侨积极组织抗日活动，在张志仁、潘胜元和甘达棻三位组成的

① 小侨：《巴西华侨热烈发展中文教育》，《四海之友月刊》1978年第42期；汪少伦：《旅居巴西谈移民》，《夏声》1965年第2期。

② Daniel Bao, "No Hay Sangre Fresca Aqui: The Chinese Community in Montevideo, Uruguay", (n. p., n. d.), p. 13.

③ 周麟：《炎黄子孙在智利》，《侨协杂志》2006年第98期。

④ 杨超洋：《秘鲁华侨华人事迹回顾》，《历史与发展：纪念华人抵达秘鲁150周年》，第119页。还可参见杨安尧《秘鲁华侨华人经济的变化与发展》，《八桂侨史》1994年第1期。

⑤ 蒋永敬编《华侨开国革命史料》，台北正中书局，1977，第193~295页。黄鼎之：《驻古巴中国国民党党务概览》，1935年10月，三民印务局印本。黄鼎之：《古巴的三民阅书报社》，中国社会科学院近代史研究所近代史资料编辑组编《华侨与辛亥革命》，中国社会科学出版社，1981，第312~330页。

⑥ 徐世澄：《华人与拉丁美洲》，庄炎林：《世界华人精英传略·南美洲与加拿大卷》，百花洲文艺出版社，1994，第325页。

旅秘华侨抗日救国总会的领导下，成立抗日筹饷会，并在各地设立分会，领导侨胞爱国筹款。在抗战期间，秘鲁华侨华人共筹款1500万秘元（折合150万美元），支援国内的抗战[①]。多数拉美华侨仍将中国看作自己的祖国，希望有朝一日荣归故里，告老还乡。

1949～1970年代可称为“定居融合”期。新中国的成立对拉美华侨华人产生了不同影响。一些华侨向往新生活，从海外回到中国；另一些人因害怕共产党移民拉美。拉美华侨华人在第二次世界大战结束时仅12.7万人，1960年代末增至16.5万人[②]。以巴西为例，从“黄豆大王”变为石化巨擘的林训明先生1950年从台湾飞抵巴西；著名侨领、多次获得巴西荣誉十字勋章的东方企业集团创始人毕务国先生1954年从香港来到巴西创业；中国纺织业巨子、著名民族资本家唐晔如先生1949年迁居香港，次年移民巴西[③]。1949年以后，海峡两岸分治加剧了华侨华人的分裂。一些拉美国家的国民党分部积极活动，对亲大陆的华侨华人进行排挤打击。各种政治势力纷纷借这一形势争取选票。绝大多数华侨华人选择在拉美当地定居，开始融入主流社会。此外，1949年以后中国内地的政治运动频繁，侨务政策缺乏稳定性，华侨华人原先希望赚一笔钱后归国的梦想难以实现。他们与家乡的联系逐渐减少，落地生根成为常态。更为重要的因素是，华裔已经融入当地社会，不再将自己看作“中国人”或“华人”，因此带动华侨华人社区的融合。

华侨华人发展较快的另一标志是各国华侨华人聚集区唐人街或社团进一步巩固。例如，墨西哥下加利福尼亚省的墨西利亚市，华侨华人占绝大多数。古巴首都哈瓦那的桑哈街一带形成了具有华侨华人风格的食品店、杂货店、商店、酒楼、餐馆和游乐场。秘鲁利马的华侨商铺集中在加邦街、瓦利亚加街和巴鲁罗街，旅秘华侨主要社团中华通惠总局[④]、八大会馆等也设在这里。牙买

---

① 《历史与发展：纪念华人抵达秘鲁150周年》，《华人抵秘150周年纪念特刊》2002年第42期，第123页。

② 李春辉、杨生茂主编《美洲华侨华人史》，第612页；徐世澄：《华人与拉丁美洲》，第319页。

③ 庄炎林：《世界华人精英传略·南美洲与加拿大卷》，第1～72页。

④ 中华通惠总局是秘鲁华人在1886年为响应当时的清廷首任驻秘公使郑藻如关于组建华侨社团的号召成立，光绪皇帝特赐御笔题写“通商惠工”字匾以示勉励。

加的中华会所的五个下属组织也在这一时期内奠定基础并运转正常。

1960～1970年代是第四次移民潮。此次移民潮主要来自台湾地区。虽然台湾当时尚未全部开禁，但已有频繁的流动，这些移民多有外国生活经验，也有各种职业技能，投资行业广泛，如杂货、零售批发、进出口贸易、制衣、农业及水果种植等，大大促进了拉美经济发展。既有从事捕鱼业的渔民，也有由台湾派往拉美国家从事援助农业任务期满后留下来的。有的是受过良好教育但并不富裕，移民拉美希望为子女寻求更好的生活。有的富裕家庭移民拉美是为孩子移民北美作准备。当然，他们移民的一个重要推力是对政治的担忧：蒋介石已近暮年，其继承问题不可预测[①]。1960～1970年代，巴西经营进出口的华侨华人约30家，餐馆800家，杂货5000余家，农场50余家，蘑菇业40～50家。因种植黄豆而成名的林训明先生通过榨豆油出口外销，得到政府奖励，被称为巴西出口创汇第一的实业家[②]。在秘鲁，华侨华人主要从事杂货业的局面开始改变，出现了档次高的中餐馆。1960年以前，华人仅开设一家高级餐馆即国华酒家。1962年开办的太平洋酒家在装饰和规模上都超过国华酒家。1964年国华酒家开办的东方园林式分店新国华酒家设有千个以上座位；1966年出现的龙凤酒家及随后开办的金冠酒家、月宫酒家和光明酒家都是装饰豪华的高档酒家。很多重要的政治社会庆典多在中餐馆举行。华侨华人在其他行业也渐露头角[③]。华侨华人移民带动了各种新型工业及加工制造业的兴起。这些工厂包括面粉、纺织、成衣、花边、皮革、塑胶化工等行业。这些工厂都是台湾移民自带机器、技术和资金开拓出来的。在农业技术加工业方面，有黄豆种植、蘑菇、薄荷草以及各种炼油外销业务，推动了拉美的外贸业务。

3. 第三阶段（1970年代末至今）

大陆改革开放、台湾对外观光解禁以及拉美国家经济发展缓慢，这三个因素为华侨华人移民拉美提供了新机会。1978年，邓小平建议恢复侨务机构，专门办理涉侨事务。这带来了侨务工作的飞跃。以广东为例，1980年从广东

---

① Daniel Bao, "No Hay Sangre Fresca Aqui: The Chinese Community in Montevideo, Uruguay", (n. p., n. d.), pp. 19－20.

② 小侨：《巴西华侨热烈发展中文教育》，《四海之友月刊》1978年第42期。

③ 秘鲁中华通惠总局：《秘鲁中华通惠总局与秘鲁华人1886～1986》，第42页。

入境的华侨只有3万人次，港澳同胞503万人次，1996年入境的华侨为12万人次，港澳同胞达3697万人次；1985～1996年，广东因私出国人数增加12倍[①]。台湾从1970年开始经济起飞后，既具备了成功发展的经验，也有了相对丰裕的资金。过上了小康生活的台湾居民开始热衷旅游，台湾也顺势开放了出国观光，并同时开放了商务考察。这样，从70年代末以来掀起了第5次移民潮。

从华侨华人较多的几个拉美国家看，委内瑞拉有华侨华人16万～17万，占总人口的0.7%，其中1980年代之后到达者及其子女占九成以上[②]。在巴西，1970年代初华侨华人不足5万人，到1990年代初已达12万人，目前已达25万。巴西中华商会会长施华民先生1997年开始拓展巴西市场，设立了两家进出口公司[③]。在秘鲁、阿根廷、智利、哥斯达黎加、巴拿马等国，华侨也迅速增加。1994～1996年智利700～800位来自台湾的华侨华人中，90%在1980年以后移民智利[④]。这些移民或来自台湾，或是从中南半岛再移民。陈国雄先生是这批移民的代表之一，1978年被中华征信所列入“台湾300位年轻企业家名录”，1980年被列入“台湾企业家名录”。1983年，他在秘鲁创立NISSAN S. R. L.；1985年又创立霓虹电气工业公司，并跻身金融业。1993年，他与宁夏、首钢合资成立中外合资宁夏、首钢、霓虹股份有限公司。

1970年代末以来，拉美经济低迷不振，一些国家政治不稳定或经济政策趋于激进，引发中产阶级不满，逐渐开始了拉美的移民潮，说英语的以北美为目标国，说西班牙语的以西班牙或欧洲为目的地。进入21世纪以来，这一移民

① 广东省侨办：《邓小平侨务思想与广东省侨务工作》，国务院侨务办公室编《邓小平侨务思想座谈会论文集》，1998，第56～57页。关于“文化大革命”后的侨务法规，可参见毛起雄、林晓东编著《中国侨务法律法规概述》，中国华侨出版社，1994，第四章。

② 中国海外交流协会：《委内瑞拉、德国、西班牙侨情近况》，《侨情》2007年第18期。

③ 施华民生于福建晋江市，1978年到香港定居，80年代开始创业，如今是新丽宝集团公司的总裁。谢铃生：《华人社团：巴西中华总商会》，http://chinese.people.com.cn/GB/42476/56994/56996/4598522.html。此外，由巴中文化友好协会会长李海安先生主编，巴中文化友好协会及《南美侨报》于2005年联合发行的《中国移民巴西190周年纪念特刊》，对巴西华人的移民史和发展情况作了详尽介绍。除收录了26位具有代表性的中国移民的故事外，还有19世纪中国移民巴西追踪、20世纪中国4次移民潮概况、圣保罗华侨华人经营行业简介、巴西华人侨团/社团一览表等史料性文章及许多珍贵的照片。

④ 周麟：《炎黄子孙在智利》，《侨协杂志》2006年第98期。

趋势有增无减。拉美人移民美国和西班牙，除了这两国的生活水平高于自己国家外，还与这两国对劳动力的需求及其移民政策有关，两国不时实行“大赦”，使非法移民得到合法身份。以西班牙为例，2005 年大赦使 2005 年之前进入该国的非法移民受惠，自 1996 年以来超过 100 万外国人取得西班牙公民身份。

拉美移民问题导致的经济社会问题已引起各国政府的重视。自 1999 年在利马举行第一届“南美移民、一体化与发展会议”以来，拉美国家先后在布宜诺斯艾利斯（2000 年）、圣地亚哥（2001 年）、基多（2002 年）、蒙得维的亚（2003 年）等地举办关于移民的会议[①]。2006 年在乌拉圭举行的拉美国家峰会集中讨论“移民与共同发展”这一议题[②]。联合国拉美和加勒比经济委员会的报告指出，墨西哥、加勒比共同体和哥伦比亚的移民数量均超过 100 万人，阿根廷、巴西等 9 国均超过 50 万人。一些加勒比国家有 20% 的居民在国外，移民比例最高的拉美国家是萨尔瓦多（14.5%），其后依次是：尼加拉瓜（9.6%）、墨西哥（9.4%）、多米尼加共和国（9.3%）、古巴（8.7%）、乌拉圭（8.3%）。拉美地区移民数量从 2000 年的 2100 万人增加到 2005 年的 2500 万人，占世界移民总数的 13%[③]。

这股移民潮对华侨华人产生了两种截然相反的影响。一方面，这些移民中包括不少华侨华人或华裔，他们希望通过再移民求得更好的生活。相当多的牙买加和特立尼达—多巴哥的华侨华人移民美国或加拿大[④]。例如，牙买加著名华人、《占美加华人年鉴》的作者李谭仁的儿子李子通及家人移民加拿大；侨领郑丁发的后人已定居英国。加拿大首富李也是来自牙买加的混血华裔。古巴

① *Final Report: Fourth South American Conference on Migration*, IOM, November 2003, Geneva.

② “Report on the Activities of ECLAC, Conducted through the Latin American and Caribbean Demographic Centre (CELADE): Population Division of ECLAC in Follow-up to the High-Level Dialogue on International Migration and Development”, December 2006. 关于拉丁美洲移民的案例分析，可参见 Adela Pellegrino, “Skilled Labour Migration from Developing Countries: Study on Argintina and Uruguay”, *International Migration Paper 58*, Geneva: International Migration Office。

③ United Nations ECLAC, *International Migration*, *Human Rights and Development in Latin America and the Caribbean: Summary and Conclusions*, Montevideo, Uruguay, March 20 - 24, 2006.

④ Walton Look Lai, ed., *Essays on the Chinese Diaspora in the Caribbean*, St. Augustine, 2006, pp. 327 - 368; Andrew Wilson, ed., *The Chinese in the Caribbean*, Markus Wiener, 2004, pp. 145 - 190. 还可参见伍若冰《年轻华人不爱待在牙买加》，金羊网，访问时间：2005 年 9 月 6 日。

华侨华人因为再移民而大大减少。近半数的华侨华人在 1976 年以后离开苏里南，1980 年的军事政变和 1982 年的军人政权导致不少华侨华人再移民他国[①]。特立尼达—多巴哥的华侨华人人数从 1970 年起一直处于下降趋势：1960 ~ 1970 年代约 8000 人，1980 年为 5000 人，1990 年为 4300 人，2000 年只剩 3800 人[②]。

由于拉美成为移民输出地，拉美内部对劳动力的需求又引发了新的华侨华人移民热。拉美在 1970 年代末和 1980 年代初有华侨华人约 20 万人，1986 年这一数字已达 32 万余人，到 1990 年代后期，拉美华侨华人已达 40 多万人。目前已达约 50 万。巴西 1970 年代初华侨华人不足 5 万人，90 年代初已达 12 万人，目前多达 25 万人。委内瑞拉的华侨华人从数千人一下增长到数万人，目前已达 16 万[③]。巴拿马在 1970 ~ 1980 年代军人执政后期也出现了移民潮，2 万多中国人进入巴拿马。他们中有的人是持合法证件入境的，也有一些人是持假证件或购买签证非法入境的[④]。阿根廷华侨在 1950 年代仅 300 多人，70 年代末增至 7000 人，80 年代中期增至 1. 5 万人，90 年代初增至约 3. 5 万人，2007 年达 6 万人[⑤]。近 30 年来，拉美已成为华侨移民的理想地之一。这股移民大潮还在继续。目前，巴西的华侨华人数最多，已达 25 万，其次是厄瓜多尔和委内瑞拉，均已达 16 万。秘鲁的华侨华人是另一种情况，该国的华裔人数为拉美地区第一（见表 1）。

在拉美内部的再移民也是华侨华人动向的一个方面。智利天主教大学历史学博士周麟先生认为：到中美洲的华侨华人，是以巴拿马为中心辐射出去的；南美洲的华侨华人，主要是以秘鲁为中心辐射出去的；加勒比海的华侨华人，是以古巴为中心辐射出去的[⑥]。如果就早期移民而言，这一结论言之成理。然

① William L. Man A. Hing，“Chinese Migration to Suriname”，in Walton Look Lai，ed.，*Essays on the Chinese Diaspora in the Caribbean*，p. 160.

② Walton Look Lai，“The Trinidad Experience”，in Walton Look Lai，ed.，*Essays on the Chinese Diaspora in the Caribbean*，p. 71.

③ 关于委内瑞拉的最新研究，参见高伟浓《委内瑞拉华侨史略》，学林书局，2011。

④ 管彦忠：《中国人移居巴拿马的历史进程》，《拉丁美洲研究》2002 年第 2 期。

⑤ 徐世澄：《华人与拉丁美洲》，第 321 页；中国新闻社世界华商发展报告课题组：《2007 年世界华商发展报告》，http：//news. xinhuanet. com/overseas/2008 -01/16/content_ 7430830_ 4. htm。

⑥ 周麟：《再探哥斯达黎加的华人现况》，《侨协杂志》2005 年第 94 期。

而，近年来中国移民在拉美国家快速增长是一种普遍现象，有的中国学者认为中国人移民拉美的发展空间很大①。随着华侨华人特别是华裔逐渐融入拉美社会，华侨华人普遍从商的局面也开始改变。有的华裔不愿意继承父业，开始投身律师、医生、教师、金融等精英行业，有的开始投身政界。他们的社会地位得以提高，并开始在当地的经济、社会和政治生活中发挥重要的作用。

表1　拉丁美洲华侨华人人口统计表

单位：人

国家	1940年代	1950年代	1960年代	1995年	1998年	2000年	2003年	2007年
阿根廷	263	200余	275	26000	30000	1.2万	6万多	6万
阿鲁巴岛					600	600		
巴巴多斯				60	120	150		
巴哈马				300	300	310		
巴拉圭		10余	15	9050	9000		8000	
巴拿马	13000	2000	7960	10000	12000	4万	13万	12万
巴西	2000	700	11630	12万	13万	3万多	146190	25万
秘鲁	23577	10915	30000	50万~100万**		100万**	130万**	
伯利兹				3000	5000	1000	7000	
玻利维亚	78	20余	63	1023	12000		1700	
多米尼加	634	600余	1200	7000	18000	13500	16700	
多米尼克							40	
厄瓜多尔	3155	885	4304	15000	18000	1.6万	10万	16.5万
法属圭亚那						3000		
哥伦比亚	917		1630	4500	15000	1.5万	4500	
哥斯达黎加	2000	700	3000	5万~6万	63000	6万	5万~6万	6万
古巴	24000	1.7万多	31039	5000	6000	6000	约7000	
格林纳达							10余	
圭亚那	3648		4074	6000	6500	6500		
海地	209	40	204	4		200	0	
安的列斯群岛				3110	5500	2000		
洪都拉斯	630	400余	817	1200	800	1200	约2000	
墨西哥	9500	1100	5085		2万	2万	2万	6万

① 杨安尧：《略谈拉丁美洲的移民环境》，《八桂侨刊》2001年第1期。

续表

国家	1940 年代	1950 年代	1960 年代	1995 年	1998 年	2000 年	2003 年	2007 年
尼加拉瓜	2500	1400	3000	400	630	750	2200	
萨尔瓦多	480	170 余	515	1800	1800	1800	1800	
苏里南			5700	15000	40000	1 万		4 万
圣文森特							20	
特立尼达一多巴哥	3100	6000 余	12000	6000	9000	8000	1 万	
危地马拉	3500	670	5751	12000	13000	1.5 万	2 万	
委内瑞拉	1742	1200 余	2000	16000	15000	9.5 万	12 万	16 万
乌拉圭	135	60 余	151	250	500	少于 300	250	
牙买加	13000	124018	20947	20000	22500	2.5 万	2 万多	
智利	1034	1239	2950	13000	4300	4300	4000	2 万多

* 此数将华裔算在一起。

资料来源：各项数据分别来自李春辉、杨生茂《美洲华侨华人史》，东方出版社，1990；陈匡民：《美洲华侨通鉴》，纽约，1950；台湾“侨委会”编《华侨经济年鉴》（1995、1998、2003）；周南京：《华侨华人百科全书（历史卷）》；《2007 年世界华商发展报告》。

二　拉丁美洲华侨华人的分布状况与经济生活

（一）拉美华侨华人：来源地与分布区域

中国人移民海外多采取以一带多的“链条”方式，即先是一人闯天下，来到国外熟悉情况后开始将亲属带出来；然后从家庭到家族，从个人到村庄，再到县市①。从来源地看，拉美的早期华侨华人以广东和福建人为多。例如，从《古巴华工呈词节录》和《古巴华工口供录》中的华工籍贯看，他们几乎全部来自广东和福建各县市。早期的牙买加华侨以广东东莞、宝安和惠阳三地的移民为主②。墨西哥的早期移民多来自广东的台山、新会、中山以及福建，

① 很多学者都提到过这一点。Frank Pieke, Pal Nyiri, Mette Thuno, Anhtonella Ceccagno, *Transnational Chinese: Fujianese Migrants in Europe*, Stanford University Press, 2004。

② Li Anshan, “Survival, Adaptation, and Integration: Origins and Evolution of the Chinese Community in Jamaica (1854 - 1962)”, in Andrew Wilson, ed., *The Chinese in the Caribbean*, Table 3.1, p. 46.

巴西的华侨华人多来自浙江以及东南沿海省份。近年来华侨华人移民增长较快的有巴西（20 万~25 万）、巴拿马（12 万）、委内瑞拉（16 万）、阿根廷（6 万）、哥斯达黎加（6 万）、苏里南（4 万）等国（见表 2）。这些国家的华侨华人的一个共同点是以新移民为主，本土化相对较差。华侨华人新移民的特点是来源广泛，或有亲戚朋友，或有一定文化或资金，从业和投资方向多样化。从移民的来源地来看，拉美国家的华侨华人新移民大致可分为 3 种：大陆人、台湾人和香港人。这些新移民与当地的华人华裔构成了拉美华侨华人的总体。

近年来，随着交流和移民流动的相对自由，拉美国家的华侨华人移民仍以东南沿海地区特别是广东（如委内瑞拉的华侨绝大部分来自恩平）和福建的为多。秘鲁的新移民仍以广东和福建为多①。江苏、浙江、上海、东北地区及内陆省份的移民也大大增加。来自大陆的移民还有另一个特点，他们多为投亲靠友，这在巴西、阿根廷、巴拿马、委内瑞拉等几个近年来华侨人口增加迅速的国家非常明显。以委内瑞拉为例，华人企业家冯明惠先生开创的冯氏家族集团经营商场、塑料和其他行业，管理者均为恩平的亲戚。台湾人主要讲闽南话，他们多为家庭移民②。香港人多讲广东话。他们有资金，具备国际经验，活动能力强，且具一技之长，从事技术行业的较多。华裔已基本同化，融于当地社会。他们说西班牙语或英语，多为专业人士或精英阶层，为当地公民。虽然其祖辈还保留着中华文化的一些特质，但他们对中国的观念已经淡漠。尽管他们在当地有时被看作华人，但他们与中国的联系并不多。

拉美华侨华人的分布集中在三种地方：便捷的首都或城市、偏僻的乡村和有利于再移民的国家地区。这种选择与他们的生存和发展直接相关。相当多的华侨华人居于首都和主要城镇，如利马、里约热内卢和圣保罗、巴拿马城和科隆、哈瓦那、金斯敦、布宜诺斯艾利斯、墨西哥城和墨西利亚、加拉加斯等。每个拉美国家的华侨华人几乎都有自己的居住区。拉美国家多为近海国家，海

① Isabelle Lausent-Herrera, "New Immigtants, a New Community? The Chinese Community in Peru in Complete Transformation", Tan Chee-Beng, ed., *Routledge Handbook of the Chinese Diaspora*, Figure 23.1, p. 387.

② 在委内瑞拉首都加拉加斯中华会馆的院子里，甚至有一个称为“恩平墟”的集市。参见高伟浓《委内瑞拉华侨史略》，第 86~87 页。

岸线很长，沿海多是交通便利、商业繁荣的城市，这些也是华侨华人聚集的地方。这些地区的发展机会多，资源渠道多，信息需求多，加上华侨华人先辈多处于首都、大城市或交通枢纽，这给后来者提供了落户首都和都市的机会。

偏僻落后地区也是华侨华人创业的好地方，原因是限制少、成本低、竞争者少。由于拉美国家多适宜种植农产品，华侨华人创业者成为开辟穷乡僻壤和森林地区的先遣队。法国地理学家和人类学家伊莎贝·劳森特曾以秘鲁山区和林区的亚裔移民为题进行过详细的实地调查。她认为：华侨华人在这些地区对"新商业的开发起了决定性的作用……华侨华人在农业开发、在发现山区和低地林区自然资源和产品的价值，以及在东部城市发展中所起的作用是不可低估的"①。在移民早期，秘鲁华人关瑞义最早从偏僻树林里开始种植园创业。秘鲁的早期企业家邬子才、帕布罗·雷、瓦乔的龙先生等都是在偏僻的乡村从事种植业起家。

表2　拉丁美洲主要国家华侨华人来源地与分布地一览表

国家	目前人数	主要来源地	主要分布地
阿根廷	6万	台湾、福建、江苏、浙江、香港	布宜诺斯艾利斯及周边省份
巴拿马	12万	广东(四邑及花县)	巴拿马城、科隆、圣地亚哥、达维德
巴西	20万~25万	广东(四邑)、浙江(青田、温州)、江苏、北京、台湾	圣保罗、里约热内卢、巴西利亚、阿雷格里港、库里提巴、维多利亚、纳塔尔、米纳斯吉拉斯
秘鲁	130万*	广东	利马、奇克拉约、卡亚俄港
多米尼加	1.67万	广东(恩平、开平)	圣多明哥
厄瓜多尔	16.5万*	广东(中山、台山、潮汕、广州郊区)、福建(福清、连江)、上海、山东、辽宁	瓜亚基尔、克维多、基多
法属圭亚那	3000	广东、江苏、浙江(青田)、上海	卡宴
哥斯达黎加	6万	广东(恩平)、台湾	圣荷西、利蒙、蓬塔雷纳斯、瓜纳卡斯特
古巴	7000	广东(台山、新会、恩平、开平、南海、中山)、福建	哈瓦那、圣地亚哥、卡马圭

① 伊莎贝·劳森特：《秘鲁亚马逊地区和山区的中国移民》，中华通惠总局：《秘鲁中华通惠总局与秘鲁华人1886~1986》，第73~75页。

续表

国家	目前人数	主要来源地	主要分布地
墨西哥	6 万	广东(台山、新会、中山)、福建	下加利福尼亚州、墨西卡利、蒂华纳、恩塞纳达、墨西哥城、华雷斯城、塔帕丘拉、奇瓦瓦、韦拉克鲁斯
苏里南	4 万	广东、浙江(温州)	帕拉马里博
委内瑞拉	16 万	广东(恩平)	加拉加斯、马拉开波、巴基斯梅托、拉克鲁斯港、巴伦西亚
牙买加	2 万多	广东	金斯敦、圣安德鲁
智利	2 万多	台湾、香港、广东、福建、东北地区	圣地亚哥、塔拉帕卡、安托法加斯塔

* 华裔包括在内。

资料来源：有关拉美华侨华人的各种书籍、论文和调查报告以及网络资料。

拉美的当代农业也有华侨华人的丰功伟绩。秘鲁华人戴宗汉被政府授予农业功臣勋章。他定居乡村，开乡辟壤，将家乡广东的农业技术引进秘鲁，传授给当地农民，将荒漠变为产粮区，创办水稻中心。在巴西圣保罗近郊散居着数千家从事农业的华侨华人，华侨华人还将角仔店开到穷乡僻壤[①]。巴西华人林训明先生的事业起家之地圣路莎为偏僻小镇，非常落后，生活清苦。他与当地豆农建立了良好的合作关系，还创办种鸡饲养场和种猪饲养场，为当地农民谋福利，最后成为黄豆大王。厄瓜多尔的“香蕉王”塞贡多·王也是从全国经济、贸易和金融中心瓜亚基尔市转到相对偏僻的洛斯里奥省，借助200公顷土地发展起自己的香蕉业。这种因地制宜的种植园存在于拉美各国，成为华侨华人经济的一个特色。

华侨华人也定居在有利于再移民的国家或地区，主要包括巴拿马、乌拉圭和墨西哥[②]。巴拿马和墨西哥一直是外国人移民美国的中转站。巴拿马政府对中转移民问题心照不宣，这种内外勾结的情况多次被媒体揭露。从 1990 年起，巴拿马报纸不断揭露走私移民的非法交易丑闻。当时的移民局局长、华裔郑道

① 圣保罗的苏少平就角仔店的历史在《南美文艺》《巴西侨报》和《美洲华报副刊》上写过不少文章。

② 高伟浓等人将拉美国家概括为中国新移民的移民“驿站”。参见高伟浓等著《国际移民环境下的中国新移民》，中国华侨出版社，2003，第 320 ~ 338 页。

华指出："在最近5年里贩运中国移民为被推翻的诺列加政权创造了2亿美元的收入。"1985～1989年，共有20537名中国人进入巴拿马，其中75%的人持假护照和身份证离开了巴拿马[①]。墨西哥的西北部和北部省份也是希望移民美国的中国人的主要定居点。此外，移民乌拉圭等国的中国人的主要目的是为自己或其子女移民美国、加拿大和英国作准备[②]。这种对定居点的选择与拉美华侨华人的发展有密切关系。

（二）拉美华侨华人经济：三大新特征

从传统意义上说，拉美华侨华人主要经营超市、餐馆业和杂货店。目前拉美华侨华人经济有以下三个特征：华侨华人企业集团逐渐形成，新移民经济发展迅猛，一些华侨华人企业成功转型。

第一，一批华侨华人企业家在定居国通过艰辛努力已具有雄厚实力，成为有影响力的企业集团。例如，墨西哥的李氏集团、秘鲁的黄氏集团和委内瑞拉的冯氏集团。中南美洲大型超级市场协会主席、墨西哥华商李华文实力雄厚，其家族拥有120家超级市场、6个物流中心、1个年出栏量65000头牛的养殖场、占地15公顷的温室种植园和4500公顷的耕地。李氏家族企业已发展成经营超级市场、农产品、肉类加工、水产品进出口等多行业的跨国集团[③]。秘鲁黄氏家族是超市业中的佼佼者。20世纪90年代以来，黄氏集团在各地已有15家大型高级超市连锁店"WONG"（超市王），5家面向低收入阶层的超市"Metro"（米得罗）。2006年，黄氏家族又将经营目标瞄准了贫困阶层的消费群体，诞生了第一家"Ecco"仓储店。每年秘鲁国庆日，黄氏集团的花车大游行和晚上的烟花表演成了利马市最具吸引力的节目[④]。委内瑞拉马拉开波市著名华侨实业家冯明惠先生开创的冯氏家族集团经营当地最大的华侨百货商场和两间生产塑料袋的塑料厂，同时还进军房地产、建筑及进出口贸易等行业，

---

① 管彦忠：《中国人移居巴拿马的历史进程》，《拉丁美洲研究》2002年第2期。

② Daniel Bao, "No Hay Sangre Fresca Aqui: The Chinese Community in Montevideo, Uruguay", (n. d., n. p.), p. 19.

③ 郑伟枢：《从李氏家族看墨西哥华侨华人的生存和发展》，吕伟雄主编《海外华人社会新透视》，岭南美术出版社，第158页。

④ 中国新闻社世界华商发展报告课题组：《2007年世界华商发展报告》。

近年来已开始在中国投资①。秘鲁的娱乐业巨子沈根源先生、采用集团式多样化经营方法的杨学勤先生也属于这类成功的华人企业家。

第二，华侨华人新移民发展迅猛。新移民主要经营餐饮、批发和超市等行业，自1990年代以来，新移民华商在中南美拓展迅速，中餐业仍是华侨华人谋生的重要行业。秘鲁有4000多家中餐馆，其中利马就有3000多家，占当地餐饮业的30%。根据秘鲁的人口统计，华侨华人独立就业者1993年为14.7%，2007年为32.7%，增长速度惊人②。智利的圣地亚哥有近600家中餐馆，其营业额占餐饮业的23%。只有数千华侨华人的洪都拉斯首都特古西加尔巴也有200多家中餐馆。中餐馆之所以受当地人欢迎，除了烹饪技术和口味外，还有价格低廉、服务周到等原因，因此中餐已深深地融入了当地日常生活之中。杂货业的持续发展也是华侨华人经济的特点，近年来向小型超市的方向发展。在委内瑞拉，华侨华人开办的小超市、小百货店已超过5000家，16万华侨华人中有三分之二的人靠此谋生。在哥斯达黎加的利蒙和蓬达雷纳斯，华侨华人分别拥有60%和80%的商铺产权。2001年危机之前，阿根廷华侨华人超市的市场占有率还不到1%，2006年其市场份额已经达到7%。以前遍布各居民区的中小型超市主要由阿根廷人以家庭经营为主，如今基本由华侨华人掌握；在食品和饮料方面，华侨华人超市的总销售额已占到全国总销售额的30%左右。为了平抑物价，阿根廷政府多次与家乐福等零售业大户谈判，希望它们采取限价政策，但未能成功。2006年10月，华侨华人超市公会与阿根廷政府签署协议，最先执行主要商品降价限价政策。这一举动迫使其他大型零售集团不得不与阿根廷政府签订类似协议。华侨华人超市的举动既受到民众欢迎，也得到政府鼓励。阿根廷总统基什内尔特意向广大华侨表示感谢，并鼓励华侨华人业主在这个领域继续发展③。与以华侨华人族群为主要对象的北美华

---

① 广东省海外交流协会委内瑞拉、哥伦比亚访问团：《我们看好中国市场》，广东侨网，2003年11月27日，http://gocn.southcn.com/ztbd/zt_wg/zt_wg_bd/200311270016.htm。

② Isabelle Lausent-Herrera, "New Immigtants, a New Community? The Chinese Community in Peru in Complete Transformation", Tan Chee-Beng, ed., *Routledge Handbook of the Chinese Diaspora*, p. 383.

③ 中国新闻社世界华商发展报告课题组：《2007年世界华商发展报告》，http://news.xinhuanet.com/overseas/2008-01/16/content_7430830_4.htm。

侨华人商铺不同，南美的华侨华人超市、商店面向的是当地居民，成为影响当地经济的一支重要力量。

由于拉美特别是中南美的一些小国的轻工制造业落后，大多数日用品靠进口，新移民从中国进口轻工商品正好弥补了这一缺陷。加上上述行业投资小、成本低、收效快，杂货店、超市成为海外华侨华人创业的主要方式。委内瑞拉卡拉沃沃州华侨华人杂货同业商会主席冯永贤可以说是这类新移民的典型。他祖籍广东省恩平市牛江镇，1989 年移民委内瑞拉。1991 年，冯永贤在亲友的扶持下开始在卡拉沃沃州巴伦西亚经营一间超市。由于经营得当，生意红火，很快便上了轨道。经过短短几年的艰苦拼搏，事业大获成功。现已发展到两间颇具规模的超市和一间建材店，成了华侨华人商界的佼佼者①。

第三，具有开拓精神、长远眼光和适时应变的华侨华人企业家成功转型。从 20 世纪末开始，一些华侨华人企业家开始看好机会，转变投资方向。巴西华人林训明先生是一个典型。他原来以黄豆及榨油业闻名巴西企业界，1970 年代中期，他的巴西植物油公司年营业额超过 2 亿美元。1975 年，公司被评为巴西出口额最大的民营企业，获巴西总统颁发的奖状。随后，林训明开始涉足其他行业，相继对罐头业、石化加工业、运输、保险、证券经纪、旅游、农牧林等行业进行投资，所属企业多达 10 余家。他凭着对市场的敏感和洞察力，不惜出手在聚丙烯工业公司拥有的 33% 的股份，于 1993 年正式退出该公司，以集中力量于石化加工事业。林氏家族现涉足饮料包装的产销、石化加工和植林等多种行业②。秘鲁的沈根源先生从 20 世纪 60 ~ 70 年代起以代理塑胶制品名扬商界。1980 年代，他由商业转向工业，先后建立了地毯厂和塑胶厂。他的塑胶厂为秘鲁著名塑胶厂之一，厂房面积达上万平方米。1990 年代初，他发现娱乐成了新时尚，转而投资娱乐界，将他拥有的龙凤酒家改为综合型娱乐场所。除碧宫娱乐场外，还有舞场、卡拉 OK 厅和餐厅。他在娱乐界的业务日益扩展，目前在利马同业中纳税最多，成为娱乐界的

---

① 激浪：《委内瑞拉华商后起之秀冯永贤：临危受命护侨爱乡》，委内瑞拉《委华报》，引自中新网，2006 年 11 月 16 日，http://www.china.com.cn/overseas/txt/2006 - 11/16/content_7367516.htm。

② 庄炎林主编《世界华人精英传略·南美洲与加拿大卷》，第 37 ~ 50 页。

首领[①]。有远见的华侨华人企业家认识到：只有审时度势，把握经济发展的规律，及时调整投资策略，企业才能做大做强。

（三）拉美华侨华人经济：行业分布与发展趋势

目前，拉美华侨华人从事的职业大致可分为四个方面。首先是商业，包括进口、出口、批发、零售等。由于这一行业的资金要求不高，同时存在着较强的供求关系，特别是一些条件较艰苦的地区需要商品供应，华侨华人在历史上即以此为生，如鱼得水。拉美一些国家地形复杂，居住在林区、山区和农村地区的印第安人缺乏各方面的商品，华侨华人的商店或流动商贩为他们提供了所需的商品和服务。中国改革开放后，各种轻工业产品的销路逐渐打开，以价廉物美而在国际市场称雄，这为拉美的华侨华人经商提供了更好的机会。

服务业是拉美华侨华人所从事的另一个大众性行业，包括餐馆、洗衣等与服务有关的行业。中华饮食之所以在拉美流行有以下三个原因。中餐以特色著称，难以为其他人模仿或占领，竞争性较强。此行业的档次可高可低，可为富裕阶级和贫穷者提供不同类型的服务。成本相对较低也是原因之一。以委内瑞拉为例，全国有中餐馆1000余家，既为当地提供了美食服务，又为其他行业提供了就业机会。洪都拉斯仅有华侨华人数千人，但在特古西加尔巴就有中餐馆200余家。在中南美洲其他华侨华人新移民增长较快的国家，中餐馆也发展很快。

知识技术行业是华侨华人从事的另一个行业，包括政府行政部门以及医生、律师、会计、保险、教师、工程师等职业和科研技术等相关职业。在拉丁美洲，华裔的融合程度相对较高。由于华侨华人家庭历来注重教育，华裔在接受高等教育后从事各种知识技术行业的增多，有的成为医生，有的服务于科研院所，还有的在政府部门工作。这些精英可谓遍布各个行业，如巴西知名华裔地质学家刘占江，曾服务于巴西国家空军20多年的华裔教授项夏雨等，因将自然植物色素用于食品工业和在纤维染色上的独特研究而多次获奖的秘鲁化学协会前任主席奥尔佳·陈（Olga Lock Sing de Ugaz）以及第三代土生华人的代

① 《历史与发展：纪念华人抵达秘鲁150周年》，第162～163页。

表、秘鲁劳动银行总经理张歧山（Max Chion）等都是华人知识精英的典型。这些杰出精英还将在下文提及。

制造业、建筑业与资源行业是目前华侨华人涉猎较多的另一领域。拉美国家的制造业比较发达。以巴西为例，除矿藏丰富、矿业十分发达外，棉纺工业也相当突出。其他如炼钢业、汽车制造、石油化工、水泥、制药、塑胶、食品、电器、造船、制陶、轮胎、造纸、玻璃以及重型机械都发展很快。华侨华人长期以来经营一些成本较低的日常用品制造业，如委内瑞拉的华侨华人在当地经营铅笔厂、塑料厂、食品加工厂，墨西哥的华侨华人经营制衣、制鞋和玩具厂等。随着全球化进程的加快，华侨华人逐渐投资一些重要的制造业，如巴西林训明的石化工业、秘鲁沈根源的塑胶企业等。此外，中国雇员到国外打工也推动了华侨华人的移民。中国企业也在快速向拉美推进，轻工业产品的出口带来轻工企业的出口，一些在当地得到原料的企业开始在拉美建厂。建筑业与资源相关产业是华侨华人经营的另一方面。建筑业是中国承包业向国外迅速扩展的行业。中国在多个拉美国家均有承建项目。这一行业也带动了华侨华人从事房地产行业。

中国近年来实施两个市场、两种资源的发展战略，对拉美资源产业投资加快。这些投资既加速了拉美的发展，也促进了当地华侨华人的经济，同时也为中国人移民拉美提供了机会。2007 年，中国与拉美的贸易额达 1026 亿美元，其中出口 515 亿美元，进口 510 亿美元[①]。2007 年中国与加勒比地区的贸易额再创新高，达 52. 5 亿美元，同比增长 19. 3%，这也是双方年贸易额首次突破 50 亿美元。其中中国出口 37. 7 亿美元，同比增长 15. 1%；进口 14. 8 亿美元，同比增长 31. 5%。2007 年，中国与加勒比地区 9 个贸易伙伴的双边贸易额超过 1 亿美元，最高的为古巴，达 22. 8 亿美元[②]。

为进一步推动中国和加勒比国家在贸易、投资、农渔业、旅游、运输、金融、人力资源开发等领域的交流与合作，中国—加勒比经贸合作论坛已经程序

---

① 《2007 年 1 ~ 12 月进出口商品国家（地区）总值表》，商务部网站，http：//zhs. mofcom. gov. cn/aarticle/Nocategory/200802/20080205374215. html。

② 《中国与加勒比地区贸易首次突破 50 亿美元》，商务部网站，http：//mds. mofcom. gov. cn/aarticle/zcfb/200803/20080305407201. html。

化，2007 年 9 月召开的第二届合作论坛围绕“深化经贸合作、实现共同发展”的主题展开了各种相关活动。值得注意的是，中国公司加快了在拉美国家的经济扩展。2007 年 8 月 15 日，中国铝业公司正式公布于 8 月 1 日完成了对加拿大秘鲁铜业公司 91% 股份的收购，为公司铜业务板块的发展壮大奠定了坚实基础，同时意味着中国与拉美在矿业方面的经济联系将更加紧密。同时，由于经济的发展及移民的增多，中国人到拉美的游客也在逐年增多。以墨西哥为例，该国接待中国游客的数量在逐年上升，2007 年接待中国游客的数量比 2006 年增加 45.3%，2008 年第一季度又同比增加 28.6%。为加强中国与拉美之间的联系，墨西哥航空于 2008 年宣布正式开通上海—墨西哥城新航线，从而实现了中国到拉美的首次直航。毫无疑问，这些积极因素将有利于华侨华人在拉美的发展。然而，一个移民社团的真正发展单靠经济是不行的，必须通过社会融合和政治参与才能真正立足于当地社会。

三　拉丁美洲华侨华人的社会关系与社区生活

（一）拉美华侨华人：融合与社会关系

华侨华人在拉美的社会生活也经历了长期的演变。然而，他们在各个国家的融合情况并不一样。早在 16 世纪中叶，一些在西班牙航船上做工的华侨华人来到墨西哥，在 16 世纪末即有唐人街存在①。加州大学伯克利分校的罗仁波（Robert Chao Romero）博士在他最近出版的研究成果《南美华人移民史》中指出，早在 17 世纪，已有 4000 多华侨华人来到墨西哥经商，这批华侨华人的后裔，有不少人后来移民美国。墨西哥的华侨华人（特别是在墨西卡利等地）基本已经与当地社会融合。从 1990 年代以来，一批来自中国的新移民开始抵达墨西哥。他们中相当一部分（特别是来自福建的移民）是为了移民美国而借道墨西哥。

① Homer H. Dubs & Robert S. Smith, “Chinese in Mexico City in 1635”, *The Far Eastern Quarterly*, 1 (1941 - 1942), pp. 387 - 389.

在加勒比和西印度群岛地区，最早抵达的华侨华人是契约劳工。他们目睹了这一地区的历史变迁，亲自参与了种植园劳动，有的参加了当地的独立战争。他们的后裔有的成为政府首脑，有的成为政府部长或著名政要，还有的成为了举足轻重的金融家或企业家。华侨华人及其后裔在当地获得的认同度相当高。然而，从1970年代起，加勒比地区经济发展缓慢，大多数华侨华人移民美国、加拿大或欧洲，目前剩下的多为年迈的华侨华人。近年来，由于中国国力增强，一些新移民开始抵达这一地区。新移民的一个共同点是融合的程度相当低。

中南美洲的华侨华人以秘鲁华侨华人的融合度最高。他们与当地居民相处和谐，并受到当地居民的欢迎与尊重。究其原因，主要有普遍的异族通婚、宗教同化、饮食融入、民族认同和华侨华人个体的成功。女性华人的缺少导致华侨华人与当地妇女大规模通婚。种种社会需要，如拉近与庄园主的关系，可以拜"圣徒关公"，要结婚必须信教，教父体制使信教者得利，教育体制下的完全同化等，这些利益关系致使秘鲁华侨华人的90%信奉天主教。遍布大街小巷的Chifa[①]标志着华侨华人饮食文化融入秘鲁社会。秘鲁社会的相对宽容且缺乏种族歧视的传统使华侨华人的认同加速。华侨华人自身发展成功导致华侨华人进入秘鲁社会之中[②]。1986年，利马政府为纪念中华通惠总局成立100周年，通过表彰中华通惠总局的决议，市长巴兰德斯亲自给通惠总局颁发荣誉证书。为了纪念秘鲁华侨华人抵秘150周年，秘鲁中央储备银行发行纪念银币，邮政总局发行纪念邮票，这些都是华侨华人融入社会并为秘鲁国民认同的体现。这种情况在南美国家较为突出[③]。

华侨华人对拉美国家的文化教育作出了卓越的贡献，出现了不少名人，如巴拿马国家文化局长潘清，先后于1942、1956、1959、1982年获得国家文学奖的巴拿马著名诗人卡洛斯·弗朗西斯科·张马林，巴拿马著名医生朱煜全，委内瑞拉国立工艺大学教授沈纯强、加拉加斯西蒙·玻利瓦尔大学人文系主任

① 据说"Chifa"是粤语"吃饭"的变音。参见昌孝《闲话秘鲁侨情》，《侨务月报》1970年8月16日。

② 参见周艳《华人成功融入秘鲁社会的原因》，北京大学国际关系学院硕士学位论文，2006。

③《历史与发展：纪念华人抵达秘鲁150周年》，第120、134页。

维克托·李·卡里略，秘鲁哲学家佩德罗·S. 宋岭，秘鲁圣马科斯大学考古学和人种学博物馆馆长罗莎·冯·皮内达，西班牙皇家西班牙语研究院通讯院士和美国西班牙语研究院院士、现任美国纽约市立大学昆士学院教授陈汉基（欧亨尼奥·陈—罗德里格斯），古巴和拉美杰出的华裔画家维尔弗雷多·林，秘鲁画家何塞·谭·马约尔加和西梅翁·朱·刘，古巴诗人雷希诺·厄等，特立尼达—多巴哥、苏里南、牙买加、圭亚那和法属西印度群岛也出现了众多的华侨华人文化艺术人才①。

华侨华人要在海外生存、发展并融入各自社会，这需要一个长期的过程。存在着诸多社会关系，家庭关系是海外华侨华人生存的一种主要社会关系。拉美华侨华人也是一样。从传统意义上看，他们多以家族为活动半径，维持固有的家庭纽带。然而，随着老一辈华侨华人相继退出历史舞台，华裔逐渐融入当地社会，家庭关系的纽带有逐渐松散的趋势。社会关系的另一个重要方面是华侨华人与家乡的联系，这表现在各个方面。从经济上看，这种联系或是通过侨汇来表达自己对亲人的挂念，或是通过将家族成员带到所在国来表达一种亲情，或是通过投资家乡来利用现存的社会资本，或是通过在家乡慈善捐款来表达一种感情。从文化上看，这种关系可以通过创办华文报刊的形式（如墨西哥的《青年月刊》、秘鲁的《公言报》、古巴的《光华报》和委内瑞拉的《侨鸣》等）来保持，也可通过创办华文学校来体现，还有以组建家乡宗亲会社的方式来表达。当然，还有更为直接的方式，即通过接待家乡来访的各种代表团和亲属以及组团访问中国来体现这种社会关系。

我们这里要强调的是华侨华人与当地社会的关系，这种关系是直接涉及他们日常生活的重要内容。拉美社会和文化的一个主要特点是以肤色为特征而形成社会分层。这种特点给华侨华人融入当地社会带来了双重影响。一方面，他们往往被占统治地位的白人看作“有色人种”，长期处在受歧视的地位。另一方面，一些华侨华人通过婚姻获得当地人的认同，直接融入当地社会。当然，还有更多的华侨华人则是通过更为艰难曲折的过程融入当地。随着华侨华人对

---

① Walton Look Lai, ed. , *Essays on the Chinese Diaspora in the Caribbean*, St. Augustine, 2006. 本书中所收集的论文涉及了牙买加、古巴、特立尼达—多巴哥、圭亚那、苏里南、法属西印度群岛等地的华人，包括这些国家和地区华人从政的情况。

当地社会的适应和华裔与当地社会的融合，拉美各国华侨华人社会组织也呈现出新的情况。其一，除传统的中华会馆和姓氏社团外，华裔参与的社会组织呈多样化，如行业组织、文体组织、娱乐组织等，在相当多的情况下，这些组织并非以华侨华人为主体。其二，组织不再以地域为标志，开始接纳除家乡外的其他地区（包括所在国）的成员参加。我们可以得出一个结论：多元社会组织愈多，华侨华人社会的融入度愈高。

（二）拉美华侨华人：融合的相关途径

我们可以大致将华侨华人逐渐融入当地社会的过程分为三步：生存、适应和融合。华侨华人通过一些什么途径来融入当地社会呢？换言之，有哪些因素直接影响到华侨华人融入当地社会呢？我们认为大致可以归纳出以下5种相关途径：改变自己以适应新的环境、与异族通婚以融入社会、华裔成为融合的桥梁、国家政策的引导及华侨华人的积极措施。

1. 改变自己以适应环境

在早期的争取生存阶段，华侨华人对当地的社会文化生活并不感兴趣。他们不懂当地语言风俗，很难与当地民众打交道，只能蜷缩在自己的社区里，活动半径极小。当然，艰难困苦的求生存过程也不容许他们有太多的闲暇来关注他人的社会生活以及考虑适应与融入的问题。然而，这种孤独的生活引起了当地教会的注意。实际上，早在契约华工的后期，即有一些华工皈依了基督教①。由于宗教信仰的普世性、宗教机构的覆盖面、宗教功能的广延性以及拉美国家的宗教特点（绝大多数国民信奉天主教或基督教），宗教成为华侨华人融入当地社会的一个重要途径。可以这样说，对于大多数华侨华人而言，信奉宗教（特别是与他们的文化并不相同的宗教）并非如欧洲人那样自然，而是一种被动的过程。他们信奉当地宗教的最初目的并非是为了融入，但成为教徒所带来的认同、生活的便利和扩大的社会活动半径则具有很大的吸引力。华侨华人在一个陌生的环境中需要依靠，教会往往成为一个重要的社会生活依托。在牙买加1951年出版的名人录所列举的27位华人中，13人是罗马天主教徒，

---

① Arnold J. Meagher, *The Coolie Trade the Traffic in Chinese to Latin America, 1847–1874*, p. 299.

8 人是基督教圣公会教徒。[①] 华侨华人又十分重视子女的教育，而在拉美社会，教会是推动和发展教育的重要机构。以巴西为例，联合浸信会、基督教会和天主教会都设有中文班，既方便了华侨华人子女学习中文，又便于传教[②]。

我们注意到很多华侨华人的中文姓名采取拉丁化拼法，有的甚至直接将姓名改为西方姓名，还有的是一种奇怪的结合。这也是华侨华人为了适应注册、经商和社会联系的一种自我适应措施。早在古巴十年战争时期，华工和合同期满的华侨华人积极参与古巴人民为独立进行的战争。为此，古巴人民曾立旅古华侨纪念碑以表彰参战华侨华人。独立后，相当多的华侨华人将自己的名字改为当地名字，如胡安·迪亚斯、皮奥·卡布雷拉等[③]。1937 年，英国国王乔治六世登基，英属殖民地特立尼达的几名华人领袖曾上书表示效忠，他们的姓名分别为 S. A. Huggins，F. Marfoe，S. Lee Lum，C. Allum[④]。如果不加说明，我们很难将这些姓名与华人相联系。秘鲁的华人也有不少采用西文姓名，如早期的华人 E. Milrano Leon，Gavino Sarazar，Vicente Carcia，早期华人企业家 Pablo Ley，华人传教士 Jose del Carmen Veliz 神甫和曾被任命为罗马教皇特使的华人神甫 Jose Markalariva。中南美洲的华人姓氏中多有“阿”（A）字（如 Acon，Ajoy，Apuy），有的学者认为，“阿”后面的音可能就是华人原来的名字，但加个“阿”字表示亲昵，后即转译为外文作为他们在当地的姓氏[⑤]。

这种通过采纳定居国的宗教文化和风俗习惯的办法来赢得定居国的认可是一种比较被动的融入，因为这是以放弃自我身份为代价的，必须通过某种自我牺牲来实现。

---

① Clifton Neita, *Who's Who Jimaica, British West Indies, 1951*, Kingston, 1951.

② 小侨：《巴西华侨热烈发展中文教育》，《四海之友月刊》1978 年第 42 期。

③ Arnold J. Meagher, *The Coolie Trade the Traffic in Chinese to Latin America, 1847 – 1874*, pp. 299 – 300.

④ Walton Look Lai, *The Chinese in the West Indies, 1806 – 1995: A Documentary History*, The Press University of West Indies, Kingston, 1998, pp. 261 – 262.

⑤ 周麟：《再探哥斯达黎加的华人现况》，《侨协杂志》2005 年第 94 期。也有学者研究了英属殖民地的情况，参见 Yoshiko Shibata, "Changing Identities of the Chinese in the Anglophone Caribbean a Focus on Jamaica", Tan Chee-Beng, ed., *Routledge Handbook of the Chinese Diaspora*, pp. 364 – 365.

2. 异族通婚的作用

从契约华工到自由移民，华侨华人移民的男女比例存在极大的不平衡。我们可以从人口学的角度关注两个事实。其一，截至1940年代，相当多的华侨华人仍是从国内直接移民到拉美。根据莫顿·弗雷德对加勒比地区的研究，在1940年代，牙买加和特立尼达—多巴哥两地，出生在中国的华侨华人占40%以上。在牙买加的6879名华侨华人（1943年）中，有2552人出生在中国内地，另有266人来自香港；在特里尼达—多巴哥的5599名华侨华人（1946年）中，2346人出生在中国内地，另有35人来自香港。其二，女性在移民拉美的华侨华人中比例极小。根据墨西哥政府的人口统计资料，1900年、1910年、1921年、1927年和1930年的华侨华人总数与华侨华人女性的比例从未超过13%[①]。这一问题在秘鲁利马华侨华人中更为突出。女性最多时也只占华侨华人总数的5.2%[②]。男女比例失调最为严重的是古巴。根据历年的人口调查数据，女性占华侨华人总数比例最低时只有0.16%（1877年），最高时也只有4.09%[③]（1953年）。

在男女比例如此失衡的情况下，最直接的方式是异族通婚，即华侨华人男子与当地女子结婚成家。这是华侨华人融入当地社会的第二种途径。异族通婚首先是生存需要，即生理上的需要和传宗接代的需要。在早期移民阶段，异族通婚的夫妻中有的是自由恋爱而结合，有的则是通过买卖来解决问题。混血家庭的子孙同时保留着父母双方的遗传基因。“异族通婚，对于消除种族藩篱，凝聚多方力量以达到社会的平和，不失为一个好方法，特别在多种族的社会里更值得提倡。”[④] 秘鲁早期著名的华侨华人企业家谢宝山于1884年来到秘鲁。1918年，他的公司资产已达100万美元。他很快融入秘鲁社会，与秘鲁女子

---

① Mexican Censuses for 1910，1921，1930，etc. 胡其瑜：《散居在拉丁美洲及加勒比地区的华人——以墨西哥和秘鲁为例》，《中国海洋发展史论文集》，中央研究院中山人文社会科学研究所，1992，第615~616页。

② 《历史与发展：纪念华人抵达秘鲁150周年》，《华人抵秘150周年纪念特刊》，2002，第48页。

③ José Baltar Rodriguez, *Los Chinos de Cuba*: *Apuntes Etnográficos* (Habana: Fundación Fernando Ortiz, 1997), p. 90.

④ 《历史与发展：纪念华人抵达秘鲁150周年》，第48页。

埃尔比拉·拉斯特雷结婚，并收养了妻子的侄子和侄女。他的侄女萨拉后来又与谢宝山最重要的股东张志仁结婚。此二人都是异族通婚的典型。

异族通婚的第二个需要是为了避免歧视，即社会需要。可以说，定居国的某些歧视政策促进了华侨华人与当地妇女的通婚，这一点往往为人们所忽略。1941 年，巴拿马总统阿努尔福·阿里亚斯第一次执政时期，巴拿马政府颁布了新宪法。这部宪法有强烈的排外色彩，明确禁止华侨华人移民。在宪法第二章关于外国国籍的第 23 条规定："对外国移民通过法律进行控制。禁止下列移民：非本民族语言的操卡斯特利亚语（即西班牙语）的黑种人、黄种人、印度族人、小亚细亚人和北非的移民。"在执行法律的过程中，官员们肆意妄为，发生了许多滥用职权侵犯侨民利益的事件，如没收中国侨民的财产。这种形势迫使许多中国侨民与巴拿马妇女通婚，然后将商店的所有权改到她们的名下，以免经济上再受损失。这一异族通婚的过程对巴拿马华裔后代的成长起到重要影响①。这种情况在其他国家或地区同样存在。异族通婚的直接结果是混血华裔的出现。早期秘鲁华侨华人企业家谢宝山的后代、牙买加的李逢生、加拿大首富、牙买加著名企业家麦凯兆尔·李等都是混血家庭的典型②。古巴著名艺术家林飞龙（Wilfredo Lam）就是中国父亲与古巴母亲的后代③。

3. 华裔的桥梁作用

第三种促使华侨华人融入当地社会的途径是华裔的出现。即使父母双方都是中国移民，但过了几代特别是在与中国家乡隔离较长时间后，华裔几乎是在一种相对单一的文化环境中成长：华文学校和中文报刊的逐渐消失，说中文除家里以外没有其他的社会环境，对中华文化的接触只有通过中华会馆的建筑和

---

① 管彦忠：《中国人移居巴拿马的历史进程》，《拉丁美洲研究》2002 年第 2 期。

② 关于牙买加华人的适应与融合，参见 Li Anshan，"Survival，Adaptation，and Integration：Origins and Evolution of the Chinese Community in Jamaica（1854 – 1962）"，in Andrew Wilson，ed.，*The Chinese in the Caribbean*，Markus Wierner，2004，pp. 41 – 65. 关于牙买加华人的异族通婚，参见 Yoshiko Shibata，"Changing Identities of the Chinese in the Anglophone Caribbean a Focus on Jamaica"，Tan Chee-Beng，ed.，*Routledge Handbook of the Chinese Diaspora*，Routledge，2013，pp. 367 – 371.

③ Evelyn Hu-DeHart，"Integration and Exclusion：The Chinese in Multiracial Latin America and the Caribbean"，Tan Chee-Beng，ed.，*Routledge Handbook of the Chinese Diaspora*，pp. 98 – 99. 在此感谢邓爽先生对翻译粤语姓氏的指教。

中餐馆。华裔从小在当地的学校受教育，老师同学也是当地人，参加的社团组织也渗透着当地风俗，社会生活和文化活动也充满着本土气息，文化语言环境也是本地化，从事的职业也跨出了华侨华人社区。这样，他们成为华侨华人家庭及社团与当地社会融合的重要桥梁与纽带。

首先，他们在学校时将当地的教育制度、学习内容、校园文化、老师、同学等情况介绍给自己家里。其次，他们将自己职业方面的有关知识传递给自己的父母和亲人，从而使他们逐渐熟悉当地社会。再次，他们将自己在社会上通过新闻媒体所获得的信息传输给自己的家庭，使他们与社会的关系更为紧密。华裔中的一些杰出人物还可作为代表以表达华侨华人社区的意见，从而加强华侨华人与当地社会的沟通。华侨华人很重视子女教育，加之华裔也逐渐适应所在国的文化和政治制度，随着时间的推移，其社会活动范围明显加大。他们往往不再继承父辈的职业，而是向知识技术行业发展。由于他们在当地出生成长，比较习惯于当地的社会习俗，如对体育锻炼和娱乐活动的重视。特别是第二次世界大战后，老一辈华侨华人的根基已经稳定，其后代多有机会接受高等教育。经过高等学校这一过滤网，华裔多加入各种体育、音乐和娱乐方面的团体，活动范围扩大，社会交往增多，活动半径加大。他们中相当一部分成为当地的知识精英，有的甚至投身于政治。我们可以得出另一个结论：华侨华人在一个国家精英阶层所占的比重，即知识技术行业华侨华人的多少往往决定了一个国家华侨华人的融入程度。

4. 国家政策的导向

第四种情况是国情与政策是影响华侨华人同化和融合的重要因素。国家发展情况与移民政策直接影响华侨华人融入当地社会的程度和热情。这表现为三个层面。首先是中国和定居国的基本国情及相关政策，这些分别成为推力和拉力的构成部分。如果中国的国情不乐观（如民国时期或“文化大革命”时期），或定居国为发展鼓励移民定居（如第二次世界大战时期和 1960 ~ 1970 年代），华侨华人在定居国的融合趋向即朝积极方向推进。如果中国国情朝正面方向发展（如改革开放以来），或定居国的情况不利于移民的融合，华侨融入定居国的积极性即受到影响。其次是定居国因国情对华侨华人移民的正面鼓励政策。这一点在秘鲁比较明显。秘鲁早期从中国大量引入劳工。秘鲁的特殊之处在于，白人不占优势，印第安人占人口总数的40%以上，印欧混血人种占30%多。这些人没有种族优越感，对华侨华人的歧视和限制较少。华侨华人在拉美其他国家只能以经商为主，而在秘鲁却能进入政、军、外交界，这是主要原因之一。

再次，定居国的特殊政策（包括歧视政策）有助于华侨华人的融合。这是我们要特别注意的。相当多的国家在特定时期制定了对华侨华人的特别政策（如秘鲁早在1879年即容许中药的合法销售）或带有歧视性的政策。这种政策从某种意义上促使华侨华人改变了自己的文化习惯以融入当地社会。华侨华人多经营杂货店，为降低成本，他们往往使用店铺作为库房。有的国家或地区曾以促进卫生为借口，专门针对华侨华人制定卫生法规，迫使华侨华人提高商业成本以减弱他们的竞争力。墨西哥的索诺拉州1930年设立的公共卫生总署规定华侨华人商号只能出售4种主要商品（杂货、肉、药和面包）中的一种；禁止任何人甚至业主本人睡在店内，并规定任何货物必须存放在租来的货栈内，不可堆放在商店或住所①。这种主观上为了降低华侨华人竞争力的政策从某种意义上使华侨华人逐渐习惯当地文化风俗，促进了华侨华人的融合。

5. 华侨华人的积极措施

华侨华人融入当地社会的重要途径是通过一些积极措施来加深两种文化的理解，这既包括主动的介入方式，也有迫不得已的斗争方式。古巴华侨华人在独立战争时期即与古巴人民出生入死，从而赢得了当地民众的信任。同样，在智利与秘鲁发生冲突时，当时饱受凌虐的1000多名华工奋起协助智利军队。为了嘉奖这些华工，智利政府允许他们以自由人身份居留在秘鲁和玻利维亚割让给智利的土地上，或迁居智利境内。这批曾支持过智利军队的华工成为最大一批抵达智利的华侨华人②。秘鲁独立100周年时，华侨华人为了表示庆贺，专门成立秘鲁独立百年庆典委员会，并决定向秘鲁政府敬献一个巨大的云石大喷池。喷池的设计是多元文化的结合，两股水的汇合象征着中秘人民的亲密友

① Phillip A. Dennis, "The Anti-Chinese Campaigns in Sonora, Mexico", *Ethnohistory*, 26：1 (1979), pp. 65 – 80; Evelyn Hu-DeHart, "Racism and Anti-Chinese Prosecution in Sonona, Mexico, 1876 – 1932," *Amerasia Journal*, 9：2 (Fall/Winter 1982), pp. 1 – 27.

② 周麟：《炎黄子孙在智利》，《侨协杂志》2006年第98期。

谊。秘鲁总统、外交部长和利马市长均出席赠送典礼[①]。1986年，秘鲁中华通惠总局庆祝成立百年大典，中国政府派出由全国武术高手组成的武术气功团专程抵秘鲁助兴，通惠总局决定将首场演出的全部收入悉数捐给秘鲁儿童基金。这一义举得到秘鲁儿童基金会会长、总统夫人比拉·纳利丝的褒奖[②]。英属洪都拉斯于1961年10月遭“哈蒂飓风”袭击，给首都造成巨大破坏，并导致数百人伤亡。中华会馆主席黄土生带头号召华侨华人进行捐款以及其他形式的援助。华侨华人积极捐助，在11月份先后送出四份不同数额的捐款[③]。

值得注意的是，拉美华侨华人所办超市的服务对象是当地居民，这也有利于华侨华人的本土化。阿根廷华侨华人超市公会通过决议保持物价稳定，这一措施使深受物价飞涨之苦的当地民众受益，为华侨华人赢得了好感。秘鲁华侨华人对当地的贡献使其成为中南美认同感最高的华侨华人社团。秘鲁中华通惠总局从1982年起开始多方筹款，建立了颇具水准的秘鲁伤残儿童医院与康复中心。巴西中国经济文化发展协会在伊比乌纳市150周年市庆时，郭京良会长赠送一个长150米的特制大蛋糕以示庆贺。巴拿马的华侨华人对经济、社会和文化活动的参与获得了当地人民的认同。华侨华人社团曾率先发表声明支持巴拿马政府收回巴拿马运河，多名华裔直接参政，华侨华人中医大夫为当地民众热情服务。1992年，巴拿马市政府颁布第43号决议，表彰早期华侨华人和华侨华人社团对巴拿马的贡献，并拟建立一座有关华工修筑巴拿马铁路和参与运河工程的纪念碑[④]。这种捐助善举和友情表达大大增进了华侨华人与当地社会的关系。

我们知道，不同民族具有不同文化，对这种差异的认可有时需经过斗争来争取。在某种情况下，华侨华人为反对不公正的待遇进行反抗，从而改变了当地政府的政策或民众的态度，进一步促进了定居国对华侨华人存在的认可。这也是一种积极的融入。这种抗争早在1913年的巴拿马就发生过。虽然后来中国侨民最后被说服与政府妥协，但他们的行动使巴拿马政府认识到华侨华人社

---

① 秘鲁中华通惠总局：《秘鲁中华通惠总局与秘鲁华人，1886～1986》，第57页。

② 《历史与发展：纪念华人抵达秘鲁150周年》，第121页。

③ 《中山报》（The Chung San News，Kingston）1961年11月7日、11月10日、12月1日、12月8日。

④ 杨发金：《走近巴拿马华人》（下），《侨务工作研究》2007年第2期。

区的能量[①]。在受到不公正待遇时，华侨华人只有通过团结展示自己的力量，这种情况近年来在巴西、委内瑞拉等地都发生过。以巴西为例，华人陈建湛因携带 3 万美元出境未申报而被巴西警方殴打致死，为了给受难同胞申冤，各侨团在里约华人联谊会会长雷滨的领导下团结抗争。他们联系巴西朋友和当地新闻媒体，引起了当地社会对这一冤案的关注。华人联谊会提出倡议，联络当地侨胞在里约建立了华侨华人危机处理中心，从而为处于紧急情况下的侨胞提供了方便。这个危机处理中心有侨社和各省的代表参加，将成为跨地域、跨社团的新型侨团[②]。这个事件使里约广大侨胞空前团结起来，也使巴西当局认识到华侨华人力量的存在。2005 年，阿根廷的家乐福超市为了打击华侨华人超市，录制了一则有歧视意味的电视广告。当时正值阿根廷华人超市公会成立，公会主张对此事奋力抗争，通过与当地反歧视局的交涉，使广告迅速被撤销[③]。这种团结抗争的正面意义在于：只有当一个移民团体真正表现出自己的力量时，它才会受到当地社会的重视，才会以同等的身份被接纳；也只有这样，才能达到真正的融合。

（三）新移民与新现象

新移民为拉丁美洲的华人社区带来了新的变化，具体表现在各行各业欣欣向荣，多元文化和谐相处，青年才俊显露才华。经济方面已在上文论及，下面重点探讨另外两种现象。

---

① 波拉斯总统曾于1913 年 3 月 24 日颁布了关于华人、土耳其人、叙利亚人的第 50 号法律，规定所有 1904 年以后无合法证件进入巴拿马的华人都应注册并说明其移民的地下方式；对违反法律的人将同罪犯一样被遣送回国。这一法律遭到了那些有法律顾问的华人移民的反对。中国驻巴拿马的总领事也介入此事。在一次外事活动中，中国总领事竟被取消了驻外权利，华侨事务在外交上转由美国领事暂时照管。此事在巴拿马社会上引起强烈反响，华侨决定关闭其设在巴拿马城和科隆市的所有商店，以对巴拿马政府强迫华侨注册的法律表示抗议。这一行动带来的不利后果促使当地许多居民走上街头举行抗议活动，以反对政府的法律。管彦忠：《中国人移居巴拿马的历史进程》，《拉丁美洲研究》2002 年第 2 期。

② 2003 年 8 月 25 日，巴西籍华人陈建湛因携带 3 万美元出境未申报被巴西警方逮捕，后被人殴打致昏迷，经医院抢救无效，于 9 月 4 日死亡。陈建湛被巴西警察殴打致死事件震惊了整个巴西。殷永建：《巴西籍华人陈建湛之死启示华侨海外四点安全观》，中国新闻网，2003 年 9 月 17 日，资料来源：《国际先驱导报》。

③ 曹宇：《华人超市在阿根廷“疯长”》，《参考消息》2007 年 4 月 3 日第 14 版。

1. 华文学校

华文学校在拉美曾有过辉煌的历史，但后来因华裔融入当地社会而逐渐销声匿迹。1960～1970年代台湾移民的到来催生了华文教育，后来大批大陆移民更使华文教育迅速发展。巴西、巴拿马、哥斯达黎加、厄瓜多尔等国都先后恢复或新办了华文学校。例如，巴西虽然曾于1958年办起第一所天主教会的华文学校，但后因生源问题改为巴西学校，仅存中文补习班。1972年底，中文教育再度兴起，到1978年已有中文班7个，中文学校一所。齐耀斌、梁雁在巴西圣保罗大学分别取得博士和硕士学位后，于2001年又创办了华光中文学院。由于近年来中文热持续升温，华光中文学院不仅开办了分校，还与圣保罗管理学院合作开办4个中文班。在巴拿马，成立于1986年的中山学校有学生1721名，此外还有科隆教会中文学校和巴拿马华人工商总会中文学校以及巴拿马大学中文班①。哥斯达黎加已有8所华文学校，厄瓜多尔华凯中文学校也于2007年成立。这些华校为教授汉语和弘扬中华文化发挥了重要作用。

2. 华文报刊

近年来，华文报刊也如雨后春笋。以巴西为例，有《友联报》(1981)、《美洲华报》(1983)、《南美侨友》(1988)、《圣保罗时报》(1989)、《世界报道》(1996)、《台湾侨报》(2000)。秘鲁则新出版了《侨报》(1992，中、西文周刊)、《秘华商报》(2000)和《秘华协会通讯》(2000)。有些报刊来得快，也去得快。《巴西侨报》于1999年改名为《南美侨报》，读者群增多。《台湾侨报》于2005年改为《台湾侨刊》②。此外，还有巴拿马的《拉美侨声》和《拉美快报》(1992)，委内瑞拉有黄丽宝女士创办的《侨鸣》杂志、华文报纸《委华报》(2000)和《委国侨报》等。阿根廷首家华侨报纸创刊于1984年，此后有10余家华文报刊问世，多为周刊形式，如《新大陆周刊》(1998)、《世界周刊》、《新阿根廷通讯》等。巴拉圭也有两份华文报，《传薪日报》(1991)和《城市新闻》(1993)③。哥斯达黎

① 杨发金：《走近巴拿马华人》(中)，《侨务工作研究》2007年第1期。

② 别林业：《浅谈巴西华文报刊与华人社会的关系》，《侨务工作研究》2008年第2期。

③ 参见李建全《拉丁美洲华文传媒发展综述》，《世界华文传媒年鉴·2003》，世界华文传媒年鉴社，2003，第85～89页；林筠：《拉丁美洲华文传媒发展综述》，2007年8月30日，资料来源：中国新闻网。

加也出现了中英文刊物《工商》(2005)。华文学校和华文报刊的主要目的是在异国他乡弘扬中华文化，联谊华侨华人情感，方便社会联系和经济发展。即使是在1959年以来华侨华人社会日益衰落的古巴，哈瓦那唐人街促进会也在努力保持一个华文学校、一份杂志以及其他与华侨华人文化有关的成分①。

3. 华侨华人组织

从1970～1980年代以来，拉美华侨华人组织除了中华会馆和姓氏会馆等传统组织外，新移民的积极参与和来源多元化使当地华社和侨社更为活跃，出现了一些新的组织。这些华侨华人社团体现了移民的需要、感情、兴趣和爱好，大致可分为联谊型、行业型、地域型和娱乐型。联谊性的侨团主要指全国性的华侨华人联谊组织和当地中华会馆的分会，如委内瑞拉全国华侨华人联合总会、委内瑞拉华人侨团联合会以及中委建交以来在各省纷纷成立的中华会馆，还有巴西里约华人联谊会(1984)、哥斯达黎加华人华侨华裔协会(2008)等。新的行业组织为华侨华人生存和发展提供了便利，如巴西华侨总商会、墨西哥华人商会(2001)、阿根廷华侨商会(1992)、阿根廷浙江华侨商会(2001)、阿根廷华人超市公会(2005)、委内瑞拉中餐馆联谊会(1978)、哥斯达黎加的中哥工商联合总会(1993)、巴拿马华人工商总会(1999)、委内瑞拉中餐馆联谊会(1978)、中委两国商工农业旅游业总会等。

地域性华侨华人团体也纷纷成立，体现了乡土乡情和新移民对加强凝聚力的企望，如巴拿马四邑华侨联谊会、巴拿马科隆四邑同乡会、巴拿马中山同乡会、巴拿马花县同乡会、巴拿马甜水埠华侨联谊会。苏里南华侨快速增长也使地域性社团增加，如苏里南海南同乡会、苏里南浙江同乡会(2004)和苏里南东莞同乡会。巴西的同乡会也不少，如巴西广东同乡总会(1993)、巴西温州同乡联谊会(1999)、巴西北京侨民总会。此外，还有哥斯达黎加的旅哥广东华侨联合总会(1994)、旅哥恩平同乡会(2004)和旅哥恩平工商会(2004)、阿根廷温州同乡会(2007)、法属圭亚那的江浙沪同乡会、危地马拉东方总会等。文化组织的出现为拉美的多元文化增添了丰富的色彩，如巴西华人

① Kathleen Lopez, "The Chinese in Cuban History", in Walton Look Lai, ed., *Essays on the Chinese Diaspora in the Caribbean*, St. Augustine, 2006, pp. 122－125.

文化交流协会（2000）、巴拿马的知音曲艺社、秘鲁的秘华文化中心（1981）和墨西哥的墨西加利中华会馆前主席欧明民主持的下加州中国文化研究中心。

华文学校、华文报刊、华侨华人组织的增多是多元文化的具体表现。中文报刊和华校及新华侨华人社团的出现与中国和平崛起的趋势和中华文化复兴密切相关。

4. 新移民的杰出人物

新移民中可谓藏龙卧虎。尹霄敏于1994年来到巴西做贸易，经营的均为小商品，靠廉价争取客户。他意识到品牌的重要性，便注册了尹氏（Yin's）商标，以箱包主打产品，面向中高档消费群。他聘用了5名巴西知名的设计师，以打造有竞争力的品牌。2003年，因有人恶意举报，巴西国会打假委员会的6名议员带着警察来突击检查，但未找到一件假冒产品，反而提高了尹氏品牌的知名度。1972年出生在广州市的徐志尚，读完小学三年级即随父母移民秘鲁。1995年他以优异成绩毕业于利马天主教大学经济系，从业后在银行业表现出卓越才华。他后来考上美国纽约大学，修读工商管理，两年后获硕士学位，现就业于德意志银行香港分行，专职研究股票和债券行情。这些新移民中的精英或是掌握了某种技术来打天下，或是与父母一起来到拉美。他们有一技之长，掌握的信息量大，有一定外语基础，加上头脑灵活，发展潜力无限。

当然，新移民的到来也引发了一些矛盾，主要表现为华裔与新移民的矛盾，来源地不同的新移民之间的矛盾，当地社会与华侨华人社会的矛盾。这些矛盾如果处理不好，将会影响华侨华人社会在当地的融合。中国的和平崛起为广大华侨华人提供了施展才能的机会。这种崛起可能会产生两种负面效果。其一，华侨华人居住国对华侨华人社区的防范和排挤。其二，中华文化的复兴引发一些华侨华人的妄自尊大，从而导致与当地社会产生矛盾。这些应该引起我们重视，防患于未然。

拉丁美洲华人社会的发展表明，要想在海外社会真正立足，不仅要提高经济实力，还必须加强与当地社会的融合，积极参与政治活动。客观地说，拉美国家华人的影响力与他们的社会融入度有直接的正关联。在有的国家（如巴西、秘鲁、巴拿马等国），华侨华人的影响力比较大。知名华人中有的成为总理或部长，有的是高级行政官员，还有的是议员。在一些国家，如智利、阿根廷，由于华侨华人较少或近期移民较多尚缺乏根基，与当地社会的交融度弱，因此华侨华人社区尚未形成很强的影响力。从长远看，华侨华人应充分发挥选票的力量。目前在拉美国家中，华侨华人具备参政意识的所在国家不多；如果有选举权的华侨华人在聚居区域关心政治、积极投票，团结一心，必将会成为当地一股不可忽视的重要政治力量。可以说，华侨华人在一个国家的影响力是通过两点来体现的：华侨华人融合程度与华侨华人的参政程度。

四　政治认同与参政是真正的融合

华侨华人要在一个国家享有公民权利，必须以对该国有政治认同为基本条件。政治认同是指人们在社会政治生活中产生的一种感情和意识上的归属感，人们在一定的社会联系中确定自己的身份并自觉地以政治组织或政治过程的要求来规范自己的政治行为。参政有广义和狭义两种。广义是指在权利允许的范围内参与政治活动，狭义特指参与政治权利机构或在政府任职的行为。从严格意义上说，政治认同和参政只能是国家公民的义务。由于华侨华人的特殊性和可塑性（华侨有可能成为当地公民），政治认同与参政受多方面因素的影响，并不以个人意志为转移，所以拉美华侨华人的政治认同与参政程度依国家和个人不一。

当然，华侨华人定居国的移民政策与他们的政治认同有直接关系。秘鲁的华侨必须掌握西班牙语才能达到申请入籍的条件；他们也必须接受洗礼后才能上大学。这些规定促使他们更快地融入当地社会，实现社会融合后的华人逐渐形成政治认同，这是在秘鲁从政的华人比其他国家更多的主要原因之一。委内瑞拉的华人则有所不同。他们来的时间不长，主要是为了赚钱，加上对当地事务不关心，从而引发了一些冲突，近年来多次发生冲击华侨华人店铺的恶性事件，这与华侨华人一味赚钱不问政治有一定关系，也与政府的政策相关。我们可以得出一条结论：社会融合是政治认同的基础。

我们可以将政治认同和广义上的参政分为三个不同的内容或层次：政治待遇、政治参与和政治任职。

1. 政治待遇

政治待遇泛指一个人的行为获得所在国家政府的政治认可并被授予极高的

荣誉或职务。笔者曾提出过“主体认同”与“客体认同”的概念①。有的华侨华人（特别是华裔）在政治上认同自己的定居国，这是一种主体认同。还有的华侨华人在认识上未必已到政治认同的高度，但其行为却得到当地政府或民众的认可，被认为是对国家的贡献，因而由政府赋予很高的荣誉。这种政治待遇即是一种客体认同。委内瑞拉华人陈其仪被任命为总统高级经济顾问，这虽然是一种专业技术职位，但也是一种极高的政治荣誉。旅秘侨领、中华通惠总局顾问戴宗汉旅居秘鲁60余年，致力于秘鲁农业的发展，秘鲁政府向他颁发勋章和奖状以表彰他对秘鲁农业发展的贡献。另一位秘鲁华人陈汉基（欧亨尼奥·陈—罗德里格斯）在西班牙语言文学方面造诣颇深，在国际上享有盛誉，秘鲁政府授予他秘鲁最高荣誉奖章——太阳勋章，以表彰他在语言学、文学评论和社会科学研究方面的贡献。巴西华人企业家林训明被誉为巴西的“黄豆大王”，他多次受到政府表彰与嘉奖。这些华人本身不一定对政治感兴趣，由于作为当地公民的卓越表现或巨大贡献，他们赢得了国家的奖励，从而表明了定居国民众与政府的政治认可。

2. 政治参与

政治参与是指公民在权利许可的范围内参加各种政治活动。与世界其他地区的华侨华人相似，大多数拉美国家的华侨华人参与政治的热情不高。然而，华侨华人的政治参与还是可以从多方面表现出来，由于华人的特殊身份，他们可以充当自己国家和中国之间的外交使者。例如，秘鲁与中国建交前，秘鲁外交部派华人何莲香作为“密使”将秘鲁政府邀请周化民副部长访秘的信件秘密送交智利的中国大使馆，从而加速了两国的关系正常化。华裔伍绍良和陈璐也曾先后出任秘鲁驻华大使，华裔莱昂纳多·甘于1989年任外长，并于2004年出任驻华代表。危地马拉华裔赫尔赫·蒙达尔出任危中友好协会主席。这些都是华侨华人以其特殊身份为本国的外交事业作出贡献的例证。

华人议员直接参与政治活动。这是一种最为普遍的方式，他们由于民众的支持当选，也致力于服务民众。在秘鲁，近年有10余位华人当选为议员，1995年当选的即有卡洛斯·布兰科·奥罗佩萨、路易斯·爱德华多·陈清、

① 李安山：《华侨华人学的学科定位与研究对象》，《华侨华人历史研究》2004年第1期。

胡安·卡洛斯·林·阿尔瓦斯（林伟强）、胡安·何塞·洪·均查亚和维克多·许会·罗哈斯等①。此外，还有秘鲁历史上第二位华裔总理，现任教育部长 Jose-Chang（何塞—张，或者何塞—郑）②。这种情况也发生在其他国家。在巴西的圣保罗市，也有多名华裔在选举中获胜，成为议员。尽管这些华人议员代表的是整个选区，但却为华人表达意见提供了便捷渠道。有时，华人通过一些经济活动来表达自己的政治意愿。在阿根廷通货膨胀压力加大的情况下，华人超市一致决定维持物价稳定，从而用实际行动表明对地方政策的支持。1986年，秘鲁中华通惠总局决定将中国武术气功团专程抵秘鲁助兴首场演出的全部收入悉数捐给由总统夫人比拉·纳利丝担任会长的秘鲁儿童基金会，这无疑是代表华人社团向秘鲁总统投了重要的一票。这种通过捐助来表示政治支持的行为在拉美华侨华人中多有发生。

3. 政治任职

狭义的“参政”是指担任政治职务，这是华人在当地融入社会、提高自身地位的重要途径。在拉丁美洲一些国家，多位华人担任过最高行政职务或重要职务，如曾任苏里南总统的陈亚松，特立尼达—多巴哥独立后的首任总督何才等。何才任总督达 10 年之久，当地人民为了纪念他，将一条公路命名为“何才公路”。圭亚那独立后的首任总统雷蒙德·阿瑟·钟是华裔，他在英国完成学业后回到英属圭亚那当律师，从 1962 年起任政府法官。1970 年圭亚那摆脱英国殖民统治独立时，他被总理伯纳姆提名为共和国总统，连任 10 年。秘鲁的前国会主席（一译“部长会议主席”）维克多·许会·罗哈斯是出生在秘鲁的华裔，大学毕业后经过自我奋斗，先后任秘鲁政府工业和旅游部长，后又当过国会副议长，最后成为部长会议主席。许会在藤森执政时期曾任国会主席（总理）兼财经部长，后被控非法敛财、隐瞒财产和逃税等，被判处 8 年徒刑③。

拉美华人担任省部级官员的更多。从目前掌握的资料看，以下华人在拉美各国政府担任重要职务。多米尼加前矿务部部长、总统技术部部长吴玫瑰女士

---

① 《历史与发展：纪念华人抵达秘鲁 150 周年》，第 121 页。

② http：//es. wikipedia. org/wiki/Jos% C3% A9_ Antonio_ Chang.

③ 《秘鲁前总理许会刑满释放》，新华网，2008 年 8 月 30 日，http：//news. xinhuanet. com/world/2008 - 08/30/content_ 9739305. htm。

现任总统顾问。特立尼达的华人艾尔弗雷德·理查兹、蒂托·阿琼和诺曼·唐在1920～1950年成为西班牙港的市长；独立后，麦克斯·阿旺担任过卫生部长和地方政府部长，至少有5位华人担任过特立尼达—多巴哥的政府部长，杰拉德·陈、麦凯尔·威廉斯和Ken Ayoung Chee则任参议员，还是多位国会部长[①]。古巴现任国家物资储备全国委员会主任、全国人民政权代表大会代表、古中友协主席邵黄，前牙买加财政部秘书长毛·鲁埃尔·邓，前牙买加电气管理航运局局长卡尔·郭来，巴西民主运动党众议员甘迪蒂奥·桑柏霍，厄瓜多尔总统诺沃亚政府的劳工部长Martin Insua Chang，厄瓜多尔环境部副部长Hector Ayon Jo以及厄瓜多尔的克维多、瓜亚基尔和圣多明各市都有华裔担任过市长。苏里南的张丰年担任总统高级顾问，麦克·杨任环境整治和土地森林政策部长；2005年选举产生了苏里南第一位华人妇女国会议员Kai S. Lee。拉美华人精英从政的例证还有很多。

我们可以得出另一条结论：华侨华人实现政治认同和参政才是真正融合于当地社会。

移民海外是国际劳动力迁移的重要组成部分。他们之所以移民，是为了趋利避害。有的学者倾向于比较输出国和输入国的发展水平，从而得出结论：太穷的国家只能当难民，无法向外移民；太富的国家不必向外移民；只有处于中等的发展中国家才会产生大量移民[②]。这种观点虽然从宏观上解释了生活水平与移民的关联，但不宜一概而论。有的中国学者认为中国人移民拉美将有很大的发展空间[③]；有的学者则对此进行反驳[④]。笔者认为，拉美各国的情况与它们对劳动力的需求、对移民的政策和对外来文化的容忍度均有所不同。当然，一个国家的政治局势也构成其吸引移民的重要因素。

---

① Walton Look Lai, "The Trinidad Experience", in Walton Look Lai, ed., *Essays on the Chinese Diaspora in the Caribbean*, St. Augustine, 2006, pp. 68–69.

② Henrik Olesen, *Migration Return and Development*: *An Institutional Perspective*, 2002. 转引自丘立本《拉丁美洲与加勒比地区的国际移民——兼论中国移民的生存发展空间》，《华侨华人历史研究》2007年第1期。

③ 杨安尧：《略谈拉丁美洲的移民环境》，《八桂侨刊》2001年第1期。

④ 丘立本：《拉丁美洲与加勒比地区的国际移民——兼论中国移民的生存发展空间》，《华侨华人历史研究》2007年第1期。

本文试图展现拉丁美洲华侨华人的来源、适应、融合与身份认同变化的过程，特别是对近30多年来华侨华人的经济社会活动及其政治认同的情况进行了分析。我们认为，华侨华人在拉美经历了艰苦创业的过程。他们依靠自己的勤劳和智慧去努力适应一个全然陌生的环境，谋生存、求发展。华侨华人中的一些优秀分子以特有的敏感积极投身于当地的政治活动。可以说，老一代华人保持着对中华文化的特有感情，也希望保住社区的中华文化特质，但他们的后代已基本融入当地社会，而新移民则开始了新一轮的适应与整合的过程。

参考文献

中文文献

《足迹踏遍天涯之华侨》，《南大与华侨》1934年第3期。

别林业：《浅谈巴西华文报刊与华人社会的关系》，《侨务工作研究》2008年第2期。

陈翰笙主编《华工出国史料汇编·第一辑中国官文书选辑》，中华书局，1985。

丘立本：《拉丁美洲与加勒比地区的国际移民——兼论中国移民的生存发展空间》，《华侨华人历史研究》2007年第1期。

高伟浓：《拉丁美洲华侨华人移民史、社团与文化活动远眺》，暨南大学出版社，2012。

高伟浓：《委内瑞拉华侨史略》，学林书局，2011。

管彦忠：《中国人移居巴拿马的历史进程》，《拉丁美洲研究》2002年第2期。

李安山：《华侨华人学的学科定位与研究对象》，《华侨华人历史研究》2004年第1期。

李春辉、杨生茂主编《美洲华侨华人史》，东方出版社，1990。

李建全：《拉丁美洲华文传媒发展综述》，《世界华文传媒年鉴·2003》，世界华文传媒年鉴社，2003。

罗荣渠：《美洲史论》，中国社会科学出版社，1997。

王辟尘：《各国待遇华侨苛例概要》，商务印书馆，1933。

吴凤斌：《契约华工史》，江西人民出版社，1988。

小侨：《巴西华侨热烈发展中文教育》，《四海之友月刊》1978年第42期。

杨安尧：《略谈拉丁美洲的移民环境》，《八桂侨刊》2001年第1期。

杨超洋：《秘鲁华侨华人事迹回顾》，《历史与发展：纪念华人抵达秘鲁150周年》

杨发金：《走近巴拿马华人》（中），《侨务工作研究》2007年第1期。

周麟：《子孙在智利》，《侨协杂志》2006年第98期。

周麟：《炎黄子孙在智利》，《侨协杂志》2006年第98期。

周南京主编《华侨华人百科全书·历史卷》，华侨出版社，2002。

外文文献

Phillip A. Dennis, "The Anti-Chinese Campaigns in Sonora, Mexico", *Ethnohistory*, 1979, 26: 1.

Homer H. Dubs & Robert S. Smith, "Chinese in Mexico City in 1635", *The Far Eastern Quarterly*, 1 (1941 - 1942).

Evelyn Hu-DeHart, "Racism and Anti-Chinese Prosecution in Sonona, Mexico, 1876 - 1932", *Amerasia Journal*, 9: 2 (Fall/Winter 1982).

William L. Man A. Hing, "Chinese Migration to Suriname", in Walton Look Lai, ed. , *Essays on the Chinese Diaspora in the Caribbean*, St. Augustine, 2006.

Arnold J. Meagher, *The Coolie Trade the Traffic in Chinese to Latin America, 1847 - 1874*.

Clifton Neita, *Who's Who Jimaica, British West Indies, 1951*, Kingston, 1951.

Kathleen Lopez, "The Chinese in Cuban History", in Walton Look Lai, ed. , *Essays on the Chinese Diaspora in the Caribbean*, St. Augustine, 2006.

Walton Look Lai, "The Trinidad Experience", in Walton Look Lai, ed. , *Essays on the Chinese Diaspora in the Caribbean*, St. Augustine, 2006.

Research on the Survival, Adaptation and Integration of Overseas Chinese in Latin-America

Li Anshan

Abstract: Chinese immigration to Latin America has experienced five climaxes. By analyzing the economic, social and political activities of overseas Chinese in Latin America, the author has expressed three viewpoints. The overseas Chinese get more integrated in a society if they are involved in more plural organizations. The ratio of Chinese elite in a country usually matches the degree of Chinese integration in the society, bigger proportion means deeper integration; social integration is the basis of political identitification; realization of political identity and political participation represents the real integration of the Chinese.

Keywords: Latin America; Overseas Chinese; Social Integration; Political Identification

B.6
全球涉侨突发事件的危害等级研究*

骆克任　王　超　谢婷婷**

摘　要：

研究涉侨突发事件的危害程度是海外侨胞生存安全预警的重要前期工作，目前相关的研究成果甚少。本报告基于2000年后304个涉侨突发事件新闻报道的统计分析发现：当今严重的全球涉侨突发事件（一级、二级、三级）主要集中爆发在非洲、南美洲、亚洲三大区域，以政治骚乱、武装暴力和影响恶劣的一般犯罪为主，主要事由是政治矛盾、社会犯罪、意外事故和民族排斥。其中，非洲的突发事件大多数会伴随大规模的人员死亡；南美洲则出现较大的经济损失；亚洲各类事件交杂，并伴随着有针对性的犯罪、排挤甚至政治清除运动，这在东南亚一些国家尤为突出。北美洲和大洋洲的突发事件危害多属四级、五级，常见的是涉侨公共突发事件，主要原因是个人问题，其中学生事件较为突出。欧洲正处于移民过渡阶段，尽管没有大规模人员的死亡，体现为一般社会犯罪事件，但频发游行示威，经济纠纷和个人问题是其主导原因。另外，涉侨突发事件的危害程度，与该国移民政策是否完善、政局是否稳定、侨胞和海外中国流动人口自身行为有很大的关系。针对各大洲突发事件的特点，本文最后提出了一些相应的防治对策和建议。

关键词：

华侨华人　海外中国流动人口　突发事件　危害等级

---

* 本报告是国家社会科学基金重大项目“海外华侨生存安全预警与救护机制研究”（11&ZD062）的阶段性研究成果。

** 骆克任，华侨大学华侨华人信息中心主任、教授、博士生导师，国家社会科学基金重大项目“海外华侨生存安全预警与救护机制研究”首席专家，研究方向：人口统计、人口国际迁移和华侨华人。王超，华侨大学旅游学院博士研究生。谢婷婷，博士，华侨大学华侨华人研究院助理研究员。

一 引言

经济全球化带动着人口国际化，人口的国际流动日趋频繁，国际移民浪潮成为时代的一个重要话题。国际移民组织（IOM）对“国际移民”的界定为：“一般来讲，国际移民是指为了在其他国家定居的目的而跨越国境流动的人群，包括暂时性居住人群在内。游客和短期商务考察者通常不计入移民之列。”① 经济合作与发展组织（OECD）将国际移民分为两大类：“永久和临时的。永久移民愿意在新国家里建立他们永久的居住场所，并可能获取该国的国籍；而临时移民只愿意在新国家待有限的一段时间，直到学习项目的完成、工作合同的到期或是特定工作季节的结束。”② 据联合国（UN）估计，“国际人口迁移总数在过去十年内持续增长，从2000年估算的1.5亿，到2010年的2.14亿”③。移民经济也在持续升温，以移民汇款（remittances）为例，据世界银行（WB）估算：“国际移民总汇款从2000年的1320亿美元上升为2010年的4400亿美元。”④

据一般估算，中国国际移民约为5000万人，包括华侨、华人和华裔，被视为现代国际移民浪潮中最大的移民群体。近些年来，随着中国国际移民突发事件的频发，中国国际移民面临着严重的生存安全问题。一是人身安全遭威胁。1998年印度尼西亚屠华事件震惊世界，美国校园枪击事件频繁发生，日本仇华情绪高涨等等，威胁侨胞和海外中国流动人口生存安全的突发事件屡屡发生。二是财产安全受威胁。国内外新闻媒体多次报道，侨胞和海外中国流动人口的财产多次受到破坏与抢劫，华商商店、华侨华人企业、个人财产等成为

① IOM. Identifying International Migrants. http://www.iom.int/jahia/Jahia/about-migration, 2012-06-27.

② OECD. “Editorial and Introduction”, in *International Migration Outlook 2007*, OECD Publishing, 2007, pp. 17-25.

③ United Nations Department of Economic and Social Affairs (UN DESA): Trends in International Migrant Stock: The 2008 Revision. http://esa.un.org/migration, 2012-06-27.

④ WB. *Migration and Remittances Factbook 2011*, 2nd Edition. USA: Clearance Center Inc., 2011, pp. ix-x.

许多国外犯罪分子瞄准的对象。所罗门群岛华侨居民区被抢劫、焚烧，金店、珠宝店被洗劫，巴西圣保罗针对华侨华人的绑架、抢劫、要挟等犯罪事件逐年增加，世界各地有很多类似情况发生。中国国际移民和海外流动人口的突发事件问题，成为他们本身、祖（籍）国和所在国面对的重大现实问题。这些突发事件发生的危害程度有多大，其危害程度是否与全球分布情况存在相关关系，是本文研究的核心问题。

为使研究更具有应用性，本文“涉侨”中的“侨”（文中称侨胞），泛指在海外的中国人，即广义的华侨华人，包括了华侨、华人、华裔以及出国务工、经商、留学、旅游、探亲和工作的海外中国流动人口（含港澳台同胞），其内涵比国际移民更丰富。之所以这样宽泛地界定，一是现实中，中国侨胞无论是哪国国籍，在非炎黄血统的外族人眼中，通常都被视为“中国人”，大多数海外突发事件对他们的冲击几率几乎相同；二是在民族排斥和种族歧视突发事件发生的过程中，肤色和文化成为排斥的重要内容，而非国籍；三是突发事件往往同时涉及上述多种人群，作为祖（籍）国，中国的政府和社会有责任（或有义务）对他们实施救护或救助。

二　研究现状

（一）总述

根据《中华人民共和国突发事件应对法》的界定：“突发事件，是指突然发生，造成或者可能造成严重社会危害，需要采取应急处置措施予以应对的自然灾害、事故灾难、公共卫生事件和社会安全事件。”① 国内外有关突发事件的研究成果丰富，专著论文众多。以突发事件的英文“emergency”作为关键词，在权威的谷歌学术和亚马逊图书库里查找，发现谷歌学术搜索论文记录有2020000条（包括专利和引用），亚马逊库图书记录有5535条。其中，大量论文被引用超过千次。以中文“突发事件”作为关键词，在权威的中国知网期

① 《中华人民共和国突发事件应对法》，中国人大网，http：//www.npc.gov.cn，2013－04－16。

刊库中搜索，以题名包含精确查找方式，共找到6038条论文记录，在中国国家图书馆中查找藏书记录，以题名包含精确查找的方式，共找到700个记录。通过检索发现，国内外有关突发事件的研究，涉及自然科学和社会科学各个领域，研究范围广、内容深。

针对海外侨胞突发事件的研究，包括华侨、华人、华裔、中国海外流动人口，专著或论文相对就显得十分稀少。通过对中国权威的中文期刊数据库CNKI的查询，以“华侨生存”（32篇）、“华人生存”（68篇）、“华侨安全”（32篇）、“华人安全”（36篇）为主题，在期刊库进行模糊匹配查找，近两年相关研究成果呈现上升趋势（截止日期为2013年4月16日，上述统计，仅限学术期刊，以主题检索，部分文章可能重复计算）。通过检索国际权威的论文数据库Web of Science和Google学术论文库，以及中国知网的外文期刊库，以英语为主，发现国外对华侨华人生存与安全的相关研究成果非常少。以Web of Science为例，通过对主题“overseas Chinese safety/security/life/survival”进行模糊匹配检索，对检索结果进行分析，发现关于华人华侨安全问题的研究非常少，关于突发事件危害等级还没有研究成果。生存问题的研究有一定的研究成果，经统计共有专题英语论文两百余篇，其中一部分是由中国学者以英文发表的关于华人华侨安全与生存问题的研究论文。

（二）国内研究现状

1. 关于华侨华人相关生存问题的研究

高伟浓（2003）对华人新移民在澳大利亚、新西兰的生存适应性进行了分析。刘瑞常等（2005）通过“西班牙：鞋子引起的麻烦”“南非：社会犯罪威胁华人”“巴基斯坦：使馆全力解决突发事件”三个问题介绍了海外华人的生存安全状况。张禹东（2005）从华侨华人文化的双重特性出发，探讨了宽容作为华侨华人的生存方式的意义与价值。李安山（2005）对1854～1962年牙买加地区华人社区的形成与发展，以及华人的生存、适应与融合进行了深入研究。黄昆章（2007）以泰北美斯乐“云南村”为例，探讨了泰国华人争取生存发展的相关问题。全博（2007）在其硕士学位论文《法国华人的来源及其生存方式的变迁》中探讨了移民职业能力与生存方式之间的关系，同时也通过对比早期和当代华人在职业、社会经济地位、日常生活以及政治和文化、生存方式的差异梳理了法国华人生存方式变迁的过程。王晓鹏（2008）通过调查研究，分析了南非华人的生存状况，剖析了南非华人在南非存在的一系列问题和不稳定因素。乔鲍（2007）介绍了欧洲华人的生存状态。李其荣（2008）通过对美国、加拿大新华侨华人的文化认同分析，探讨了这些地区华人寻求生存方式的同一性，认为加强对华侨华人文化认同的研究，对于华侨华人融入主流社会，充分发挥华侨华人在传承中华文明中的作用，以培育有利于中国和平发展的国际舆论氛围，具有重要意义。曹云华、张彦（2012）从软实力的视角，分析了华侨华人的角色扮演及其海外利益问题与生存问题，等等。

2. 关于华侨华人相关安全问题的研究

白庆哲（2004）以全球化时代的新安全观和移民之间的关系为视角，分析了新安全观的内涵以及海外华人移民与中国国家安全之间的关系。严筠（2007）列举了海外华人安全风险增大的事由，从根源上探讨了海外华人安全风险的产生及其防范。华达（2007）介绍了纽约华人的安全状况。君君（2008）分析了海外华人安全问题。胡文辉等（2009）对建立全方位、多层次的海外华人安全风险防范机制提出了几点思考：增强我国公民海外安全风险防范意识和防范能力，建立健全安全风险评估机制和预警系统，发挥商业保险的作用，建立我国海外务工人员劳务风险基金等。赵桂娟（2009）以厦门同安竹坝华侨农场社会保障制度改革为研究对象，分析了该地区的华侨华人农村安全与社会保障问题。王卓（2012）对如何更有效地保护我国华侨的海外权益、完善相关机制进行了探讨。

3. 关于华侨华人生存与安全相关信息数据库的研究

徐云在《华侨华人文献信息专题数据库建设的理论与实践》（2001）、《华侨华人文献信息资源保障体系与共享网络的建设》（2002）、《“华侨华人文献信息专题数据库”建设思路与实践评价》（2007）等论文中，多次提出我国应建立华侨华人相关信息资源库，并介绍了“华侨华人文献信息专题数据库”建设的背景、思路和主要内容，总结了建设过程中的实践经验，并在主要特色、应用价值等方面进行了自我评价，提出要坚持特色、严格执行标准化、加强宣传和维护、处理好知识产权问题、做好人员的专业配备工作等。岳艳明（2009）以华侨华人信息数据库建设为例，分析了高校图书馆特色数据库建设的现状及存在的问题，提出了关于特色数据库建设特别是华侨华人信息数据库建设的对策和建议。

4. 我国各级政府部门对归国华侨生存的政策支持

劳动和社会保障部、国务院侨务办公室 2007 年颁布《关于认真贯彻落实国务院推进华侨农场改革和发展意见的通知》，文件要求吉林省、福建省、江西省、广东省、广西壮族自治区、海南省、云南省劳动保障厅、侨务办公室等各侨乡大省、侨务管理机构，对华侨农场人员就业培训、劳动关系处理、解决相关历史遗留问题、参加基本养老保险和医疗保障高度重视，充分贯彻落实国务院 6 号文件精神，促进华侨农场改革和发展。广东省人民政府劳动与社会保障厅（今人力资源和社会保障厅）2003 年颁布《关于切实做好华侨农场职工养老保险纳入地方统筹有关问题的通知》（粤劳社〔2003〕），把华侨养老保险完全纳入地方统筹，全面保障农村华侨职工的养老生活。浙江省人民政府 2006 年下发了《浙江省华侨权益保障暂行规定的通知》（浙政发〔2006〕），要求省内各级政府、机关、事业单位要充分保障归国华侨的基本权益，贯彻国务院相关文件精神，做好相关侨务工作。福建省人民政府办公厅 2007 年下发了《关于做好我省华侨农场职工参加城镇职工基本医疗保险工作意见的通知》（闽政办〔2007〕），要求妥善解决好全省华侨农场职工的医疗保险问题，维护华侨农场职工的合法权益，让华侨农场广大职工共享改革发展的社会成果。

（三）国外研究现状

国外学者对华人华侨生存与安全相关问题有一定的研究，主要集中于社会学、生理学、经济学、考古学、医学等领域。本文选取部分近几年最新相关研究成果呈现如下（按主要作者、发表年份、主题排列）。卡蒂拉（Katila）（2012）对在芬兰的华商家庭进行了关于道德秩序的研究，通过调查取样，了解了华商在芬兰的生存特点，讨论了华商家庭在家庭、性别和伦理方面的建设情况。Gadzala（2009）对肯尼亚的华商企业进行了研究，探讨了华商企业以及中国人在肯尼亚的生存困境。马林斯（Mullins）（2008）研究了华人身份的识别问题，探讨了美国华人的生存状态，以及他们如何更好地融入美国主流社会。佛山（Fosha）等（2008）对美国南达科塔州朽木镇（Deadwood）华人的生存经验进行了研究，探讨了该地区唐人街华人华侨基本的生活状态和社会结构。科斯特洛（Costello）等（2008）对美国加州圣·贝纳迪诺（San Bernardino）地区的唐人街进行了研究，探讨了当地唐人街的形成以及华人的生存现状。沃斯（Voss）（2008）以考古学的视角，对美国加州 San Jose 地区的唐人街进行了田野调查，探讨了该地区华人华侨家庭与世界的关系，分析了该地区华人的生存现状以及社会集体和社区机构。Ip. 等（2007）研究了澳大利亚昆士兰布里斯班（Brisbane）地区中国老移民的社会隔离问题，剖析了其生存现状，并探讨了相关社会保障政策的制定与实施。帕克（Parker）等（2007）研究了美国西方化的华人抑郁状态与生存状况，发现无论是生于美国的华人还是美国外的华人，他们与美国人相比，在一生中抑郁率显著较低，其生存心理状态较好。涅托（Nieto）（2003）介绍了西班牙华人的生存现状，并探讨了相关华商企业、华人组织、华人社区、华人家庭等，认为华人对西班牙国家经济建设作出了一定的贡献，等等。

（四）研究评述

综观国内外学者对突发事件和华侨华人相关问题的研究不难发现，这两个领域的研究成果已经十分丰富，文献数量多、质量高，视野开阔、见地深刻，有利于我们更好地理解华侨华人生存与安全问题研究的意义，认识华侨华人对中国国家建设的重要功能和作用，把握华侨华人研究现状，为阐释华侨生存安全问题做好铺垫。然而就两者结合的研究领域而言，即涉侨突发事件，国内外的相关研究成果较少，研究内容也相对欠缺，不成体系，新闻报道较多，研究成果显得匮乏，亟待更新观念，丰富成果，创新机制。特别是关于涉侨突发事件安全等级的研究，更是无人问津，值得探讨。

三　研究的方法

由于研究的资料主要来自新闻报道，根据拥有资料的特点，本文研究涉侨突发事件的危害等级时主要采用两种方法：文献资料法和内容分析法。通过文献资料分析，对研究对象作出定性的理论陈述，为内容分析的定量研究打下基础。研究目标文献的收集符合以下几点要求：一是收集 2000 ~ 2013 年具有突发性和影响性的涉侨突发事件；二是新闻报道的来源必须权威可靠，主要来自中国外交部官方网站、中国新闻网、人民网、欧浪网、《环球时报》、《暨南大学侨情简报》、新加坡联合早报网等国内外著名华文网站或报刊；三是新闻内容要比较详细充实，报道字数一般要求超过 200 字，涵盖关键信息，以便作进一步研究分析；四是资料收集过程具有随机性。在资料查询中，凡是满足前三条要求的涉侨新闻，都采集入库，进行编号，以避免主观选择。通过一年多时间的收集整理，共收集 304 条涉侨突发事件的新闻报道案例，发现涉侨突发事件主题多样、内容丰富，且事由复杂。我们按照事件报道的特点和事件发生的事由，先将资料定性归纳如下（见表 1）。

基于文献资料分析的基础，对 304 条新闻个案采用内容分析法进行深入量化分析。内容分析法是对文献内容进行客观、系统、量化分析的一种科学研究方法，常用于政治学、新闻传播学、图书馆学、社会学等领域。为了保证内容分析法的科学性、文本分析的信度，研究人员统一构建了指标体系，并进行分析评价。在此指标体系下，对事件危害等级进行评分和综合判断，最后输入 SPSS 数据库，进行分析。指标体系信度计算公式为：

$$R = \frac{2M}{N_1 + N_2}$$

其中 M 表示两个研究人员对指标选择意见一致的指标数。N_1 和 N_2 是两个研究人员各自选择的指标数。经过计算，$R = 2 \times 4 / (5 + 6) = 0.73$，即文本分析指标设计信度为 0.73。衡量涉侨突发事件危害等级的指标及其评分标准，见表 2。

表 1　涉侨突发事件类型与事由的划分

项目	分类	含义
事件类型	自然灾难	非人类可以预测或控制等自然因素造成，波及海外侨胞的突发事件
	民族歧视	排挤海外侨胞的个人或群体行为，包括不公平对待、针对性打击、驱逐等个体或群体事件
	政治骚乱	海外侨胞所在国国内政局不稳，大规模且性质恶劣的群体事件，诸如武装绑架、政治屠杀、国内战争等
	人为事故	主观或非主观的交通事故、爆炸、火灾等，有人为因素的突发事件，目标不是中国人
	一般犯罪	社会常见的普通犯罪事件，受害人群一般不超过 3 人，多以谋财为主
	武装暴力	受害人群在 3 人以上，性质恶劣的严重社会群体犯罪事件，多以武装分子带有政治目的的劫持、绑架、抢杀为主，针对性强
	边境摩擦	国家边境界限有争议，导致中国陆地或海洋边境产生的突发事件
	游行示威	华人维权或所在国居民反华的大规模集体示威运动
	学生事件	中国海外留学生特殊群体所产生的突发事件
	其他事件	根据新闻报道，不能按照上述事件归类的其他涉侨突发事件
事由	政治矛盾	主要指由所在国政治因素催生的针对性突发事件
	经济纠纷	主要指海外侨胞与当地居民之间因经济利益问题而产生的突发事件
	文化习俗	主要指海外侨胞与当地居民之间因文化习俗差异而直接产生的突发事件
	社会犯罪	主要指犯罪分子为了钱财或色相，针对海外侨胞实施侵害行为的事件
	意外事故	主要指非人为主观因素而导致的突发事件
	民族排斥	主要指针对海外侨胞的歧视、抗议、压迫等不平等行为的突发事件
	华人维权	主要指海外侨胞为了保护自身权利而进行的游行、运动、抗议等突发事件
	个人问题	主要指海外侨胞或所在国居民因个人性格、心理、家庭、自身犯法等相关问题而产生的突发事件
	事由不详	新闻报道内容未反映

表 2　衡量涉侨突发事件危害程度的指标体系及其评分标准

代码	指标	等级	分值	解释	指标性质	备注
LL	生命损失 Loss of Life	高	2	人员伤亡损失巨大，死亡人数在 3 人以上	正指标	该指标主要反映突发事件中海外侨胞的生命损失程度
		中	1	人员伤亡损失严重，死亡人数在 1～3 人		
		低	0	人员伤亡损失轻微，无死亡人数		

续表

代码	指标	等级	分值	解释	指标性质	备注
LP	财产损失 Loss of Property	高	2	财产损失巨大,1000 万美元以上,或是事件一旦发生,损失额度难以评估	正指标	该指标主要反映突发事件中海外侨胞的财产损失程度,包括事件一旦发生,对财产损失的预测
		中	1	财产损失严重,损失额度在 10 万 ~ 1000 万美元		
		低	0	财产损失轻微,损失额度在 0 ~ 10 万美元		
NP	事件人数 Number of People	多	2	新闻报道涉事海外侨胞超过 10 人,或报道涉事人数太多而未知,难以统计	正指标	该指标主要反映突发事件中涉及的中国海外侨胞人数,可据此分析事件发生的规模
		中	1	新闻报道涉事海外侨胞在 3 ~ 10 人		
		少	0	新闻报道涉事海外侨胞在 1 ~ 3 人(含 3 人)		
TM	词条查询 Term Modifiers	多	2	谷歌相关中文词条搜索在 100 万条以上,华界媒体传播范围非常广	正指标	该指标主要反映突发事件在华界网络媒体传播的范围广度,选择谷歌搜索引擎是因为该引擎没有进行网页控制,词条传播范围信息比较精确
		中	1	谷歌相关中文词条搜索在 10 万 ~ 100 万条,华界媒体传播范围较广		
		少	0	谷歌相关中文词条搜索在 10 万条以下,华界媒体传播范围较小		

根据以上指标以及评分标准，对收集到的 304 个案例进行评分汇总，涉侨突发事件的危害等级 G = LL + LP + NP + TM，其分值 G 的取值范围为，$0 \leqq G \leqq 8$，分为五个等级，最高级为一级，是危害最严重的突发事件，此类突发事件一旦发生，后果极其严重；最低级为五级，是一般性质突发事件，即各国常见的诸如社会犯罪类的突发事件，此类事件多属偶发的特例或个案，难以完全避免。具体级别分类见表 3。

表 3　涉侨突发事件危害等级划分表

等级	得分(分)	信号	解释
一级	8	红色	在华界社会影响巨大,事件性质非常恶劣,产生严重的社会影响
二级	6 ~ 7	蓝色	在华界社会影响很大,事件性质很恶劣,产生很坏的社会影响
三级	4 ~ 5	绿色	在华界社会影响较大,事件性质比较恶劣,产生不良社会影响
四级	2 ~ 3	黄色	在华界社会影响一般,常为难以规避的突发事件,产生负面社会影响
五级	0 ~ 1	白色	在华界社会影响较小,常见一般社会突发事件,有一定的负面社会影响

四　数据的统计与分析

（一）各大洲发生的突发事件概况

根据304个案例的数据统计，各大洲10类涉侨突发事件类型与事由，按照事件发生的数量进行统计。由于各个洲统计发生事件的基数不同，因此，按洲划分事件发生的类型，才具有可比意义。以抓主要矛盾为指导思想研究涉侨突发事件，比例高的前两种事件（合计超过总事件的50%），来分析该洲发生涉侨突发事件的主要类型，其统计结果如下。

在北美洲的46件突发事件中，一般犯罪有25件，占总数的54.3%，其次是学生事件（6件），占总数的13.0%；在大洋洲的19件突发事件中，学生事件有7件，占总数的36.8%，一般犯罪有4件，占总数的21.1%；在欧洲的71件突发事件中，一般犯罪有40件，占总数的56.3%，其他事件有8件，占总数的11.3%；在南美洲27件突发事件中，一般犯罪10件，占总数的37.0%，武装暴力6件，占总数的22.2%；在亚洲的94件突发事件中，情况比较复杂，众数超过10件的突发事件中，人为事故17件，政治骚乱16件，一般犯罪15件，游行示威13件，武装暴力11件，民族歧视10件，分别占总数的18.1%、17.0%、16.0%、13.8%、11.7%、10.6%，合计为87.2%；在非洲的47件突发事件中，政治骚乱24件，占总数的51.1%，武装暴力有12件，占总数的25.5%（见表4）。

可见，在北美洲、欧洲、大洋洲等发达国家和地区，一般犯罪和学生事件是涉侨突发事件的主要类型。在南美洲和非洲，一般犯罪、政治骚乱、武装暴力比重较高。在亚洲地区，涉侨突发事件更为复杂，除学生事件和自然灾害外，各类事件出现的概率接近。从另一个角度讲，在随机收集的304个事件里，一般犯罪（33.2%）、政治骚乱（15.1%）、人为事故（11.8%）、武装暴力（10.5%）成为涉侨突发事件排名前四位的事件类型，占总事件的70.6%。

为了掌握各大洲突发事件的主要原因，我们将占比50%以上的事由进行分析。北美洲突发事件的事由以个人问题（47.8%）和社会犯罪（17.4%）为主，占总事由的65.2%。大洋洲突发事件的事由以个人问题（26.3%）、意外事故（21.1%）和社会犯罪（21.1%）为主，占总事由的68.5%。欧洲突发事件的事由以经济纠纷（23.9%）、社会犯罪（23.9%）和个人问题（19.7%）为主，占总事由的67.5%。南美洲突发事件的事由以社会犯罪（33.3%）、经济纠纷（18.5%）和个人问题（18.5%）为主，占总事由的70.3%。亚洲突发事件的事由以民族排斥（28.7%）、政治矛盾（27.7%）和意外事故（16.0%）为主，占总事由的72.4%。非洲突发事件的事由以政治矛盾（63.8%）和社会犯罪（23.4%）为主，占总事由的87.2%。分析得知，尽管事件类型相同，但各大洲发生的事由有所不同。从另一个角度讲，在媒体报道的这304个事件中，政治矛盾（20.4%）、个人问题（18.8%）、社会犯罪（18.1%）、民族排斥（15.8%）成为发生涉侨突发事件排名前四位的事由，占总事件的73.1%（见表5）。另外，在统计分析过程中，这304个研究案例中，没有一个突发事件产生的事由直接来自“文化习俗”因素。文化习俗因素应该是事件产生的深层次原因，而不是直接原因。

表4　各大洲分类型统计的涉侨突发事件数

单位：件

类型	大洲名称						
	北美洲	大洋洲	欧洲	南美洲	亚洲	非洲	总计
一般犯罪	25	4	40	10	15	7	101
政治骚乱	1	2	1	2	16	24	46
人为事故	5	1	7	3	17	3	36
武装暴力	1	1	1	6	11	12	32
民族歧视	4	1	7	2	10	1	25
游行示威	0	0	4	1	13	0	18
学生事件	6	7	2	0	1	0	16
自然灾难	1	2	1	2	3	0	9
边境摩擦	0	0	0	0	6	0	6
其他事件	3	1	8	1	2	0	15
总　计	46	19	71	27	94	47	304

表 5　各大洲分事由统计的涉侨突发事件数

单位：件

事由	大洲名称						
	北美洲	大洋洲	欧洲	南美洲	亚洲	非洲	总计
政治矛盾	0	2	1	3	26	30	62
个人问题	22	5	14	5	10	1	57
社会犯罪	8	4	17	9	6	11	55
民族排斥	5	2	10	3	27	1	48
意外事故	5	4	4	2	15	2	32
经济纠纷	3	0	17	5	2	1	28
华人维权	0	0	5	0	7	0	12
原因不详	3	2	3	0	1	1	10
总　计	46	19	71	27	94	47	304

（二）各大洲涉侨突发事件的统计分析

1. 各大洲生命损失突发事件统计

在 304 个事件中，人员伤亡损失轻微，无死亡人数事件最多，有 202 件，占了事件总数的 66.4%。各洲人员伤亡损失轻微，无死亡人数事件的案例占各洲案例数量的比例分别为：欧洲 81.7%、南美洲 74.1%、亚洲 70.2%、北美洲 52.2%、大洋洲 36.8%、非洲 57.4%（见图 1）。可见，欧洲突发事件的人员伤亡最轻。

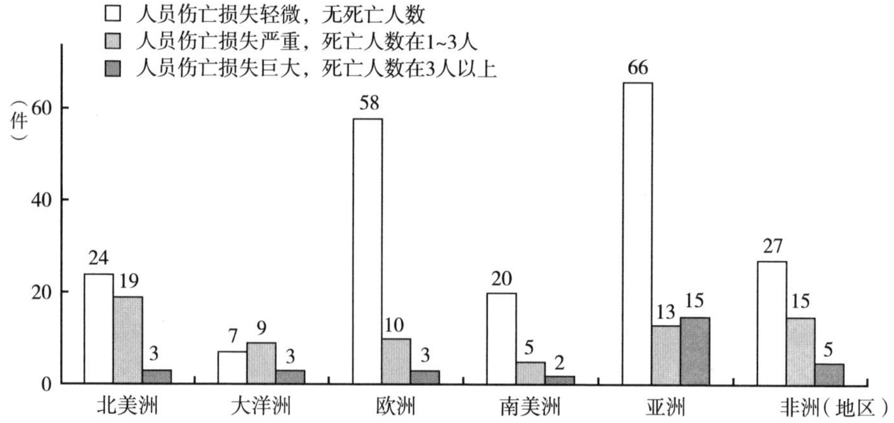

图 1　各大洲按生命损失的突发事件数统计

所有案例中，人员伤亡损失严重、死亡人数在1－3人的案例共有71件，占总案例的比例为23.4%。各洲人员伤亡损失严重、死亡人数在1～3人的案例占各洲案例数量的比例分别为：大洋洲47.4%、北美洲41.3%、非洲31.9%、南美洲18.5%、欧洲14.1%、亚洲13.8%。

所有案例中，人员伤亡损失巨大、死亡人数在3人以上的案例有31条，占总案例的比例为10.2%。各大洲这类事件占各洲案例数量的比例分别为：亚洲16.0%、大洋洲15.8%、非洲10.6%、南美洲7.4%、北美洲6.5%、欧洲4.2%。亚洲突发事件的人员伤亡情况是最严重的，欧洲则最轻。

2. 各大洲按财产损失的突发事件统计

在财产损失统计过程中，发现许多报道并没有指出具体的财产损失额度，而在现实生活中，突发事件造成的财产损失，往往只是估算，也不能给出一个精确的数值。虽然生命是无价的，但是课题组讨论认为，为了量化研究的方便，在报道内容没有给出具体数据的时候，生命损失按照损失一人（即死亡一人）以100万美元进行估算。超过10人，按照财产损失巨大归类。研究中，我们对于没有给出具体财产损失的突发事件，把生命损失按照货币形式叠加计算，将财产损失程度分为轻微、严重、巨大三档（见图2），以说明突发事件的严重性。例如，2007年埃塞俄比亚涉侨突发事件中，中国石油工人遇袭，9人遇难，另有7名同胞被绑架，但没有给出具体的财产损失数据。如果不按照生命损失的价值计算，在最后事件总分汇总时，就不能评估出该事件的危害性，从而造成研究评估与现实事件严重性的巨大偏差。

对于各洲突发事件中，侨胞财产损失轻微、严重、巨大三个档次比例分别是：北美洲为28.3%、54.3%、17.4%，大洋洲为21.1%、57.9%、21.1%，欧洲为46.5%、42.3%、11.3%，南美洲为25.9%、59.3%、14.8%，亚洲为30.9%、24.5%、44.7%，非洲为4.3%、57.4%、38.3%。可见，各大洲突发事件中，亚洲和非洲的巨大财产损失最为突出，占此类指标总数的83.0%（见图2）。

进一步把该指标与事件类型和事由进行交叉分析发现：财产损失轻微，损失额度0～10万美元的主要事件类型为一般犯罪（40.9%）、民族歧视

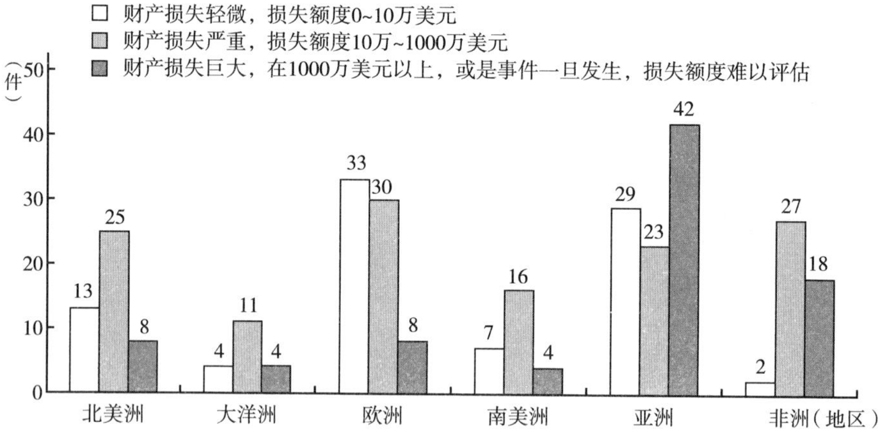

图2　各大洲按财产损失的突发事件数统计

（18.2%）、游行示威（9.1%），占总类型的68.2%。民族排斥（28.4%）、个人问题（27.3%）和社会犯罪（11.4%），占总事由的67.1%，成为主要事由。财产损失严重，损失额度10万~1000万美元的主要事件类型为一般犯罪（43.2%）、武装暴力（13.6%）、政治骚乱（9.8%）、人为事故（10.6%），占总类型的77.2%。社会犯罪（29.5%）、个人问题（22.7%）、政治矛盾（16.7%）成为三大主要事由，占总事由的68.9%。财产损失巨大，损失额在1000万美元以上，或是事件一旦发生，损失额度难以评估的主要事件类型为政治骚乱（32.1%）、人为事故（17.9%）、武装暴力（13.1%）三类，占总事件类型的63.1%；主要事由为政治矛盾（41.7%）和意外事故（21.4%）两大类，占总事由的63.1%。

3. 各大洲涉事人数的统计

海外各涉侨突发事件中，欧洲、南美洲、亚洲和非洲涉及人数超过10人的事件比例都过了半数，这四个洲分别占54.9%、70.4%、77.7%和66.0%；北美洲的涉事侨胞在1~3人（含3人）的事件比例最大，占52.2%；在大洋洲，不超过3人的事件占47.4%，超过10人的事件占36.8%（见图3）。

进一步研究涉事人数与事件类型和事由的关系发现，新闻报道涉事海外侨胞在1~3人（含3人）的主要事件为一般犯罪（53.8%）、民族歧视

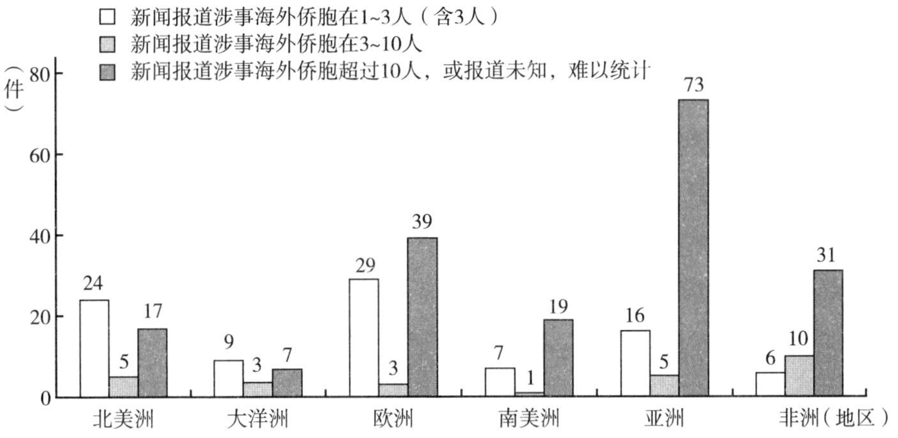

图 3　各大洲按涉事人数的突发事件数统计

（11.0%）和学生事件（11.0%），占总事件的 75.8%；主要事由为个人问题（34.1%）、社会犯罪（25.3%）和民族排斥（16.5%），占总事由的 75.9%。新闻报道涉事海外侨胞在 3～10 人的主要类型为一般犯罪（29.6%）、政治骚乱（22.2%）和人为事故（22.2%），占总类型的 74%；主要事由为个人问题（25.9%）、社会犯罪（22.2%）和政治矛盾（22.2%），占总事由的 70.3%。新闻报道涉事海外侨胞超过 10 人，或报道未知，难以统计人数的涉侨突发事件主要类型为一般犯罪（23.7%）、政治骚乱（21.0%）、武装暴力（12.4%）和游行示威（9.1%），占总类型的 66.2%；主要事由为政治矛盾（28.5%）、民族排斥（17.2%）、社会犯罪（14.0%）和意外事故（11.8%），占总事由的 71.5%。

4. 各大洲相关网络词条的统计

网络词条是根据全球著名搜索引擎谷歌搜索（中文版），以个案展开搜索而统计的网络词条数，可以在一定层面上反映该事件在全球网络的记录传播次数。以中文为基础的语言类型搜索，反映的是该事件在全球华文网络的记录传播次数，对分析媒体和人们对某些事件是否有倾向性关注，有一定的启示作用。亦可以助力考察涉侨突发事件危害程度的传播性，进行侧面判断与预测。根据涉侨突发事件报道的统计，在 10 万～100 万条网络记录传播中，亚洲（29.4%）、欧洲（20.2%）、非洲（19.3%）排名靠前，合计 68.9%。超过

100万条的事件中，北美洲（25.9%）、亚洲（22.2%）、大洋洲（18.5%）、非洲（18.5%）排名前四位，合计85.1%。北美洲和亚洲是网络传播较广的主要事发大洲。

按照网络词条与事件主要类型和事由的相关分析发现，谷歌相关中文词条搜索在10万条以下，华界传播范围较窄的主要事件为一般犯罪（39.9%）、人为事故（12.5%）、民族歧视（10.7%），占事件总类型的63.1%；主要事由为个人问题（22.0%）、民族排斥（19.0%）和社会犯罪（16.7%），占总事由的57.7%。谷歌相关中文词条搜索在10万~100万条，华界传播范围广的主要事件类型为一般犯罪（26.6%）、政治骚乱（19.3%）、武装暴力（12.8%），占总类型的58.7%；主要事由为政治矛盾（28.4%）、社会犯罪（22.0%）、民族排斥（12.8%）和个人问题（12.8%），占总事由的76.0%。谷歌相关中文词条搜索超过100万条，华界传播范围极广的涉侨突发事件主要类型包括政治骚乱（37.0%）、一般犯罪（18.5%）、学生事件（11.1%），占总类型的66.6%；其主要事由包括政治矛盾（37.0%）、个人问题（22.2%）、意外事故（14.8%）、社会犯罪（11.1%）四个方面，占总事由的85.1%。

各大洲华界传播突发事件按网络词条数统计的结果见图4。

（三）各大洲涉侨突发事件危害等级的统计分析

从事发频率分析，亚洲发生的数量最多（30.9%），其他各洲依次为欧洲（23.4%）、非洲（15.5%）、北美洲（15.1%）、南美洲（8.9%）和大洋洲（6.3%）。

从危害程度分析，按突发事件的危害程度排序，各大洲的涉侨突发事件大体可以概括如下。

亚洲各级事件的发案频率都远高于其他大洲，二级（18.1%）、三级（30.9%）、四级（41.5%）、五级（8.5%），事件分布比较分散，没有集中趋势。但是恶性事件（一级、二级和三级总和）占到总事件的50.1%，特别是二级、三级事件中亚洲占比最高，分别为50.0%和34.9%。可见亚洲涉侨突发事件的危害程度也非常大。

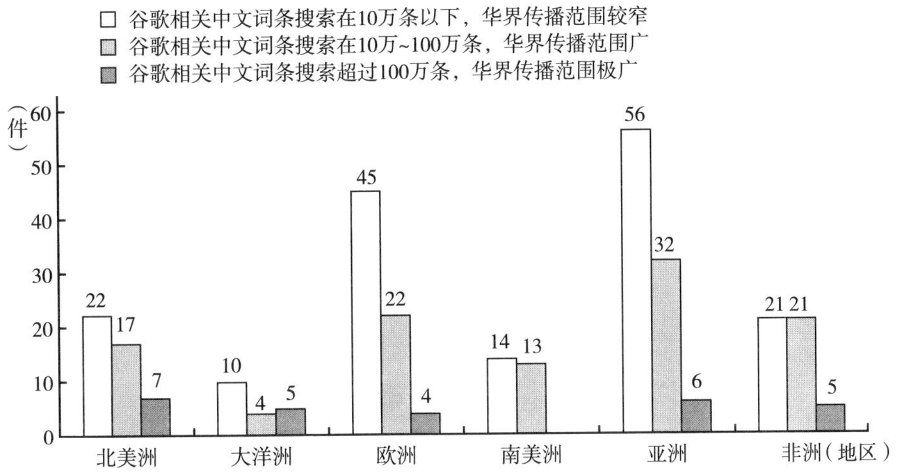

图4　各大洲按网络词条统计的突发事件数

非洲涉侨突发事件主要集中在三级、四级，总计占了80.8%，其中三级事件比例最高，占46.8%。全球二级、三级事件在非洲发生比例较高，分别占了23.5%和26.5%，这些事件在华界社会影响较大，事件性质比较恶劣，产生了比较不良的社会影响。

南美洲的突发事件危害较非洲和亚洲要轻些，事件集中在三级和四级，四级（63.0%）最多，合计占总事件的81.5%。

北美洲以三级、四级突发事件为主，分别占本洲事件的23.9%和47.8%，有性质较为恶劣、影响较坏的社会突发事件，也有一般的社会突发事件。

大洋洲以四级、五级突发事件为主，分别占该洲事件的52.6%和15.8%，涉侨的突发事件在华界社会影响较小，常为一般社会突发事件，会产生一些负面影响，但还是偶有性质恶劣的一级突发事件。

欧洲情况较为复杂，三级、四级、五级事件各占19.7%、49.3%、26.8%，合计占该洲调查事件的95.8%。欧洲常见不可规避的突发事件，尽管社会影响一般，但仍会产生不良影响（见表6、表7）。

从危害性较大的一级、二级、三级事件看，一级事件主要爆发在北美洲、大洋洲和亚洲，二级事件主要爆发在亚洲和非洲，三级事件主要爆发在欧洲、亚洲和非洲。根据前文分析，大洋洲的一级事件主要体现在自然灾害上，特别是新西兰，是一个地震与龙卷风频发的国家。自然灾害一旦发生，破坏性大，波及面广。非洲的二级、三级事件主要以武装暴力为主。欧洲的三级事件主要是群体运动或经济纠纷。而亚洲地区情况极为复杂，严重事件覆盖面较广，从一般犯罪、政治骚乱、人为事故到武装暴力、民族排斥事件都有，一旦发生，性质比较恶劣，特别是东南亚国家有较大的排华可能，极有可能成为一级事件爆发区。

从事件类型分析，一级危害事件的主要类型为自然灾害（40.0%）和政治骚乱（40.0%），占调查总事件的80.0%。二级事件的主要类型为武装暴力（26.5%）、人为事故（26.5%）和政治骚乱（20.6%），占总类型的73.6%。三级事件的主要类型为政治骚乱（32.5%）、一般犯罪（22.9%）和游行示威（14.5%），占总事件的69.9%。四级事件的主要类型为一般犯罪（36.7%）、人为事故（13.7%）和民族歧视（11.5%），占总事件的61.9%。五级事件的主要类型为一般犯罪（65.1%）和民族歧视（16.3%），占总事件的81.4%。对事件类型变量与事件等级变量进行相关分析，得到 Pearson's R = 0.11，Spearman Correlation = 0.085，均未达到显著相关值，故此可以得知涉侨突发事件类型与事件等级之间没有相关关系。

从事发原因分析，引发一级事件的主要事由为政治矛盾（60.0%）和意外事故（40.0%），占总事由的100.0%。引发二级事件的主要事由为政治矛盾（32.4%）和意外事故（26.5%），占总事由的58.9%。引发三级事件的主要事由为政治矛盾（36.1%）、社会犯罪（15.7%）和民族排斥（12.0%），占总事由的63.8%。引发四级事件的主要事由为社会犯罪（21.6%）、民族排斥（20.1%）和个人问题（20.9%），占总事由的62.6%。引发五级事件的主要事由为个人问题（39.5%）、社会犯罪（20.9%）、民族排斥（16.3%）和经济纠纷（16.3%），占总事由的93.0%。对事件事由变量与事件等级变量进行相关分析，得到 Pearson's R = 0.365，Spearman Correlation = 0.365，均未达到显著相关值，故此可以得知，涉侨突发事件的事由与事件危害等级间只有一定的弱相关性。图5为全球涉侨突发事件危害等级示意和主要事件类型分布图。

表6　各大洲的突发事件等级评分统计

单位：件

大洲	计数	等级评分统计			
		平均值	最大值	众数	中位数
北美洲	46	3	8	2	3
大洋洲	19	3	8	2	3
欧　洲	71	2	7	3	2
南美洲	27	3	6	3	3
亚　洲	94	4	8	2	4
非　洲	47	4	6	3	4

表7　各大洲按危害等级统计的事件数

单位：件，%

大洲	计数	危害等级					合计
		一级事件	二级事件	三级事件	四级事件	五级事件	
北美洲	计数	1	3	11	22	9	46
	大洲百分比	2.2	6.5	23.9	47.8	19.6	100.00
	等级百分比	20.0	8.8	13.1	15.8	20.9	15.1
大洋洲	计数	3	1	2	10	3	19
	大洲百分比	15.8	5.3	10.5	52.6	15.8	100.0
	等级百分比	60.0	2.9	2.4	7.2	7.0	6.3
欧　洲	计数	0	3	14	35	19	71
	大洲百分比	0.0	4.2	19.7	49.3	26.8	100.0
	等级百分比	0.0	8.8	16.9	25.2	44.2	23.4
南美洲	计数	0	2	5	17	3	27
	大洲百分比	0.0	7.4	18.5	63.0	11.1	100.0
	等级百分比	0.0	5.9	6.0	12.2	7.0	8.9
亚　洲	计数	1	17	29	39	8	94
	大洲百分比	1.1	18.1	30.9	41.5	8.5	100.0
	等级百分比	20.0	50.0	34.9	28.1	18.6	30.9
非　洲	计数	0	8	22	16	1	47
	大洲百分比	0.0	17.0	46.8	34.0	2.1	100.0
	等级百分比	0.0	23.5	26.5	11.5	2.3	15.5
合　计	计数	5	34	83	139	43	304
	大洲百分比	1.6	11.2	27.3	45.7	14.1	100.0
	等级百分比	100.0	100.0	100.0	100.0	100.0	100.0

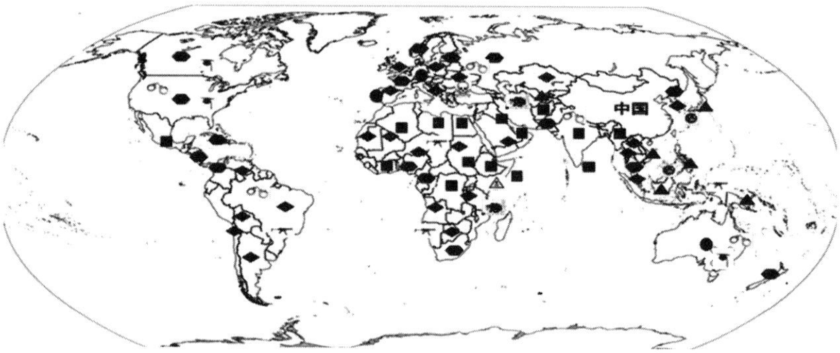

图5　分国家/地区的突发事件危害等级与主要类型示意

说明：①相关区域所属国家涉侨突发事件危害等级图标含义分别为：▲一级，■二级，◆三级，⬣四级，●五级。

②各大洲涉侨突发事件的主要类型：一般犯罪，学生事件，武装暴力，人为事故，政治骚乱，民族歧视，其他事件。

五　事件总体分析

（一）一般犯罪、政治骚乱、武装暴力和学生事件是涉侨突发事件的主要类型

根据研究发现，虽然涉侨突发事件的发生难以预测，但是，过去各大洲所发生的众多事件中，媒体报道较多的前四类事件，依次是一般犯罪、政治骚乱、武装暴力和学生事件。一般犯罪是各大洲共存的最主要涉侨突发事件，而政治骚乱和武装暴力较多发生在亚洲和非洲，其中，非洲最为突出。具体来看，各大洲事件排名前两位的主要类型是：北美洲为一般犯罪和学生事件，占该洲总事件的67.3%；大洋洲为学生事件和一般犯罪，占该州总事件的57.9%；欧洲为一般犯罪和其他事件，占该洲总事件的67.6%；南美洲为一般犯罪和武装暴力，占该洲总事件的59.2%；非洲为政治骚乱和武装暴力，占该洲总事件的76.6%；亚洲事发情况复杂，排名前三位的类型分别是人为事故、政治骚乱和一般犯罪，合计为51.1%。

（二）政治矛盾、个人问题、社会犯罪、民族排斥是涉侨突发事件的主要事由

各大洲突发事件发生的事由有所不同。北美洲事件的主要事由为个人问题和社会犯罪，占65.2%；大洋洲的主要事由为个人问题、意外事故和社会犯罪，占68.4%；欧洲的主要事由为经济纠纷、社会犯罪和个人问题，占67.5%；南美洲的主要事由为社会犯罪、经济纠纷和个人问题，占70.3%；亚洲的主要事由为民族排斥、政治矛盾和意外事故，占72.4%；非洲的主要事由为政治矛盾和社会犯罪，占87.2%。可见，尽管各洲所发事件的类型相同，但各大洲的发生事由有所不同。其中，政治矛盾、个人问题、社会犯罪、民族排斥成为涉侨突发事件排名前四位的事由，占了总事件的73.1%。掌握了各大洲突发事件的主要类型和事由，能帮助我们更有针对性地对海外涉侨事件进行预警和救护。

（三）亚洲、非洲、南美洲和大洋洲是危害侨胞生命和财产安全的主要事发地

从危害生命安全分析，北美洲、欧洲和南美洲，主要事件发生类型为一般犯罪和学生事件，涉侨死亡人数大多不超过3人，体现为一般的社会犯罪，其中政治事由不明显。南美洲的涉侨死亡比例偏高，但总体而言，事件平均死亡人数没有超过三人。就大规模人员死亡而言，即死亡人数超过3人的事件中，最多的是亚洲、大洋洲、非洲。其主要类型为人为事故、武装暴力和自然灾难，占总类型的70.9%；其主要事由是意外事故和政治矛盾，占总事由的58.1%。进一步研究发现，亚洲出现过情况复杂的大规模侨胞死亡事件，主要事由是政治矛盾和意外事故，并伴随有民族矛盾、经济纠纷和个人问题。非洲的事由主要为政治矛盾，由政治冲突导致的政治骚乱波及侨胞，当地武装暴力针对侨胞进行打击。大洋洲突发事件的主要事由为难以抗拒和预测的自然灾害，如新西兰地震，事件不多，但事件发生后影响较大。

从财产损失分析，各大洲突发事件中，巨大财产损失的案例在亚洲和非洲最多，占此类指标总数的71.4%。财产损失额度在0～10万美元的主要事件

类型为一般犯罪、民族歧视和游行示威，占总类型的68.2%。主要事由为民族排斥、个人问题和社会犯罪，占总事由的67.1%；财产损失额度在10万~1000万美元的主要事件类型为一般犯罪、武装暴力、政治骚乱、人为事故，占总类型的77.2%。主要事由为社会犯罪、个人问题、政治矛盾，占总事由的68.9%。财产损失在1000万美元以上，或是事件一旦发生，损失额度难以评估的主要事件类型为政治骚乱、人为事故、武装暴力三类，占总事件类型的63.1%。主要事由为政治矛盾和意外事故两大类，占总事由的63.1%。

以上分析说明，政治骚乱、武装暴力、自然灾害、人为事故这四类涉侨突发事件一旦发生，侨胞的生命与财产损失往往是非常严重的。可见政治骚乱和武装暴力类的突发事件应该成为公共安全预警的重点问题。而一般犯罪，从严格意义上讲，包含着学生事件，虽然爆发事件多，但是涉事侨胞的生命与财产损失在一般水平，大多数是各个国家都无法避免的公共突发事件，这些公共突发事件的主要事由很少有政治或文化因素，但存在着间接影响，直接导致的事由多为个人问题、民族歧视和经济纠纷。

（四）涉事人数多的事件主要在亚洲、欧洲和非洲，其次是南美洲、北美洲和大洋洲

研究发现，对涉事人数超过10人的较大规模涉侨突发事件，或报道人数未知，或难以统计。这些事件的主要类型是一些一般犯罪、政治骚乱、武装暴力和游行示威，占总类型的66.2%。其事由为政治矛盾、民族排斥、社会犯罪和意外事故，占总事由的71.5%。而这些事件主要出现在亚洲、欧洲和非洲。欧洲出现的大规模涉侨突发事件主要是游行示威类，而报道集中在法国、西班牙和意大利三个国家。大洋洲涉事人数多的主要是自然灾害和学生事件两大类。自然灾害事件涉事侨胞人数最多，学生事件常见的也只是一般社会犯罪事件，在1~3人以内。在北美洲，特别是美国和加拿大，涉事人数一般在3人以下，主要是个人事由为主的一般犯罪事件。特别需要关注亚洲，亚洲情况较为复杂，游行示威、政治骚乱、武装暴力、民族排斥均可以形成大规模的突发事件，事件的大小规模也没有规律可言。

（五）涉侨突发事件危害等级多属三级、四级，且事件具有突发性、随机性和复杂性

分析涉侨突发事件危害等级可知，三级、四级事件各占27.3%和45.7%。非洲的二级、三级事件最多，且以政治骚乱和武装暴力为主，在华界社会影响较大，事件性质比较恶劣，社会影响较坏。南美洲的三级事件也占相当比例，但性质没有非洲恶劣。亚洲、大洋洲、北美洲和欧洲的涉侨突发事件多为三级、四级，在华界社会影响一般，常见不可规避的突发事件，但亚洲事件发生情况较为复杂，各级事件都多有发生，北美洲则有性质较为恶劣的人为突发事件发生。欧洲常见一些不可规避的突发事件。

事件危害等级与主要类型、事由、地域分布的皮尔森值及斯皮尔曼相关系数分析表明，突发事件危害等级与事件主要类型、事由、地域分布没有多少关系。这说明，全球涉侨突发事件具有突发性、随机性、复杂性，基本没有规律可循。

（六）各大洲突发事件中，网络华界媒体关注重点各有不同

从网络华文媒体宣传得知，在10万~100万条网络记录传播中，亚洲、欧洲、非洲的突发事件排名靠前，占此类传播指标总数的68.9%。在超过100万条的事件中，北美洲、亚洲、大洋洲、非洲的突发事件排名前四位，占此类传播指标总数的85.1%。亚洲和非洲是网络传播突发事件较广的主要大洲，且多为性质恶劣、影响广泛的大规模涉侨突发事件。这些大规模的事件一旦爆发，会引起网络新闻媒体的大量关注。仔细研究发现，欧洲一旦出现事由为个人问题的学生突发事件，也会引起华界网络媒体舆论哗然。南美洲和亚洲在媒体事件报道方面或是类似事件发生频率方面，显示类型较多，事由复杂，似乎没有规律可循，但对政治矛盾、民族歧视、经济纠纷等问题所产生的事件，会给予更多的关注。报道非洲的涉侨突发事件，集中在政治矛盾与社会犯罪，而政治矛盾更成为报道关注的焦点。大洋洲此指标的最高级别中，没有数值反映，说明大洋洲爆发的事件，没有引起华界的大规模网络宣传。以上结果对涉侨突发事件危害程度有一定作用，因为危害程度的大小，除了客观的生命财产损失外，在人们心中的影

响，也是不可忽视的。新闻媒体的选择性报道，不仅可以从侧面说明这些媒体的关注点，也说明华界传媒认同的危害事件的影响力度。但是，这种办法也存在一些不足，一是一些发生真正危害程度较大事件的国家或地区，往往是新闻媒体不发达的地区，是难以报道的；二是新闻媒体的报道难免带有记者的主观或政治色彩，无论是报道的语气，还是表达方式，都不一定科学；三是新闻媒体报道是有选择性的，只能从侧面反映问题，而不能全面反映问题。

六　结论与讨论

总之，当今全球属于一、二、三级的严重涉侨突发事件，主要爆发在非洲、南美洲、亚洲三大区域。这些事件以政治骚乱、武装暴力和影响恶劣的一般犯罪为主，表层的主要事由是政治矛盾、社会犯罪、意外事故和民族排斥。其中，非洲的突发事件大多数会伴随大规模人员死亡；南美洲则出现较大的经济损失；亚洲各类事件交杂，并伴随有针对性的犯罪、排挤甚至政治清除运动，这在东南亚一些国家尤为突出；北美洲和大洋洲的突发事件危害多属四、五级，常见的是涉侨公共突发事件，主要原因是个人问题，其中学生事件较为突出；欧洲正处于移民过渡阶段，尽管没有大规模人员的死亡，体现为一般社会犯罪事件，但频发游行示威，经济纠纷和个人问题是其主导原因。另外，涉侨突发事件的危害等级与当地移民政策是否完善、政局是否稳定、侨胞自身行为有很大关系。

分析涉侨突发事件危害等级的地域分布、类型和事由，发现频繁爆发涉侨突发事件的深层次原因，包括以下几个方面：一是中国作为祖（籍）国，在世界新的经济与政治格局下，国家的崛起、民族文化的差异、西方对中国的歧视、突发事件预警机制的缺失以及一些国家对中国基本外交政策的误读等，都是产生突发涉侨事件的原因；二是从居住国方面分析，当地政局的动荡、社会分层的加剧、社会犯罪的猖獗、政府打击的无力以及敌对势力别有用心的排挤等，也会危及侨胞的生存安全；三是就侨胞自身而言，文化习俗与生活的冲突、不文明的举动、犯罪和炫富行为、挤占当地市场和资源、不尚武力与自身的脆弱性、海外华侨华人的黑社会势力犯罪、不团结、舍财免灾等，都是诱发涉侨突发事件的重要原因；四是从中国周边关系而言，政治的博弈、领土的争议、资源的争夺、军事的冲突等，引起了紧张的国际关系，进而影响到周边国家中国公民和华人的安全；五是一些非针对中国人的“意外”危害事件，如自然灾害、意外事故、公共卫生安全等危害了海外侨胞的安全。

基于以上分析，根据各大洲突发事件的特点，课题组按照不同的大洲，建议中国政府、侨胞和海外流动人口从以下几个方面来防范突发事件的危害。

（一）非洲侨胞要有必要的安全防范措施，加强法律意识，使领馆要加大平时护侨、紧急时撤侨的硬件建设和预案准备

对于非洲的海外侨胞而言，由于非洲地区落后，政局不太稳定，经常发生政治骚乱或斗争，甚至引发国内战争。例如，刚果、苏丹、利比亚、埃及、索马里等国的侨民，在自我安全防范意识上，要格外重视。所在国的中国侨胞不要参与派系斗争，以免引火烧身，如苏丹、马里、科特迪瓦、索马里等国家的内乱。建议当地侨胞在该国政府允许的前提下配备枪支弹药，以备防身之用。海外中国侨胞应该团结，不应参与当地针对中国人的犯罪活动，如非洲福清帮的中国人，在针对中国人的突发事件上的行为，令人发指。另外，不要在非洲炫富、抢夺资源、排挤本地民众，因为这些是引起涉侨突发事件的重要原因，特别是在南非。中国政府应该通过外交手段，在联合国的指导下，积极支持这些国家的和平建设，并为贫穷落后国家提供必要的援助和贷款，树立负责任大国的形象，同时也有助于形成当地侨胞的正面社会形象。在非洲地区，尤其要大力加强领事馆的硬件建设，及时为侨民提供必要的保护；要对侨胞所处的环境、与当地政府和社会的关系，以及所在国家的政治、经济形势和社情保持高度的警觉，制订细致、周密、科学的预案，一旦有发生大规模动乱的前兆要提前发出警示信息，动乱和危险发生之初，要积极考虑顺利撤侨。

（二）在南美洲，要敦促侨胞注意与当地民众更好地融洽相处，避免炫富行为，促进与南美洲当地经济的共同繁荣

对于南美洲的侨胞而言，由于南美洲一些国家正处于发展改革之中，相关移民政策不够完善，国家政局不够稳定，贫富差距巨大。例如，巴西

里约热内卢和阿根廷布宜诺斯艾利斯的社会犯罪严重，成为影响侨胞生存安全的重要原因。这些严重的社会犯罪主要针对钱财而来，包括偷盗、抢劫、绑架、劫持等。因此，南美侨胞要特别注意与当地人建立共享的经济利益机制，多做慈善，多做社会公益事业，让当地人觉得中国人的到来是利大于弊的。侨胞也要彻底避免炫富、攀比、投机等行为，以免引起当地少数民众的仇富心理，激发恶性事件。南美一些国家法制尚不够完善，针对中国人的各类事件，依然会频发。中国的驻外机构要加强对当地华社的关注，建立动态的侨胞信息网络，通过侨报侨刊和主流媒体，用优秀的中国传统文化和其他地区侨胞、侨社的先进经验来教育当地侨胞，积极宣传优秀事迹，促进侨胞与主流社会的自然融合；要尽快建立预警机制，与侨团组织保持必要的联系，在重大事件发生之初，及时发出警示，或提供安全信息。

（三）加强与周边国家的沟通，建立互信平台，减少政府行为的排华事件

对于亚洲的海外侨胞而言，特别是东南亚的侨胞，要特别重视生命与财产安全的自我保护。亚洲各国情况十分复杂，华侨华人数量巨大，东南亚某些国家针对华人的事件较为频发，性质也较为恶劣，包括经济纠纷、游行示威、政治骚乱、边境摩擦等各种类型，原因涵盖意外事故、民族排斥、政治矛盾、华人维权，甚至所在国与中国的关系等各种因素。因此，东南亚的海外侨胞在当地要充分建立与当地人利益共享的机制，更多地向当地社会反馈经济发展带来的好处；华人和华社一方面要以和平、共进为主的方式，维护自身合法权益，另一方面也要积极参与当地的社会活动，争取必要的政治地位。只有政治、社会上取得一定的合法地位，才能从根本上避免、减少或减轻类似 1998 年印度尼西亚大规模侵害华人的恶性事件。我国主张的和平外交五项基本原则，就是源于对东南亚国家的关系，这在当今仍然有十分重要的意义和作用。现在，我国与东盟的关系处于良性发展的阶段，要充分利用这一有利的国际形势，在政府和外交层面，加强与东盟各国就华侨华人环境和事业发展进行必要的磋商和沟通，从更高的层面，保护华侨华人的安全，维护他们的基本权益。

对于高危国家（如印度尼西亚、菲律宾、越南），次危国家（如马来西亚和缅甸），侨社的组织力、号召力和经济实力远比欧洲、非洲、拉丁美洲和大洋洲强，应该通过多种渠道重视预警机制的构建，包括建立信息中心（可以与国内有关机构合作），通过网络、侨报、侨刊、电台等传媒与广大侨胞保持较为紧密的联系，做到动态的信息联系和互动。一旦发生不利情况，能在最短的时间内采取相关措施。在中亚、南亚、西亚，主要突发事件是国际或国内政治矛盾引起的，侨胞比较分散，社团组织不多，也不够有力，应该特别注意个体、家庭之间的联系，在遵守当地法律法规的前提下，尽快建立地缘、亲缘、业缘等性质的侨团组织，对于华侨（具有中国国籍）社团，要注意保持与中国使领馆的联系，接受使领馆的指导和提示。在政治不稳定和战乱频发的地区，应尽快建立侨胞安全机制，甚至必要时的撤离机制。在国内，各级侨务机构要随时提醒中国公民不要前往这些国家和地区，以免造成人员和财产损失。印度（这里尚未考虑与中国有边境摩擦和历史纠葛）、巴基斯坦、阿联酋等国家或地区，虽然整体政局比较和平稳定，但国内贫富差距巨大，而且其文化、宗教信仰与华侨华人迥异，语言沟通难度更大，侨胞也要随时考虑自身安全，提高防范意识。

（四）欧洲侨胞要注意调整商业运营理念，遵纪守法，共享利益

对于欧洲国家的侨胞，与当地共享经济利益的机制建设，显得十分重要。根据事件分析，西班牙、意大利、俄罗斯、法国、英国等国家，时常发生针对侨胞的突发事件，很多表象是抢劫、偷盗、火灾、逃税等，背后深层次原因则为所在国移民政策不够完善、侨胞与当地居民发生经商冲突。例如，西班牙马德里、意大利罗马和法国的巴黎，这样的现象十分突出。由于近年侨胞人数大量增加、华社也在不断壮大，而这些新兴的移民国家缺乏相应政策，文化上的冲突日渐显现，在那里经商的华商面临着诸多矛盾和困难。为此，本文建议欧洲的侨胞，尤其是新华侨，要充分尊重当地人的生活习惯、法律法规意识、经商理念和社会风俗，注意联手当地人共同发展，要积极参与社会公益建设，减少排挤当地人就业空间的行为，避免投机、炫富、排他、欺压、偷漏税收、脏乱差险等做派和行为，促进侨胞、侨社与当地居民在政治、经济、文化等各方面的融入，构建和谐社会。当前，欧洲各国虽然面临

金融危机，但它们多属发达国家，文化根底深厚，社会结构稳定，经济层次颇高，中国移民，尤其是前往经商的新华侨，在文化、习俗、思想层次等各方面与当地社会有很大差距，却又表现出强烈的经商意识，这是欧洲各地针对侨胞突发事件的深层原因。中国政府一方面通过加强与欧洲各国的全面合作，不断改善中欧关系，进而获取有利于华商生存发展的大环境；另一方面，我国各级、各类涉侨部门、机构，也要有意识地针对欧洲侨社建立各种信息中心，充分发挥华侨报刊和主流媒体的引导作用，利用国有企业、高校、研究机构的物质力量和智能作用，更多地为欧洲华商、侨胞提供生存、发展和安全方面的全面信息。

（五）提升海外留学生安全防范意识，减少文化习俗的负面效应

在北美洲和大洋洲等移民国家，涉侨事件一般是普通社会犯罪、自然灾害和意外事故，这在任何地方都难以避免。一般犯罪案件除在北美洲的墨西哥、大洋洲的所罗门群岛较为严重以外，其他均为因个人问题产生的案件，这些事件很少有政治因素参与，危害面、生命与财产损失也都不大。特别是把教育作为带动国内经济增长重要产业之一的澳大利亚、新西兰、加拿大和美国，中国留学生众多，此类单发性事件较为突出。中国留学生事件属于一般犯罪，本文为了研究对象的确定性和特殊性，专门划定出来。此类事件在澳大利亚和新西兰较多，常因学生之间的个人问题而产生犯罪。对此，北美洲和大洋洲的侨胞（尤其是留学生)，要特别注意减少因个人不当行为，包括不文明举动、财富外露、投机倒把等，进而引发社会犯罪。另外，留学生还要注意自我保护，减少因文化习俗而产生的犯罪案件。在国内的教育单位和涉外机构，要加强对拟出国留学的家庭开展常识性安全教育，提醒海外侨胞的自我安全防范意识，以尽量减少危险的发生。

综上所述，目前，海外侨胞生存安全预警与救护机制建设的重点，当在非洲和亚洲。在非洲，突发事件的预警关键是所在国政局的变化，谨防因政局不稳引发侨胞的生命和财产损失。在亚洲，中亚和西亚重点预防恐怖袭击和国内战争的危害；中国周边的东南亚和东亚国家，包括南亚的印度，由于历史矛盾的积淀、边境摩擦和民族排斥，潜存着源于社会深层的排华风险，对此我国有关方面必须事先做好战略预备。在南美洲，涉侨事件的危害程度在不断转型和

增大，加上一些国家政局不稳和贫富差距巨大，未来很有可能出现小规模的涉侨事件，危及侨胞的生命财产安全，对此不可掉以轻心，但这一地区出现政府层面排华风波的风险不大。在欧洲，由于面临严重的金融危机和经济下滑，社会各界对外来移民的经商行为高度警觉，随时可能发生针对外来人群（华商首当其冲）的经济案件和突发事件。分析表明，欧洲多为经济纠纷案件和一般社会犯罪，但由于欧洲国家社会发展较为稳定，应该不会出现成规模的社会性排华行动。在北美洲和大洋洲，多数是移民政策完善的移民国家，海外侨胞主要面对的是社会犯罪问题，重点在于提升侨胞自身的安全意识。

参考文献

Saija Katila，Sten Wahlbeck. “The Role of（Transnational）Social Capital in the Start-up Processes of Immigrant Businesses：The Case of Chinese and Turkish Restaurant Businesses in Finland”. *International Small Business Journal*，May 2012 Vol. 30 No. 3.

A Gadzala. Survival of the Fittest？“Kenya's jua kali and Chinese Businesses”. *Journal of Eastern African Studies*，Volume 3，Issue 2，2009.

PR Mullins. “The Strange and Unusual：Material and Social Dimensions of Chinese Identity”. *Historical Archaeology*，Vol. 42，No. 3，2008.

R. E. Fosha，C. Leatherman. “The Chinese Experience in Deadwood，South Dakota”. *Historical Archaeology*，Vol. 42，No. 3，2008.

J. G. Costello，K. Hallaran，K. Warren，M. Akin. “The Luck of Third Street：Archaeology of Chinatown，San Bernardino，California”. *Historical Archaeology*，Vol. 42，No. 3，2008.

B. L. Voss，R. Allen. “Overseas Chinese Archaeology：Historical Foundations，Current Reflections，and New Directions”. *Historical Archaeology*，Vol. 42，No. 3，2008.

D. Ip，C. W. Lui，WH Chui. “Veiled Entrapment：A Study of Social Isolation of Older Chinese Migrants in Brisbane，Queensland”. *Ageing and Society*，2007.

Gordon Parker，Bibiana Chan，Dusan Hadzi-Pavlovic. “Lower Rates of Depression in Westernized Chinese in the US”. *Journal of Affective Disorders*，Volume 104，Issues 1－3，December 2007.

G. Nieto. “The Chinese in Spain”. *International Migration*，Vol：41，Issue 3，2003.

高伟浓：《华人新移民在澳大利亚、新西兰的生存适应分析》，《华侨华人历史研究》2003 年第 2 期。

刘瑞常、陈铭堤澄：《海外华人生存安全聚焦》，《中国保安》2005 年第 4 期。

张禹东：《宽容：一种生存方式——以海外华侨华人的生存实践为例》，《哲学动态》2005年第11期。

李安山：《生存、适应与融合：牙买加华人社区的形成与发展（1854－1962）》，《华侨华人历史研究》2005年第1期。

黄昆章：《宽容与融合：泰国华人争取生存发展问题的思考——以泰北美斯乐“云南村”为例》，《八桂侨刊》2007年第3期。

全博：《法国华人的来源及其生存方式的变迁》，中央民族大学硕士学位论文，2008年6月。

王晓鹏：《南非华人生存调查》，《南方人物周刊》2008年第24期。

乔鲍：《欧洲华人生存状态》，《侨园》2007年第5期。

李其荣：《家庭团聚是移民法体系的核心：美国、加拿大家庭团聚移民政策分析》，第四届移民法论坛会议论文。

曹云华、张彦：《中国的海外利益：华侨华人的角色扮演——基于软实力的视角》，《暨南大学学报（哲学社会科学版）》2012年第10期。

白庆哲：《新安全观下的海外华人移民与中国国家安全》，《求索》2004年第9期。

严筠、胡文辉：《刍议当前海外华人人身与财产安全问题及其原因》，《商业时代》2007年第30期。

华达：《纽约华人的安全状况》，《侨园》2007年第5期。

君君：《海外华人安全问题透视》，《政府法制》2008年第5期。

胡文辉、严筠：《关于建立海外华人安全风险防范机制的思考》，《商业时代》2009年第1期。

赵桂娟：《厦门竹坝华侨农场社会保障问题调查研究》，《河北工程大学学报（社会科学版）》2009年第2期。

王卓：《关于华侨海外权益保护问题的思考》，《佳木斯教育学院学报》2012年第8期。

岳艳明：《试论高校图书馆特色数据库建设——以华侨华人信息数据库建设为例》，《农业图书情报学刊》2009年第7期。

Study on the Rating System for Damages from Emergencies Involving Overseas Chinese

Luo Keren　Wang Chao　Xie Tingting

Abstract: It is an important early work that study on the emergency damage grades is the survival and safety caution of the overseas Chinese. At present, the related research achievements are rarely. Based on the statistic analysis of 304 related emergencies after 2000, we find out that the worse events (grade one, grade two, grade three) are mainly occurred on the continents of Africa, South America and Asia. Most of these types are political riot, armed violence and common crimes. Its main reasons are political contradictions, social crimes, accidents and ethnic exclusion. Africa emergencies are always accompanying the massive personal casualties. And there is a huge economic lost in South America's events. However, the situation in Asia is more complicated. The pertinency crimes, exclusions and political exiles are direct to Chinese, especially in some Southeast Asia countries. Most damage grades in North America and Oceania are at the level of four and five. That means these events are common public affairs of which main reason is personal problems and most of them is students' event. In addition, the Europe is in a period of transition time. Although there is no massive personal casualties which is reflect to the common crimes, the parade, economic dispute and personal problems are the main reasons. At last, the damage grade of overseas Chinese emergencies are also related to whether the migration policy is complete or not, the political situation is stable or not and the behavior of overseas Chinese is good or not. According to the characteristics of different continental emergencies, our research team give some suggestions to solve problems as followings.

Keywords: Overseas Chinese; The Floating Population of Overseas Chinese; Emergencies; Damage Grade

华文教育篇

Reports on Chinese Language Education

B.7 菲律宾华侨华人的留根工程

——菲律宾华文教育

黄端铭*

摘 要:

华文教育是留根工程。菲律宾的华文教育已经有114年的历史。本文全面而系统地阐述了菲律宾华文教育的演变和现状;并且以翔实的数据资料介绍了菲律宾华教中心进行的一系列改革,探讨出一条适合菲律宾本国的华文教育发展道路。

关键词:

华文教育菲化 菲律宾华教中心 221 工程

一 引言

近年来,随着中国国际地位和国际影响力的不断增强,中国与世界其他国

* 黄端铭(1954~),男,菲律宾华教中心副主席,从事菲律宾华文教育行政管理和研究工作。

家在政治、经济、文化、教育等领域的交流日益频繁，世界范围内的“中文热”持续升温，各国华侨华人学习华语、了解中华文化的热情更是空前高涨，中华文化作为人类共同的宝贵文化遗产更是受到世界众多国家的关注。华文教育由于其特殊性，是各国华侨华人的“留根工程”。华文教育的主旨是：保留民族语言，传承民族文化。

严格地说，华文教育的内涵相当宽泛。从广义上讲，是指华侨、华人在居住国对华侨、华人以及其他要求学习华语的人员施以中国语言文字和文化的教育，包括华文媒体的宣传活动、华社团体所组织的社会文化活动、华文作家的创作活动乃至华侨、华人家族所举行的各类宗亲联谊活动等。从狭义上讲，华文教育是指华校主要对华裔青少年儿童实施的、以传授中国的语言文字和文化为基本内容的民族教育。

华校是菲律宾华文教育最重要的办学主体，是菲律宾华侨华人保留民族语言、传承民族文化的重要场所和基地。本文聚焦的是菲律宾华校所开展的华文教育。它是菲律宾整个教育体系的组成部分。

从 1899 年创办第一所华侨学校至今，菲律宾的华文教育已经有 114 年的历史。百年华教，披荆斩棘，筚路蓝缕，历经坎坷。作为菲律宾依法设立的私立学校，当今分布在菲律宾全国的 170 所华校（华人开办，有华语课，包括大马尼拉及外省中小学和幼儿园一体的华校 130 所，小型幼儿园 40 所），从未享受政府分文经费补助，靠的是当地华人长期自觉集资办学，却为菲律宾的国家建设，为菲中两国的友好往来培养了一代又一代各个领域的优秀人才，成为菲律宾一份宝贵的教育资产。

二　菲律宾华文教育的现状

菲律宾 1973 年 1 月通过的新宪法规定：“教育机构，除非由教会、传道会或慈善机构所创办者，均应由菲律宾公民或其资本 60% 为菲律宾人所有之公司、社团所拥有。学校之控制及行政亦应置于菲律宾人手中。教育机构不能专为外人而设立，外侨学生在任何学校之学生总数中，不得超过三分之一。”菲律宾前总统马科斯也于当年 4 月发布第 176 号法令，对全菲侨校实施菲化政策，要求三年过渡期后（1973～1976），华校应同菲律宾的教育体制并轨。由于大部分华侨在此期间已经转籍成为菲律宾公民，上述规定没有给侨校造成压力。今日的华校，都是由菲籍华人开办经营的。学生除了菲籍华人子弟外，华校更顺应形势变化，开门办学，接纳大量原住民子弟入学。

“菲化”政策的颁布和实施，是华文教育的历史转折点。在此之前是华侨教育，办的是华侨学校，教学对象是在菲律宾的中国人，办学目标是为中国培养人才；在此之后是华人教育时期，办的是华人学校，教学对象是菲律宾华人，办学目标是培养菲律宾人。

另外，菲化政策对华语课的限制，后果也比较严重。目前，华语只能作为选修课，上课时间每天以两个小时为限，中学中文课程也必须遵循菲律宾规定，学制改为四年制。

虽然现在菲律宾政府在华文教育方面表现了较大的灵活性，华校的生存环境相对宽松，但是，华校中的主流课程如英语、数学、物理、化学等已均纳入国家教育体系中，唯独华语还是游离在外。菲律宾教育当局对华校华语教学几乎是不闻不问，使华校华语教学一直只是一种民间行为，而不是一种政府行为，从而影响了华校华语教学的发展。这不能不说是转变以后的菲律宾华文教育的一大遗憾。

下面从菲律宾华校分布和学生人数情况、办学机构和经济情况、学制和华语课程设置、华语教材、华语教师队伍状况等方面阐述华校“菲化”后40年来的概况。

（一）分布和学生人数情况

表1列出了2003～2013年这十年间，菲律宾大马尼拉地区、吕宋地区、米沙鄢地区和棉兰老地区总共136所华校的分布和学生人数情况。

表1表明，华校分布在菲律宾全国各地区。在大马尼拉和吕宋两个地区较多，分别占36.76%和31.62%。华校学生则集中在大马尼拉地区，2012～2013年度占全国华校学生人数的50.90%。

在表1的136所华校中，办学层次包括幼儿园、小学、中学、大学的有6所（大马尼拉3所，米沙鄢3所），办学层次包括幼儿园、小学、中学的有90所（大马尼拉33所，吕宋22所，米沙鄢17所，棉兰老18所），办学层次包括幼儿园、小学的有 34 所（大马尼拉 8 所，吕宋 21 所，米沙鄢 2 所，棉兰老 3 所），仅办幼儿园的有大马尼拉的 6 所。

表 1　菲律宾华校分布与 2003～2004 年度至 2012～2013 年度学生人数情况

单位：人

序号	学校	2003～2004	2004～2005	2005～2006	2006～2007	2007～2008	2008～2009	2009～2010	2010～2011	2011～2012	2012～2013
大马尼拉地区											
1	中西学院	205	251	248	396	402	372	322	296	290	283
2	马尼拉爱国中学	380	357	320	296	308	290	311	293	272	250
3	圣公会中学	2990	2843	2996	2629	2439	2267	2136	2007	1925	1874
4	溪亚婆中西学校	200	180	163	145	151	159	164	—	58	68
5	培元中学	—	—	—	—	—	—	—	—	—	—
6	三民学校	211	175	182	停办	停办	停办	停办	停办	停办	停办
7	百阁公民学校	417	430	397	361	350	341	355	331	304	322
8	侨中学院	4286	4136	3958	3854	3777	3679	3581	3418	3236	3083
9	中山中学	232	203	170	167	152	154	127	83	86	70
10	巴西中华书院	1312	1232	1109	1005	898	894	830	791	746	714
11	曙光学校	311	301	262	250	220	210	187	167	147	133
12	近南学校	365	305	273	243	220	178	163	147	150	151
13	义德中学	3507	3505	3505	3464	3433	3380	3349	3316	3340	3350
14	中正学院	6016	6128	6188	6075	5851	5686	5506	5311	5255	5017
15	北黎刹育仁中学	671	622	585	570	555	520	445	385	350	286
16	巴石华侨学校	302	297	241	215	186	191	192	196	211	219
17	嘉南中学	1505	1423	1289	1202	1130	1021	1002	889	911	928
18	圣军中学	591	545	528	486	439	382	319	297	278	248
19	三巴乐中华中学	302	296	234	184	196	217	247	201	205	204
20	普贤中学	240	207	203	198	154	144	117	92	92	80
21	马尼拉妇女职业学校	898	631	322	213	221	218	215	238	249	252
22	光泩纪念学校	142	132	114	111	86	75	83	61	72	83
23	晨光中学	672	705	671	655	609	638	503	473	471	430
24	灵惠中学	4081	4050	3910	3817	3648	3565	3389	3241	3111	3088
25	光启学校	4188	4158	4152	4146	4043	4048	4090	4147	4196	4268

续表

序号	学校	2003～2004	2004～2005	2005～2006	2006～2007	2007～2008	2008～2009	2009～2010	2010～2011	2011～2012	2012～2013
26	吗拉汶文化书院	169	191	204	201	186	158	130	123	125	143
27	尚一中学	1254	1228	1239	1256	1305	1309	1335	1330	1310	1278
28	能仁中学	774	674	715	573	581	553	502	501	464	436
29	天主教崇德学校	3311	3250	3195	3135	3249	3243	3265	3242	3225	3204
30	计顺菲华中学	839	776	794	766	737	721	696	721	715	693
31	基立学院	1663	1643	1626	1617	1600	1565	1573	1580	1564	1520
32	佛教乘愿纪念学院	410	402	375	300	246	249	214	209	211	204
33	尚爱学校	873	822	834	776	775	701	638	610	567	543
34	宝宝乐园	393	405	343	312	329	328	303	308	309	310
35	甘泉学院	—	—	—	—	—	—	—	—	—	—
36	慈母玉蕊纪念学院	135	—	—	—	—	—	—	—	—	—
37	圣米迦小学	120	109	65	63	45	89	122	—	—	—
38	马加智嘉南学校	853	869	887	911	857	850	831	818	811	798
39	小乖乖幼儿园	30	—	停办	停办	停办	停办	停办	停办	停办	停办
40	幼聪园	200	200	200	200	200	200	152	157	173	70
41	基中书院	388	385	386	384	376	359	326	317	324	329
42	群生育幼中心	176	152	125	110	100	84	100	90	—	70
43	爱心中学	133	118	103	100	—	停办	停办	6	16	20
44	计顺市基督学院	327	307	273	238	205	210	244	285	279	288
45	慈莲学院	23	20	12	停办	10	10	7	停办	停办	停办
46	佛教普济学院	451	415	382	362	352	320	327	279	248	220
47	新生佳音学园	513	554	615	675	728	757	788	830	861	898
48	培基中学	—	—	—	—	—	—	—	518	608	600
49	培德中学	1430	1410	1415	1407	1362	1332	1235	1219	1145	1065
50	光仁学校	—	147	70	80	99	81	113	76	76	87
合计	50 所	48489	47189	45878	44148	42810	41748	40534	39630	38986	38177

续表

序号	学校	2003～2004	2004～2005	2005～2006	2006～2007	2007～2008	2008～2009	2009～2010	2010～2011	2011～2012	2012～2013
					吕宋地区						
1	碧瑶爱国中学	1075	1080	1100	1111	1111	1019	1008	1090	—	916
2	仙答洛中华学校	125	120	132	144	145	75	—	137	100	97
3	蜂省大同中学	675	692	669	653	610	584	579	552	512	495
4	淡描戈培青中学	245	243	232	218	247	263	—	278	284	261
5	罗申那同和中学	475	456	445	454	416	432	455	483	505	537
6	甲万那端中华小学	211	244	260	261	261	281	272	265	281	265
7	丹辘省新民中学	406	412	403	381	330	347	346	363	374	353
8	北甘马仁省逦乙中华中学	709	730	724	713	713	721	753	807	755	763
9	阿巴里启智小学	—	—	234	—	—	—	—	—	—	—
10	黎牙实备中华中学	310	310	310	309	310	停办	停办	停办	停办	停办
11	北怡罗戈省华英小学	130	125	112	100	124	124	114	110	104	93
12	内湖中华学校	120	272	79	77	122	97	78	74		33
13	树殊银中正学校	68	81	71	62	61	—	73	64	60	68
14	美岸南中学校	131	119	136	130	111	95	79	75	57	—
15	拉允隆文化书院	335	298	283	300	284	228	206	210	212	202
16	加拉板聚英学校	99	101	107	118	114	101	97	115	112	122
17	南甘马仁依里牙市联盟小学	101	96	90	98	98	—	133	145	145	158
18	计顺省十例拉惹计顺小学	165	155	160	193	217	231	202	197	179	182

续表

序号	学校	2003~2004	2004~2005	2005~2006	2006~2007	2007~2008	2008~2009	2009~2010	2010~2011	2011~2012	2012~2013
19	邦省仙彬兰洛新生小学	—	143	97	66	123	110	—	—	—	—
20	荷浪牙波中西小学	—	—	—	—	—	—	—	—	50	—
21	红奚礼示立人中学	202	188	200	210	200	195	186	191	196	228
22	依拉岸中华学校	114	104	155	—	—	—	—	127	120	—
23	怡省郊亚鄢南星学校	236	210	200	195	178	188	177	126	182	363
24	新美实该耶省华侨小学	37	—	—	—	47	—	—	—	—	—
25	描东岸及时小学	136	138	123	128	117	102	90	93	74	—
26	怡省马艾区毓侨中学	503	472	482	471	441	484	515	410	549	539
27	启明学校	81	94	90	91	—	—	—	—	—	—
28	甲美地中华小学	187	176	141	112	—	—	—	—	—	—
29	彬那吗拉鄢民英学校	200	185	175	170	166	147	—	—	—	—
30	仙朝峨中华中学	288	254	239	225	221	200	—	198	201	—
31	那牙嘉南中学	539	420	450	417	394	408	420	436	367	423
32	罗申那振声学校	257	245	165	112	—	—	—	—	—	—
33	那市耀华中学	1704	1795	1798	1779	1779	1746	1695	1071	1683	1629
34	黎牙实备崇德中学	161	145	145	140	124	停办	停办	停办	停办	停办
35	黎牙实备嘉南学校	213	221	231	211	211	222	219	217	219	235
36	巴拉湾嘉南学校	423	423	407	394	394	452	—	538	610	622
37	内湖中华基督教学校	205	209	214	258	258	310	340	388	410	393

续表

序号	学校	2003～2004	2004～2005	2005～2006	2006～2007	2007～2008	2008～2009	2009～2010	2010～2011	2011～2012	2012～2013
38	丹辘建德学校	78	78	92	98	98	—	125	127	127	—
39	罗申那和谐学校	48	45	66	80	86	98	90	127	132	134
40	南甘马仁省华英中学	—	—	129	—	—	—	—	—	—	—
41	武兰中山纪念学校	—	—	—	—	—	—	—	—	—	—
42	寓吗加中华学校	72	60	53	54	54	46	46	48	55	49
43	任马兰社华英中学	—	130	129	113	113	—	113	122	105	102
合计	43 所	11064	11269	11328	10804	10278	9306	8411	9184	8760	9262
						米沙鄢地区					
1	怡朗华商中学	1703	1567	1523	1490	1520	1600	1728	1768	1770	1749
2	宿务东方学院	1360	1229	1092	972	900	697	643	625	588	—
3	礼智兴华中学	386	379	350	350	343	322	364	365	410	452
4	朗码倪地中国中学	241	279	301	320	334	352	355	344	333	399
5	怡朗中山学暨附小	377	506	543	642	708	673	677	635	601	555
6	加帛示中山中学	412	431	436	445	430	415	380	379	364	388
7	加里务中山中学	—	—	—	—	—	—	—	—	—	停办
8	描戈律大同中学	1503	1509	1457	1413	1349	1343	1335	1329	1356	1414
9	加胆曼华侨小学	—	71	—	—	—	—	—	—	—	—
10	宿务中华学校	—	—	—	—	—	419	—	—	425	—
11	宿务建基中学	511	534	529	589	639	686	705	698	705	694
12	宿务普贤中学	316	320	288	256	227	195	161	150	129	128
13	宿务雅典耀圣心中学	2769	2811	2776	2621	2537	2561	2589	2688	2776	2785
14	宿务耶稣孝女会圣心中学	1085	1057	1076	1010	—	1197	1032	1264	1294	1349

续表

序号	学校	2003～2004	2004～2005	2005～2006	2006～2007	2007～2008	2008～2009	2009～2010	2010～2011	2011～2012	2012～2013
15	怡朗业典耀(圣母)学校	1226	1221	1305	1300	1337	—	1348	1411	1504	1538
16	礼智万市鸣远中学	1303	1330	1304	1061	1004	937	867	776	779	—
17	描戈律华明中学	1345	1365	1381	1355	1314	1374	1410	1426	1460	1508
18	描戈律基督教三一学校	840	769	803	842	903	914	925	990	989	964
19	宿务崇德学校	210	268	570	568	—	—	457	—	—	—
20	宿务毓德学校	567	590	581	610	621	635	628	600	594	583
21	怡朗新华学院	—	253	290	357	401	422	—	495	495	527
22	宿务同心学校	—	—	—	—	—	—	—	224	214	216
合计	22 所	16154	16489	16605	16201	14567	14742	15604	16167	16786	15249
棉兰老地区											
1	三宝颜中华中学	1265	1250	1259	1262	1208	1197	1132	1061	1043	1004
2	纳卯中华中学	993	964	935	979	928	844	883	926	882	826
3	古岛中华中学	374	367	359	346	353	392	346	352	292	280
4	树里爻孙逸仙小学	94	107	123	158	187	194	215	224	—	197
5	东棉光华学校	1239	1192	1140	1110	1028	1013	1030	1055	1085	1134
6	密三密斯光华中学	285	299	258	235	205	190	183	213	—	180
7	兰佬中华中学	270	304	270	250	226	198	186	205	202	196
8	利保洛菲华学校	202	204	193	—	—	—	—	230	—	202
9	亚虞山培青中学	523	478	481	455	—	448	458	231	500	486
10	巴加连市商学校	—	—	—	—	—	—	—	—	—	—
11	南古岛中华学校	141	120	125	102	353	—	112	—	—	—

续表

序号	学校	2003～2004	2004～2005	2005～2006	2006～2007	2007～2008	2008～2009	2009～2010	2010～2011	2011～2012	2012～2013
12	南古岛高仑那叻中华学校	269	272	242	203	190	201	215	220	229	264
13	纳卯基督教中学	1078	1142	1191	1254	1294	1386	1525	1611	1756	1866
14	纳卯海星学校	2158	2135	2946	2923	2870	2755	—	2553	2731	2666
15	三宝颜忠义中学	608	597	565	530	514	501	490	504	501	486
16	三宝颜福泉寺观音学校	100	120	116	130	122	111	120	142	160	185
17	南古岛嘉南学校	546	533	567	561	535	535	529	559	638	674
18	鄢市恩惠学校	580	602	594	494	489	478	528	548	609	603
19	务端信心基督学校	111	107	106	90	93	98	93	87	100	81
20	纳卯佛教龙华学校	234	231	255	253	257	249	242	231	246	249
21	纳卯市德荣学校	548	614	611	610	620	626	653	688	704	731
合计	21 所	11618	11638	12336	11945	11472	11416	8940	11640	11678	12310
总计	136 所	87325	86585	86147	83098	79127	77212	73489	76621	76210	74998

注：①“—”表示该校没有提供或者由于其他原因无法获得数据。

②表格中的 136 所华校，不包括其他未能提供有效数据的小型幼儿园。

（二）办学机构和经济情况

菲律宾的华校都是私立学校，因此，办学机构种类繁多。表 2 列出了菲律宾华校的办学机构及其学生人数，主要有三类：华社公办、宗教组织开办和私人开办。

从表 2 可以看出，华社公办的华校比例最大，共 58 所，占 52.25%。可见，华社对于华校的发展起着举足轻重的作用。其次，宗教组织开办的华校也不少，共 46 所，占 41.44%。

表 2　菲律宾华校办学机构（学生人数）统计

类别		大马尼拉	吕宋	米沙鄢	棉兰老	合计	百分比
华社公办		17 所(12149 人)	20 所(5826 人)	10 所(5085 人)	11 所(3635 人)	58 所(26695 人)	52.25%(35.64%)
宗教组织开办	天主教	6 所(12678 人)	1 所(1629 人)	7 所(7035 人)	4 所(5017 人)	18 所(26359 人)	16.22%(35.19%)
	基督教	9 所(10323 人)	5 所(1807 人)	3 所(2785 人)	4 所(3224 人)	21 所(18139 人)	18.92%(24.21%)
	佛　教	4 所(940 人)	0	1 所(128 人)	2 所(434 人)	7 所(1502 人)	6.31%(2.01%)
	合　计	19 所(23941 人)	6 所(3436 人)	11 所(9948 人)	10 所(8675 人)	46 所(46000 人)	41.44%(61.41%)
私人开办		6 所(2000 人)	0	1 所(216 人)	0	7 所(2216 人)	6.31%(2.96%)
合　计		42 所(38090 人)	26 所(9262 人)	22 所(15249 人)	21 所(12310 人)	111 所(74911 人)	100%(100%)

值得注意的是，从各类办学机构的学生人数来看，宗教组织开办的华校凭借其在硬件、软件方面的优势高居首位，占 61.41%。华社公办的华校由于新一代办学热情消退，发展受到影响，学生人数仅占 35.64%。

在 114 年来未能得到菲律宾政府一分一毫财政支持的情况下，华校的生存和发展端赖办学机构的财力支持和学费收入。学生人数是华校经济情况的晴雨表。

从表 1 中我们注意到，绝大部分华校的学生人数这十年来都有所下降。比较各校 2003～2004 学年和 2012～2013 学年两个年度的学生人数，60 所学生人数下降，占 60.61%；37 所学生人数上升，占 37.37%；两所学生人数不变，占 2.02%。从 2003 年到 2013 年，全菲律宾华校学生减少的人数为 12327 人，十年来下降了 14.12%，虽然不是一个很大的数字，但是继续下去，就是一个令人担忧的问题。

学生人数逐年下降，意味着华校办学机构的经济负担不断加大，特别是对学生人数在 500 人以下的华校来说，经济情况就是入不敷出。

表 3 列出了菲律宾各地区华校 2012～2013 年度学生数分项统计结果，主要分 1000 人以上、500～999 人和 499 人以下三项。

学生人数超过 1000 人的华校，每年都会有结余，共 21 所，占 20.39%；学生人数在 500～999 人的华校，收支基本上平衡，共 21 所，占 20.39%；学生人数在 499 人以下的华校，办学则很艰难，共 61 所，占 59.22%。由此可见，当前菲律宾华校大部分都面临经济拮据、难以为继的窘境。

表 3 菲律宾各地区华校 2012～2013 年度学生人数分项统计

项 目		大马尼拉		吕宋	米沙鄢	棉兰老	合计
千人以上	4000 人以上	2 所(4.76%)		0	0	0	2 所(1.94%)
	3000～3999 人	4 所(9.52%)		0	0	0	4 所(3.88%)
	2000～2999 人	0		0	1 所(6.25%)	1 所①(5.26%)	2 所(1.94%)
	1000～1999 人	4 所(9.52%)		1 所(3.85%)	5 所②(31.25%)	3 所(15.79%)	13 所(12.62%)
	合计	10 所(23.81%)		1 所(3.85%)	6 所(37.50%)	4 所(21.05%)	21 所(20.39%)
500～999 人		7 所(16.67%)		5 所(19.23%)	5 所(31.25%)	4 所(21.05%)	21 所(20.39%)
499 人以下		25 所③(59.52%)		20 所(76.92%)	5 所(31.25%)	11 所(57.89%)	61 所(59.22%)
合 计		42 所		26 所	16 所	19 所	103 所

注：①纳卯海星学校专英生（不选修华语课学生）占绝大多数。
②其中怡朗雅典耀学校专英生占绝大多数。
③包括马尼拉妇女职业学校。

（三）学制和华语课程设置

目前，菲律宾华校的学制基本延续菲化以后的状态。其中，幼儿园学制四年，包括小小班、小班、中班、大班，从 2.5 岁上到 6.5 岁；小学 6 年；中学华语课由菲化前的初、高中 6 年制改为与主流学制一致的 4 年制。

菲律宾政府决定，从 2012～2013 年度上学期开始，菲律宾的基础教育学制将逐步与国际社会接轨，实施 K－12 基础教育。K 代表的是幼儿园教育，而 12 则指的是小学 6 年、初中 4 年以及高中 2 年。这对侨校而言，既是一个好消息，也是一个很大的挑战。

由于菲律宾政府对华语课采取听之任之的态度（按照菲律宾教育部的规定，华校每周的华语课为 15 节），加上侨校之间又不求划一，因此，各个侨校中小学除了开设华语课作为主课之外，还根据自己的实际需要和可能各自开设相关的华语课程，如闽南话、书法、文化、数学、美术等，课程设置方面可以说是天差地别。其中，比较有代表性的华语课程为：①小学低年级的周课程包括：华语 10 节，闽南话 3 节，品德 2 节；②小学高年级的周课程包括：华语 10 节，说话 3 节，品德 2 节；③中学部的周课程包括：华语 9 节，听力 1 节，阅读 2 节，写作 2 节，电脑 1 节。

（四）华语教材

目前，菲律宾华校华语课使用比较多的主要是三类教材：由菲律宾华教中心编写出版的“菲律宾华语课本”系列教材，由中国国侨办赠送的“汉语”系列教材，由中国台湾“教育部”出版的“生活华语”系列教材。以下分别介绍这三类教材。

1. 菲律宾华教中心出版的“菲律宾华语课本”系列教材

作为一个服务于菲律宾全国从事华文教育和汉语教学单位的学术研究和行政协调机构，成立于1991年的华教中心的宗旨之一是发展华文教育。20世纪90年代，菲律宾华教中心与中国的语言专家合作，编写出版了一套适合菲律宾华校、从幼儿园到中学，完整的、成龙配套的华语教材，其中，幼儿园教材6册，中小学共20册。除课本外，还配有相应的综合练习本、写字本、教师手册、教案集以及录音带、电脑光盘。

（1）“新世纪菲律宾华校幼儿园教材”。

这套教材是根据华教中心的《菲律宾华校幼儿园教育大纲》编写，包括幼儿园小、中、大班三个年级的教师手册和幼儿课本各六本，并附有配套录音磁带六盒。教材结合菲律宾的实际特点，依据儿童身心发育规律，为小班设计了19个主题活动，中班22个主题活动，大班18个主题活动。在教师手册中，每个主题都有教学目标、要求、活动设计、环境布置、分区选择、家长工作等项内容。教材设计了每天的详细活动过程，包括集体活动、动手操作、说说唱唱、游戏娱乐。每个主题都有认知、歌谣、儿歌、故事、歌曲、律动等内容。幼儿课本根据主题设计了多种动脑、动手、动口的活动。

本教材设计新颖，内容丰富，形式活泼，集知识性、趣味性、娱乐性于一体，是华校幼儿教育的一套好教材。

（2）“菲律宾华语课本”（分繁体字版和简体字版）。

“菲律宾华语课本”是在全面总结菲律宾华语教学经验的基础上，汲取第二语言教学理论的研究成果编写的。它是一套针对性较强，融科学性、实用性、趣味性为一体的系列教材，共20册。其中，1～12册是综合课教材，课文主要形式是会话；13～20册是语言技能培养教材，包括华语、阅读、写作和听力等。

除课本外，本套教材还配有综合练习本、写字本、教师手册、教案集、录音带、电脑光盘，成龙配套。

这套教材是锐意教改的丰硕成果，具有自己的鲜明特点：①吸收了世界上第二语言教学的丰富经验，突出了语言教学的特点；②单元编排，配合密切，完善健全，自成体系，可以单独选择，也可配套使用，具有较大的灵活性；③切合菲律宾的实际情况，贴近菲律宾华校的学生，既反映了学生生活，又开阔了学生眼界；④文化内涵丰富，既有风格特异的菲律宾文化，也有博大精深的中华文化，还有丰富多彩的世界文化；⑤融入了菲律宾华人的发展历史和优良传统；⑥由浅入深，循序渐进，难易适度，长短适中，注重实践，方便实用；⑦课文内容故事性很强，知识新鲜，语言风趣，练习形式游戏化，随着语言技能的逐步提高，学生会有明显的成就感。

教学实践表明，这套华语教材，符合菲律宾实际，照顾到菲律宾的特点，好教易学，因而受到师生的普遍欢迎。目前，共有60多所华校使用这套教材。

（3）“通用中文课本”。

“通用中文课本”是根据“菲律宾华语课本”修订而成，以便适用于不同国家和地区的中文教学，也适用于非华裔的外国学生学习汉语。本教材经过修订多次出版，采用这套教材的国家和地区有泰国、印度尼西亚、韩国、日本、中国香港及欧美。

“通用中文课本”一共12册。课文以会话为主。除课本外，还配有练习本、写字本、教师手册、录音带、电脑光盘等辅助材料。

2. 中国国侨办出版的“汉语”系列教材

这套教材由北京华文学院编写，供海外的全日制华校使用，对象是海外有一定汉语基础的华侨华人。

这套教材共50册，“汉语”“汉语练习册”“汉语教师手册”“说话”各12册，另有“汉语拼音练习册”等。

3. 台湾“教育部”出版的“生活华语”系列教材

由台湾“教育部”出版的“生活华语”教材包括1～12册及K1～K3与音标首册，1～6册为基础阶段（唱谣结合语法），7～8册为中级阶段（综合强化与漫画卡通)，9～12 册为进阶阶段（实用华语与 AP 考试)。

这套教材于 2006 年出版，免费赠送给本地的华校使用。

（五）华语教师队伍状况

为了彻底了解全菲华语教学师资队伍的状况，菲律宾华教中心做了一次全菲华校华语教师状况调查，并对调查结果作了详细统计和分析。

1. 全菲华校华语教师情况调查覆盖率

这次调查涵盖华校 100 所，教师 1617 人。大马尼拉地区 55 所华校，1103 位老师，分别占全国的 55.00% 和 68.21%；吕宋地区 21 所华校，174 位老师，分别占全国的 21.00% 和 10.76%；米沙鄢地区 12 所华校，174 位老师，分别占全国的 12.00% 和 10.76%；棉兰老地区 12 所华校，166 位老师，分别占全国的 12.00% 和 10.27%。根据原先掌握的情况，全菲有华校 170 所，华语教师 2680 位，这次调查的覆盖率分别为 58.82% 和 60.34%（参见表 4)。

表 4　全菲华校华语教师情况调查覆盖率

	大马尼拉		吕宋		米沙鄢		棉兰老		合计	原先掌握	调查覆盖率（%）
	数量	占全国比例(%)	数量	占全国比例(%)	数量	占全国比例(%)	数量	占全国比例(%)			
学校(所)	55	55.00	21	21.00	12	12.00	12	12.00	100	170	58.82
教师(位)	1103	68.21	174	10.76	174	10.76	166	10.27	1617	2680	60.34

2. 华语教师分布情况

在本次问卷调查中，就华校华语教师分布情况这一项目而言，来自全国 100 所华校的 1515 份问卷有效，即 1515 位老师进入了统计分析。

大马尼拉地区 1001 位，占全国的 66.07%。其中，男教师 175 位，占全国的 11.55%，占本地的 17.48%；女教师 826 位，占全国的 54.52%，占本地的 82.52%。可见，华语教师大部分集中在菲律宾的首都地区，而且女教师的数量超过了全国教师总数的一半以上。

吕宋地区 174 位，占全国的 11.49%。其中男教师 32 位，占全国的 2.11%，占本地的 18.39%；女教师 142 位，占全国的 9.37%，占本地的 81.61%。

米沙鄢地区 174 位，占全国的 11.49%。其中男教师 19 位，占全国的 1.25%，占本地的 10.92%；女教师 155 位，占全国的 10.23%，占本地的 89.08%。

棉兰老地区 166 位，占全国的 10.96%。其中男教师 29 位，占全国的 1.91%，占本地的 17.47%；女教师 137 位，占全国的 9.04%，占本地的 82.53%。

普遍看来，男教师的比例偏低，占 10%～18%，最高的是吕宋地区，达到 18.39%，其次是大马尼拉地区和棉兰老地区，最低的是米沙鄢地区，仅占本地的 10.92%（参见表 5）。

表 5　华校华语教师分布情况

单位：人，%

	大马尼拉			吕宋			米沙鄢			棉兰老			全国	
	人数	占本地	占全国	人数	占本地	占全国	人数	占本地	占全国	人数	占本地	占全国	人数	比例
男	175	17.48	11.55	32	18.39	2.11	19	10.92	1.25	29	17.47	1.91	255	16.83
女	826	82.52	54.52	142	81.61	9.37	155	89.08	10.23	137	82.53	9.04	1260	83.17
合计	1001	100	66.07	174	100	11.49	174	100	11.49	166	100	10.96	1515	100

男教师的比例偏低，但不是影响教学质量与学校发展的主要因素，因为在全世界范围内，男教师的比例都偏低。

3. 华校华语教师年龄段分布情况

在本次问卷调查中，就华校华语教师年龄段分布情况这一项目而言，来自全国 100 所华校的 1463 份问卷有效，即 1463 位教师进入了统计分析。

20 岁以下的华语教师，大马尼拉地区 18 位，占全国的 1.23%，占本地的 1.88%；吕宋地区 7 位，占全国的 0.48%，占本地的 4.17%；米沙鄢地区没有；棉兰老地区 4 位，占全国的 0.27%，占本地的 2.47%；全国总共 29 位，占总数的 1.98%。20 岁以下的青年当华语教师，属于特殊情况，所占的比例极小。

21～30 岁的华语教师，大马尼拉地区 166 位，占全国的 11.35%，占本地的 17.29%；吕宋地区 34 位，占全国的 2.32%，占本地的 20.24%；米沙鄢地区32位，占全国的2.19%，占本地的18.50%；棉兰老地区32位，占全国的2.19%，占本地的19.75%；全国总共264位，占总数的18.05%。30岁以下的青年教师比例很大，占了总数的近五分之一。

31~40岁的华语教师，大马尼拉地区164位，占全国的11.21%，占本地的17.08%；吕宋地区22位，占全国的1.50%，占本地的13.10%；米沙鄢地区22位，占全国的1.50%，占本地的12.72%；棉兰老地区33位，占全国的2.26%，占本地的20.37%；全国总共241位，占总数的16.47%。这一年龄段的老师比例也较大，接近总数的五分之一。

41~50岁的华语教师，大马尼拉地区216位，占全国的14.76%，占本地的22.50%；吕宋地区46位，占全国的3.14%，占本地的27.38%；米沙鄢地区31位，占全国的2.12%，占本地的17.92%；棉兰老地区35位，占全国的2.39%，占本地的21.60%；全国总共328位，占总数的22.42%。这一年龄段的老师比例也较大，超过了总数的五分之一。

51~60岁的华语教师，大马尼拉地区232位，占全国的15.86%，占本地的24.17%；吕宋地区42位，占全国的2.87%，占本地的25.00%；米沙鄢地区54位，占全国的3.69%，占本地的31.21%；棉兰老地区36位，占全国的2.46%，占本地的22.22%；全国总共364位，占总数的24.88%。这一年龄段的老师比例最大，几乎达到了总数的四分之一。

61~70岁的华语教师，大马尼拉地区137位，占全国的9.36%，占本地的14.27%；吕宋地区12位，占全国的0.82%，占本地的7.14%；米沙鄢地区29位，占全国的1.98%，占本地的16.76%；棉兰老地区19位，占全国的1.30%，占本地的11.73%；全国总共197位，占13.47%。与青壮年相比，这一年龄段的老师比例不大。

70岁以上的华语教师，大马尼拉地区27位，占全国的1.85%，占本地的2.81%；吕宋地区5位，占全国的0.34%，占本地的2.98%；米沙鄢地区5位，占全国的0.34%，占本地的2.89%；棉兰老地区3位，占全国的0.21%，占本地的1.85%；全国总共40位，占总数的2.73%。70岁以上的老教师比例非常小，100个中仅有两三个（参见表6）。

表 6　华校华语教师年龄段分布情况

单位：人，%

	大马尼拉			吕宋			米沙鄢			棉兰老			全国	
	人数	占本地	占全国	人数	占本地	占全国	人数	占本地	占全国	人数	占本地	占全国	人数	比例
20 岁以下	18	1.88	1.23	7	4.17	0.48	0	0	0	4	2.47	0.27	29	1.98
21～30 岁	166	17.29	11.35	34	20.24	2.32	32	18.50	2.19	32	19.75	2.19	264	18.05
31～40 岁	164	17.08	11.21	22	13.10	1.50	22	12.72	1.50	33	20.37	2.26	241	16.47
41～50 岁	216	22.50	14.76	46	27.38	3.14	31	17.92	2.12	35	21.60	2.39	328	22.42
51～60 岁	232	24.17	15.86	42	25.00	2.87	54	31.21	3.69	36	22.22	2.46	364	24.88
61～70 岁	137	14.27	9.36	12	7.14	0.82	29	16.76	1.98	19	11.73	1.30	197	13.47
70 岁以上	27	2.81	1.85	5	2.98	0.34	5	2.89	0.34	3	1.85	0.21	40	2.73
合计	960	100	65.62	168	100	11.48	173	100	11.83	162	100	11.07	1463	100

绝大部分华语教师在 20～50 岁，占总数的 56.94%，如果加上 20 岁以下的 1.98% 以及 51～60 岁的 24.88%，就占了总数的 83.80%。从这一数据来看，华语师资队伍还是年富力强的，年龄偏高、队伍老化的说法是不切合实际的。

4. 华校华语教师学历分布情况

在本次问卷调查中，就华校华语教师学历分布情况这一项目而言，来自全国的 100 所华校的 1465 份问卷有效，即 1465 位教师进入了统计分析。

最高学历为小学毕业的华语教师，大马尼拉地区 4 位，占全国的 0.27%，占本地的 0.42%；吕宋地区 1 位，占全国的 0.07%，占本地的 0.59%；米沙鄢地区没有；棉兰老地区 1 位，占全国的 0.07%，占本地的 0.61%；全国总共 6 位，占总数的 0.41%。

最高学历为中学毕业的华语教师，大马尼拉地区 201 位，占全国的 13.72%，占本地的 20.96%；吕宋地区 49 位，占全国的 3.34%，占本地的 28.99%；米沙鄢地区 11 位，占全国的 0.75%，占本地的 6.32%；棉兰老地区 32 位，占全国的 2.18%，占本地的 19.63%；全国总共 293 位，占总数的 20%。

最高学历为本科毕业的华语教师，大马尼拉地区 736 位，占全国的 50.24%，占本地的76.75%；吕宋地区115位，占全国的7.85%，占本地的68.05%；米沙鄢地区162位，占全国的11.06%，占本地的93.10%；棉兰老地区129位，占全国的8.81%，占本地的79.14%；全国总共1142位，占总数的77.95%。

最高学历为硕士毕业的华语教师，大马尼拉地区14位，占全国的0.96%，占本地的1.46%；吕宋地区4位，占全国的0.27%，占本地的2.37%；米沙鄢地区1位，占全国的0.07%，占本地的0.57%；棉兰老地区1位，占全国的0.07%，占本地的0.61%；全国总共20位，占总数的1.37%。

最高学历为博士毕业的华语教师，仅有大马尼拉地区的4位，占全国的0.27%，占本地的0.42%；其他三个地区没有（参见表7）。

表7 华校华语教师学历分布情况

单位：人，%

	大马尼拉			吕宋			米沙鄢			棉兰老			全国	
	人数	占本地	占全国	人数	占本地	占全国	人数	占本地	占全国	人数	占本地	占全国	人数	比例
小学	4	0.42	0.27	1	0.59	0.07	0	0	0	1	0.61	0.07	6	0.41
中学	201	20.96	13.72	49	28.99	3.34	11	6.32	0.75	32	19.63	2.18	293	20.00
本科	736	76.75	50.24	115	68.05	7.85	162	93.10	11.06	129	79.14	8.81	1142	77.95
硕士	14	1.46	0.96	4	2.37	0.27	1	0.57	0.07	1	0.61	0.07	20	1.37
博士	4	0.42	0.27	0	0	0	0	0	0	0	0	0	4	0.27
合计	959	100	65.46	169	100	11.54	174	100	11.88	163	100	11.13	1465	100

小学毕业的华语教师占总数的0.41%，比例很小，但是中学毕业的华语教师占了总数的20%，都属于学历不达标的老师。

5. 华校华语教师教育专业分布情况

在本次问卷调查中，就华校华语教师教育专业情况这一项目而言，来自全国的100所华校的1179份问卷有效，即1179位教师进入了统计分析。

毕业于教育专业的华语教师，大马尼拉地区51位，占全国的4.33%，占本地的5.32%；吕宋地区24位，占全国的2.04%，占本地的48.98%；米沙鄢地区34位，占全国的2.88%，占本地的36.56%；棉兰老地区16位，占全国的1.36%，占本地的20.51%；全国总共125位，占总数的10.60%。

毕业于非教育专业的华语教师，大马尼拉地区908位，占全国的77.01%，占本地的94.68%；吕宋地区25位，占全国的2.12%，占本地的

51.02%；米沙鄢地区59位，占全国的5.00%，占本地的63.44%；棉兰老地区62位，占全国的5.26%，占本地的79.49%；全国总共1054位，占总数的89.40%（参见表8）。

表8　华校华语教师教育专业分布情况

单位：人，%

	大马尼拉			吕宋			米沙鄢			棉兰老			全国	
	人数	占本地	占全国	人数	占本地	占全国	人数	占本地	占全国	人数	占本地	占全国	人数	比例
教育专业	51	5.32	4.33	24	48.98	2.04	34	36.56	2.88	16	20.51	1.36	125	10.60
非教育专业	908	94.68	77.01	25	51.02	2.12	59	63.44	5.00	62	79.49	5.26	1054	89.40
合计	959	100	81.34	49	100	4.16	93	100	7.89	78	100	6.62	1179	100

毕业于教育专业的华语教师只占10.60%，而毕业于非教育专业的华语教师却占了总数的89.40%，也就是说，绝大部分教师缺乏教育学及教育心理学知识，属于不合格教师。

6. 华校华语教师教学经历分布情况

在本次问卷调查中，就华校华语教师教学经历分布情况这一项目而言，来自全国100所华校的1330份问卷有效，即1330位教师进入了统计分析。

有1~5年教学经历的华语教师，大马尼拉地区220位，占全国的16.54%，占本地的25.52%；吕宋地区46位，占全国的3.46%，占本地的29.30%；米沙鄢地区26位，占全国的1.95%，占本地的16.99%；棉兰老地区46位，占全国的3.46%，占本地的29.11%；全国总共338位，占总数的25.41%。

有6~10年教学经历的华语教师，大马尼拉地区145位，占全国的10.90%，占本地的16.82%；吕宋地区27位，占全国的2.03%，占本地的17.20%；米沙鄢地区16位，占全国的1.20%，占本地的10.46%；棉兰老地区23位，占全国的1.73%，占本地的14.56%；全国总共211位，占总数的15.86%。

有11~15年教学经历的华语教师，大马尼拉地区128位，占全国的9.62%，占本地的14.85%；吕宋地区32位，占全国的2.41%，占本地的20.38%；米沙鄢地区16位，占全国的1.20%，占本地的10.46%；棉兰老地区 20 位，占全国的 1. 50%，占本地的 12. 66%；全国总共 196 位，占总数的 14. 74%。

有 16 ~ 20 年教学经历的华语教师，大马尼拉地区 114 位，占全国的 8. 57%，占本地的 13. 23%；吕宋地区 11 位，占全国的 0. 83%，占本地的 7. 01%；米沙鄢地区 19 位，占全国的 1. 43%，占本地的 12. 42%；棉兰老地区 25 位，占全国的 1. 88%，占本地的 15. 82%；全国总共 169 位，占总数的 12. 71%。

有 21 ~ 25 年教学经历的华语教师，大马尼拉地区 58 位，占全国的 4. 36%，占本地的 6. 73%；吕宋地区 11 位，占全国的 0. 83%，占本地的 7. 01%；米沙鄢地区 15 位，占全国的 1. 13%，占本地的 9. 80%；棉兰老地区 10 位，占全国的 0. 75%，占本地的 6. 33%；全国总共 94 位，占总数的 7. 07%。

有 26 ~ 30 年教学经历的华语教师，大马尼拉地区 41 位，占全国的 3. 08%，占本地的 4. 76%；吕宋地区 8 位，占全国的 0. 60%，占本地的 5. 10%；米沙鄢地区 12 位，占全国的 0. 90%，占本地的 7. 84%；棉兰老地区 10 位，占全国的 0. 75%，占本地的 6. 33%；全国总共 71 位，占总数的 5. 34%。

有 31 ~ 35 年教学经历的华语教师，大马尼拉地区 44 位，占全国的 3. 31%，占本地的 5. 10%；吕宋地区 10 位，占全国的 0. 75%，占本地的 6. 37%；米沙鄢地区 17 位，占全国的 1. 28%，占本地的 11. 11%；棉兰老地区 9 位，占全国的 0. 68%，占本地的 5. 70%；全国总共 80 位，占总数的 6. 02%。

有 36 ~ 40 年教学经历的华语教师，大马尼拉地区 50 位，占全国的 3. 76%，占本地的 5. 80%；吕宋地区 7 位，占全国的 0. 53%，占本地的 4. 46%；米沙鄢地区 12 位，占全国的 0. 90%，占本地的 7. 84%；棉兰老地区 8 位，占全国的 0. 60%，占本地的 5. 06%；全国总共 77 位，占总数的 5. 79%。

有 41 ~ 45 年教学经历的华语教师，大马尼拉地区 31 位，占全国的 2. 33%，占本地的 3. 60%；吕宋地区 4 位，占全国的 0. 30%，占本地的

2.55%；米沙鄢地区 14 位，占全国的 1.05%，占本地的 9.15%；棉兰老地区 4 位，占全国的 0.30%，占本地的 2.53%；全国总共 53 位，占总数的 3.98%。

有 46～50 年教学经历的华语教师，大马尼拉地区 17 位，占全国的 1.28%，占本地的 1.97%；吕宋地区 1 位，占全国的 0.08%，占本地的 0.64%；米沙鄢地区 4 位，占全国的 0.30%，占本地的 2.61%；棉兰老地区 2 位，占全国的 0.15%，占本地的 1.27%；全国总共 24 位，占总数的 1.80%。

有 50 年以上教学经历的华语教师，大马尼拉地区 14 位，占全国的 1.05%，占本地的 1.62%；吕宋地区没有；米沙鄢地区 2 位，占全国的 0.15%，占本地的 1.31%；棉兰老地区 1 位，占全国的 0.08%，占本地的 0.63%；全国总共 17 位，占总数的 1.28%（参见表 9）。

表 9　华校华语教师教学经历分布情况

单位：人，%

	大马尼拉			吕宋			米沙鄢			棉兰老			全国	
	人数	占本地	占全国	人数	占本地	占全国	人数	占本地	占全国	人数	占本地	占全国	人数	比例
1～5 年	220	25.52	16.54	46	29.30	3.46	26	16.99	1.95	46	29.11	3.46	338	25.41
6～10 年	145	16.82	10.90	27	17.2	2.03	16	10.46	1.20	23	14.56	1.73	211	15.86
11～15 年	128	14.85	9.62	32	20.38	2.41	16	10.46	1.20	20	12.66	1.50	196	14.74
16～20 年	114	13.23	8.57	11	7.01	0.83	19	12.42	1.43	25	15.82	1.88	169	12.71
21～25 年	58	6.73	4.36	11	7.01	0.83	15	9.80	1.13	10	6.33	0.75	94	7.07
26～30 年	41	4.76	3.08	8	5.10	0.60	12	7.84	0.90	10	6.33	0.75	71	5.34
31～35 年	44	5.10	3.31	10	6.37	0.75	17	11.11	1.28	9	5.70	0.68	80	6.02
36～40 年	50	5.80	3.76	7	4.46	0.53	12	7.84	0.90	8	5.06	0.60	77	5.79
41～45 年	31	3.60	2.33	4	2.55	0.30	14	9.15	1.05	4	2.53	0.30	53	3.98
46～50 年	17	1.97	1.28	1	0.64	0.08	4	2.61	0.30	2	1.27	0.15	24	1.80
50 年以上	14	1.62	1.05	0	0	0	2	1.31	0.15	1	0.63	0.08	17	1.28
合　计	862	100	64.81	157	100	11.80	153	100	11.50	158	100	11.88	1330	100

教龄不超过 5 年的华语教师占总数的 25.41%，说明增加了不少新教师；教龄超过 40 年的华语教师一共有 94 位，占总数的 7.07%，说明部分华语教师退休后仍在留任。

三 菲律宾华文教育的改革

在菲化后的18年里，菲律宾华文教育没有及时顺应形势的发展进行相应的改革，导致菲律宾华文教育不断滑坡，华社各界忧心忡忡。

1991年，菲律宾华教中心顺应形势的需求成立，对华文教育的教育方针、教材、教学方法，进行了探索，提出改革的主张。菲律宾华教中心相继提出并实施了第一个十年计划（1994～2004）和第二个十年计划（2004～2014），明确菲律宾华文教育的定位和菲律宾华语教学的定性，制订菲律宾华语教学大纲，编写出版菲律宾华语教材，建设菲律宾华语教学师资队伍和菲律宾华语教学试题库，全方位地推行改革。同时，菲律宾华教中心开展了大量的学术研究，取得了一些成果。

下面从八个方面阐述菲律宾华文教育改革所取得的成绩。

（一）重新定位菲律宾华文教育

所谓华文教育的定位是指对华文教育的目的进行科学厘定。目的具有引领作用，是统一思想和行动的纲领，也是华文教育界努力奋斗的方向。所以，对于华文教育的定位理解很重要。

1. 菲律宾华文教育的内涵定位

华文教育是民族教育，主要教育对象是华裔青少年，教育内容是汉语言文学和中华文化。华文教育应是菲律宾教育体系的一个有机组成部分。

（1）华文教育主要是学校教育。

华校是菲律宾华文教育最重要的办学主体，是传播中华文化的重要场所和基地。必须说明的是，我们的确是从狭义的角度来对华文教育的内涵作出界定的。这不是故步自封，更不是要否定其他华文教育主体的存在，而是聚焦视角，突出重点，明确华校的华文教育是工作的重中之重，它决定了华文教育改革的兴衰与成败。

（2）华文教育的主要对象是华裔青少年，也包括华侨子女和非华人学生。

当代华裔青少年的教育必须引起足够重视，他们已经是在菲律宾出生的第三代或第四代华人了。他们生活在非华语的社会环境之中，不懂华文，对祖籍国观念淡薄。但是，青少年是整个人生中求知的最佳时期，当然也是学习理解、接受语言文化知识及观念的最重要时期。这个时期学习语言文化最快，接受能力最强，可塑性最大。通过系统教育，使华裔青少年将来成为中华文化在菲律宾的积极传播者，成为华人家庭和菲华社会的接班人，成为服务菲律宾经济和社会发展的重要力量。

（3）华文教育的主要内容是传授中国的语言文字和文化。

华文教育不仅要培养华裔青少年的华语交际能力，还要通过华语能力的培养，使他们能够逐步地学习和掌握源远流长而又博大精深的中华文化知识，铸造他们的中华文化品格。这是华文教育区别于菲律宾其他教育的一个本质特点。

（4）华文教育是民族教育。

菲律宾华文教育长达114年的历史可以分为华侨教育和华人教育两个时期，从前期由中国保护、实施的侨民教育逐渐演变为菲律宾华族的民族教育。

1973年前华侨教育是中国的侨民教育，是中国教育体系的重要组成部分。华侨学校向中国政府注册，受中国政府管辖，目标是培养在菲律宾生活的中国人，教学内容基本和国内一致，努力使华侨及其子女成为具有科学文化知识，既能适应中国社会，又能适应菲律宾社会的人才。

随着时间的推移，为了生存和发展，为了适应新的形势，大多数华侨选择加入菲律宾国籍，他们在观念上实现了从“落叶归根”到“落地生根”的历史性转变，自然地融入当地主流社会。1973年菲化侨校的法案通过后，华侨纷纷转籍，这直接导致菲律宾华文教育在性质上的转化，进入了一个新的历史时期：华侨子女变成华裔，华侨社会变成华人社会，侨校（华侨学校）转变为华校（华人学校），侨教（华侨教育）转为华教（华人教育）。华侨社会的这种蜕变，必然产生华人的身份认同问题，而且在菲律宾这样一个多民族、多元文化共存的国家是无法逃避的现实问题。

华侨集体转籍之后，其身份已变成菲律宾华人。从菲律宾华人在这块土地上生活、融合、演变的历史来看，生活在菲律宾的华人事实上已经成为菲律宾的一个少数民族，即华族。菲律宾华文教育顺理成章地成为华族为了薪传、繁荣其民族文化的民族教育，是菲律宾整个教育体系的重要组成部分。

2. 菲律宾华文教育的目标定位

华人社会把菲律宾华文教育的目标定为培养具有中华文化气质的菲律宾人。要实现这样的目标，必须做好以下三方面的工作。

（1）注重汉语言文字的教学工作。

在教学中，通过听、说、读、写训练，培养学生的华语交际能力，并让学生掌握汉语的基本知识和基本技能。这是华文教育的基础，也是中华文化教育的前提。

（2）适当强化“中华文化”课的教学。

历史上不存在没有语言的文化，也不存在没有文化的语言。自然，华语是浸润了中华文化背景的语言，它是体现中华文化的重要载体，是中华文化得以源源不断流传的命脉所在，是中华民族的生命之根，同时又是中华文化发展的重要基础。学生学到的华语应是在中华文化氛围里浸透、使用着的华语。因此，华校在注重华语综合课教学的同时，适当强化“中华文化”课的教学，让学生系统而完整地学习中华文化知识。这是华裔青少年积极传播中华文化，牢固地保持中华文化情结的重要保证。

（3）加强华裔青少年的人格培养教育。

中华文化与西方文化最大的不同就是始终把人格培养教育放在首位，除了教学生求知，还要教学生做人，使学生成为有健全人格的人。

3. 菲律宾华校的办学目标定位

华校是华文教育最重要的办学主体，华校的办学目标决定华文教育的目标。菲律宾华校的办学目标是：在坚持华文教育所确立的目标的前提下，积极推行教育改革，既建设好传统科目，又建设好特色科目，不断提高教学质量和效率。努力培养具有中华文化气质的、能适应菲律宾社会发展需求的合格人才。

要全面提高华校的教学质量，必须坚持“传统科目和特色科目并重”的原则，既建设好英语、数学等传统科目，又建设好华语这个特色科目，并使华校的办学特色充分体现出来。这主要表现在以下三方面。

（1）基础知识的“对等性”。华校的传统科目应达到菲律宾教育部所要求的基础知识标准，以适应社会发展的要求。

（2）语言文化知识的“专门性”。华校培养的学生是具有华语交际能力，能保持中华文化情结，并具有中华文化人格的复合型人才。这是其他菲律宾学校无法企及的。这便是华校的最大特色。

（3）服务面向的“多向性”。华校培养的学生不仅可以服务于菲律宾主流社会，还可以服务于菲华工商企业、菲华各团体、中资企业或其他外国企业等。

（二）菲律宾华语教学的定性与规范

多年来，由于菲律宾的华语教学在诸多方面没有统一的规定，也没有统一的衡量标准和尺度，往往自主安排，各行其是。教学随意性大，影响了教学质量和水平的进一步提高，导致华文教育长期处于徘徊不前的状况，影响了华文教育的进一步发展。

今天的华文教育迎来了难得的发展机遇，对华语教学如何定性和规范也摆在重要的位置。因此，我们既要站在社会历史发展的高度，又要结合华校的实际情况进行全面分析，作出高屋建瓴的正确判断，从而制定出既符合教育教学规律又符合学生学习实际的教学课程标准，这对提高华语教学质量具有深远的意义。

1. 华语教学的定性

当前菲律宾的华语教学是第二语言教学，旨在培养华裔青少年的华语交际能力，培养他们的中华文化气质。

菲律宾社会以英语和他加禄语为交际语言，这是社会的大环境；华裔青少年的家庭交际语言也是复杂多样的，这是小环境，两种环境决定了当前菲律宾的华语教学是第二语言教学。菲律宾华语教学在菲化政策以前是第一语言教学，但现在各种条件和环境都发生了根本的变化。比如，华裔青少年的第一语言逐步变化为菲律宾语或英语，华裔青少年平时的交际语言也不再是华语，他们的阅读语言也是英语或菲律宾语，第一语言教学的基础已经不复存在，转变为第二语言教学模式已经不可避免。

当然菲律宾的华语教学又是一种独特的第二语言教学。华语教学的对象是一个特殊群体——华裔青少年。他们和汉语国际教育所面临的对象——没有华族血统的其他族群在接受心理、语言感觉等方面有许多不同。另外菲律宾的华语教学现在基本上只有幼儿教育、小学教育和中学教育三个层次，对象主要是少儿，不是成人。菲律宾的华语教学还有一个独立的任务，即中华文化知识的传授和民族精神的培养，目的是将华裔青少年培养成为具有中华文化气质和华族特性的菲律宾人。

因此，菲律宾的华语教学有别于纯粹的第二语言教学，是特殊的第二语言教学。

2. 华语教学的基本原则

华语教学既然是第二语言教学，我们在整个教学过程和全部教学活动中，就要以语言技能训练为中心，以功能主义教学理论为指导，坚持精讲多练，先听说、后读写，重视汉字认读和书写，追求口语表达能力和书面表达能力协调发展。我们要坚持“以人为本”，确立“以教师为主导、以学生为主体、以促进师生互动为主线、以提高能力为目的”的指导思想，充分发挥学生的主动性和创造性；从学生的成长规律出发，注重传授知识的直观性、形象性和趣味性，充分利用现代化教学手段，营造华语学习环境，加大语言的输入，把强化性的教与学与自然的语言习得有机结合起来，提高教学效果。

3. 华语教学用语、拼音工具、用字

严格来讲，因华语教学是第二语言教学，就应积极倡导用华语作为教学媒介语，严格控制使用第一语言或其他媒介语。目前的华语教学，仍然存在教学用语和目的语杂糅的现象，有的用菲律宾语解释华语，有的用英语解释华语，甚至有的用闽南话解释华语，给学生注入杂乱的语言信息，让学生不知所云。

教师在华语课堂上借助手势、面部表情，使用华语作为媒介与学生进行真实的言语交际，既加大了学生语言习得的机会，又给学生提供了发展其内在语言学习系统的机会。在华语课堂，华语既是教学内容，又是教学语言。通过目的语教学，逐步培养语感，最终提高学生的华语交际能力。

菲律宾华人中99%是福建人，大多数会讲闽南话。所以，我们提倡从幼儿园开始用华语教学，有的华校幼儿园也可以用闽南话教学，或者在用闽南话教学的基础上逐步推行华语教学。从小学开始应当用华语教学，零起点的华校可以在用华语教学的同时，在低年级开设闽南话会话课。

拼音工具使用汉语拼音，不用注音符号。

华校提倡以简化汉字为基本的教育教学用字，也可以采用识繁写简的办法。

4. 华语教学的课时与课程设置

必须保证每天教学2个小时，分3个课时，每周共15个课时。

课程设置应讲究科学性、完整性和实用性，设置课程可分为三类。

（1）华语综合课：每周不低于10个课时。

（2）中华文化课：每周可安排2个课时，也可以根据情况适当增加。

（3）剩下课时自由支配，设置与华语相关的其他课程。

（三）菲律宾华语教学大纲的制定

菲律宾华教中心制定了《菲律宾华校幼儿园教育大纲》和《菲律宾中小学（十年制）华语教学大纲》。

（1）《菲律宾华校幼儿园教育大纲》。

《菲律宾华校幼儿园教育大纲》主要包括指导原则、目标、教育活动设置与编排、主题综合教育活动设计等几个方面。

《菲律宾华校幼儿园教育大纲》的指导原则：根据菲律宾华校幼儿园原有的教育基础，吸取国外幼儿园教育先进的科研成果与办园经验，以促进幼儿身心健康发展为宗旨，具有时代性、科学性和实用性，指导本国华校幼儿教育的改革，促使幼儿园开创新的局面。

以编写内容丰富多彩、形式新颖有趣的主题综合教育活动的设计为重点，从内容到组织形式都体现知识的系统性，幼儿生理、心理发展的规律性，以求呈螺旋式上升的趋势发展。

主题综合教育的12个方面横向关联，有机渗透，纵向保持科学的特点，自成系统，便于教师教，幼儿学，家长配合。

教育活动设计，强调启蒙性、情景性、和谐性，在教育过程中注意让幼儿自己动脑、动手、动口，掌握“做中教、做中学、做中获知识，做中求进步”

的原则，使每个幼儿都学有所得，不断提高。

便于教师使用，并在使用过程中逐步完善，成为一套配有幼儿课本、教师手册、教具、图片、录音带、录像等成龙配套的立体教材。

《菲律宾华校幼儿园教育大纲》的目标：促进幼儿身心的正常发育和机能的协调发展，增强体质，培养良好的行为习惯和个性品质。训练幼儿正确运用感官，培养动脑动手和语言交往的能力，激发对自然界和周围事物的兴趣与关心，以增强幼儿自信心，发展幼儿智力。

在教育中诱导幼儿乐于用闽南话交谈，提高幼儿口语表达能力，在识字的基础上，养成听、说和早期阅读的习惯和兴趣。发展幼儿的审美能力。使幼儿健康活泼成长，为入小学做好准备，为造就民族高素质人才打下良好的基础。

教育活动设置与编排：为了实现教育目标，教育活动编排以幼儿园在园三年六学期的学习发展为着眼点，设计出近百个主题综合教育活动。教育活动根据幼儿身心发展特点，应用连续性与整体性的原则使之延伸到幼儿三年学习的全过程。

将幼儿的学习内容分为科学认知、华语、数学、音乐、美工、体育、游戏、感官的教育活动，并根据幼儿发展能力、兴趣、心理要求，结合季节、民俗、环境、社会要求及幼儿日常生活，选择出适宜的郊游内容，订出主题综合教育的名称。

主题综合教育的目标为各活动设计提出具体要求，而各种活动设计紧扣主题综合教育的目标。每个活动设计均从“认知”入手，辅以谈、说、唱、画、游戏、操作等活动形式。

活动设计的教学过程，体现由知到情，知情并重的原则，合理运用集体、分组以及提供主动活动机会的分区活动等形式，同时教师应运用激发幼儿的兴趣，启迪幼儿的智慧，提倡让幼儿动口练习、辅助操作，参与活动的教学方法。

主题综合教育活动设计：“主题”根据幼儿发展情况选择，设计的内容相对独立又相互联系。“综合”指根据不同层次，运用多种形式对教育活动进行总体设计编排。通过主题教育活动各方面构成有机联系，并相互渗透，发挥整体性的教育效果。幼儿在直接感知操作的活动过程中，获得了知识经验，锻炼了意志，提高了能力，促进其各方面健康和谐地发展。

（2）《菲律宾中小学（十年制）华语教学大纲》。

菲律宾华教中心制定了《菲律宾中小学（十年制）华语教学大纲》。在教学大纲中明确规定：菲律宾华语教学的对象是以菲律宾语为第一语言的华校中小学生；菲律宾华语教学的目的是，通过听、说、读、写的技能训练，培养学生使用华语进行交际的能力。同时也规定，精讲多练是课堂教学的基本原则，全面要求听、说、读、写，听、说领先，读、写跟上。

对小学至中学一至十年级分别提出了详细具体、全面完整、切实可行的教学要求。

一年级要学会汉语拼音，掌握声调；能认读、听写音节；能回答老师的简单提问；掌握常用礼貌用语，会打招呼；能用铅笔写出课文中出现的汉字，基本正确；认识句号、问号。

二年级复习、巩固语音，能认读、听写拼音词语和句子；能用完整的句子回答老师的提问；会简单提问；能进行一般性礼貌交际；能用汉字写出完整的句子。认识逗号、叹号。

三年级巩固、熟悉汉语拼音，能较准确地读出课文中生词的注音；能较流利地朗读课文，不唱读；开始说连贯的话，听写连贯的句子；能用圆珠笔书写课文中出现的汉字；认识冒号、引号。

四年级巩固、熟悉汉语拼音，能准确读出生词的注音；能用汉字听写连贯的句子；能流利朗读课文，独立完成练习；汉字书写正确、端正；认识顿号、省略号、括号；学会查字典。

五年级巩固、熟悉汉语拼音，能准确、快速认读生词和句子；朗读流利、自然；能主动提问，能用完整的句子回答老师的提问；能听懂、看懂一般的通知；能说三五句连贯的话，大体能完成生活方面的交际；能写简短的便条；能用常见的标点符号；会查字典。

六年级能准确、熟练地认读生词注音，声调正确；朗读课文语调自然；能听、说一般的生活用语；能进行学习、生活方面的交际；能阅读简短的书信、便条、通知、儿童通俗读物；能写简短的书信、便条、通知，能填写简单的表格；能写简短的日记和200字左右的记叙文；会用标点符号。

七年级（中一）复习和巩固小学所学词语、句式；能较熟练地进行生活方面的交际；通过阅读课，开始接触较多的文化内容，能在教师的指导下进行阅读；通过写作课，训练成段听写，改写课文，写日记，为命题作文作准备；通过听力课，解决听华语较少的困难，让学生听懂语速适中的故事、对话。

八年级（中二）能借助字典预习生词、课文；开始接触一般社交内容，能说一段连贯的话；能阅读青少年通俗读物，开始听、读文字规范的报刊新闻；开始应用文的写作；听懂、正确理解生活会话，能听懂正常语速的故事。

九年级（中三）能完成一般的社交活动，能成段表达；能借助词典阅读一般通俗读物；能听懂、看懂文字规范的简短的新闻；能写一般常用的应用文，开始记叙文写作的训练；听懂、正确理解生活会话，能听懂正常语速的故事。

十年级（中四）能较熟练地进行一般社交活动，能较熟练地进行成段表达；能阅读一般应用文、通俗读物（借助词典）和文字规范的新闻报道；在日常生活会话和一般性社交活动中，能用正常语速进行交谈，语调自然；能写简短的应用文和记叙文，记叙文字数不少于500字，语句通顺，标点符号正确；听懂带点儿方言的口语会话，听懂成段的故事、谈话。

（四）菲律宾华语教材的编写与出版

菲律宾华校的学生不同于中国大陆和港澳台的学生，也不同于其他国家的学生，他们是具有菲律宾华社背景的特殊群体，他们所学的华语教材，必须具备科学性、实用性和针对性。也就是说，菲律宾华校的华语教材必须具有菲律宾华社这一特别背景。

从20世纪90年代初开始，菲律宾华教中心与中国的语言专家合作，编写出版了一套适合菲律宾华校、从幼儿园到中学，完整的、成龙配套的华语教材及其配套教材，有简体版、繁体版、通用版（供国外用）三种版本。这是一套完全本土化的、切合菲律宾国情的教材，目前该教材在菲律宾华校已经使用了近20年，在使用中取得了良好的教学效果。前面已有教材的详细介绍，此处不再赘述。

菲律宾华教中心还与侨中学院合作制作了与“菲律宾华语课本”配套的“菲律宾华语教学语料库”，大大方便了华校华语教师备课和上课。这是近年来菲律宾华语教学一项具有重大意义的成果，对今后华语教材的编写和华语多媒体辅助教学的开展大有裨益。

（五）菲律宾华语教学师资队伍的建设

菲律宾华教中心从成立起，就着手致力于华语教学师资队伍的建设。为了开拓菲律宾华校华语师资，同时针对菲律宾华校华语教师短缺和绝大部分华语教师没有受过师范院校的正规训练这两方面的问题，菲律宾华教中心启动了“221”工程。所谓“221”工程，即两个计划（输血计划和造血计划）、两个方案（督导方案和专业化方案）和一个行动（华校新生行动）。

两个计划：一是华语教学师资队伍的“输血计划”，从中国聘请华语教学专家、学者、督导、华语老师来菲填补空缺；二是华语教学师资队伍的“造血计划”，输送学生到中国内地的高校攻读华文教育本科专业，为华校培养高层次的华语教师。

菲律宾华教中心从1991年起，启动华语教学师资队伍“输血计划”，向中国国侨办、教育部门、学校申请外派教师，迄今共向中国聘请外派教师627人。2001年7月20日，与移民局签订谅解备忘录，为国外教师办理工作签证提供了方便。“输血计划”至今已有22年，菲律宾华教中心已经建立了一套比较完善的、专业的、高效的管理体制，囊括培训、交流、研讨、理论研究、实践观摩、生活指导、业余爱好、家属沟通等方方面面的内容。这套体制能够充分调动中国教师的积极性，为他们在任教的华校大显身手提供了一个很好的平台；聘请的华校也越来越肯定中国教师的工作，中国教师续任的比例有了大幅度的提高。

此外，商总、晋总等也出资延聘中国国家汉办汉语教学志愿者和中国国侨办外派教师来菲律宾任教（参见表10）。

表 10　菲律宾历年聘请中国教师人数统计

单位：人

年份	华教中心	商总	晋总	马尼拉爱国	合计
1991 ~ 1992	1	0	0	0	1
1992 ~ 1993	0	0	0	0	0
1993 ~ 1994	2	0	0	0	2
1994 ~ 1995	7	0	0	0	7
1995 ~ 1996	31	0	0	0	31
1996 ~ 1997	35	0	0	0	35
1997 ~ 1998	37	0	0	0	37
1998 ~ 1999	16(2)	0	0	0	18
1999 ~ 2000	17(2)	0	0	0	19
2000 ~ 2001	23(3)	0	0	0	26
2001 ~ 2002	17(4)	0	0	0	21
2002 ~ 2003	16(5)	6	0	0	27
2003 ~ 2004	19(4)	20	0	0	43
2004 ~ 2005	20(5)	90	0	0	115
2005 ~ 2006	20(10)	98	0	2	130
2006 ~ 2007	33(8)	107	0	3	151
2007 ~ 2008	22(6)	174	0	3	205
2008 ~ 2009	26(8)	219	0	3	256
2009 ~ 2010	29	280	8	4	321
2010 ~ 2011	30	352	8	4	394
2011 ~ 2012	55	411	12	4	482
2012 ~ 2013	114	358 + 55	23	4	554
总计	570(57)	2115 + 55	51	27	2875

注：表中括号内数字系华教中心为晋总聘请的华语教学督导人数，晋总 2009 ~ 2010 年度起自行聘请。

这些措施虽然不是治本之计，但是补充了短缺教师，解了燃眉之急。

2004 年，菲律宾华教中心启动华语教师师资队伍“造血计划”。迄今已输送到中国的有来自大马尼拉、吕宋、米沙鄢、棉兰老 30 余所华校的 125 名学生。其中，学成归来服务华校的已有 48 人，均按协议从教，教龄最长者为八年，其中，很多已经成为该校的骨干教师。表 11 列出了华教中心华语教学师资队伍“造血计划”的赞助人、推荐学校、报读学校、留华学生名单。

表11　菲律宾华教中心华语教学师资队伍“造血计划”

<table>
<tr><th>年度(人数)</th><th colspan="2">赞助人</th><th>推荐学校</th><th>报读学校</th><th>留华学生</th><th>备注</th></tr>
<tr><td rowspan="5">2004~2005
(5)</td><td colspan="2" rowspan="5">陈延奎基金会</td><td>侨中学院</td><td>华侨大学</td><td>陈紫鑫</td><td>*</td></tr>
<tr><td>侨中学院</td><td>华侨大学</td><td>吴莉君</td><td>*</td></tr>
<tr><td>侨中学院加洛干市分校</td><td>华侨大学</td><td>林迎迎</td><td>*</td></tr>
<tr><td>侨中学院</td><td>华侨大学</td><td>张瑛瑛</td><td>*</td></tr>
<tr><td>侨中学院</td><td>华侨大学</td><td>罗真真</td><td>*</td></tr>
<tr><td rowspan="5">2005~2006
(5)</td><td colspan="2" rowspan="4">陈延奎基金会</td><td>侨中学院</td><td>华侨大学</td><td>施丽琼</td><td>*</td></tr>
<tr><td>罗申那振声学校</td><td>华侨大学</td><td>陈娟娟</td><td>*</td></tr>
<tr><td>罗申那和谐学校</td><td>华侨大学</td><td>洪美兰</td><td>*</td></tr>
<tr><td>鄢市恩惠学校</td><td>华侨大学</td><td>张淑玲</td><td>*</td></tr>
<tr><td colspan="2">陈延奎基金会/李国箴许美真伉俪基金会</td><td>峰省大同中学</td><td>暨南大学</td><td>柯宝君</td><td>*</td></tr>
<tr><td rowspan="6">2006~2007
(6)</td><td colspan="2" rowspan="6">陈延奎基金会</td><td>侨中学院</td><td>北京语言大学</td><td>张金金</td><td>*</td></tr>
<tr><td>峰省大同中学</td><td>华侨大学</td><td>巴安仁</td><td>*</td></tr>
<tr><td>峰省大同中学</td><td>华侨大学</td><td>蔡莲花</td><td>*</td></tr>
<tr><td>峰省大同中学</td><td>华侨大学</td><td>王漂铃</td><td>*</td></tr>
<tr><td>罗申那同和中学</td><td>华侨大学</td><td>陈丝娜</td><td>*</td></tr>
<tr><td>怡朗华商中学</td><td>华侨大学</td><td>陈幼娜</td><td>*</td></tr>
<tr><td rowspan="12">2007~2008
(12)</td><td colspan="2" rowspan="5">陈延奎基金会</td><td>峰省大同中学</td><td>华侨大学</td><td>许罗仁</td><td>*</td></tr>
<tr><td>峰省大同中学</td><td>华侨大学</td><td>亚伟利</td><td>*</td></tr>
<tr><td>那牙嘉南中学</td><td>华侨大学</td><td>施清珍</td><td>*</td></tr>
<tr><td>那牙嘉南中学</td><td>华侨大学</td><td>邝文彬</td><td>*</td></tr>
<tr><td>那牙嘉南中学</td><td>华侨大学</td><td>吕佳珍</td><td>*</td></tr>
<tr><td colspan="2">杨美琼</td><td>侨中学院</td><td>暨南大学</td><td>许尚玉</td><td>*</td></tr>
<tr><td colspan="2">蔡国明</td><td>侨中学院</td><td>暨南大学</td><td>施美美</td><td>*</td></tr>
<tr><td rowspan="5">侨中54~57动力级友会</td><td>姚文哲</td><td>怡朗华商中学</td><td>暨南大学</td><td>施天成</td><td>*</td></tr>
<tr><td rowspan="2">杨万年</td><td>怡朗华商中学</td><td>暨南大学</td><td>何诚忠</td><td>*</td></tr>
<tr><td>怡朗华商中学</td><td>暨南大学</td><td>刘雪香</td><td>*</td></tr>
<tr><td>黄华林</td><td>怡朗华商中学</td><td>暨南大学</td><td>周保宾</td><td>*</td></tr>
<tr><td>杨文秀</td><td>侨中学院</td><td>广州幼儿师范学校</td><td>张玲玲</td><td>*</td></tr>
</table>

续表

年度(人数)	赞助人		推荐学校	报读学校	留华学生	备注
2008～2009(18)	陈延奎基金会		普济学院	华侨大学/厦门大学	陈颖	*
			蜂省大同中学	华侨大学	郭美真	*
			蜂省大同中学	华侨大学	巴文明	*
			怡朗华商中学	华侨大学	菲侨玉	*
			怡朗新华学院	华侨大学	亚丝花	*
	菲华各界联合会	蔡友铁	怡朗华商中学	华北电力大学/暨南大学	孙中华	
		林玉燕	怡朗新华学院	重庆师范大学/暨南大学	张芳	*
		戴宏达	怡朗华商中学	暨南大学	阮欢心	
		许中荣	那牙嘉南中学	暨南大学	谢真美	*
		卢祖荫	普济学院	广州幼儿师范学校	杨诗诗	*
	旅菲各校友会联合会	杨华鸿	罗申那同和中学	暨南大学	杜一仁	*
		王文展	罗申那同和中学	暨南大学	胡玛丽	*
		蔡志河	罗申那同和中学	暨南大学	陈美安	*
		吴世泽	罗申那振声学校	暨南大学	高美珠	*
		蔡永柠	罗申那和谐学校	暨南大学	陈咏恩	*
	陈松山		侨中学院	广州幼儿师范学校	董康妮	*
	叶淑英校长纪念基金会、叶淑德纪念基金		宿务东方学院	江门幼儿师范学校	洪月英	*
	杨淑惠、叶航		宿务东方学院	江门幼儿师范学校	杨明明	*
2009～2010(13)	旅菲各校友会联合会(李法铭)/义德中学		义德中学	暨南大学	蔡芸倩	
	旅菲各校友会联合会	戴国安	三巴乐中华中学	暨南大学	许娇媚	
		王书侯	蜂省大同中学	暨南大学	陈敬培	
		林乘福	淡描戈培青中学	暨南大学	许金英	
		施万轸	纳卯中华中学	暨南大学	李玛莉	
		陈文景	怡朗华商中学	暨南大学(广州幼儿师范大学)	陈燕燕	
	旅菲各校友会联合会(邱清往)/华文学会		怡朗华商中学	暨南大学/广东外语艺术职业学院	马美莎	

续表

年度(人数)	赞助人	推荐学校	报读学校	留华学生	备注
2009～2010（13）	菲华新联公会/华文学会	怡朗新华学院	暨南大学/广东外语艺术职业学院	刘雪美	
	菲华新联公会（陈光曦）	罗申那和谐学校	华侨大学	丁胜利	
	菲华新联公会（黄天从）/陈延奎基金会	那牙嘉南中学	华侨大学	夏丽琴	
	菲华新联公会（蔡玉玺）/自费	那牙嘉南中学	华侨大学/广东外语艺术职业学院	黎玉兰	
	菲华新联公会	怡朗华商中学	暨南大学	施宝珠	
	菲华新联公会（林金山）/侨中学院群龙级友会	怡朗华商中学	暨南大学/广东外语艺术职业学院	林雅珍	*
2010～2011（30）	陈延奎基金会	碧瑶爱国中学	华侨大学	俞雪儿	
		那牙耀华中学	华侨大学	卢婷婷	
		那牙嘉南中学	华侨大学	杜仁仁	
		朗玛倪地中国中学	华侨大学	吕茹珊	
		朗玛倪地中国中学	广西师范大学	白慰妮	
		纳卯中华中学	华侨大学	皮中玲	
		纳卯中华中学	华侨大学	阿中丝	
		纳卯基督教中学	华侨大学	余美美	
	菲华各界联合会（蔡友铁、林玉燕、戴宏达、卢祖荫、许中荣）	描戈律三一学校	广西师范大学	陈金纬	
	菲华各界联合会（卢祖荫）/陈延奎基金会	怡朗华商中学	江门幼儿师范学校/华侨大学	方秀美	
		怡朗华商中学	江门幼儿师范学校/华侨大学	史仁仁	
	旅菲各校友会联合会（王书侯、戴国安、林秉福、施万轸、李法铭）	怡朗中山中学	暨南大学	林名秀	

续表

年度(人数)	赞助人	推荐学校	报读学校	留华学生	备注
2010~2011(30)	旅菲各校友会联合会	描戈律三一学校	广西师范大学	多心真	
		朗玛侃地中国中学	广西师范大学	戴仁娜	
	中西学院董事会	中西学院	暨南大学	许文成	
		中西学院	华侨大学	施秀琳	
	施李秀瑗	怡朗中山中学	暨南大学	吴江明	
	Zesto Corporation	描戈律三一学校	广西师范大学	马曼华	
	隐名氏	怡朗中山中学	暨南大学	郭心慧	
		朗玛侃地中国中学	广西师范大学	米娜娜	
	李淑敏	侨中学院	暨南大学	施玉琳	
	佘明培先生纪念基金会	普济学院	暨南大学	许鸿娇	
	菲律宾西河林氏宗亲总会	怡朗华商中学	暨南大学	林文明	
	怡朗中山中学董事会	怡朗中山中学	暨南大学	陈秀明	*
	菲律宾董杨宗亲总会(杨汉辉/董欣唐、杨贵吉)	怡朗中山中学	暨南大学	杨菁菁	
	李康希	描戈律三一学校	广西师范大学	米恩惠	
	描戈律三一学校董事会	描戈律三一学校	广西师范大学	多美芳	
	蔡聪妙、蔡永亮、李国箴许美真伉俪基金会/陈延奎基金会	黎牙实备嘉南中学	广州幼儿师范学校/华侨大学	王真真	
	黄华仁/许淳清	怡朗华商中学	广州幼儿师范学校/暨南大学	苏丽丝	
2011~2012(14)	侨中学院群龙级友会/杨建新、施海冰、吴瑞奇	鄢市恩惠学校	广东外语艺术职业学院	吴嘉萍	*
	陈延奎基金会	怡朗华商中学	华侨大学	刘文俊	
		蜂省大同中学	华侨大学	吴蕙明	
		那牙嘉南中学	华侨大学	白真真	
	黄烨烽	华教中心	暨南大学	黄婉琳	

续表

年度(人数)	赞助人	推荐学校	报读学校	留华学生	备注
2011～2012（14）	怡省毓侨中学董事会	怡省毓侨中学	暨南大学	杜爱仁	
	那牙耀华中学董事会	那牙耀华中学	暨南大学	许美婉	
	黄拔来	朗玛倪地中国中学	暨南大学	王安玲	
	朗玛倪地中国中学董事会	朗玛倪地中国中学	暨南大学	萧阿美	
	怡朗华商中学董事会	怡朗华商中学	暨南大学	戴美丽	
		怡朗华商中学	暨南大学	菲柳西	
	东棉光华中学董事会	东棉光华中学	暨南大学	吴青金	
		东棉光华中学	暨南大学	李美丽	
		东棉光华中学	暨南大学	李约瑟	
2012～2013（22）	“造血”支持者	三宝颜中华中学	暨南大学	陈美玲	
	陈延奎基金会	华教中心	华侨大学	蔡小惠	
		蜂省大同中学	华侨大学	王诗沾	
		罗申那振声学校	华侨大学	蔡珠莉	
		怡朗华商中学	华侨大学	褚福来	
		怡朗华商中学	华侨大学	李永才	
		怡朗华商中学	华侨大学	施忠诚	
		怡朗华商中学	华侨大学	亚丝清	
		怡朗中山中学	华侨大学	洪鸿德	
		纳卯中华中学	华侨大学	阿大明	
		罗申那和谐学校	华侨大学	黄幼敏	
	蔡友铁	中西学院	暨南大学	蔡金智	
	吴金帛	华教中心	暨南大学	陈雅敏	
	怡省毓侨中学董事会	怡省毓侨中学	暨南大学	黄嘉福	
	淡描戈培青中学董事会	淡描戈培青中学	暨南大学	施新利	
	龚清溪	怡朗华商中学	暨南大学	龚心心	
	Sun Moon Fruits	描戈律华明中学	暨南大学	陈芬妮	
	东棉光华中学董事会	东棉光华中学	暨南大学	李碧燕	
		东棉光华中学	暨南大学	苏丽真	
	鄢市恩惠学校董事会	鄢市恩惠学校	暨南大学	马礼顺	
		鄢市恩惠学校	暨南大学	黄恩仁	
	蔡科典	三宝颜中华中学	暨南大学	雷婉仁	
	蔡叶韭、施玉霜	三宝颜中华中学	暨南大学	杜雪云	

注：加“＊”者为已经学成回国仍在华校任教。

同年，菲律宾中正学院与中国福建师范大学合作，启动菲律宾华文师范教育2+2方案：前两年在菲律宾中正学院大学部就读，后两年在中国福建师范大学就读。九年来，共67人报读，其中已毕业者37人。

两个方案：一是华语教学师资队伍督导方案，聘请专家驻校，与华语教师一起备课，深入课堂听课，课后与华语教师共同评课，确保华语教学质量，提高华语教师教学水平；二是华语教学师资队伍专业化方案，第一届组织100位华语教师通过函授攻读由中国国侨办赞助的华文教育本科专业。

一个行动是华校“新生行动”，由华教中心联手中国名校，全面接办经申请同意接办的学校，要求办出一所从理念、体制、组织到管理、教学全方位有别于传统华校、符合新形势发展需要的新型华校。

菲律宾170所华校，其中一大部分是由当地华人社区长期出资兴办的。经过几代人的苦心经营，学校在硬件方面，拥有自己的房地产，各种设施也颇为完善。在软件方面，曾经拥有科班出身的管理和教学人员，培养出一批批优秀人才。但是客观环境的变迁，使学校长时间聘请不到合格的管理和教学人员，办学质量日益下滑，学校面临转让、关闭的危机。为了挽救学校，上对得起先辈，下对得起子孙后代，不少学校的董事会与华教中心联系，要求由华教中心接办。为此，菲律宾华教中心于2009年底启动华校“新生行动”。

“新生行动”包括短期行动和长期行动两个内容。学校董事会与接办单位签约，由华教中心联手中国名校，全面接办经申请同意接办的学校。董事会负责筹措学校经费，接办单位负责学校管理、教学工作。校长由华教中心指派，副校长、教务长、总务长、各科主任由中国参与接办学校派遣。合约五年，可续约。此为短期行动。接办期间，接办单位将有计划地逐步培养各方面的科班管理、教学本土人员，并分阶段移交权力，直至本土人员全面接管学校。此为长期行动。

2010年6月9日，菲中建交34周年暨第8届菲中友谊日之际，密三密斯光华中学举行隆重的揭牌仪式，菲律宾华教中心与中国暨南大学华文学院正式联手接办密三密斯光华中学。该校成为菲律宾华教中心与中国暨南大学华文学院的实验学校。

华校“新生行动”至今已进入第 4 年，从密三密斯光华中学的运作情况来看，虽然学生人数没有明显的增长，但是整个学校的运作均向良性循环发展，为今后其他华校的发展提供了很好的借鉴经验。

（六）菲律宾华语教学试题库的建设

菲律宾华教中心根据“菲律宾华语课本”研制出了一个旨在检测华校学生学习和教师教学成绩的华语等级测验（HDC）系统。每一份试卷均由 HDC 计算机题库电子文本自动生成，其难度、信度、效度都符合要求。“华语等级测验”的研制推出，标志着本国华语教改工作已经全方位进行。

HDC 共分 12 个等级。测验系统以相应的菲律宾华校的华语课本册数为蓝本开发制作。通过测验检测学习者对该册华语课本的知识内容掌握情况，进而作出客观的评价。测验内容，均以不超出课本所涵盖的知识面为原则设定，做到不超纲、不超线，以客观检测出学习者对该册华语课本所包含的知识内容掌握的实际情况。

HDC 的题型设计是根据第二语言学习特点而制定的。题型包含综合语音、汉字、语法、华语知识综合运用能力诸方面，以全面检测学习者掌握华语知识的总体情况。

HDC 每一份试题卷面分数为 110 分。语言基础知识测验题是必做题，为 100 分。必做题主要测试学习者掌握华语基本技能知识的情况。选做题是自选题，为 10 分。选做题主要测试学习者灵活运用华语知识的综合能力。

为使学习者适应 HDC 考试题型，菲律宾华教中心还设计出一套“菲律宾华语等级测验模拟试题”，以专供学习者考前使用，可以作为班级模拟试卷或练习卷使用，以更有针对性地做好应试准备，提高应试能力。

菲律宾华教中心还从 1994 年开始与中国国家汉语水平考试委员会建立协作关系，在本国承办每年一届的汉语水平考试。至今连续办了 19 届，考生累计 13655 人。报名参加考试的人，主要是学生、老师，还有一些社会人士。参考的目的，就学生来说是学校为了了解他们学习汉语的实际水平；就教师来说，是学校作为制定工资等级和编班的依据；其他考生，则是为了了解自己的汉语水平，或是为了到中国学习专业；还有少量的考生，是希望考到好成绩，获得奖学金到中国留学。

为了进一步推广汉语考试，从2008年起，中国国家汉办考试处与菲律宾华教中心合作在菲律宾全国开展汉语体验考试。5年来，共有394181人次参加汉语体验考试。

（七）菲律宾华文教育学术研究的推动

由于菲律宾高校长期没有设置汉语专业，菲律宾没有研究汉语的刊物，汉语研究和汉语教学研究近乎空白。菲律宾华教中心成立后，鉴于华校华语水平下滑，为挽回这一局面，大力推动华语研究和华语教学研究，出版期刊、书籍，举办研讨会。

1. 有关期刊、著作

1991年9月创办的《华文教育》月报，是菲律宾华教中心的机关刊物，先后由丁德仁、张为舜赞助稿酬，不仅报道了菲律宾华文教育的信息，也是展示菲律宾华语研究和华语教学研究成果的园地。到目前为止，《华文教育》月报共出版了260期，发行到世界33个国家和地区。《华文教育》月报电子版也已经出版了184期。《华文教育》月报迄今共发表了有关华语研究和华语教学研究的论文382篇，有关幼儿教育的论文209篇。

菲律宾华教中心出版的另一本期刊《华语教师之友》，是一本文摘性季刊，由佘明培先生纪念基金会赞助出版，介绍中国和世界各地华语研究和华语教学研究的有关文章。到目前为止，共出版了76期，成为众多菲律宾华校华语教师的良师益友。

1993年10月在大雅台举行的“菲律宾华校华语教学研讨会”圆满结束后，菲律宾华教中心把研讨会发表的论文和华报上回应研讨会发表的有关文章共52篇汇编成《菲律宾华校华语教学研讨会资料汇编》一书出版。

1999年12月，菲律宾华教中心主办“第三届东南亚华文教学研讨会”，共收到论文48篇，内容主要涉及东南亚华文教育的历史变迁和当前东南亚各国华语教学存在的有待研究解决的理论和实践问题。会后，菲律宾华教中心出版了《第三届东南亚华文教学研讨会论文集》。

由陈延奎基金会赞助、菲律宾华教中心编辑出版的《菲律宾华文教育综合年鉴（1995～2004）》，是菲律宾百年华教史上第一本综合年鉴，全面、系统、完整地收集和汇录了1995～2004年菲律宾华文教育领域所发生的重大事件、所经历的各种社会影响、所取得的各项教学成就，如实地反映历史的真实面貌，生动地展现华文教育发展的全过程。由于《菲律宾华文教育综合年鉴（1995～2004）》是第一次出版的华文教育年鉴，所以本卷中除集中汇录了1995～2004年菲律宾华校教育领域内的资料外，也在力所能及的范围内，尽可能地收入自1899年以来一些有关菲律宾华文教育的具有历史价值的有关资料。年鉴一共430页，精装印刷。

2009年12月，菲律宾华教中心主办"第八届东南亚华文教学研讨会"，共收到论文81篇，内容主要涉及东南亚华文教育发展与管理研究、华文教学基础理论研究和应用研究。菲律宾华教中心出版了《第八届东南亚华文教学研讨会论文集》。

此外，菲律宾华教中心还编辑出版各类书籍110种，其中教育类53种，如《绘制华语教学新蓝图》（1995）、《语言教学是科学也是艺术》（1996）、苏秀康的《幼教三巨人及其它》（1996）、陈荣岚的《闽南方言与华语教学》（1996）、郭金鼓的《华语教学门外集》（1996）、《探索华语教学改革新路向》（1997）、《开拓华语教学新领域》（1997）、郭金鼓的《现代华语基础知识》（1998）、《幼儿早操》（1999）、《幼儿启蒙简笔画》（1999）、《迈向新世纪华语教学改革》（1999）、《为孩子撑起一把保护伞》（2001）、《探索第二语言教学的可喜成果》（2003）、林鼎安的《教育随笔》（2003）、《塑造华文教师的人格魅力》（2004）、蒋守谦和赵敏成的《千岛心迹》（2004）、《华语教学现状呼唤华语教学改革》（2004）、陈宣权的《耕耘集》（2004）、《华语课怎么上》（2004）、林鼎安的《校园漫笔》（2004）、《近义词语运用》（2004）、《开阔课堂教学的眼界》（2005）、《第二语言教学应从幼儿园做起》（2005）、《菲岛华教滴沥》（2005）、林鼎安的《杏坛走笔》（2005）、何懿的《菲律宾华教透视和思考》（2006）、《爱的执著——一簇期盼丰收的喜人稻花》（2007）、林文诚的《沧海集》（2007）、《2006～2007年度华语督导看华校华语教学》（2007）、《2007～2008年度晋总华语督导看华校华语教学》(2008)、《江夏黄氏华文教师文集》(2010)、《过河的脚印——菲律宾华校的华语教学》(2011)、《千岛心路》(2012)、《井蛙说大海——菲律宾华文教育面面谈》(2012)。

2. 有关研讨会

菲律宾华教中心联合菲律宾教育部，于1993年10月21日至24日，在风光旖旎的大雅台举行“菲律宾华校华语教学研讨会”。这是菲律宾华校华语教学改革和研究的一次有深远影响的教学研讨会。来自菲律宾72所华校的148位出席代表，从菲律宾华校华语教学的实际出发，就当前华校华语教学面临的迫切需要解决的问题进行了探讨，取得了共识。应邀出席研讨会的北京、厦门、台湾和新加坡的专家学者在研讨会上作了对华语教学改革富有指导意义的专题发言，深入浅出地分析了华语教材编写、华语教学和华语测试，对华语研究与华语教学研究起了推动作用。

1999年12月16日至18日，菲律宾华教中心主办了“第三届东南亚华文教学研讨会”，东盟十国包括文莱、柬埔寨、印尼、老挝、马来西亚、缅甸、新加坡、泰国、越南、菲律宾的代表和中国大陆、中国台湾、韩国等地的专家学者及华语教学界的同行333人出席了研讨会，提交了论文48篇，就东南亚华文教育的历史和东南亚各国华语教学中存在的问题进行了探讨。

2009年1月19日至21日，陈延奎基金会与菲律宾华教中心召开了“第一届华校高峰会议”。来自全国87所华校的184位董事长、校长共聚一堂，就菲律宾华文教育的定位、华语教学的定性和规范、华语教师队伍的建设、华校的评价机制四个议题展开讨论，并形成了决议，通过了《关于全面推进华文教育改革和发展的实施纲要》。这是菲律宾百年华教史上的一件大事，标志着菲律宾华文教育开始转型，走向新生。

2009年12月18日至20日，菲律宾华教中心主办了“第八届东南亚华文教学研讨会”，东盟八国包括文莱、柬埔寨、印尼、马来西亚、缅甸、新加坡、泰国、菲律宾的代表和中国的专家学者及华语教学界的同行243人出席了研讨会，提交了论文81篇，就东南亚华文教育的发展和东南亚各国华文教学的理论和实践进行了探讨。

此外，菲律宾华教中心下属的各地区华教协会定期召开年会，各地区华教协会会员学校的校长、主任、华语老师聚集一堂，邀请有关专家参与，从宏观和微观上研讨菲律宾华校华语教学的方方面面。

（八）中国语言文化活动的开展

1. 设立留华学生招生处

到目前为止，已有中国北京、上海、重庆、厦门、广州、南京、武汉、大连、石家庄、青岛、合肥、哈尔滨、广西等地的33所大学与菲律宾华教中心签订协议，在菲律宾华教中心办公室挂牌设立招生处，委托办理以汉语言专业为主的招生工作。

中国在菲律宾华教中心挂牌设立招生处的高等院校有：北京师范大学、首都师范大学、北京语言大学、华北电力大学、北京科技大学、北京华文学院、上海复旦大学、华东师范大学、上海外国语大学、华东理工大学、重庆大学、重庆师范大学、重庆邮电大学、重庆三峡学院、厦门大学、华侨大学、集美大学、闽南师范大学、泉州师范学院、中山大学、暨南大学、华南师范大学、华南理工大学、广东华侨职业技术学校、南京师范大学、华中师范大学、辽宁师范大学、河北经贸大学、青岛滨海学院、安徽大学、哈尔滨工业大学、广西民族大学和广西师范大学。

自1992年开始为中国高等院校办理招生工作以来，菲律宾华教中心已为500多名菲律宾青少年提供了赴华学习汉语言的服务。

2. 举办夏（冬）令营

一次针对菲律宾华裔青少年进行的问卷调查结果显示，菲律宾华裔年轻一代对祖籍国的认识、感情已经越来越淡薄了。无论是在菲律宾还是在中国组织汉语与中华文化夏（冬）令营活动，对拉近菲律宾华裔年轻一代与祖籍国的距离，加强华裔年轻一代的民族认同意识，具有很大的作用。为此，菲律宾华社有关单位积极利用学校假期组织各类夏（冬）令营。其中，菲律宾华教中心举办的夏（冬）令营活动，无论是在时间、形式、范围、规模等方面，都是最具代表性、影响最大的。菲律宾华教中心在中国各地组织的菲律宾华裔青少年夏（冬）令营有22年的历史，有11226人次参加（见表12）。

表 12　菲律宾华教中心汉语夏（冬）令营历年人数统计

年度	北京	上海	青岛	哈尔滨	西安	大连	云南	广州	福州	泉州	厦门						合计
											华大	集大	厦大/外语	泉师院	泉少林	共	
1992	22	—	—	—	—	—	—	—	—	—			—				22
1993	58	—	—	—	—	—	—	—	—	—			33			33	91
1994	73	—	—	—	—	—	—	—	—	—			20			20	93
1995	91	—	—	—	—	—	—	—	—	—			—				91
1996	65	—	—	—	—	—	—	—	—	—			—				65
1997	58	—	—	—	—	—	—	—	—	—			—				58
1998	26	—	—	—	—	—	—	—	—	—			43			43	69
1999	33	20	—	—	—	—	—	—	—	—			—				53
2000	39	—	—	—	—	—	—	—	—	—			21			21	60
2001	49	30	—	—	—	—	—	—	—	36	—	—	100/ -	—	—	100	215
2002	94	50	—	—	—	—	—	—	—	65	92	119	99/ -	—	—	310	519
2003	20	—	—	—	—	—	—	—	—	30	100	126	-	—	—	226	276
2004	36	61	—	—	—	—	—	—	26	—	287	263	292/ -	—	—	842	965
2005	52	67	—	—	—	—	—	—	—	45	236	461	150/ -	—	—	847	1011
2006	36	34	—	—	—	—	—	—	—	41	238	361	141/ -	—	—	740	851
2007	73	74	15	—	—	—	—	—	—	27	237	339	129/ -	—	—	705	894
2008	138（14）	51	（14/7）	—	—	—	—	（20）	（2）	22	247（12）	283	112/ -	—	—	642（12）	853（69）
2009	31	40	- 32	—	（40）	—	—	—	—	15	153	654	118/ -	—	—	925	1011（72）
2010	—	71	17（23）	—	—	—	（19）	—	—	20	227	432	- /200	—	—	859	967（42）
2011	—	14	16	（50）	—	（13）	—	—	—	21	227	382	- /106	109	106	930	981（63）
2012	42	25		（50）	—	—	—	（45）	—	—	206	330	- /93	105	99	833	900（95）
2013	46	27	—	—	—	—	—	—	—	—	198	320	- /110	41	95	764	840
合计	1082（14）	564	48（76）	（100）	（40）	（13）	（19）	（65）	26（2）	322	2448（12）	4070	1141/509	255	300	8840（12）	10885（341）

注：括号内为冬令营人数。

在菲律宾全国各主要城市举办的“中华文化大乐园”，有 8 年的时间，4438 人次参加（见表 13）。

表 13　菲律宾华教中心“中华文化大乐园”历年人数统计

承办单位 \ 人数 \ 年份	2006	2007	2008	2009	2010	2011	2012	2013
马尼拉侨中园	177	119	123	90	47	50	87	48
计顺普济园	—	100	88	73	43	—	—	—
拉牛坂大同园	—	132	—	—	—	52	—	—
怡朗华商园	—	36	—	—	—	30	—	—
卡加延恩惠园	—	135	87	—	60	—	—	—
三宝颜中华园	—	107	52	124	—	96	103	80
碧瑶爱国园	—	—	134	70	—	—	—	—
宿务雅典耀圣心园	—	—	164	72	74	61	101	105
兰佬中华园	—	—	94	—	—	—	—	—
依里岸基中园	—	—	108	—	—	—	—	—
加洛干侨中园	—	—	—	67	114	96	89	63
计顺市菲华园	—	—	—	126	127	78	—	—
罗申那和谐园	—	—	—	76	64	—	—	—
仙范光启园	—	—	—	—	170	76	—	—
蜂省培贤园	—	—	—	—	—		—	—
罗申那同和园	—	—	—	—	—		—	128
合　计	177	629	850	698	699	539	380	424
总　计	4396							

夏（冬）令营与大乐园相辅相成，相得益彰，加强了华裔青少年的民族认同感。

3. 推广中文图书

菲律宾华教中心 1991 年成立后，设立了“中国语言文化图书馆”，至今收藏一万多册中国语言文化类的图书、上千种中国语言文化类的音像制品和一百多种中国语言文化类的期刊。

菲律宾华教中心还与中国福建省新闻出版局、中国福建省出版对外贸易公司共同举办中国图书展销会，每年一次，已举办 14 届，为菲律宾华社规模最大的图书展销活动。展销会后向有关华校赠书，累计共赠送价值 470 万比索图书。

2007 年，菲律宾华教中心在华商曾文狮的支持下开办的“新华书城”正式营业。“新华书城”面向华人社会和主流社会，以增进菲中文化交流，推广汉语，传播中华文化，服务本国广大爱好汉语人士为宗旨，本着“服务第一，赢利第二”的方针，目前已办成菲律宾唯一一家较具规模和活力，高规格、大众化的中文书城。除经营中文图书、文具、纪念品外，还开办了多期各级汉语学习班；开设“百家邨”，举办研讨会、学术讲座、新书首发式、书画展、图片展；开展少儿华语活动、电影招待会等文化活动近 200 场。新华书城还与中国福建出版集团每年参加马尼拉国际书展。中国图书展为菲律宾华侨华人以及广大的中文图书爱好者，献上不同特色的中华文化大餐，产生了积极的、潜移默化的影响，在带动菲律宾华文教育发展的同时，也为菲中两国文化交流作出了积极的贡献。

4. 举办中国知识竞赛

为了增进菲律宾主流中学的学生对中国的了解，2004 年，中国大使馆、菲律宾首都教育局、菲律宾华教中心共同启动了“中国走进课堂”知识竞赛。竞赛以中国文化、历史、地理、两岸关系、菲中关系等为内容，分三个阶段进行。第一阶段为笔试，在本校进行，各校选拔四名优胜者参加第二阶段的半决赛，第三阶段由半决赛产生的前五名进行决赛。“中国走进课堂”知识竞赛至今已连续举办了 8 届，收到了非常好的效果。

从 2008 年起，菲律宾华教中心承办由中国国侨办主办的“中华文化大赛”（原海外华裔青少年中华文化知识竞赛）菲律宾地区初赛，四届都在全国设 10 多个考场，30 多所华校派出学生参赛，累计 5774 人参加。成绩优秀者获邀赴华参加冬令营和决赛，曾夺得榜眼奖、进士奖、中华才子奖、最佳才艺奖等大奖。

5. 参加国际性竞赛

由中国有关单位组织的大型国际性作文、书画比赛，如华人少年作文比赛、华人学生作文比赛、鲁迅青少年文学奖、“金水桥之恋”华裔青少年书画大赛等，菲律宾华教中心都在全国征集稿件参赛。菲律宾华裔青少年屡获佳绩。

此外，中国有关单位举办的大型国际性华裔青少年唱歌、舞蹈比赛，商总等华人社团也积极选拔代表参加，并取得优异成绩。

四 结语

菲律宾是一个多元民族、多元文化的国家。菲律宾当局这些年来在菲律宾华人的地位不断提高、菲中两国关系不断发展的情况下，对本国的汉语教学和华文教育已经采取了较为包容、开放的态度。

中国的日益强大，在全球范围内刮起了“中国风”，也带来了“中文热”。中国顺应形势的需要，着力发展软实力。中国共产党十七届六中全会明确指出，大力推动文化事业的大发展、大繁荣。中国支持海外的汉语教学和华文教育，力度正在不断加大。

国内国际形势的发展，正朝着对菲律宾华文教育越来越有利的方向发展，形成菲律宾华文教育的发展机遇。

菲律宾华教工作者正在抓住机遇，梳理出现阶段菲律宾华文教育的主要问题，探讨解决之道，谋求发展。菲律宾华文教育的发展主要靠菲律宾华教工作者的努力。当然，中国作为海外华文教育的大后方，将为海外华文教育的大发展发挥重要的、不可替代的作用。

参考文献

王瑞芳：《马尼剌中西学校七十周年纪念特刊》，1973。

黄端铭：《井蛙说大海——菲律宾华文教育面面谈》，菲律宾华教中心出版部，2012。

颜长城：《菲律宾华文教育的过去和现在》，《华侨华人历史研究》1996 年第 2 期。

Chinese Language Education in the Philippines: A Scheme That Aims to Preserve the Identity of Ethnic Chinese

James T. Wang

Abstract: Chinese education is a scheme that aims to preserve the identity of Chinese people. Chinese education in the Philippines had its beginning 114 years ago. This article elaborates comprehensively and systematically the evolution and the present situation of Chinese education in the Philippines. Based on full and accurate numerical data, it further more introduces the series of reforms the Philippines Chinese Education Research Center has undertaken to come up with a development path that suits the Chinese education in the Philippines.

Keywords: Chinese Education; Filipinization; PCERC; Project 221

B.8

马来西亚华文教育的现况与展望

叶新田 *

摘　要：

在单元主义教育政策下，马来西亚华文教育的生存面临严峻的考验。为捍卫华校的存在与发展，华人社会一方面提高对华校存在意义的认识，统一思想，另一方面则采取有力措施抗衡一切不利于华文教育的政策。2012 年，董总在五个地区主办了 5 场群众请愿大会，要求政府公平合理对待各民族源流学校，提出反对不利于各族母语教育的制度、妨碍民族团结与和谐社会的构建、贯彻单元主义教育政策的《2013～2025 年教育发展大蓝图初步报告》，并促请政府顺应世界发展趋势、全球多元的格局以及马来西亚多元社会的国情，建立一个为全国人民所接受的国家教育体系，满足各族人民的需求和促进各族的文化、社会、经济及政治发展，在尊重国语的同时，也维护及扶持各族语文和文化的发展。本文主要论述了马来西亚华文教育的现况，目前从小学至大专院校所面临的问题，以及应对策略。

关键词：

马来西亚　董总　华文教育　策略与发展

一　前言

20 世纪 40 年代初，日本军国主义者和英殖民地者统治时期打压华文教育（简称“华教”）的发展。在 1942 年日军占据新加坡和马来亚期间，华校惨遭

---

* 叶新田，男，澳洲南极星大学企管博士，马来西亚华校董事联合会总会（董总）主席。

摧毁。1945 年日军投降，英殖民地者重新控制新马，同时加紧了对华教的压制。1949 年新加坡推出《五年教育补充计划》，欲将各源流学校纳入以英文为主流的新教育体系，1951 年马来亚颁布《巴恩报告书》，要以英文、马来文为教学媒介的学校取代其他源流学校。1952 年教育法令鼓励各源流学校改制为国民学校。

1956 年拉萨教育报告书提出，将各族儿童统一集中在以马来文为教学媒介的学校的“最终目标”。1961 年教育法令迫使华文中学改制，1996 年教育法令规定：除了在第 28 条下设立的国民型小学，或者部长所豁免的其他教育机构以外，在国家教育体系中所有的教育机构，都必须以马来文作为主要教学媒介，以实现其“最终目标”。

2012 年，当局进一步提出贯彻单元同化教育政策的《2013～2025 年教育发展大蓝图初步报告》。此报告书的最终目的是：以国民学校取代其他各源流的学校。华文教育面临如此严峻的考验，马来西亚华人社会必须省思以及采取应对策略，以捍卫与发展华文教育。

二　当前政策与抗争

马来亚/马来西亚是一个多元民族、多元文化、多种语文和多种宗教信仰的国家。早在 1957 年独立建国之前，它曾经是西方列强的殖民地，并已拥有采用不同主要教学媒介语的各种源流学校，如英文学校、马来文学校、华文学校和淡米尔文学校。华文教育在本土扎根与发展至今已超过 190 年。华人社会创办华文学校，是为了传承和弘扬中华文化，培育子女，为国家作出贡献。

2010 年，马来西亚华裔人口逾 639 万，占公民人口的 24.6%（见表 1）。2012 年，马来西亚华文教育体系内，有 1357 所华校，学生总数逾 66.6 万人，即 1294 所华文小学（简称“华小”）有 59.1 万名学生，60 所华文独立中学（简称“华文独中”）有 7 万名学生，3 所民办华教高等学府有 5000 名学生（见表 2）。

其实在 20 世纪 20 年代，英殖民地者已经加紧压制华文教育。从马来亚 1957 年独立建国前夕和 1963 年马来西亚成立至今，政府为贯彻 1956 年拉萨教育报告书单元主义教育政策的“最终目标”，即最后只有一种源流学校：国

表1　2010年马来西亚全国人口统计

民　　族	人口(人)	百分比(%)
马 来 族	14191720	54.6
原住民族	3331788	12.8
华　　族	6392636	24.6
印 度 族	1907827	7.3
其他民族	189385	0.7
非 公 民	2320779	—
合　　计	28334135	100.0

资料来源：《2010年马来西亚人口和房屋普查：人口分布和人口统计基本特性》，马来西亚统计局，2011。

表2　2012年马来西亚华文学校基本教育统计

华校类别	学校数量(所)	学生人数(人)	教师人数(人)
华文小学	1294	591121	37367
华文独立中学	60	70266	3882
华教高等教育学府	3	5000	—
合　　计	1357	666387	

资料来源：①《2012年1月教育基本资料》，马来西亚教育部教育政策研究及策划组，2012。

②《2012年董总·独中工委会工作报告书》，马来西亚华校董事联合会总会（董总），2013年5月。

③马来西亚华校董事联合会总会（董总）资料与档案组内部档案资料，2013。

民学校（马来文学校），把所有族群孩子纳入一个以国语（马来语）为主要教学媒介的教育体系。

单元主义教育政策“最终目标”的形成，主要是受到马来中心主义和民族国家的“一个国家、一个民族、一种文化、一种语文、一种源流学校”的政治思想影响。

因此，华文、淡米尔文、英文源流等学校的发展，皆被边缘化和受到压制。这些学校甚至还面临变质及消失的危机，即学校媒介语、校园文化、组织和人员的结构被改制，而成为马来文学校。

有关当局通过教育法令、报告书、教育蓝图、行政通令和计划等各种方式，以贯彻“最终目标”（见表3）。

表 3　教育法令、报告书、教育蓝图、行政通令和计划的重点

序	教育法令、报告书等名称	重点
1	1920 年学校注册法令	规定学校、董事和教员必须注册,可随时吊销其注册,教科书必须经过当局审查批准。这引起华社广泛的强烈反对,英殖民地当局把一批华教领导人驱逐出境
2	1924 年注册学校津贴条例	宣布华校可向当局申请津贴,但必须使用指定的教科书和接受指派的教师,企图压制华校的发展
3	1946 年吉斯曼计划	主张①分别以马来语、华语、淡米尔语或英语作为教学媒介的免费小学教育;②所有小学都教授英文;③设立两类中学,即一类以英文为教学媒介并且母语作为一个科目,另一类则是以母语为教学媒介而英文作为第二语文
4	1950 年荷格报告书	主张建立一个以英文为主的教育制度的马来亚国家,遭到华人社会和马来人社会的强烈反对
5	1951 年巴恩报告书	主张设立以英文或马来文为主要教学媒介的国民学校,废除其他语文源流学校。这遭到华社强烈反对,并促使教总的成立
6	1951 年方、吴报告书	主张政府承认华校的地位并协助其发展
7	1952 年霍根报告书	其内容几乎是 1951 年巴恩报告书的翻版
8	1952 年教育法令	根据 1952 年霍根报告书制定了 1952 年教育法令,主张把各族孩子集中在以英文或马来文为主要教学媒介的国民学校。这遭到华社强烈反对,并促使董总的成立
9	1954 年教育白皮书	主张在非英文源流学校开设以英文为教学媒介的班级,由政府委派教师和支付薪金,逐步把这些学校改为英文学校,遭到华人社会和马来人社会的强烈反对
10	1955 年马六甲会谈和联盟大选宣言	联盟(国阵的前身)为了确保在马来亚联合邦举行的第一次大选中获胜,而与教总、董总进行"马六甲会谈",联盟答应执政后将修改 1952 年教育法令和 1954 年教育白皮书,拨款给华校用作发展,不消灭任何族群的学校、语文和文化。联盟在大选宣言中许诺将检讨 1952 年教育法令和 1954 年教育白皮书,让使用母语的学校自由发展,鼓励而不会摧残任何一个族群的学校、语文和文化
11	1956 年拉萨报告书	此报告书第 12 条提出单元主义教育政策的"最终目标",即"教育政策的最终目标,必须是把所有族群的孩子,集中在一个以国语(马来语)作为主要教学媒介的国民学校体系,达到这个目标的过程不能仓促,必须逐步推行"
12	1957 年教育法令	此法令第 3 条提出:"联合邦的教育政策是建立一个为全体人民所接受的国民教育体系,来满足他们的需求和促进他们的文化、社会、经济及政治发展,目的在于使马来语成为国语,同时也维护和扶持其他族群语文和文化的发展。在此法令下,马来文小学称为标准小学,英文小学、华文小学和淡米尔文小学称为标准型小学,都获得政府给予的全部津贴。马来文中学称为国民中学,华文中学和英文中学称为国民型中学。国民中学和国民型英文中学都获得全部津贴。国民型华文中学也继续可以获得部分津贴,但若要获得全部津贴则必须改为以英文为主要教学媒介(即改为国民型英文中学)

续表

序	教育法令、报告书等名称	重点
13	1960 年拉曼达立报告书	篡改了 1957 年教育法令第 3 条所规定的教育政策,而以 1956 年拉萨报告书第 12 条的“最终目标”取代。主张如果要继续获得政府的津贴,华文中学就必须把主要教学媒介改为英文或马来文
14	1961 年教育法令	根据 1960 年拉曼达立报告书制定的 1961 年教育法令,篡改了 1957 年教育法令第 3 条所规定的教育政策。在此法令下,马来文小学称为国民小学,英文小学、华文小学和淡米尔文小学称为国民型小学。马来文中学称为国民中学,国民型中学只限于以英文为主要教学媒介的政府中学或政府津贴中学。以华文为主要教学媒介的中学只能是私立中学,政府不再给予任何津贴。此法令第 21(2)条授权教育部长在他认为适当的时候,可以将一所国民型小学改为国民小学。因此,华文小学、淡米尔文小学和英文小学可随时遭改为马来文小学
15	1963/1967 年国语法令	1967 年国语法令实施,英文中小学在国语政策下,各年级科目逐年改以国语(马来语)为教学媒介。英文中小学最终消失,改制为马来文中小学。1970 年开始,英文小学一年级改用马来语为教学媒介,至 1975 年完全改制为马来文小学。1976 年开始,英文中学逐年改制为马来文中学
16	1969 年阿兹报告书	以调查教师的薪金及服务为名,提出废除学校董事部,以学校发展部取代之,并主张政府有权征用校舍
17	1971 年阿兹报告书(修订本)	虽然保留学校董事部,但却表示“不过无须保留现有的形式”,董事部不再是教师的雇主,其职责只是负责学校的福利和发展。凡是选择加入新的阿兹薪金制的教师都自动成为政府公务员
18	1971/1972 年教育部长胡先翁关于学校董事部的谈话	1971 年 12 月 5 日,教育部长胡先翁(即之后的首相)在国家语文出版局接见董教总和马华公会 200 余名代表时表示,是重组学校董事部而不是废除学校董事部,而且除了“雇用及解雇”教职员的权力外,董事部的其他权力照旧。1972 年 1 月 10 日,教育部长胡先翁在国会重申,是重组学校董事部而不是废除学校董事部
19	1971 年玛吉报告书	主张实施大专收生种族固打制(quota system)录取各族学生就读大学
20	1971 年大学及大专学院法令	规定创办大学或学院,需要获得最高元首之恩准
21	1972 年教育(修订)法令	根据《阿兹报告书》的建议,政府颁布 1972 年教育(修订)法令,在 1961 年教育法令里增添第 26A 条文,授权教育部长可以随时解散学校董事部,规定所有全津贴的学校的董事部必须在教育部长所确定的一个日期解散
22	1977 年教育部解散华文小学等源流学校董事部事件	教育部致函一些华文小学及其他源流学校,表示教育部长将根据 1961 年教育法令第 26A 条解散这些学校的董事部
23	1979 年内阁教育报告书(马哈迪报告书)	暂时允许华文小学存在,但是没有删除 1961 年教育法令第 21(2)条。对私立学校提出种种限制,对华文独中非常不利。主张改革小学和中学的课程,以拟定一个注重读、写、算的小学课程纲要,以及一个衔接小学课程纲要的中学课程纲要

续表

序	教育法令、报告书等名称	重点
24	1980/1982 年 3M 计划（读写算课程纲要）	教育部宣布落实 1979 年内阁教育报告书，推行注重读、写、算的小学课程纲要；提出华文小学除了华文和算术外，其他科目的教材皆以马来文编写，音乐课必须教导 50% 的马来歌曲，其余 50% 的歌曲则是由马来歌曲翻译过来华语唱的歌曲。华社强烈反对这些使华文小学变质的具体措施
25	1984 年华文小学、淡米尔文小学集会用语改用马来语通令	吉隆坡教育局发函通令华文小学和淡米尔文小学等，规定学校的所有集会必须以国语（马来语）进行
26	1985 年综合学校计划	主张把各语文源流小学（马来文小学、华文小学、淡米尔文小学）集中在同一个校园，以逐步让华文小学和淡米尔文小学变质，改变其媒介语文为马来语文
27	1987 年"华文小学高职事件"和"茅草行动"大逮捕事件	教育部委派不具备华文资格教师到华文小学担任正副校长及主任等行政高职，影响华文小学行政语文和校园文化，将导致华文小学变质，遭到华社强烈反对。当时国阵政府里的巫统发生党争。政府当权者展开"茅草行动"，扣留了各领域的许多人士，包括董教总领袖，多家报刊被关闭
28	1994 ~ 2000 年教育部首要工作目标	提出把各源流小学集中在同一校园的概念，即后来的宏愿学校计划概念
29	1995/2010 年宏愿学校计划	1995 年，教育部提出宏愿学校计划，是 1985 年综合学校计划的翻版，假借"国民团结"之名，贯彻"最终目标"之实，以把多源流学校改为单一源流学校。提出把各语文源流小学集中在同一个校园，并强调以国语（马来语）作为统一的教学媒介语文，是最重要的特征，并且必须逐步推行。宏愿学校计划采取 1956 年拉萨报告书的渐进策略，即"不能过于仓促，必须逐步推行"的方式，来逐步让华文小学、淡米尔文小学变质，达到"最终目标"。2010 年，宏愿学校计划再次死灰复燃，继续推行
30	1996 年教育法令	1995 年全国大选后，在华社强烈反对下，政府迅速在国会提呈 1995 年教育法案，三读通过后颁布为 1996 年教育法令。1996 年教育法令继续贯彻 1956 年拉萨报告书的"最终目标"，且更加严峻。1996 年教育法令第 17（1）条款比 1961 年教育法令第 21（2）条款的杀伤力更大，令现有华文小学和华文独中失去使用华文为主要教学媒介的法律地位，沦为类似"非法木屋"
31	2001 ~ 2010 年教育发展蓝图	贯彻 1956 年拉萨报告书单元主义教育政策的"最终目标"。提出达成"国民团结"的教育政策及其必须具备的条件：统一的国民教育制度；以国语为学校主要教学媒介语；以马来文化为主体的国家教育课程和统一课程纲要；所有学校采用划一的考试制度。此教育蓝图依据 1956 年拉萨报告书的要求，也重提 1960 年拉曼达立报告书和 1961 年教育法令要建立一个以马来语为学校主要教学媒介语的教育制度的目标

续表

序	教育法令、报告书等名称	重点
32	2003 年英语教数理政策 2010 年巩固国语、强化英语政策	政府于2003 年起强行从小学1 年级开始,在各年级逐年实施以英语教授数理科,违反各源流小学以母语教学的法令规定,违背母语教育原理,引起各民族人民强烈反对。2009 年,内阁宣布废除英语教数理政策。各源流小学从2011 年开始在1 年级全面使用母语教授数理科,至2016 年1 至6 年级皆全面使用母语教授数理科。此外,政府实施"巩固国语,强化英语"政策(MBMMBI),取代英语教数理政策(PPSMI),忽略华语、淡米尔语的发展
33	2004 年学生交融团结计划一般指南(新指南)	这份新指南违反教育部《1986 年学生交融团结计划》的内容和精神,没有纳入董教总于1986 年提出及被教育部接受的修改建议。2004 年的新指南实施另外一套措施,打开变质华文小学的缺口
34	2006 ~ 2010 年首要教育发展蓝图	再次提出建立"一个国家、一个民族、一种文化、一种语文、一种源流学校"的单一民族国家制度,注重伊斯兰教文明,强化国民小学和国民中学为所有族群的首选学校。继续贯彻1956 年拉萨报告书所强调的"以国语为所有学校主要教学媒介"的"最终目标",特别强调在学前至中学阶段,建立一个以国语为教学媒介语的教育制度,实行统一的课程和考试,扩展马来语的使用以强化其地位,而国内其他民族的语文仅作为中小学的一个选修科目,以边缘化华文小学、淡米尔文小学、教会学校的发展
35	2013 ~ 2025 年教育发展大蓝图初步报告	继续贯彻单一民族国家理念,落实1956 年拉萨报告书单元主义教育政策的"最终目标",固守"多元语文源流学校是国民团结的绊脚石"的狭隘观念,强调华文小学、淡米尔文小学必须强化国语教学,以达成国民身份认同的培养目标。提出华文小学和淡米尔文小学4 ~6 年级采用与国小同等水平的国文课程纲要、教科书与教学模式,大幅度增加国语正课教学和补习课时(从现有每周180 分钟增至570 分钟),废除中学预备班,为学生升读国中铺路,实现国民学校成为首选学校的意图。不提华文小学、淡米尔文小学和教会学校等长期面对的问题,不提解决问题的全面具体方案,漠视和边缘化这些学校的建设与发展

资料来源：马来西亚华校董事联合会总会（董总）资料与档案组整理自：①《风云激荡一百八十年马来西亚华文教育图片集》，董总，2001 年 12 月 1 日；②《董总 50 年特刊（1954 ~ 2004）》，董总，2004 年 12 月；③《马来西亚华校董事会地位演变大事纪要 1950 ~ 2010 年》，董总，2011 年 2 月；④《华文小学董事觉醒运动手册》，董总，2006 年 10 月，第二次印刷；⑤《再看 1996 年教育法令——"最终目标"已经变成"现行目标"!》，董教总，1997 年 8 月；⑥《2012 年董总・独中工委会工作报告书》，董总，2013 年 5 月；⑦《2012 年董总主办 5 场和平请愿大集会专辑》，董总，2013 年 2 月 1 日；⑧马来西亚华校董事联合会总会（董总）资料与档案组内部档案资料，2013。

长期以来，华社强烈反对教育部推行的单元主义教育政策。董总团结一切可以团结的力量，凝聚各党团、各阶层和各民族群众，维护与发展各民族母语教育。

董总根据局势发展需要，通过各种管道和策略，凝聚力量，创造和把握有利形势，争取母语教育权益，反对不利于母语教育生存与发展的政策。

董总提呈了许多备忘录，或致函政府，提出意见和要求，其中近十年提呈的华教诉求文件主要见表4。

表4　董总近十年提呈给政府的主要华教诉求文件

序	日期	主要华教诉求文件	重点
1	2004年4月19日	董教总呈予首相阿都拉巴达威的教育备忘录	要求恢复实施《1986年学生交融团结计划》，恢复华文小学以母语教数理课，解决华文小学师资短缺问题，制度化公平拨款给各源流学校，废除“全津学校”和“半津学校”违法区分，制度化增建华文小学，解决白沙罗华文小学课题，承认华文独中统考文凭及拨款给华文独中
2	2005年3月9日	董总、教总、华总和七大乡团协调委员会呈予政府的《国内主要华团对第九大马计划的建议》	提出教育等领域的意见和要求，包括推行《1986年学生交融团结计划》，恢复华文小学数理科以母语教学和考试，制度化解决华文小学师资短缺问题，改善国中华文教学环境，制度化公平合理拨款予各源流学校，废除“全津学校”和“半津学校”违法区分，制度化增建华文小学，解决白沙罗华文小学课题，承认华文独中统考文凭及拨款给华文独中，增进高等教育的多元开放和素量
3	2007年11月27日	11个各民族文教团体呈予首相阿都拉巴达威的《还我母语教育——恢复以母语作为各源流小学数理科的教学和考试媒介语》备忘录和10万张明信片	董总、教总、马来西亚淡米尔文教育研究与发展基金、人民宗教学校理事会、马来西亚留台校友会联合总会、马来西亚华校校友会联合会总会、马来亚南洋大学校友会、公民关怀组织、大马学术团体、吉隆坡暨雪兰莪中华大会堂及马来西亚留华同学会，联合要求政府恢复各源流小学以母语教授数理科
4	2007年12月15日	董教总呈予教育部的《董教总对2006~2010年教育发展大蓝图总体意见书》	坚决反对教育蓝图的单元主义思想和政策，并要求公平合理发展各源流学校，制定民主和开放机制以采纳民意，修改教育法令，让各源流小学和中学设立学校董事会，制度化拨款拨地增建各源流学校，制度化公平合理拨款给各源流学校，制度化解决华文小学师资短缺，承认华文独中统考文凭，制度化拨款给华文独中
5	2008年4月7日至5月14日	董总分别呈予霹雳、槟城、雪兰莪和吉打四个州政府的教育备忘录	提出制度化拨款给华文独中，拨地给华文独中，减收学校地税，提供学校保留地给华文小学和华文独中等学校

续表

序	日期	主要华教诉求文件	重点
6	2008 年 4 月 10 日	董教总呈予教育部的教育备忘录	要求恢复各源流小学数理科以母语教学和考试，制度化解决华文小学师资短缺问题，制度化拨款拨地增建华文小学、淡米尔文小学等各源流学校，加速完成兴建已获批准增建和搬迁的华文小学，废除不合理建校规定，早日重开白沙罗华文小学，制度化公平合理拨款给华文小学、淡米尔文小学、宗教学校和教会学校，废除“全津学校”和“半津学校”违法区分，确保华文小学董事顺利获得注册和取得董事注册证，保障华文小学董事会签署支票和文件的权力，国小的《2004 年学校食堂管理指南》不适合用于华文小学、淡米尔文小学和教会学校等，承认华文独中统考文凭，制度化拨款予华文独中
7	2009 年 5 月 26 日	全国七大华团呈予副首相兼教育部长慕尤丁的《恢复以母语作为小学数理科教学媒介语》备忘录	董总、教总、华总、七大乡团协调委员会、留台联总、校友联总和马来亚南洋大学校友会联合要求恢复以母语作为各源流小学数理科的教学和考试媒介语，同时也提出制度化增建各源流学校，制度化公平合理拨款给各源流学校，制度化解决华文小学师资短缺，华文小学董事部管理学校的职权和学校董事部新条例，承认华文独中统考文凭，制度化拨款予华文独中，豁免独中生报考政府考试的费用
8	2009 年 11 月 16 日	全国七大华团呈予首相纳吉的《坚决要求保留和公平发展多源流学校》备忘录	董总、教总、华总、七大乡团协调委员会、留台联总、校友联总和马来亚南洋大学校友会联合坚决要求保留和公平合理发展各源流学校，反对贯彻单一源流学校
9	2009 年 12 月 17 日	全国七大华团针对小学课程转型课题呈予首相纳吉的备忘录。备忘录副本致副首相兼教育部长慕尤丁	董总、教总、华总、七大乡团协调委员会、留台联总、校友联总和马来亚南洋大学校友会联合坚决反对教育部计划在华文小学和淡米尔文小学 1 至 3 年级改用国小马来文科课程纲要，增加马来文科课时，在各源流小学推行以马来语为教学媒介语的《马来西亚我的国家》新科目
10	2010 年 3 月 8 日	五华团针对小学课程转型课题呈予首相纳吉的备忘录。备忘录副本致副首相兼教育部长慕尤丁及教育部副部长魏家祥和莫哈末卜艾	董总、教总、校长职工会、华总和七大乡团协调委员会联合，坚决反对教育部计划统一各源流小学 1 至 3 年级的马来文科和英文科的教学节数、课程、课本和考试，及实行以马来语为教学媒介语的《马来西亚我的国家》新科目

续表

序	日期	主要华教诉求文件	重点
11	2010 年 3 月 8 日	董总、教总、华总和七大乡团协调委员会呈予政府的《第十大马计划建议书》	提出教育等领域方面的意见和要求，包括制度化增建各源流学校，制度化公平合理拨款给各源流学校，制度化解决华文小学师资短缺，在华文小学全面推广信息和通讯科技教学，实施以华语为主要教学媒介的学前教育和特殊教育，解决国中华文班问题，承认华文独中统考文凭，制度化拨款予华文独中，豁免独中生报考政府考试的费用，增建华文独中，拨款予新纪元学院、南方学院及韩江学院并批准它们升格为大学学院，承认中国大陆、台湾等地区的大学学位文凭，在国立大学收生、政府奖学金颁发、学术人员聘用及升迁方面实施绩效机制，开办包括华语、淡米尔语为教学媒介的技职教育课程
12	2010 年 12 月 1 日	董总呈予副首相兼教育部长慕尤丁的《关于解决改制中学/国民型中学问题的看法和建议》备忘录	要求政府履行当年对改制中学的承诺，并公平合理对待及负责发展改制中学
13	2011 年 11 月 14 日	董教总呈予首相纳吉的《制度化公平发展各源流学校，发挥国家优势，促进国家进步》备忘录	提出 15 项课题及 43 个要求，涵盖华文小学、华文独中、改制中学、国中华文学习与教学环境、华社三所民办学院等
14	2012 年 4 月 2 日	董总出席教育部华文小学师资圆桌会议提交的立场文件	提交“‘3·25’华教救亡运动——华文小学师资严重短缺抗议大会”四项决议案，以及其他 11 项要求。有关四项决议案：①大会吁请教育部，马上调走今年新学年开学时被派到华文小学执教的不具华文资格教师，包括马来文和英文教师，并把从华文小学调走的具有华文资格的教师调回到华文小学服务；②大会吁请教育部为那些不是主修马来文或英文，但却已经在华文小学教导马来文或英文至少三年，而且具有华文资格的教师，举办教师在职特别培训课程，以让他们同时也具有教导马来文或英文课专业资格；③大会吁请教育部恢复以华语为主要教学媒介语的华文小学师资培训制度，设立师范课程华文小学组和制订妥善方案，来培训华文小学所需要的师资，必须把具备大马教育文凭（SPM）华文优等的资格列为申请条件，以符合华文小学以华语华文作为主要教学媒介语的需求；④大会吁请政府检讨教育法令，实施多元化教育政策，确保各源流学校地位平等，享有公平合理待遇，保障各源流学校的生存和发展
15	2012 年 6 月 9 日	董总在出席教育部“国家教育对话委员会”召开的“2012 年全国教育制度检讨对话会”上提交的立场文件	针对教育部草拟中及未公布的教育发展大蓝图，向教育部“国家教育对话委员会”提交董教总呈予首相纳吉的“制度化公平发展各源流学校，发挥国家优势，促进国家进步”备忘录，“‘3·25’华教救亡运动——华文小学师资严重短缺抗议大会”四项决议案，并提出其他 12 项要求

续表

序	日期	主要华教诉求文件	重点
16	2012 年 7 月 29 日	董总主办"'7·29'华教救亡与抗议运动",到国会向首相纳吉和国会议员呈函提出当前华教迫切需要解决的 8 项问题	提出当前迫切需要解决的 8 项诉求或问题。①华文小学师资严重短缺问题。②不具华文资格教师仍派到华文小学的问题。③全面承认华文独立中学统考文凭。④华文小学董事注册申请遭刁难,严重耽搁处理及发出董事注册证,以及非法篡夺董事会权益等问题。⑤改正关丹中华中学批文,以符合华文独立中学体制。⑥批准昔加末等地区设立华文独立中学。⑦华文小学发展拨款微薄问题。⑧实施拨款和拨地兴建华文小学的正常机制
17	2012 年 8 月 23 日	全国七大华团向首相纳吉提呈的《全国七大华团在教育课题上的立场与要求》	董总、教总、华总、七大乡团协调委员会、留台联总、校友联总和马来亚南洋大学校友会联合提出 15 项课题及 49 个要求,范围包括修改教育法令,实施多元化教育政策;制定和落实增建各源流学校的制度,废除不合理建校规定;制度化公平拨款予各源流学校;制度化解决华文小学师资问题;在华文小学开办以华语为教学媒介语的学前教育班和特殊教育班;制定符合各源流学校本质和发展的教育改革计划;全面承认华文独中统考文凭,支持独中的建设与发展;公平对待及发展改制中学,改善国中华文教学与学习环境;支持民办非营利高等教育学府发展;承认国外大学学位和吸引人才回流;采用绩效制发放政府奖学金和录取国立大学学生;采用绩效制聘用和晋升学术人员;开放国立大学预科班;技职教育发展;恢复已故林连玉先生的公民权
18	2012 年 10 月 19 日	全国七大华团向副首相兼教育部长慕尤丁提呈的《全国七大华团对教育部〈2013 ~ 2025 年教育发展大蓝图初步报告〉的看法和建议》	董总、教总、华总、七大乡团协调委员会、留台联总、校友联总和马来亚南洋大学校友会联合坚决反对《2013 ~ 2025 年教育发展大蓝图初步报告》,捍卫和力争母语教育的权益,并提出 13 项要求,包括修改教育法令,实施多元化教育政策;华文小学媒介语文;反对在华文小学实行与国小同等水平的国文科(马来文)课程和考试,反对增加华文小学国文科节数;反对废除中学预备班;确保董事部主权及其正常运作;在华文小学开办的学前教育班和特殊教育班必须以华语为教学媒介语;制度化公平合理拨款给华文小学;设立以华语为主要培训媒介语的华文小学师资培训制度,解决华文小学师资短缺和不具华文资格教师问题;设立拨款和拨地兴建华文小学的正常机制;在华文小学教学上全面推广和应用信息与通讯科技;全面承认华文独立中学统考文凭,制度化拨款给华文独中,增建华文独中;恢复"国民型中学"的合法地位和学校类型名称,保障改制中学和董事会的权益,落实政府当年对改制中学的承诺;在改制中学等开办以华语、淡米尔语等语文为教学媒介语的技职教育课程;改制中学和国中的华文班中国文学班纳入正课时间及提供足够的合格华文师资

续表

序	日期	主要华教诉求文件	重点
19	2012年11月30日	董总呈予教育部的"'11·25'和平请愿大会反对《2013～2025年教育发展大蓝图初步报告》"两项决议案	大会通过两项决议案:①大会坚决反对《2013～2025年教育发展大蓝图初步报告》继续贯彻单元教育政策的"最终目标",大蓝图的执行与落实非但违背教育公平的原则,更是违反联邦宪法,不利于各民族母语教育的建设与发展,严重妨碍民族团结与和谐社会的构建;②大会促请政府顺应世界教育发展的趋势、全球多元的格局以及马来西亚多元社会的国情,重新拟定教育发展大蓝图,以建立一个为全国人民所接受的国家教育体系,满足各族人民的需求和促进他们的文化、社会、经济及政治发展,在尊重国语的同时,也维护及扶持马来西亚各民族语文和文化的发展
20	2013年4月22日	董总公布《董总在第13届全国大选对华教的基本诉求和立场》	提出5个方面21项要点的诉求,涵盖:①教育法令、政策和条例;②国民型华文小学发展;③华文独立中学发展;④改制中学发展;⑤民办高等教育发展

资料来源：马来西亚华校董事联合会总会（董总）资料与档案组整理自：①《董总50年特刊(1954～2004)》，董总，2004年12月；②马来西亚华校董事联合会总会（董总）2004～2012年工作报告书；③《2012年董总主办5场和平请愿大集会专辑》，董总，2013年2月1日；④《董总在第13届全国大选对华教的基本诉求和立场》，董总，2013年4月22日；⑤马来西亚华校董事联合会总会（董总）资料与档案组内部档案资料，2013。

2012年3月至11月，董总举办了5场群众请愿大会或和平大集会，总共通过或提出了18项决议或诉求，同时举办27场华教救亡运动全国巡回汇报会，以及联合各华团提呈两份华教诉求给政府，以捍卫和争取华教权益，坚决反对不利于华教的政策和措施及教育发展大蓝图。在广大群众的热烈响应及支持下，这些活动成功举行，并反映了广大人民群众的意愿，要求政府公平合理地对待和发展母语教育。

5场和平大集会是董总主办的"'3·25'华教救亡运动（华文小学师资严重短缺抗议大会）""'9·26'华教救亡与抗议行动"和"'11·25'和平请愿大会反对《2013～2025年教育发展大蓝图初步报告》"，其通过的决议或提出的诉求可参阅表4。此外，董总主催、彭亨州华校董事联合会主办的"'5·20'申办关丹华文独中和平大集会"通过2项决议：①全力支持开办关丹华文独中；②吁请政府俯顺民意，批准开办关丹华文独中。华仁中学分校协调委员会主办、柔佛州华校董教联合会联办的"'7·29'申办华仁中学昔加末分校和平请愿集会”也通过2项决议：①全力支持在昔加末开办华文独立中学，促请政府俯顺民意，批准开办华仁中学昔加末分校；②促请教育部必须尊重华文独中董事部的自主权，其办学模式，由董事会决定。

三　马来西亚华文小学概况

（一）当前华文小学发展情况及面对的问题

华文小学于1958年接受政府资助并纳入国家教育体系。但是，华文小学长期以来遭受的不公平和不合理对待，包括面对的媒介语变质、董事会主权遭蚕食、师资短缺、学校短缺和建校限制以及拨款不足等问题，至今都没有得到解决。

目前逾96%的华族子弟在华文小学接受基础母语教育。此外，近20年来有越来越多友族家长，把孩子送往华文小学接受教育。根据教育部统计报告，截至2012年6月，全国1294所华文小学有60.2578万名学生，其中友族学生有8.1011万人，占华文小学学生总数的13.4%。

1. 华文小学媒介语、课程和考试概况

华文小学绝大部分是在国家独立前创办的。华文小学实施6年制小学教育，以华语华文作为主要的教学、考试和行政媒介语，除了国文（马来文）和英文科外，华文、数学、科学等各个科目皆以华文进行教学与考试。

华文小学的课程、考试和师资等，皆由政府负责。华文小学根据教育部课程进行教学与考试。教育部为华文小学编纂课本，培训教师，举办全国公共考试。

2. 华文小学长期面对的各项基本问题

（1）华文小学媒介语和变质问题。

按1961年教育法令和1996年教育法令的规定，虽然华文小学的教学媒介语是华语，但是法令的绪论或特定条文却是在落实1956年拉萨报告书单元主义教育政策的“最终目标”。1956年拉萨报告书第12条阐明：“教育政策的‘最终目标’，必须是把所有族群的孩子，集中在一个以国语（马来语）作为主要教学媒介语的国民教育制度，达到这个目标的过程不能仓促，必须逐步推行。”

因此，教育部要不断把多语文源流学校，改制为单一语文源流学校。华文中学先遭改制为英文中学后又改为马来文中学，教会学校改制，英文中小学的改制及最终消失，就是前车之鉴。

长期以来，教育部不断推行各项法令、行政措施和计划，以改变华文小学以华语华文作为主要的教学、考试和行政媒介语。这包括 1961 年教育法令、1996 年教育法令、1980 年 3M 课程计划、1984 年华文小学集会用语改用马来语事件、1985 年综合学校计划、1987 年华文小学高职事件、1995 年和 2000 年的宏愿学校计划，2002 年推行国小为首选学校政策以确保全部族群孩子在国小就读，以及 2003 年以英语教数理课政策、2010 年“巩固国语、强化英语”政策、《2001～2010 年教育发展蓝图》、《2006～2010 年首要教育发展蓝图》以及《2013～2025 年教育发展大蓝图初步报告》等（参阅表 3）。

华文小学是华文教育的根，一旦变质，则整个华文教育体系将会瓦解及消失。

（2）华文小学董事会主权遭蚕食问题。

马来西亚现有 1290 多所华文小学，都是华社通过学校董事会组织创办的。华文小学董事会受华社委托，以管理、维护和发展当地的华文小学。

无论是 1957 年、1961 年或 1996 年的教育法令，都承认和规定华文小学董事会是管理华文小学的机构。按 1996 年教育法令，现有华文小学必须设有学校董事会作为管理华文小学的机构，董事会的职权包括管理学校的财产和基金。

为贯彻 1956 年拉萨报告书单元主义政策的“最终目标”，教育部曾经多次企图废除华文小学董事会，但都遭到华社强烈反对。长期以来，董总和华社力争和捍卫华文小学董事会的存在及其权益。

此外，教育部不断通过行政指示和措施，边缘化华文小学董事会，剥夺董事会管理学校的各项职权，包括管理学校食堂、贩卖部、礼堂及保管相关租金，签署学校支票等职权。长期下去，华文小学董事会将名存实亡，不利于华教的生存与发展。

因此，董总于 2006 年召开华文小学董事觉醒运动，以提高全国各地华文小学董事对华文小学董事会法律地位和职权的认识，推动华文小学董事申请注册为合法董事，加强董事会的组织章程与运作。2009 年，董总推行强化华文小学董事会运动，并在 2011 年推展强化华校董事会运动，把对象扩大到涵盖华文小学、华文独中和改制中学的董事会。

（3）华文小学师资问题。

华文小学教职员自1972年起同时成为政府公务员，当时已经面临合格师资短缺问题，至今没有获得解决。长期以来，教育部不断委派不具备华文资格的教师，到华文小学担任行政高职（如校长、副校长和主任级教师）或执教各个学科，引起华社的强烈反对和不满，甚至于1987年发生轰动一时的“华文小学高职事件”和“茅草行动”。

近几年一再发生各州教育局拨款不足问题，造成华文小学不能及时聘请临时教师和代课老师，对学生的学习和学校行政工作带来负面影响。临时教师也不断遭遇迟发薪、降级减薪和被追讨所谓“超额薪金”的不公对待，迫使董事会、家长与教师协会支付薪金给临时教师。更为严重的是，教育部一再派遣不具备华文资格的教师到华文小学执教，同时把申请华文小学华文组的师训学员在他们不知情的情况下调去国小（马来文小学）华文组。这些重复发生的问题，实令华社不满。

2011年3月24日，教育部宣布不再聘请临时教师，加剧了华文小学师资荒问题。11月，发生临时教师遭遇不公平对待问题，即临时教师聘约从雇佣合约（Contract of Service）改为服务合约（Contract for Service）。有关服务合约实施的苛刻条件，严重剥削临时教师的薪金和福利待遇，临时教师被迫签署不公平合约。这引起临时教师请愿表达不满。董总于12月间表示，如果临时教师问题近期内没有获得解决，将发动全国抗议行动。

2012年1月学校开学时，教育部把大批不具备华文资格教师派到华文小学，引起民间极大不满。这次事件比教育部于1987年调派不具备华文资格教师到华文小学担任正副校长和主任的高职事件更加严重，再次打开了华文小学变质的缺口。基于问题严重，董总常务委员会于2月26日议决，在3月25日举办华文小学师资严重短缺抗议大会，展开华教救亡运动，捍卫华文小学。

（4）华文小学建校问题。

华文小学增建面对各种困难，包括申请难获批准，而且就算在全国大选时获得批准也费时费力，因为华文小学缺乏建校所需资金和土地，造成获准增建和搬迁的华文小学建校计划进展缓慢，拖延许多年仍未完成。

教育部制定诸多不合理建校和迁校规定，对华文小学的建校施加诸多阻扰，包括规定华文小学必须拥有80%的建筑费才考虑批准建校申请，不能使用政府的学校保留地，学校董事会和家教协会必须负责建校经费和校地，必须获得所有家长书面同意迁校才可提呈迁校申请。

政府在国家五年发展计划（另称“马来西亚计划”或“大马计划”）中根据发展需求大量增建国小，但却没有根据发展需求相应地增建足够的华文小学。根据过去的经验，历届大马计划下获得批准增建的华文小学少之又少。1970～2012年初，随着学生人数增加，国小相应地增加了1582所。这期间，华文小学学生增加，虽然政府批准增建少许新华文小学，但整体上华文小学减少52所，淡米尔文小学也减少了134所（见表5、表6）。

根据政府制定的学校规划指南，在一个拥有3000～7500人口（600～1500

表5　1970～2012年全国各源流小学数量和学生人数

单位：所，人

年份	国小		华文小学		淡米尔文小学	
	学校数量	学生人数	学校数量	学生人数	学校数量	学生人数
1970	4277	1046513	1346	439681	657	79278
1980	4519	1353319	1312	581696	583	73958
1990	4994	1770004	1290	581082	544	96120
1999	5313	2195029	1284	609673	527	91085
2000	5379	2216641	1284	622820	526	90280
2001	5466	2209736	1285	616402	526	88810
2002	5564	2246492	1285	632180	527	90502
2003	5655	2265485	1287	636783	528	92699
2004	5713	2300093	1288	647647	528	95374
2005	5756	2304378	1287	642914	525	97104
2006	5774	2298808	1288	636124	523	100142
2007	5781	2286328	1289	643679	523	103284
2008	5785	2401335	1290	639086	523	108279
2009	5795	2368562	1292	627699	523	109086
2010	5826	2180564	1291	604604	523	104962
2011	5848	2150139	1291	598488	523	102642
2012	5859	2106603	1294	591121	523	97884
1970～2012	+1582	+1060090	-52	+151440	-134	+18606

注：1970年的“国小”统计数字包括自1970年起逐年被改为国小的前英文小学。1968年全国有1435所政府资助的英文小学。据此推算，1970年至2012年初，估计全国增加超过3000所国小（包括被改为国小的英文小学）。

资料来源：马来西亚华校董事联合会总会（董总）资料与档案组整理自：①马来西亚教育部历年教育统计报告，2013；②《2012年董总·独中工委会工作报告书》，马来西亚华校董事联合会总会（董总），2013年5月；③马来西亚华校董事联合会总会（董总）资料与档案组内部档案资料，2013。

表6　第六至第九个马来西亚五年发展计划下全国各源流小学数量增减趋势（1981～2010）

单位：所

大马计划(年份)	国小学校数量	华文小学学校数量	淡米尔文小学学校数量
1981 年	4549	1307	579
1986 年	4809	1290	553
1991 年	5001	1289	543
1996 年	5206	1285	531
2001 年	5466	1285	526
2006 年	5774	1288	523
2011 年	5848	1291	523
第四大马计划(1981～1985 年)	+260	-17	-26
第五大马计划(1986～1990 年)	+192	-1	-10
第六大马计划(1991～1995 年)	+205	-4	-12
第七大马计划(1996～2000 年)	+260	0	-5
第八大马计划(2001～2005 年)	+308	+3	-3
第九大马计划(2006～2010 年)截至2011 年1 月	+74	+3	0
总数(1981～2010 年)	+1299	-16	-56

注：上述统计数据意指在大马计划期间的学校增减数量，这包括增建新学校和关闭原有学校的总和，但是仍在兴建中及还未兴建的新增建学校的数量则不在统计内。

资料来源：马来西亚华校董事联合会总会（董总）资料与档案组整理自马来西亚教育部历年教育统计报告，2013。

间房屋），或420～1050名小学生的地区，就须设立一所拥有5～10英亩校地的小学，每英亩校地最多容纳210名学生，每班不超过35名学生，小学离住家0.4～0.8公里或步行10分钟路程上学（参阅表7、图1、图2及图3）。

由此可见，政府拥有一套规划和增建学校的制度，以在社区里设立多所学校，提供良好环境方便学生就近上学和进行课外活动。但在实行时，政府注重增建国小和国中，没有制度化拨款拨地增建新的华文小学和淡米尔文小学。这造成华裔人口稠密区和新发展区长期都面临华文小学不足或没有华文小学的严重问题，引起民怨和不满。

表7　政府制定的学校规划指南

小学标准	人口标准	学生人数	班级人数	校地面积	服务区范围
12 间教室 24 间教室 30 间教室	3000 人 6000 人 7500 人	420 人 840 人 1050 人	每班最多 35 名学生	5～10 英亩 （2～4 公顷）	0.4～0.8 公里 （1/4～1/2 英里） 步行10 分钟上学

资料来源：马来西亚华校董事联合会总会（董总）资料与档案组整理自马来西亚房屋及地方政府部城乡规划局《1997 年社会设备规划指南》，2013。

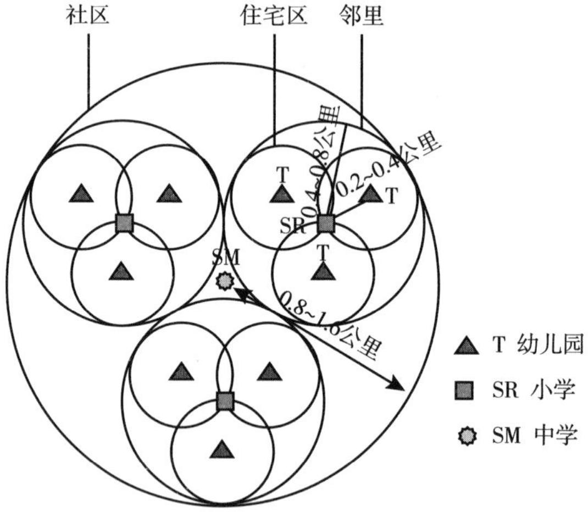

图1　社区的学校规划

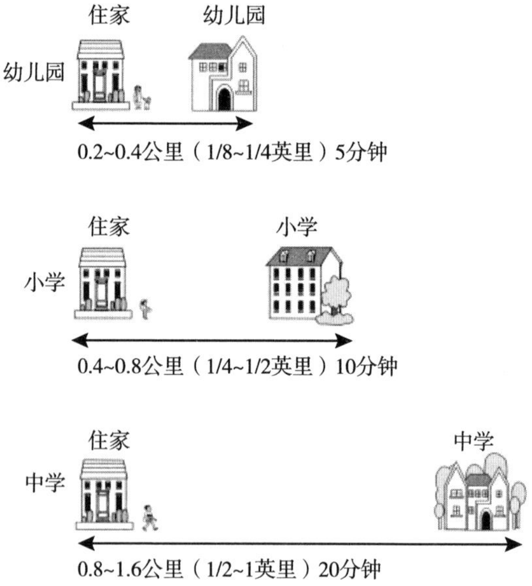

图2　学校与住家的距离和路程时间

董总认为，政府应像增建国小的方式一样，制度化拨款拨地增建华文小学和淡米尔文小学等学校，并纳入国家五年发展计划、财政预算、教育部的教育发展蓝图和建校计划里。政府应明文规定和分配学校保留地以兴建各源流学

图3　社区学校实例：位于雪兰莪州八打灵再也的哥打白沙罗第6区国小（SK Seksyen 6，Kota Damansara，Petaling Jaya）

资料来源：马来西亚华校董事联合会总会（董总）资料与档案组内部档案资料，2004。

说明：国小学生到住家附近的国小上学。2004年该国小有1012名学生，符合社区学校原理。

校，包括根据社区学校原理、人口结构和教育需求，制定兴建各源流学校的制度和标准，并纳入学校规划指南。根据社区学校原理，分配学校保留地以兴建各源流学校，如可兴建国小、华文小学和淡米尔文小学各1所，而实际的分配就根据社区人口结构和居民对各源流学校的需求而定。

（5）华文小学拨款问题。

对比政府拨给全国小学的发展拨款总额，华文小学和淡米尔文小学长期以来所获得的发展拨款非常不公也严重不足。例如，华文小学学生占各源流小学人数的21%，但是在国家5年发展计划中，只获得2.4%～3.6%的小学发展拨款，造成华文小学长年累月地向华人社会募款，以维持及建设华文教育。

教育部官员法外立法，订立所谓的“全津学校”和“半津学校”的非法区分，剥夺了华文小学和淡米尔文小学等学校所应享有的发展拨款，并把大部分的华文小学和淡米尔文小学排除在政府“中央付款制度”之外。其实，教育法令根本没有这样的区分。这种边缘化华文小学和淡米尔文小学等学校的做法，破坏了人民对政府的信心。

长期以来，华文小学不只面临发展拨款不足问题，也面临水电费和排污费等行政拨款不足的问题，造成董事会和家教协会被迫承担这些经费。

华文小学是国家教育体系的重要一环，1996年教育法令规定华文小学享有全部行政拨款和发展拨款，这包括水电费等行政拨款，以及设置建筑物，翻修或扩建现有校舍，为新建、翻修或扩建的校舍购置桌椅板凳或配备，和其他用途的发展拨款。因此，华文小学教育经费原本就应该纳入国家五年发展计划和财政预算，并给予公平合理对待，这是政府的责任（见表8）。

表 8　第六至第十个马来西亚五年发展计划中全国各源流小学发展拨款（1991～2015）

大马计划	事项	国小	华文小学	淡米尔文小学	总数
第六大马计划（1991～1995）	拨款(RM)	1133076000（89.72%）	102726000（8.14%）	27042000（2.14%）	1262844000（100%）
	学生人数（1991）	1845400（72.98%）	583218（23.07%）	99876（3.95%）	2528494（100%）
第七大马计划（1996～2000）	拨款(RM)	1027167000（96.54%）	25970000（2.44%）	10902000（1.02%）	1064039000（100%）
	学生人数（1996）	2128227（75.30%）	595451（21.07%）	102679（3.63%）	2826357（100%）
第八大马计划（2001～2005）	拨款(RM)	4708800000（96.10%）	133600000（2.73%）	57600000（1.17%）	4900000000（100%）
	学生人数（2001）	2209736（75.81%）	616402（21.15%）	88810（3.05%）	2914948（100%）
第九大马计划（2006～2010）	拨款(RM)	4598120000（95.06%）	174340000（3.60%）	64840000（1.34%）	4837300000（100%）
	学生人数（2006）	2298808（75.74%）	636124（20.96%）	100142（3.30%）	3035074（100%）
第十大马计划（2011～2015）	拨款(RM)	没有公布	没有公布	没有公布	没有公布
	学生人数（2011）	2150139（75.41%）	598488（20.99%）	102642（3.60%）	2851269（100%）

资料来源：马来西亚华校董事联合会总会（董总）资料与档案组整理自马来西亚国会问答、教育部历年教育统计报告、各届五年度马来西亚计划、新闻报道，2013。

四　马来西亚华文独立中学

（一）当前华文独中发展情况及面对的问题

华文独立中学是马来西亚华人民族语文教育的重要堡垒，也是国家民办教育的重要组成部分，更是世界教育体系罕见的一种办学模式。历史虽赋予华文独中特殊的际遇，从 20 世纪 60 年代诞生以来，她未获国家教育津贴，直接面对不合理教育政策的紧箍，兴校发展面对种种限制，但她毅然肩负着延续民族文化、发展民族语言文化教育、培育民族子女、为国储才的神圣使命。

1. 华文独中的由来

1961 年之前，马来西亚半岛除了华文小学，尚有百余所华文中学（以华文作为主要教学媒介语的中学）。1962 年马来西亚实行 1961 年教育法令，该教育法采纳 1960 年《拉曼达立教育报告书》对中等教育的建议："为国家团结，教育政策的目标必须是从国家制度的学校中消灭种族性的中学，以确保各族学生在国民中学或国民型中学里就读。"因而把中学划分为三种类型：一是享有政府教育津贴、以马来文为主要教学媒介的国民中学；二是接受政府教育津贴、以英文为主要教学媒介语的国民型中学；三是不愿接受政府教育津贴、改制为国民型中学，继续采用华文为主要教学媒介语的华文独立中学。

当时，由于办学经费来源问题，加以一些政治人物威逼利诱、鼓吹改制的好处，并保证国民型中学将保留三分之一课程继续以华文作为教学媒介，结果有 54 所华文中学接受改制为以英文教学的国民型中学（这些学校复于 20 世纪 80 年代中期又被改制为以马来文教学的国民中学）。另有 16 所华文中学为维护华校办学传统，宁可放弃政府教育津贴，坚决不接受改制而成为华文独立中学（简称为"华文独中"或"独中"）。

其后，一些已改制的华文中学（国民型中学）在本校园增设独立中学部，招收政府会考落第生和超龄生就学。这些附设于国民型中学的独立中学部得以逐步发展，最后脱离母体，独立成校。因而，目前马来西亚半岛（西马）计有 37 所华文独中，加上东马来西亚（砂拉越和沙巴）的 23 所华文独中，共计 60 所华文独中（见表 9）。

2. 从没落走向复兴

华文独中草创时期，大多处于惨淡经营、挣扎求生存状态。1965 年，政府开始实施九年义务教育，取消小学升中学会考，华文小学毕业生可以自动升读国民型中学。这导致华文独中生源短缺，一些学校甚至濒临关闭。当时全国华文独中学生人数不足 2 万人。

为挽狂澜于既倒，同时谋求完善统一步骤以克服困境，维护民族语文教育堡垒，1973 年霹雳州热爱民族语文教育之士发起"华文独中复兴运动"。这一义举获得全国华校董事联合会总会（董总）、全国华校教师会总会（教总）、华校校友会组织和热爱华文教育的华人社会各阶层人士的热烈响应与支持，是蔚为波澜壮阔、轰轰烈烈的民族教育救亡运动。

表 9　马来西亚 60 所华文独中的名称、分布地点和创校年份

分布地点(州)	学校名称	创校年份
柔　佛	新山宽柔中学	1913
	笨珍培群独立中学	1922
	新文龙中华中学	1951
	巴株华仁中学	1940
	永平中学	1957
	居銮中华中学	1918
	利丰港培华独立中学	1929
	麻坡中化中学	1912
马六甲	培风中学	1913
森美兰	芙蓉中华中学	1913
	波德申中华中学	1914
吉隆坡	循人中学	1914
	中华独立中学	1939
	尊孔独立中学	1906
	坤成中学	1908
雪兰莪	巴生中华独立中学	1912
	巴生滨华中学	1923
	巴生兴华中学	1947
	巴生光华独立中学	1956
霹　雳	怡保深斋中学	1958
	怡保育才独立中学	1908
	怡保培南独立中学	1955
	班台育青中学	1962
	江沙崇华独立中学	1911
	实兆远南华独立中学	1936
	金宝培元独立中学	1912
	安顺三民独立中学	1929
	太平华联独立中学	1937
吉　打	双溪大年新民独立中学	1957
	亚罗士打新民独立中学	1935
	亚罗士打吉华独立中学	1911

续表

分布地点(州)	学校名称	创校年份
槟　城	大山脚日新独立中学	1918
	韩江中学	1950
	钟灵独立中学	1917
	槟华女子独立中学	1920
	菩提独立中学	1941
砂拉越	古晋中华第一中学	1945
	古晋中华第三中学	1958
	古晋中华第四中学	1960
	石角民立中学	1967
	西连民众中学	1968
	诗巫黄乃裳中学	1967
	诗巫建兴中学	1946
	诗巫公教中学	1960
	诗巫公民中学	1960
	诗巫光民中学	1952
	民都鲁开智中学	1952
	泗里奎民立中学	1967
	美里培民中学	1962
	美里廉律中学	1967
沙　巴	沙巴崇正中学	1965
	亚庇建国中学	1963
	吧巴中学	1965
	保佛中学	1965
	丹南崇正中学	1965
	斗湖巴华中学	1964
	古达培正中学	1969
	拿笃中学	1969
	山打根育源中学	1962

资料来源：《马来西亚华文教育》，董总，1992。

1973 年底，华校董总和华校教总牵头组织“董教总全国华文独中工委会”，并拟订了“华文独立中学建议书”，对华文独中的教育使命、办学方针、统一课程、统一考试、师资培养与培训、学生来源与出路、办学经费筹措等问题提出了具体的看法与建议，以资华文独中改革与发展的指导原则。

华文独中复兴运动是华文独中从挣扎求存走向复兴发展的转折点。从华文教育发展历史来看，它是华文教育救亡运动，展现了华人社会维护民族语言文化教育的情怀与意志。从普通教育学的意义来看，产生于华文独中复兴运动的“华文独立中学建议书”可以看作是华文独中的第一份教育改革纲领，它不仅厘定了华文独中的教育使命和发展原则与方向，也为独中的课程、考试、师资、学生等教育因素的发展提出了建议，为华文独中在20世纪70年代立定脚跟，80年代稳定发展，90年代改革发展，以至21世纪寻求质的飞跃，奠定了坚实的基础。

3. 华文独中的教育使命与办学方针

1973年“华文独立中学建议书”提出华文独中的4项教育使命。①中小学12年教育是基本教育，华文独立中学即为完成此种基本教育的母语教育。②华文独立中学下则延续华文小学，上则衔接大专院校，实为一必需之桥梁。③华文小学六年不足以维护及发扬博大精深的中华文化，必须以华文独立中学为堡垒，方能达致目标。④华文独立中学兼授三种语文，吸收国内外的文化精华，融会贯通，实为塑造马来西亚文化的重要熔炉。

“华文独立中学建议书”也认为华文独中宜采纳统一的办学方针，具体包括：①坚持以华文为主要教学媒介，传授与发扬优秀的中华文化，为创造马来西亚多元种族社会新文化而作出贡献；②在不妨碍母语教育的原则下，加强对国文和英文的教学，以配合国内外客观条件的需求；③坚决保持华文独立中学一直以来数理科目的优势；④课程必须符合马来西亚多元民族的共同利益，且应具备时代精神；⑤华文独立中学不能以政府考试为主要办学目标，若某部分学生主动要求参加，可以补习方式进行辅导；⑥技术和职业课程可按个别学校的需要而增设，但华文独立中学绝不应变为技术或职业学校。

4. 华文独中的组织与管理

马来西亚的华文独中一般依照民办学校传统，由创校团体、社区赞助人、校友代表、家长代表等负责组织成立董事会管理学校。华文独中董事会的职能，从广义看，主要是维护与发展民族语言文化教育，确保华文独中既能肩负民族教育使命，又能发挥现代中等教育功能。就狭义方面说，则包括确立学校办学方针并督导其贯彻落实；筹措基金、研究与策划学校的建设与发展；购置与管理校产和设备；聘辞教职员工等。

近年，随着独中教育的发展，作为学校领导机构的董事会，其组织与运作也进行相应的自我完善，包括引进现代教育管理概念，讲究组织系统化与制度化。一些独中董事会更结合学校发展的需要，设立各工作单位（如校务发展组、硬体建设组、奖助学金组等），协调学校行政运作，加强董教协和与盟友关系，共同建设与发展学校。

“董教总全国华文独中工委会”则是全国60所华文独中的统一领导机构，负责提供独中办学咨询，规划统一课程，编纂统一教材，举办统一考试，统筹师资培训业务，提供学生升学辅导等。

5. 华文独中的学制、课程与考试

华文独中一般采用“三三学制”，即初中三年，高中三年，是华文小学六年母语教育的延续，学生高中毕业之后，可以直接升读大专院校。

华文独中实行“独中统一课程”。独中统一课程建制于1976年。当年，董教总全国华文独中工委会认为“华文独立中学既有统一办学方针，课程亦须统一”，遂广邀国内外大专院校学术人员、学科专家、独中校长与一线教师等，组织成立“华文独中统一课程编委会”（即今“董教总独中工委会独中统一课程委员会”的前身），负责规划与研制独中统一课程和编纂各学科统一教材。经过多年辛勤开拓，目前累计编辑出版独中统一教材350余种。

华文独中统一课程强调“以本国客观环境之需要为原则，更应尽量保留和发扬华族的文化遗产，配合当前国家原则的意识，进而创造多元种族的新文化，同时亦应达到世界中等教育之一般水平，亦符合发展中国家的多元种族社会的共同利益，而且具备最富时代精神的知识”。

此外，华文独中统一课程遵循华文独中既定教育使命与办学方针，强调必须以华语华文作为各学科的主要教学媒介语。与此同时，为适应客观环境的需要，也须加强马来文和英语的教学（马来文和英语列为必修课程）。

华文独中的课程设置，初中阶段系普通基础教育，修习科目包括：华文、马来文、英文、数学、科学（或生物、化学、物理）、历史、地理、计算机、美术、音乐、体育、辅导。高中阶段则为分流教育，一般分理科、文/文商科、工职科，修习科目包括华文、英文、马来文、体育、辅导（共同必修科目），高级数学、物理、化学、生物（理科修习科目），普通数学、历史、地理、簿记/会计学、商业学、经济学（文/文商科修习科目）。工职科则开设电子、电工、汽车维修、服装设计等技术职业类科目。高中另设有计算机、美术、音乐等选修课程供学生选修。

华文独中学生主要参加“华文独中统一考试”。1975年，为“统一衡量各华文独中的学生水准，以免参差不齐，为毕业生升学与就业制造有利条件；为国内外大学提供一项招生的准绳；为社会人士提供一项征聘的依据”，董教总全国独中工委会排除万难、顶住各方压力，毅然创办“华文独中统一考试”。如今，独中统考已历38届。独中统考文凭已成为独中学生的一张名片，每一年超过75%的独中毕业生凭借独中统考文凭负笈海外知名大专院校和国内私立大学与学院。根据国外升学信息，世界200所顶尖大学，其中82所认可独中统考文凭为录取入学标准。近年来董总积极争取马来西亚政府全面承认独中统考文凭，以便独中毕业生可以申请就读国内官办大专院校、教师教育学院和师范大学，或申请任职公共服务机构。

6. 华文独中的教师与学生

华文独中的教师一般由各校董事会负责聘请。担任独中教职者至少需具备本科学历。独中师资来源主要是台湾各大专院校毕业生，近年，开始有中国内地大学和本国大专院校毕业生加入独中教师行列。

相对于作为政府公务员的国民中学教师，独中教师的薪金与福利待遇是比较微薄的。但是，独中教师忠诚勤谨、任劳任怨地为独中服务，树立从事民族教育事业的光荣感与责任心，把精力与心血献给民族教育事业，充分担负起维护民族教育、弘扬民族文化的重任。

独中教师虽具有大学本科学历，但仅有少数系师范科班出身。根据董教总全国独中工委会的统计数据，2012年全国独中在职教师3882人，其中1499人（占38.61%）具有教育专业资历。近年，董教总独中工委会教师教育部门致力于开展各种职前培养和在职培训活动，以提升独中教师教学水平，造就一支数量充足、学历合格、专业达标、能力胜任的教师队伍。

学生是华文独中重要的办学资源。早期华文独中的学生，在量和质方面都未臻理想，而历经20世纪70年代的复兴和80年代的改革发展，华文独中形象基本改观，办学开始显现成绩，取得了华人社会的广泛支持与信任，华裔家长纷纷把子女送进独中就学。独中学生人数得以保持稳定中求增长，素质也有所提升。2013 年，全国华文独中学生人数继续突破 7 万，创下新纪录。表 10 显示了 1973～2013 年 40 年间华文独中学生人数的变化情况。

表 10 马来西亚华文独中学生人数（1973～2013）

年份	学生人数(人)	增减率(%)	年份	学生人数(人)	增减率(%)
1973	28318	—	2007	55818	1.94
1978	35930	+26.88	2008	58212	4.29
1983	45890	+27.72	2009	60490	3.91
1988	49567	+8.01	2010	63765	5.41
1992	58365	+17.75	2011	66968	5.02
1996	57092	-2.18	2012	70266	4.92
2000	53258	-6.72	2013	76355	8.67
2005	53402	+0.27	2005～2013	+22953	+42.98
2006	54755	2.53			

资料来源：马来西亚华校董事联合会总会（董总）资料与档案组内部档案资料，2013。

由于历史的原因和地域因素，全国 60 所华文独中发展步伐不一致，办学规模也有所差异，有包括总校和分校的总学生人数高达一万人的大型独中，也有面临生源问题、学生仅数十人的微型独中。

近年，马来西亚华校董总积极结合地域华教组织，在一些地区，如新山、关丹、昔加末、八打灵再也、加影等，开展了申办独中或复办独中工作，期冀政府能在政策层面上制度化解决独中建校问题，以满足当地华文小学毕业生选择接受独中教育的意愿。

7. 华文独中的教育角色与贡献

华文独中是马来西亚华人民族语文教育的重要堡垒，也是国家民办教育的重要组成部分，她肩负着延续民族文化，发展民族语言文化教育，培育民族子女，为国储才的神圣使命。

20 世纪 60 年代以还，华文独中在广大华人社会群体的支持下，坚持民族语文教育办学信念，春风化雨，作育英才，为民族教育事业发展作出了诸多贡献：①华文独中为民族子女提供母语母文教学，使学生得以顺畅地学习，利于开发本民族群体智力；②华文独中的存在，为中华文化的承传与发扬创造了有利的条件；③华文独中办学不仅传授学识，也重视学生人格的塑造和民族意识、情操的培养；④华文独中的课程与教学紧密配合时代、社会发展的需求，为社会各领域培训所需的人力资源；⑤华文独中兼授三种语文课程，吸纳东西方文化精华，融会贯通，塑造马来西亚新文化。

五 马来西亚改制中学

（一）当前改制中学发展情况及面对的问题

马来西亚的“改制中学”指的是那些先遭改制为“国民型中学”，之后又改为“国民中学”的前华文中学，而不是指之前就已经是英文中学的学校。这些前华文中学，先遭改制为以英语为主要教学媒介语的“国民型中学”，之后改制为以国语（马来语）为主要教学媒介语的“国民中学”。

改制中学面临几个亟须解决的主要问题，包括要求政府履行当年向改制中学许下的承诺，公平合理地对待和负责发展改制中学，保障改制中学及其董事会的合法地位和权益，解决华文班等问题。

1. 改制中学的由来

20 世纪 50 年代中期至 60 年代，西马半岛有许多华文中学依据 1961 年教育法令，遭改制成以英语为主要教学媒介语的“国民型中学”。此外，砂拉越州和沙巴州的华文中学，分别在 1960 年代和 1970 年代遭改制为英文中学。改制前，这 3 个地区共有 164 所华文中学，即西马半岛 132 所，砂拉越州 18 所和沙巴州 14 所。

从 1976 年开始，西马半岛和沙巴州的国民型中学和其他英文中学的主要教学媒介语逐年改为国语（马来语），而砂拉越州这些学校的主要教学媒介语则从 1983 年开始逐年改为国语。

目前，全国有 78 所改制中学，学生逾 12 万人，逾 90% 是华族学生（见表 11）。

表11　2010年改制中学的学校数量、学生人数和教师人数

单位：所，人

州　　属	学校数量	学生人数	教师人数
玻璃市	1	1478	123
吉　打	4	8376	475
槟　城	10	22866	1341
霹　雳	17	27698	1664
雪兰莪	5	13376	738
吉隆坡	2	3537	212
森美兰	3	4574	273
马六甲	5	5747	335
柔　佛	3	4116	245
彭　亨	7	8471	549
登嘉楼	1	1356	104
吉兰丹	2	3195	230
砂拉越	10	10964	714
沙　巴	8	10688	618
合　计	78	126442	7621

资料来源：《关于解决改制中学/国民型中学问题的看法和建议备忘录》，马来西亚华校董事联合会总会（董总），2010年12月1日。

2. 政府当年向改制中学许下的承诺

在华文中学改制过程中，政府向改制中学许下至今都没有落实的各种承诺，包括承担改制中学的全部开销，三分之一的华文授课时间，提供足够合格师资，保障董事会的合法地位和权益。

3. 改制中学长期面对的各项基本问题

（1）改制中学的法律地位和媒介语问题。

依据1957年教育法令，无论是以马来语，或英语，或华语，或淡米尔语为主要教学媒介的学校，都称为“国民型中学”。

依据1961年教育法令，“国民型中学”指的是英文中学，法律上已经没有“国民型华文中学”。1976年开始，英文中学（包括改制中学）逐年改用马来语为主要教学媒介，至1980年代完全使用马来语为主要教学媒介，已经改制为“国民中学”（马来文中学），实质上不再是“国民型中学”（英文中

学）。

现行的1996年教育法令，删除了“国民型中学”的名词和学校类型，因此在法律上也没有“国民型中学”，而改称为“国民中学”。

（2）改制中学特征与董事会主权遭蚕食问题。

改制中学是前华文中学，是董事会创办和拥有的学校。根据1996年教育法令，改制中学属于“政府资助学校”，享有全部行政和发展拨款的权利，董事会是学校的管理机构，包括管理学校的财产和基金。

但是在当局的单元主义教育政策下，改制中学的特征和董事会的主权逐渐遭到蚕食。政府不但没有履行承诺，而且还继续边缘化改制中学及其董事会，剥夺董事会主权。改制中学缺乏政府发展拨款，华文等学科师资短缺，一些改制中学的华文课节数减少或没纳入正课时间表，教职员结构逐渐改变，派不具备华文资格的教师担任学校行政高职。这进一步蚕食了改制中学的特征。

六　马来西亚华教高等教育

20世纪50年代，南洋大学在新加坡创立，是新加坡和马来亚等东南亚地区的一所华文教育高等学府，受到各阶层人士的热烈响应和支持。南洋大学的创立，为华校毕业生提供升学管道，培养华校师资，还完善了一个从小学至大学的华文教育体系。然而，南洋大学却面临华文媒介语被改变的遭遇而于1980年关闭。

1967年，马来西亚教育部部长佐哈励宣布，从1968年开始，唯有有剑桥文凭或马来西亚教育文凭的学生，才能出国深造。这项政策是打击及压制华文独立中学的另一手段，因为经过1960年代初华文中学改制的摧残后，那些拒绝改制而保留下来的华文独中，已经凄惨地维持生存，但是当局还要切断华文独中毕业生的出国升学管道。此政策引起华人社会的激烈反对及不满，纷纷要求政府收回成命，但却不得要领。这最终成为华社创办一所华文大学的源头。

1968年，马来西亚华校董总和教总领导筹办一所华文大学的运动，大学定名为“独立大学”。创办独立大学的号召获得群起响应，各地民间组织和人士纷纷成立筹委会为独立大学筹款，广大群众给予热烈支持和积极捐献。

但是，独立大学的创办遭受政党的打击，声称独立大学的创办比铁树开花还难，并提出以设立一所高等学府（即后来的拉曼学院）以抗衡独立大学。这引起华社极度不满。

1969 年 5 月全国大选后，发生“5 · 13”事件，局势混乱，国家进入紧急状态，导致独立大学筹款活动被禁止。虽曾于 1971 年另提呈创办“独立学院”计划书，但最终遭政府拒绝。

1977 年 8 月，独立大学有限公司发动签名盖章运动，并在次年向最高元首提呈恩准创办独立大学请愿书和签盖录，副本至首相、教育部长和全体国会议员。在政府拒绝批准独立大学的申办后，独立大学有限公司于 1980 年入禀法庭起诉政府，最终败诉。

虽然申办独立大学遭遇失败，但是人们把“独立大学”铭记于心，以在未来继续努力争取创办华教高等学府。

直到 1990 年代，三所民办华教高等学府相继创立，即分别于 1990 年、1997 年和 1999 年获准创办的南方学院、新纪元学院和韩江学院。

1994 年，董总、教总和独立大学有限公司联合成立董教总教育中心（非营利）有限公司，积极申办新纪元学院。经多次申请被拒后，最终于 1997 年获准创办新纪元学院。此外，新纪元学院经多年努力后于 2013 年 3 月 29 日获准升格为大学学院。

董教总教育中心（非营利）有限公司董事部全体董事和顾问见表 12。

目前，马来西亚华教高等学府进入另一崭新发展阶段，迈向建设具有特色和优质的大学，实现一个从小学、中学至大学的完整华文教育体系，丰富国家的多元文化色彩，培养人才，为国家的建设与发展继续作出贡献。

此外，南方学院已于 2012 年获准升格为大学学院。2013 年 4 月底，首相纳吉宣布，只要能符合高等教育部的准绳，政府原则上批准韩江学院升格为大学学院。

表 12　董教总教育中心（非营利）有限公司第九届董事部全体董事与顾问

董事部顾问	郭全强、潘斯里李梁琬清、胡万铎
法律顾问	饶仁毅、田捷、郑添锦
主席	叶新田博士
副主席	王超群
义务秘书	陈宝武
副义务秘书	陈纹达
义务财政	邹寿汉
副义务财政	李云桢
执行董事	杨天德博士
董事	许海明局绅、傅振荃、冯秋萍律师、杨伟胜、赵燊儒律师、林忠强博士、吕兴、翁诗佣、蔡明永、陈文化、张光明博士、丹斯里拿督古润金、蔡亚汉、陈德隆、吴治平、苏顺昌、王今仲博士、蔡维衍博士

资料来源：董教总教育中心（非营利）有限公司办公室，2013。

七　董总的总体奋斗目标与策略问题

董总坚持民族平等、语文平等的原则，基于马来西亚独立建国以来的具体国情，即马来西亚是一个多元民族、多元文化、多元宗教的国家，认为华人享有学习和使用华语华文的基本权利，以华文为教学媒介的华校，它们的创办早于马来西亚建国之前，应享有与其他民族语言源流学校同等的生存权和发展权等平等权利。这不但符合联合国各成员所公认的基本人权，也符合宪法的规定。董总从 20 世纪 50 年代成立之初到现在已经为此奋斗了超过半个世纪，今后也仍坚持奋斗下去，直至在马来西亚真正实现民族平等和语言平等。

在过去漫长的岁月里，许多华教前辈在各种复杂多变的环境和条件下，为了华教的生存和发展，做了许许多多的努力和工作，提出过各种应对策略，积累了许多成功与失败的经验，这些都是华教运动的宝贵经验，这些经验对董总拟订当前的华教发展策略，仍然具有现实意义和参考价值。

（一）当前与未来华教的奋斗目标

半个世纪以来，华教的奋斗目标始终不变，基本上以捍卫华教平等权利及建设和发展为主。当前和未来华教的奋斗目标如下。

1. 教育法令、政策和条例

（1）修改教育法令，重新检讨和拟订《2013～2025年教育发展大蓝图》，以建立一个为全国人民所接受的国家教育体系，满足各族人民的需求和促进他们的文化、社会、经济及政治发展，在尊重国语的同时，也维护及扶持各民族语文和文化的发展。

（2）实施多元团结的教育政策，确保各源流学校地位平等，公平合理地享有国家教育资源，保障它们的生存与发展。

（3）制订符合各源流学校特征和发展需要的教育改革计划。

2. 国民型华文小学发展

（1）制度化公平合理拨款予国民型华文小学，由政府承担全部行政和发展开销，把软硬体建设计划和经费拨款纳入大马计划和财政预算案。

（2）制度化拨款和拨地增建华文小学，废除不合理建校规定。

（3）制度化解决华文小学师资短缺及不具华文资格师资问题。这包括设立以华语为主要培训媒介语的华文小学师资培训制度，把大马教育文凭（SPM）、华文独中统考文凭（UEC）的华文科优等成绩列为师训申请资格，为华文小学培训所需的高职行政人员和各科目师资。

（4）明文规定华文小学高职行政人员必须具有华文资格。

（5）为华文小学开办以华语为教学媒介语的学前教育班和特殊教育班。

（6）维护和保障华文小学董事会的主权及合法地位和权益。

3. 华文独立中学发展

（1）全面承认华文独立中学统考文凭，作为申请就读国立大学、教师教育学院和教师教育大学以及在政府公共服务机构任职的录取资格。

（2）在有需要的地区批准增建华文独中，特别是昔加末、新山、蒲种和八打灵再也等当前有迫切需要的地区。

（3）制度化及无条件每年拨款给华文独中，颁发奖学金予华文独中统考优秀生。

（4）修正关丹中华中学批文，列明关丹中华中学是以华语为主要教学媒介语和行政用语，实施华文独中体制，学制六年（初中三年和高中三年），采用华文独中统考课程，参加华文独中统考。

（5）推进华文独中教育改革与发展，提高华文独中教育质量。

4. 改制中学发展

（1）兑现对改制中学的承诺，包括由政府承担改制中学的全部开销，保障三分之一的华文授课时间，提供足够的合格师资，保障董事会的合法地位和职权。

（2）修订教育法令，恢复“国民型中学”的名词和学校类型，保障改制中学及其董事会的合法地位和权益。

（3）明文规定改制中学只招收华文小学毕业生。

（4）制度化拨款和拨地增建改制中学。

（5）明文规定改制中学高职行政人员必须具有华文资格，在获得董事会同意后才能到校任职。董事会有权推荐高职行政人员予教育部作出委派。

（6）改善改制中学和国中的华文教学与学习，包括明文规定华文科为改制中学必修必考科目。改制中学和国中的华文班和中国文学班纳入正课时间内，提供足够合格师资，满足学生的学习需求。

5. 民办华教高等教育发展

（1）制度化每年拨款给非营利民办高等学府，包括新纪元大学学院、南方大学学院和韩江学院。

（2）批准韩江学院升格为大学学院。

马来西亚的地理环境以及华教百年来在本地奠定的基础，以及华文教育的发展在东盟其他国家曾经遭遇到不应有的压制，使董总义不容辞地担负起促进东南亚华文教育交流与发展的工作。董总被推举为东南亚华文教学研讨会秘书处。近年来，伴随着华文在世界上的地位提高以及全球性学习华语华文热潮的兴起，董总将加强与世界华文教育机构的联系，积极参与由中国所举办的世界华文教育大会的研讨和交流。

这些当前的奋斗目标也就是董总工作的主要内容。董总已经在相当多的文件和政策声明中给予阐述。拿这些具体内容和 20 世纪 50～60 年代、70 年代，甚至90年代的华教各种文献加以对比，可以理解华教运动所经历的不同时段的具体情况和条件，也可以理解华教斗争经过那么多前人的努力和奋斗，今天已经取得可观的发展，这将使人民对于未来有着充分的信心。

为了达致上述目标，董总将继续进行以下工作。这些工作基本上可以分为对内工作以及对外工作两个部分。首先考虑的是如何加强华教组织及其团结，壮大华教队伍的力量。

（二）达致奋斗目标的七点策略

（1）“超越政党，不超越政治”。

①以华教最大利益为依归，坚持“超越政党，不超越政治”的原则，团结一切可以团结的力量，包括争取华团、各族群和朝野政党对母语教育的认同与支持，以达致华教奋斗目标。

②结合当前国内外局势发展，创造和运用有利形势，达致华教奋斗目标。

（2）加强华教组织，壮大华教力量。

①提升领导层、行政层、华教工作者的领导素质。②强化各州董联会、各区发展华文小学工委会和各校董事会。③加强地方和州级领导，为华教事业培养接班人。④以华教斗争“7S”结构，达致华教奋斗目标。

（3）慎防来自内外的破坏与分裂，如扣帽子、抹黑、扭曲、造谣等。

（4）加强华校软硬体建设。

（5）引领华文独中进行教育改革。

（6）加强独中师资培训、统考、课程和教材。

（7）促进东南亚华文教育交流与发展，如举办东南亚华文教学研讨会。

（8）加强与世界华文教育机构之联系，如举办世界华文教育研讨会。

（三）华教运动必须全面结合与发展

为使华教运动发展更全面，必须从奋斗目标/共识、领导风格、人员、组织结构、制度、策略、方式与技巧层面，整体连贯起来。这里借鉴7S架构来进一步阐述之。

7S架构指的是以下七个领域，它们都是以“S”字母开头：①Sharedvalues（共识/目标）；②Style（领导风格）；③Staff（人员）；④Structure（组织结构）；⑤System（制度）；⑥Strategy（策略）；⑦Skill（方式与技巧）。

7S 架构理论是美国企业管理学家麦肯锡先生在现代管理学研究中提出的。它是一个健全的企业制胜所需要的条件或内在因素。英文字母的“S”即共同的价值观（Shared-values）、风格（Style）、人员（Staff）、组织结构（Structure）、制度（System）、战略（Strategy）以及方式与技巧（Skill）。

根据麦肯锡的划分，战略、结构以及制度是属于硬体要素，而风格、共同的价值观、人员以及技巧是属于软体要素。而共同的价值观则是中心，制约其他六项因素的内容及其发展和变化，六项因素之间也互相影响、互相制约。如此构成对一个企业满足“战略制胜”的整体要求。根据事物不同的发展阶段以及客观情况的具体变化而提出不同的战略和策略目标和口号，它们必须符合斗争目标的总体要求。

从华教运动来说，董总的制度、结构以及策略这三项硬体要素，应与风格、人员、技巧及共同价值观（共识）有机结合，才能发挥最大效果。上述分析，可用图 4 来表示它们之间的关系。

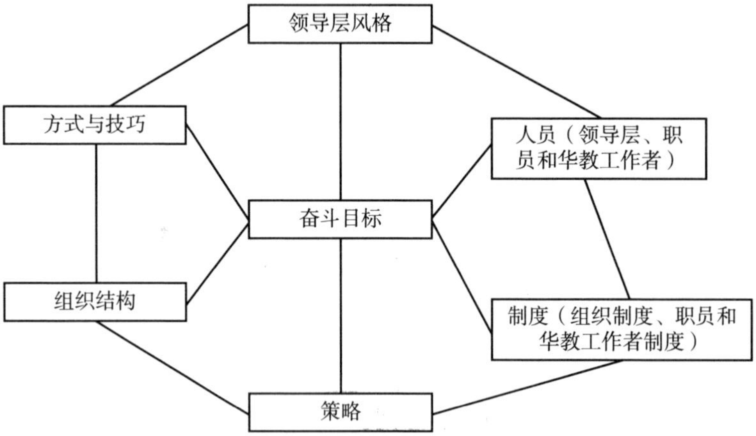

图 4　华教斗争的 7S 架构

八　结语

马来西亚华校董事会联合会总会（董总）作为马来西亚当前华教运动中

肩负起重任的一支不可或缺的力量，为了领导好当前的工作，摆脱工作中可能由于脱离现实、脱离华社民众而导致主观性和盲目性，或者由于沉溺于日常烦琐的事务而产生自由散漫和怠倦被动，就一刻也离不开对于客观形势发展和策略问题的研究，提出的策略目标必须符合华教运动当前的实际情况和共同的基本要求，必须把当前的目标、纲领和长远的目标、纲领紧密地结合起来，才能把各地华教工作者团结起来共同前进。

当前华教运动已经处于一种“自为”的阶段，各个岗位的领导人应该自觉地要求自己不断加强对于策略问题的学习和认识，并且把对于策略问题的认识和具体的实践结合起来。

参考文献

《2010 年马来西亚人口和房屋普查：人口分布和人口统计基本特性》，马来西亚统计局，2011。

《2012 年 1 月教育基本资料》，马来西亚教育部教育政策研究及策划组，2012。

《风云激荡一百八十年马来西亚华文教育图片集》，董总，2001 年 12 月 1 日。

《董总 50 年特刊（1954～2004）》，董总，2004 年 12 月。

《马来西亚华校董事会地位演变大事纪要（1950～2010 年）》，董总，2011 年 2 月。

《华文小学董事觉醒运动手册》，董总，2006 年 10 月，第二次印刷。

《再看 1996 年教育法令——“最终目标”已经变成“现行目标”!》，董教总，1997 年 8 月。

《2012 年董总〈独中工委会工作报告书〉》，董总，2013 年 5 月。

《2012 年董总主办 5 场和平请愿大集会专辑》，董总，2013 年 2 月 1 日。

《董总在第 13 届全国大选对华教的基本诉求和立场》，董总，2013 年 4 月 22 日。

马来西亚华校董事联合会总会（董总）资料与档案组内部档案资料。

马来西亚华校董事联合会总会（董总）2004～2012 年工作报告书。

马来西亚教育部历年教育统计报告。

《2012 年马来西亚教育统计》（截至 2012 年 6 月 30 日统计数据），马来西亚教育部教育政策研究及策划组，2012 年 12 月。

《1997 年社会设备规划指南》，马来西亚房屋及地方政府部城乡规划局。

《关于解决改制中学/国民型中学问题的看法和建议备忘录》，马来西亚华校董事联合会总会（董总），2010 年 12 月 1 日。

《华文独立中学建议书》，董教总全国华文独中工委会，1973。
《马来西亚华文教育》，董总，1992。

Current Status and Future Prospects of Chinese Language Education in Malaysia

Yap Sin Tian

Abstract: Under the government's unilingual education policy, the survival of Chinese education is facing severe challenge in this country. To defend the existence and further development of Chinese schools, the Chinese community needs to reinforce its understanding of the significance of the survival of Chinese schools while also taking effective measures to counter policies that are unfavourable to the development of Chinese schools. In 2012, United Chinese School Committees' Association of Malaysia (Dong Zong) organised a total of five public rallies at five different locations across the country to demand reasonable and equal treatment on the part of the government for schools of all language streams while voicing our objection to the Preliminary Report of the Malaysia Education Blueprint 2013 -2025, which is seen as detrimental to the further development of mother tongue education, national unity as well as the establishment of a harmonious society. In addition, the government was also urged to construct a national education system acceptable to all Malaysians in line with the global development trends as well as the country's multicultural reality to meet the requirements and needs of all Malaysians irrespective of race while promoting cultural, socioeconomic and political development of all ethnic groups. While giving due respect to Bahasa Malaysia as the country's national language, this will also help preserve and support the development of the languages and cultures of all ethnic groups in this country. This article provides a brief account of the current state and future prospects of Chinese education in Malaysia as well as problems encountered by schools from primary to tertiary levels, and strategies to tackle the same.

Keywords: Malaysia; Dong Zong; Chinese Education; Strategy and Development

B.9

台湾地区涉外华文教育的历史与现状

董鹏程　方丽娜*

摘　要：

本文以“海外华文教育”为对象，采用文献分析法，从华文教育的主管单位与职掌、政策制定与沿革、侨校与华侨文教中心、师资培育的管道，以及教材编写与推广等方面，说明1949年之后台湾海外华文教育的发展与现状。研究结论：自1951年以来，海外华文教育一直是台湾海外侨务的重点工作；近年来，海外华文教育逐渐转型，台湾透过积极培养侨校教师进入主流学校，并运用台湾引以为傲的信息科技设置云端学习平台，提供现代化华语文学习接口及内容，期望能让华文教育与国际接轨，从而实现中华文化的传承与发扬。

关键词：

台湾华文教育　侨教　侨校　侨务

一　前言

世界各地的华语文教学大抵由两部分组成：正规教育体制下的“华语文教学”和海外华人社会开办的中文学校的“华文教育”①。主流华语文教学与华文教育互为补充与支撑，是当今世界华语文教学的基本格局。

有海水的地方就有华人，有华人社会的地方就有华文教育。“海外华文教

* 董鹏程，台湾世界华语文教育学会研究员兼秘书长，专长：侨民教育、华文教育政策。方丽娜，台湾高雄师范大学华语文教学研究所教授，专长：华人社会与文化、词汇学、华语文教材教法。

① “华文教育”是以母语或第一语言非华语的海外华人、华侨为主要教学对象（也包括少数非华裔学生）开展的中华语言文化教育。华文教育有其独特的学科属性、研究对象和独特的教学目标、任务，是一门独立的华语教学学科。

育”，原是指海外华侨、华人在所在国对华族子女所进行的中华民族语言文化教育，其目的在延续华裔子弟对中华文化的传承。华文教育有一个不断发展的华人社会基础，有一个规模宏大的教学体系，广义的“侨教”，是“华侨教育”“侨民教育”的简称或延伸。在海外各地中文学校建立之前，私塾和义学、学堂是世界各地华文教育的主要形式；这种基本的、旧式的教育虽然具有局限性，但它们星罗棋布地分布在世界各地，开启华文教育的先河，提高了华人社会的文化水平，更增强了华人社会的凝聚力。

本文以“海外华文教育”为对象，旨在说明1949年之后台湾华文教育的发展与现状。本文采用文献分析法，透过搜集台湾“侨务委员会”（以下简称“侨委会”）和“教育部”① 等历年的施政报告和相关档案，以及华文教育领域的书籍、研究报告、论文等文献资料并加以汇整分析。内容从华文教育的主管单位与职掌、政策制定与沿革、侨校与华侨文教中心、师资培育的管道和教材编写与推广等方面分别说明，期望勾勒台湾华文教育的历史与发展之梗概。

二　主管单位与职掌

台湾是一个高度现代化的华人社会，保存了丰富的中华文化，也拥有完整的华文教育研究及推广体系。基于宪法精神②、历史渊源、文化传承与发展的考量，自1949年以来，台湾始终把海外华文教育视为侨务工作或华侨文教的重点。侨务工作中的侨教，负有培育华裔子弟及文化教育的重要使命，因此，台湾的海外侨民教育与海外华文教育基本上是一体化的。由于海外华文教育被视为“侨教”或“侨务”，台湾的海外华文教育之行政权责划分，主要以“侨务委员会”为主，“教育部”“外交部”“文化部”以及海合会等部门机构协同负责。

---

① 鉴于目前两岸政治现状，根据相关出版政策规定，本文中涉及的台湾主要行政机构、法律文件名称等均加引号处理。——编者注

② 按“中华民国宪法”第167条（教育文化事业之奖助）第2款规定：“国家对于侨居国外国民的教育事业成绩优良者予以奖励或补助。”数据来源：“司法院大法官”“中华民国宪法”，http：//www.judicial.gov.tw/constitutionalcourt/p07_2.asp?lawno=45，上网日期：2013年6月11日。

（一）"侨务委员会"

台湾"侨务委员会"是一个具有历史性的部会，在不同的时代背景下，分别达成了不同的时代任务，形成了今日华文教育的丰富成果。依据"侨委会组织法"① 第2条规定："本会掌理下列事项：一、侨民教育与经济事务之规划、办理、辅导及联系。二、侨团、侨社、侨生与海外华裔青年事务之规划、办理、辅导及联系。三、侨民权益之维护及身份证明之核发。四、侨务信息之搜集及侨情之报导。五、其他有关侨务工作事项。""侨委会"各单位中，主管海外华文教育的是侨教处。侨教处下分设四科，各科掌理事项见表1②。

表1　台湾"侨务委员会"侨教处各科掌管业务

科别	科名	掌理事项
一	学校教育科	（一）侨校联系、辅助及发展事项 （二）侨校教材供应及辅助事项 （三）侨校师资充实、培训及奖励事项 （四）侨校、侨教组织，与主流教育体系建立联结协辅事项 （五）其他侨校教育相关事项
二	教学资源科	（一）本会华语文教材研发、编制及管理事项 （二）海外华语文教材采撷、审查及辅助事项 （三）台湾优质华语文教学资源推广及营销事项 （四）华语文数字学习网站维护运行及发展事项 （五）侨校华语文数位教学推广暨师资培训事项 （六）"全球华文网络教育研讨会"规划及执行事项 （七）其他华语文教材研究发展事项
三	社会教育科	（一）侨民艺文、民俗、体育活动之辅助与推展事项 （二）侨教志工之联系、辅导与推展事项 （三）侨民社教团体之联系与辅助事项 （四）海外侨教中心图书馆相关业务之联系与辅助事项 （五）其他侨民社会教育活动之辅导与推展事项

① 2011年11月14日修正通过的"侨务委员会组织法"，http：//www.ocac.gov.tw/public/public.asp？selno=324&no=324&level=P，上网日期：2013年6月11日。

② 台湾"侨务委员会"全球信息网侨务法规（2012年8月更新），http：//www.ocac.gov.tw/public/public.asp？selno=31&no=31&level=B，上网日期：2013年5月16日。

续表

科别	科名	掌理事项
四	远距教学科	(一)中华函授学校校务推展事项 (二)侨教远距教学机制发展事项 (三)侨教远距师资培训事项 (四)侨民终身学习与教育推广事项 (五)其他远距教学事项

台湾“侨委会”非常重视华裔子弟的华文教育，每年选派老师巡回全世界教授书法、扯铃、剪纸、民族舞蹈等具有文化内涵的技艺，组织各种语文班、观摩团，并鼓励各大学自办夏令营。此外，对海外侨校的经营，台湾“侨委会”常年辅导协助海外各地侨校的营运，借由提供教材、教具及经费辅助等方式，帮助海外华文教育开展工作，平均每年提供约100万册教材供海外侨校使用（以学生每人每学期1册华语文类学科教材为核赠原则），提供经费充实侨校软、硬件设备及办理各项文教活动；另为协助海外侨校提升师资专业水平，每年均举办“海外教师研习会”及“海外教师回台研习班”活动。

（二）“教育部”

台湾“教育部”[①] 的侨教任务包括：①侨生教育法令之研订事项；②侨生教育计划、经费预算及工作报告事项；③海外侨生回台升学招生倡导及升学辅导事项；④新侨生入学辅导事项；⑤侨生课业辅导及经费补助事项；⑥核发优秀侨生回台就学奖学金；⑦侨生辅导经费补助事项；⑧访视各级学校侨生事项；⑨清寒侨生公费待遇及助学金之核发事项；⑩大专院校侨生研习会办理事项；⑪侨生辅导人员工作研讨会事项；⑫接待拜会本部之侨团等活动事项；⑬侨教计划研究推动事项；⑭海外台湾学校辅导事项；⑮访问海外侨校及台湾学校事项；⑯海外教育服务役役男遴派、管理等相关事项；⑰海内外侨教及活动补助事项。

① 台湾“教育部”全球信息网，http：//www.edu.tw/websetting/list.aspx? Node = 1030&Type = 1&Code = 2010&Index = 1&WID = 6635a4e8 - f0de - 4957 - aa3e - c3b15c6e6ead，上网日期：2013年6月11日。

台湾“教育部”直接主管侨教事务的单位是“侨民教育委员会”，该单位的业务为有关各学校侨生教育的综合性、项目性及政策性事宜。自2011年1月1日起，随着“教育部”组织改造，“侨民教育委员会”业务已纳入新成立的“国际及两岸教育司”的“海外台湾学校及华语教育科”①，该科的工作任务是辅导协助“海外台湾学校”的华文教育之发展。例如，海外台湾学校设立申请及相关校务行政辅导，海外教育服务役役男遴派、管理，海外台湾学校家长联席会议组织管理，海外台湾学校学生学费、奖助学金和海外台湾学校及侨校（日、韩为主）之各项项目补助管理，海外台湾学校教师研习进修管理，海外台湾学校及侨校（日、韩为主）华语文班管理，海外台湾学校及侨校补充教材等图书、设备提供，海外台湾学校及日、韩侨校补助经费统计，海外台湾学校与台湾协辅大学交流活动组织等相关事项。以上“教育部”的工作任务，都是依据“海外台湾学校设立及辅导办法”② 辅导海外台湾学校，另按《补助办理侨民教育及活动实施要点》（原名《“教育部”补助海外台湾学校及侨民学校审查作业原则》），每年酌予提供已立案日、韩侨校及泰北地区华文学校部分经费补助。在充实师资方面，侨校于校长或教师出缺时，“教育部”除函请各主管教育行政机关及师资培育大学协助公告外，并于该部网站刊登甄选讯息。

（三）“文化部”③

“文化部”是全台湾文化事务的最高主管机关，负责全台湾各项文化、艺术、出版相关业务，以及广播影视产业的推广辅导工作。“文化部”对华文教育的贡献④，主要是筹设“台湾书院”。“台湾书院”设置的目的，主要在宣扬具有台湾特色的中华文化，透过先进的数字科技，推动台湾多元文化等文化

① “教育部”国际及两岸教育司的海外台湾学校及华语教育科，http：//www. edu. tw/userfiles/，上网日期：2013年6月11日。

② “海外台湾学校设立及辅导办法”，修正日期：2011年4月12日，数据来源：台湾法规数据库，http：//law. moj. gov. tw/LawClass/LawContent. aspx？PCODE = H0100006，上网日期：2013年6月11日。

③ 按：1981年成立的“行政院文化建设委员会”，2012年升格为部，更名“文化部”。

④ 原文链接：http：//www. cca. gov. tw/artnews. do？method = findById&id = 1222852533390，上网日期：2013年6月11日。

学术交流活动；与当地机构建立合作机制，于当地机构场地办理或委托办理华语文教学；与既有海外合作计划合作，如“教育部”或蒋经国基金会与海外合作推动之台湾研究及汉学讲座等工作，为海外当地民众参与台湾文化活动、台湾学术交流及学习中华文化提供场所。“台湾书院”兼具华语文教学、数字学习、文化展示、台湾文化艺术推展及台湾学研究与教育推广等功能。

（四）“外交部”

台湾“外交部”与海外华文教育关系密切。台湾负责海外侨教工作的相关单位分工合作，有“侨委会”和海外华侨文教服务中心、“教育部”侨教会、“驻外使领馆与驻外代表机构”以及当地民间侨教机构与团体；除海外台湾学校和大陆台商学校由“教育部”辅导之外，其他分布在世界各地的侨校，主要由“侨委会”辅导；“教育部”和“侨委会”亦派员至“驻外使领馆或驻外代表机构”，在“外交部”驻外单位统一指挥领导下，推广华文教育。

（五）国合会

国际合作发展基金会（简称“国合会”）①，以协助友好或开发中国家的经济、社会、人力资源发展，增进与友好或开发中国家间经济关系，为遭受自然灾害国家或国际难民提供人道协助为任务。在协助海外侨教工作中，国合会系以派遣教育类志工的方式输出教师，其经费系由该会自有经费中编列。教师工作内容包含语文教学、计算机信息、医疗医护、农业发展、金融财税、环境保护、文化交流等项目。国合会是在收到合作国家需求单位所提出的服务条件后，才进行对外招募志工。

为强化与侨校之关系，台湾透过辅助侨校办理文教活动、添购教材教具、购置计算机设备及修缮校舍等各项费用，协助侨校维持校务运作；另为提升教学质量，亦补助各校办理巡回教学辅导计划，“教育部”则办理返台进修研习班次，以促进海外教师教学专业成长，同时厚植海外新生代的华语文能力。

① http：//www.icdf.org.tw/ct.asp？xItem = 2293&CtNode = 29782&mp = 1，上网日期：2013 年 6 月 11 日。

三　政策制定与沿革

1949年两岸分隔之后，台湾始终秉持着“凡中华儿女均应有就学的机会”“华侨为革命之母”“无侨教即无侨务”的理念，积极推展各项侨教政策，落实海外侨民的语文教育工作。以下依年代先后，说明台湾推广海外华文文教的重要政策，并依据其历史发展脉络与施行沿革，分析海外华文教育政策的变迁过程。

（一）迁台初期（1949～1951）

1949年迁台之后，为发扬中华文化、培养侨社人才，开始在台恢复招收海外侨生。1950年，“教育部”公布了《侨生投考台省专科以上学校优待办法》，从宽录取在海外出生或侨居海外3年以上之侨生，规定各校对录取侨生语文程度较差者，应设法另予补习。1951年，“侨务委员会”制定《华侨学生申请保送来台升学办法》，海外华侨高中毕业生得依规定申请保送，分发各大专院校就读。

1951年，台湾行政机关规定：“为提高侨民之文化水平，增进其知识技能，并加强其对祖国之认识起见，本着因时因地制宜原则，编印侨教学校教科书、课外补充教材、一般侨民读物，随时供应海外。”确立了主动为海外提供教材的侨务政策。

1952年，立法部门通过《当前侨务施政政策要点》8项，有关华侨文教部分宣示：“奖励华侨胄年回国就学，对于入境入学应予切实便利与辅导。”台湾“教育部”为恢复招收海外侨生，制定、公布《侨生投考台省专科以上学校优待办法》，从宽录取于海外出生或侨居海外3年以上的侨生，并规定各校对录取侨生语文程度较差者，应设法另予补习。

（二）美援影响时期（1953～1959）

1953年，美国副总统尼克松访台，对台湾侨教计划赞佩有加。尼克松建议予台湾以美援支助。

1954年“侨委会”与“教育部”会衔发布《华侨学校规程》[①]，明确华侨

① 《华侨学校规程》已于2006年3月30日废止。

学校的学制及组织等事项，以规范与管理海外侨校。

1955 年 8 月“教育部”恢复“侨民教育委员会”[①] 组织，其中有关于华侨教育权责的划分，仍照“行政院”1946 年公布之《华侨教育权责管理划分办法》规定办理[②]。“侨委会”在美援经费的支持下，设置侨生助学金，补助清寒侨生生活费；同时为争取更多侨生回台升学，保送回台升读大专院校侨生之入学资格、成绩标准及名额限制，酌予放宽。

1959 年 3 月 18 日，“行政院”台教字第 1459 号令，饬“教育部”酌核办理《划分侨民教育行政权责案》，该案办法共计六条，其中第一条即为：海外侨民教育以“侨务委员会”为主管官署，“教育部”“外交部”为协助官署。其设施同时涉及海内外者，由“行政院”视其业务重心，以定其主管[③]。至此，大致确定了台湾各部会有关华文教育的权责。

（三）美援终止后时期（1960 ~1999）

1960 ~1970 年代，海外“华侨教育”式微，“华文教育”起而代之，成为侨教主流。此一时期，台湾以“外交”、经济优势主导海外华文教育市场。1960 年“行政院”修正《划分侨民教育行政权责办法》[④]，明文规定侨教业务由“教育部”和“侨务委员会”分别负责，并指定海外华文教育为“侨委会”第二处之权责。海外侨校中小学归“侨务委员会”立案并转送“教育部”备案，大专院校统归“教育部”立案；至于侨校中小学之课程教材与师资培育，则由“侨务委员会”及“教育部”共同协商办理[⑤]。

1971 年，台湾退出联合国，国际局势丕变，对外工作遭遇阻碍，“外交”陷入困境。为能在无“邦交”的国家推行华文教育，当时“侨务委员会委员

---

① 按：自 2011 年 1 月 1 日起，“侨民教育委员会”业务已随“教育部”组织改造纳入新成立的“国际及两岸教育司”下设的“海外台湾学校及华语教育科”。数据来源：http://www.edu.tw/oversea/，上网日期：2013 年 6 月 17 日。

② 数据来源：“教育部”部史全球信息网首页，http://history.moe.gov.tw/，上网日期：2013 年 6 月 5 日。

③《划分侨民教育行政权责案节略》。台北：“侨民教育委员会”，1961，第 1 页。

④《划分侨民教育行政权责案节略》。台北：“侨民教育委员会”，1961，第 1 页。

⑤ 荣幼娥：《政党轮替后的海外侨教政策，2000 ~2010》。台湾大学硕士学位论文，2010，第 46 页。

长”毛松年先生发起筹组“世界华语文教育协进会”① （简称“世华会”），希望借民间学术组织的力量，协助政府推动海外华文教育工作。邀请海内外热心华语文教育人士张希文校长、宗亮东教授、何容教授、叶楚生教授、高梓教授、赵友培教授、彭震球教授、刘述先教授、张亦铮校长、黄建斌校长、张孝裕教授等为发起人，于 1972 年 11 月 11 日举行成立大会，正式向“内政部”登记成立。此后台湾华语文教育的推展多由此一民间学术团体负责。例如，早年海外中文学校教师多为未受专业训练的兼职教师，世华会为提升这些教师的专业知能，首创举办海外华语文教师研习会，邀请学者专家至海外举办研习会，自 1989 年至 1999 年，分别在美国洛杉矶、旧金山、费城、蒙特利尔、芝加哥，加拿大多伦多、温哥华等地，与当地华文学校联合会以及海外华侨文教服务中心等联合举办海外华语文教学研习会，深受海外华文教师欢迎。自 1972 年成立以来，如今已历 40 寒暑，世界华语文教育学会在华文教育的推动与中华文化的保存上，其贡献有目共睹，相信历史必会给予崇高的定位。

1985 年 8 月 5 日，“教育部”与“侨务委员会”一起发布的《华侨学校规程》规定②：华侨小学及中等学校，以“侨务委员会”为主管机关，“教育部”“外交部”为协办机关；华侨大专院校，以“教育部”为主管机关，“侨务委员会”“外交部”为协办机关。这次有关职权的政策划分，基本上不脱“行政院”1960 年公布的《划分侨民教育行政权责办法》之原则。虽然《华侨学校规程》已于 2006 年废止③，但截至 2013 年，“教育部”与“侨委会”两部会之间的分工，基本上仍依循《华侨学校规程》办理。

1991 年前后，为解决东南亚台商子女就学问题，台商陆续在东南亚地区创办 6 所海外台北学校，并向“侨务委员会”立案。后为解决回台湾衔接升学的问题，“行政院”核定自 1998 年起，依据“行政院”1997 年 11 月 8 日台

---

① 按：1997 年，世界华语文教育协进会更名为“世界华语文教育学会”，数据来源：http://www.wcla.org.tw/front/bin/ptlist.phtml? Category = 101167，上网日期：2013 年 6 月 11 日。

② 法源法律网—法规查询，网址：http://db.lawbank.com.tw/FLAW/FLAWDAT0801.aspx? lsid = FL005241&ldate = 19850805&modify = 1，上网日期：2013 年 5 月 20 日。

③ 法源法律网—法规查询—华侨学校规程—异动条文，网址：http://db.lawbank.com.tw/FLAW/FLAWDAT01.aspx? lsid = FL005241，上网日期：2013 年 5 月 20 日。

86侨字第42991号函核定同意，将雅加达台北学校、泗水台北学校、吉隆坡中华台北学校、槟城台湾侨校、越南胡志明市台北学校、泰国中华国际学校等六所海外台北学校业务改由“教育部”主管。其事涉侨务行政事务者，应会同“侨务委员会”办理，并为谋求海外台北学校正常运作及发展，特订定《海外台北学校辅导要点》①。该要点规定：海外台北学校课程教材均以使用“教育部”审定合格之教材为宜；海外台北学校之师资除于当地聘请外，并得由“教育部”借调或选派台湾合格教师；支持并办理荐送教师回台进修及专长研习。有关海外台北学校教师的资格，符合师资培育法所规定者，由“教育部”协调“台湾省”政府教育厅、台北市政府教育局、高雄市政府教育局，代为办理海外台北学校教师之检定。“教育部”得协助海外台北学校所在地之驻外单位辅导海外台北学校之正常营运与发展。

2003年，“教育部”修正公布“私立学校法”，其第79条第1款赋予设校法源，并于2005年据以订定《海外台湾学校设立及辅导办法》，将学校定位为台湾在海外的私立学校，依台湾教育宗旨、各级学校教育目标及现行学制办学，俾与台湾岛内教育衔接。2005～2006年6所海外台北学校在“教育部”辅导下陆续改名为台湾学校，分别为印度尼西亚雅加达台湾学校、泗水台湾学校、马来西亚吉隆坡台湾学校、槟吉台湾学校、越南胡志明市台湾学校；其中，泰国中华国际学校因课程考科等问题无法配合其他学校，于2006年退出海外台湾学校体系。

1991年开始，海外华语文教育蓬勃复苏，华文教育进入了新的历史发展时期。全日制华文学校和新兴的中文学校成为当代华文教育的生力军，东南亚和北美地区纷纷建立华文学校，标志着华文教育进入正规学校教育的时期已经来临了。

（四）首次政党轮替时期②（2000～2005）

2000年3月18日，民进党终结国民党在台湾55年的执政地位，完成了台

---

① 数据来源：台北市法规查询系统，http：//www.laws.taipei.gov.tw/taipei/lawsystem/lawshowall02.jsp？LawID = A040080111001700 - 19980109&RealID = ，上网日期：2013年5月20日。

② “监察院”2010年项目“海外侨教工作之研究与检讨”之项目调查研究，数据来源：http：//www.cy.gov.tw/，上网日期：2013年5月2日。

湾执政史上第一次的政党轮替。民进党主政之后，台湾本土意识抬头，提高台湾国际能见度的呼声高涨。此一时期，台湾施政主轴渐朝向“台湾主体性”发展，政策逐渐落实本土化，积极推动务实侨教。

2001 年 5 月 17 日，“侨务委员会”为奖励海外侨民学校教师长期从事侨民教育，“侨委会”侨二教字第 0901015848 号函颁定《侨务委员会海外侨民学校教师奖励要点》①。该要点二之（三）条规定：申请奖励之侨校教师，以教授华语、闽南语、客家话及粤语等课程为原则，教授其他科目者，其教学语言以华语、闽南语、客家话及粤语为限。

2002 年，民进党为解决汉语拼音系统版本不一的问题，“教育部”依汉语推行委员会第十一次委员会议决议，确立中文译音以通用拼音为原则，并于 2002 年 8 月 22 日报院准予备查。

自 2002 年起，台湾“教育部”办理台湾学校教育服务役项目，遴派具有合格教师证役男至台湾学校服务，以辅助各校教学及校务行政业务。服务役役男，对纾解海外侨校师资不足问题及提升教学质量，颇有帮助。

2003 年，为求统合政府事权、充分结合民间资源，推动海外华教工作，“行政院”对外工作小组首长会议成立跨部会专责机构，统一推动海外华文教育与中文检测机制。“行政院”责由“教育部”召集，据以成立“华语文教育发展政策委员会”，负责主导推动此一方案。

2005 年 3 月 7 日，“教育部”为辅导台湾学校之发展，发布《海外台湾学校设立及辅导办法》②，该办法第 5 条规定：台湾学校受辖区台湾“驻外使领馆”、代表处、办事处或其他“外交部”授权机构辅导。至 2013 年，台湾“教育部”仅派员驻越南胡志明市办事处，可直接辅导胡志明市台湾学校，其他无派驻人员的印度尼西亚、马来西亚等国，当地台湾学校则由代表处相关人员协助办理。

---

① 数据来源：“行政院”公报 102.04.30，http://gazette.nat.gov.tw/EG_FileManager/eguploadpub/eg019078/ch03/type2/gov23/num2/Eg.htm，上网日期：2013 年 6 月 17 日。

② 数据来源：台湾法规数据库“国际及两岸事务目”，“教育部”台参字第 0940023977C 号令订定发布全文 36 条，并自发布日施行。http://law.moj.gov.tw/LawClass/LawHistory.aspx?PCode=H0100006，上网日期：2013 年 5 月 2 日。

民进党主政之后，在传扬台湾多元文化、强化台湾本土意识等方面，耕耘至深。以购赠海外优良图书为例，为尊重台湾各族群暨保存宝岛多元文化，甄选台湾本土教材，大量购赠海外“台湾本土文学”著作，并编写“认识台湾”文化类与语文类等教材，作为海外侨校闽南语教学之补充教材。“认识台湾”系列教材，内容包括语言、文学、历史等纸本和网络教材。例如，“台湾记事”（上、下册）、“战后台湾史记”（共四册）、“台湾史学五十年”与“漫画台湾史”等共计上百种。期使海内外人士深入认识台湾文化，提高台湾国际能见度。

（五）美国 AP 中文与文化课程启动（2006 ~2013）

2006 年，美国总统布什宣布拨款 1.14 亿美元支持国家安全计划，其中一部分拨给从幼儿园开始的语言教育经费，特别是用于学习现今政治经济高速发展国家的语文，如阿拉伯文、中文、印度文和俄文等。自此（2006 年）美国公私立高中开始设置 AP 中文与文化课程（Advanced Placement Chinese Language and Culture Course①），这是美国华语文教学的重要里程碑。2007 年，美国 AP 考试（Advanced Placement Test）启动，美国学习华语文的人数迅猛增长，同时亦带动了世界各国华语文教育的广大市场。为了满足华人新移民的华语学习，以及迎合全球华文热的需要，世界各地由华人或华裔开设的华语学习班和补习班如雨后春笋，蓬勃发展。此现象使得海外华文教育的内涵进一步扩大、外部环境亦不断改变。华语文教育国际化之后，华语教学的专业性更加受到重视，专业化的华语文教师需求日殷。

2006 年 3 月 30 日，“侨务委员会”侨二教字第 09530098082 号令订定发布《侨民学校联系辅助要点》②，明订对海外华语中小学及中文班实施辅导，

---

① 按：AP 课程（Advanced Placemen Course），是让优秀的高中生在高中时期便可选修相当于大学一、二年级程度的课程。2004 年美国教育主管当局邀集中文教育专家，组成 15 人 AP 纲要制定筹备委员会。从 2006 年秋季开始，美国高中生可以在 10 ~12 年级修学总共 250 个小时的中文 AP 课程，或者直接参加中文 AP 考试；成绩优异者进入大学后，可直接衔接大学三年级的课程。网络数据，网址：http://apcentral.collegeboard.com/apc/Controller.jpf，上网日期：2012 年 11 月 22 日。

② 《侨民学校联系辅助要点》，http://www.ocac.gov.tw/public/public.asp? selno = 4984&no = 4984&level = P，上网日期：2012 年 9 月 28 日。

其第二点规定：本要点适用对象为侨居海外民众依当地国法令筹款自办，并采用台湾语文教学之学校或语文班。

2006 年 7 月 19 日，“教育部”鉴于台湾各大学纷纷设置华语文教学科系，相关系所亟须一套修业与课程规范，发布《“教育部”办理国内大学校院华语教学系所及学位学程评核作业要点》①。该要点规定申请学校应符合下列要求：①应以华语为第二语言或外国语之教学，其内容以培养华语之听力、会话、阅读、写作及翻译等技能为主，并涉及文学及文化之知识内容；②运用对象限外国人士或海外华裔，即非以华语为母语者。自此要点公布后，台湾华文教育的师资培育评核被纳入“教育部”台湾大学校院华语教学系所及学位学程评核作业要点中，一并处理。台湾华文师资的培育，详见本文第五部分之二。

2008 年 2 月，有鉴于过去海外借调期间的服务年资无法计算，影响现职教师借调至海外服务的意愿，为解决借调教师问题，“教育部”将“借调”改为“商借”。让公立高级中等以下学校现职教师可于不影响原有待遇福利、保险、退休抚恤情况下，带职带薪商借至台湾学校任教。此办法于 2011 年 4 月修正②，增列“商借教师于 2 年商借期满，经原服务学校同意，得延长商借期限 1 年”；又为使台校的招生能配合当地国入学时间之规定，增列“当地国国小学年度起讫时间为 1 月至 12 月者，其学龄儿童入学年龄以计算至入学当年度 12 月 31 日满 6 岁者为准”条文。

2008 年 9 月 1 日“侨务委员会”令，侨二教字第 09730310202 号订定

① 按：《“教育部”办理国内大学校院华语教学系所及学位学程评核作业要点》，2008 年 1 月 23 日“教育部”台文字第 0970004271C 号令修正发布第 6 点条文，删除第 10、11 点条文，并自即日生效。2008 年 6 月 13 日“教育部”台文（二）字第 0970102018C 号令修正发布第 2、4、9、10 点条文；2010 年 12 月 31 日“教育部”台文（二）字第 0990203500C 号令修正发布第 2 点、第 9 点；2010 年 12 月 31 日台文（三）字第 0990203500C 号令废止。数据来源：“教育部”，http://edu.law.moe.gov.tw/LawContentDetails.aspx?id=FL039542&KeyWordHL=&StyleType=1，上网日期：2012 年 9 月 28 日。

② “教育部”令，台参字第 1000022541C 号；“外交部”令，外条二字第 10001036510 号；“教育部”“外交部”修正《海外台湾学校设立及辅导办法》第 22 条、第 28 条、第 39 条，数据来源：http://www.lawtw.com/article.php?template=article_content&area=free_browse&parent_path=,1,2169,1484,&job_id=171569&article_category_id=2238&article_id=96558，上网日期：2012 年 9 月 28 日。

“侨务委员会补助美国地区中文学校华语文教师进修教育学分计划”[①]，“侨务委员会”为鼓励美国地区现职中文学校华语文教师及非现职华语文教师等有志进入主流学校任教者，修习美国大学教育学分，取得主流学校华语文教师资格，争取进入美国主流学校任教之机会，特订定本计划，以协助优秀中文学校教师进入主流学校任教；此外，亦积极引导各地侨教组织参与主流华语文教育发展计划，如美国国家外语中心推动之“星谈计划”（Star Talk）等。

2010 年 12 月，“教育部”研订《推动海外台湾学校发展方案》[②]，并列入 2011 年 3 月 31 日完成的“中华民国教育报告书”36 项行动方案之一，促使海外台湾学校能持续发展、永续经营。

2012 年元月 1 日起，台湾“教育部”将国际文教处、侨教会及大陆小组整并为“国际及两岸事务司”，并设置“海外华语教育科”，显见“教育部”对海外华语文教育市场的重视。“教育部”公布补助台湾高等教育输出计划要点，制定华语文教育产业输出计划。由于该计划属于华语文教育，主要服务对象为母语非中文的外国人，故不在本计划讨论范围。

2006 年中期至今（2013 年），世界各国纷纷将华语列入外语教育政策的重点，海外华文教育已步入全球化时期。依据台湾“侨务委员长”吴英毅 2013 年 3 月 12 日“外交及国防委员会当前侨务施政报告”[③]，台湾目前侨民文教推展政策如下：①巩固侨校体系，促进与主流教育合作；②组织培训海外侨教师资，推动海外优质华文教育理念；③强化全球华文网络教育，深化侨民数字科技知能；④加强收集编制“认识台湾”系列教材，推广台湾文化，提高台湾能见度；⑤推展海外侨社艺文活动，扩大多元文化发展管道；⑥运用现代网络教学科技，提升函授远距教育功能。

---

① “侨务委员会”令，废止“侨务委员会补助美国地区中文学校华语文教师进修教育学分计划”，自 2011 年 9 月 1 日生效。网址：http://www.lawtw.com/article.php?template=article_content&area=free_browse&parent_path=,1,2169,1484,&job_id=140819&article_category_id=2100&article_id=72568，上网日期：2012 年 9 月 28 日。

② 数据来源：http://www.ocac.gov.tw/state/News_Content3.aspx?n=42A7D3EECD8AAAF3&s=D4D1E7B8F46490D3，上网日期：2013 年 6 月 12 日。

③ 台湾“侨务委员会”编印（2013 年 4 月），2012 年台湾“侨务委员会”会议实录，数据来源：http://www.ocac.gov.tw/public/public.asp?selno=142&no=142&level=C，上网日期：2013 年 6 月 12 日。

此一阶段，台湾采取“侨校结合主流的策略”，并运用台湾数字科技优势，协助侨校设立多功能数字学习中心。同时结合跨部会资源，全方位营销正体字的华语文品牌以及精致文化，打造永续经营的新蓝海，朝向华语文教育学术化、现代化、国际化与科技化发展；而两岸侨教政策也逐渐由敌对竞争，走向平和交流、共创双赢的新局面。

四　华文学校与华侨文教中心

台湾侨教的重点工作是海外华语文教育的推广和中华文化的传承扎根，而华文学校与华侨文教中心就是台湾海外华文教育的实施基地。

（一）台湾海外华文学校

海外华文教育可细分为“侨民所办的教育”和“政府对侨民的教育”两种；前者如各地之华文学校、中文班等，后者如海外台湾学校。1949～2013 年，台湾海外华文学校大略可区分为：一般华文学校，泰北、缅北地区华文学校，中文班，独立办学的侨校，海外台湾学校[①]五大类。以下简要说明如下。

1. 一般华文学校

指能维持侨校完整性质的日、韩学校，或已纳入当地教育体系之侨校，如菲律宾、泰国、马来西亚等国的华校。

2. 泰北、缅北地区华文学校

指泰北、缅北地区利用课余时间教授华语文等课程，由于当地多数学生家长仍期望孩子来台升学，因此学生除学习华文外，亦须修读回台湾升学考试的应考科目。

3. 中文班

指欧洲、美洲、澳洲等地的周末中文班。

① “监察院”2010 年度项目“海外侨教工作之研究与检讨”之项目调查研究，第 5 页，数据来源：http：//www. cy. gov. tw/，上网日期：2013 年 6 月 1 日。

4. 独立办学的侨校

如马来西亚的华文独立中学①，经费来源为当地华人社会捐赠及学生学费收入，华文为主要教学语言，兼授中华文化及当地文化。

5. 海外台湾学校

“教育部”于东南亚地区成立之学校，其学制、教材及师资均与台湾一致，以利学生返台后与台湾教育之衔接。

依据“侨务委员会”统计资料，海外侨校多集中在亚洲地区，其后随着国际局势变迁，东南亚地区或禁制华文教育（如泰国、缅甸、印度尼西亚），或纳入当地教育体系（如菲律宾、马来西亚），许多侨校因此被迫停办或转型。为了解台湾的海外华文学校、中文班分布情形与发展变化，兹将台湾“侨委会”2008～2011年的统计资料②列表（见表2）。

表2　台湾海外中文学校分布（2008～2011）

单位：所

校别	年份	总计	亚洲	美洲	欧洲	大洋洲	非洲
总计	2008	2806	1741	863	78	106	18
	2009	2792	1730	889	57	93	23
	2010	2853	1892	812	53	79	17
	2011	2819	1823	846	59	75	16
华文①学校	2008	1590	1580	5	0	1	4
	2009	1886	1576	9	0	0	1
	2010	1585	1572	12	0	0	1
	2011	1529	1501	27	0	0	1

① 截至2012年，马来西亚的华文教育基本上分三个部分，即华文小学、华文独立中学及华文高等教育学府。华文小学属于政府学校，华文独立中学和华文高等教育学府都由华社自己出钱出力筹办和维持。目前马来西亚包括东马的沙巴及砂拉越，共有60所华文独立中学。华文独立中学是马来西亚华文教育的重要一环，除了肩负延续民族文化、发展民族母语教育的神圣任务，同时兼授三种语文，协助国家培养人才。华文独立中学的统考文凭获得许多国家如新加坡、中国、日本、美国、英国、法国、澳洲、新西兰、俄罗斯等400多所大专院校承认。数据来源：骆淑慧、林彩云/马来西亚华校教师会总会（教总）秘书处整理《马来西亚华文教育现况与未来发展》，http：//www. naer. edu. tw/ezfiles/0/1000/attach/11/pta_ 400_ 1476977_ 53370. pdf，上网日期：2013年6月12日。

② “侨委会”网站资料，侨民教育与文化，http：//www. ocac. gov. tw/public/public. asp？ selno = 984&no = 984&level = B，上网日期：2013年3月18日。

续表

校别	年份	总计	亚洲	美洲	欧洲	大洋洲	非洲
中[②]文班	2008	1214	156	858	78	105	17
	2009	1201	149	880	57	93	22
	2010	1263	315	800	53	79	16
	2011	1285	317	819	59	75	15
台湾[③]学校	2008	5	5	0	0	0	0
	2009	5	5	0	0	0	0
	2010	5	5	0	0	0	0
	2011	5	5	0	0	0	0

①按：华文学校属于当地政府教育体系，如亚洲的中文学校。

②按：中文班属于补习教育性质。

③网络数据：依据“教育部国际及两岸事务司”2011 年 4 月 12 日新修正《海外台湾学校设立及辅导办法》第二条，“海外台湾学校”，是指台湾人民、法人、团体或其他机构，为教育其子女，于国外设校并向当地国立案后，报“教育部”核准立案之私立学校。http：//law. moj. gov. tw/LawClass/LawAll. aspx？PCode = H0100006，上网日期：2013 年 3 月 19 日。

注：1998 年 1 月 1 日，海外 6 所台北学校改隶“教育部”主管之海外台北学校（后于 2005 年 3 月 7 日变更为“海外台湾学校”）之体系。2005 年 12 月，泰国中华国际学校决定暂时不加入海外台湾学校体制。2012 年海外台湾学校共计 5 所。

（二）华侨文教服务中心[①]

1970 年代之后，台湾教育发达，移居海外者教育程度高，而且多数从事高科技或经贸管理等工作。这些新移民华侨因为工作关系，在北美等多个大城市聚居，多者甚至达百万人。1988 年，台湾“侨务委员会”为让海外侨胞有一个良好的社交场所，在美国加州硅谷之桑尼维尔市（Sunnyvale），购地设置第一个永久性的处所——美国金山湾区华侨文教服务中心。截至 2013 年，“侨委会”在北美洲亚特兰大、波士顿、芝加哥、休斯敦、橙县、洛杉矶、纽约、金山湾区、西雅图、多伦多，南美洲圣保罗，澳洲雪梨、里斯本等地，共设有 17 个华侨文教服务中心。兹列表如下（见表 3）。

---

① 数据来源，http：//www. ocac. gov. tw/service/service_ list. asp？ no = 542&SERAREA = 2，上网日期：2013 年 3 月 19 日。

表 3　台湾海外华侨文教服务中心分布

序号	地区	服务中心名称	自有或租用
1	美国 11 处	金山湾区华侨文教服务中心	自有
2		洛杉矶华侨文教服务中心	自有
3		纽约华侨文教服务中心	自有
4		亚特兰大华侨文教服务中心	自有
5		华府华侨文教服务中心	自有
6		休斯敦华侨文教服务中心	自有
7		芝加哥华侨文教服务中心	自有
8		橙县华侨文教服务中心	租用
9		波士顿华侨文教服务中心	租用
10		西雅图华侨文教服务中心	租用
11		金山华侨文教服务中心	租用
12	加拿大	多伦多华侨文教服务中心	自有
13	巴　西	圣保罗华侨文教服务中心	自有
14	澳大利亚 2 处	雪梨华侨文教服务中心	租用
15		里斯本华侨文教服务中心	租用
16	菲律宾	菲华文教服务中心	自有
17	泰　国	泰华文教服务中心	与驻处合署办公

这 17 个台湾华侨文教服务中心，除提供海外华侨活动场所外，也是“侨委会”驻外办公处。台湾“侨委会”透过设于海外华侨文教服务中心的“台湾书院”平台，行销台湾文创与艺术多样性，鼓励侨校与当地主流华文教育体系建立交流合作管道，扩大争取海外华语文市场，以提升台湾国际能见度。

五　师资培育的管道

师资是侨教的核心，教师素质决定着教学质量的高下。因此，如何培养高素质的教师成为教学研究中最重要的课题之一。鉴于教师角色的重要性，以及在社会变迁与知识急速汰换下，侨校对教师专业素养的期望日愈殷切，台湾每年对海外侨教编列的专项经费，都特别重视华文师资和华语文教材两项。

沃特斯（Waters）（2005）[①] 将师资培养分为：师资培训（teacher

① Waters, A. (2005), "Expertise in Teacher Education: Helping Teachers to Learn", In K. Richards, J. C. & Nunan, D., *Second Language Teacher Education*. New York: Cambridge University Press, 1990, 1-15.

training）、师资教育（teacher education）与师资发展（teacher development）等三类。师资培训，以提供实际课堂教学有关的训练为主；师资教育，以提供与课堂教学相关的理论知识基础为主；师资发展，以提高在职教师的专业化发展为主。这三类的侧重点不同，师资培训注重实际的教学技能，着重于教导受训者“应该怎么教”；师资教育着重于教学的背景知识，重点在受训者“应该知道什么”；而师资发展则属于现职教师的进修发展。台湾对海外华文教师的进修与培训，主要也是依循这三种模式。

（一）海外在地华文教师的在职培训

台湾“侨务委员会”为扩大师资培训的质与量，除了开办在线数位培训、函授课程等各种形式的海外华文教育外，每年还选派优秀的华语专家学者开办海外华语教学巡回讲座，办理海外民俗文化种子教师培训班，积极向海外新生代传扬中华文化。

1. “侨委会”选派教师主办华语教学巡回讲座

台湾“侨委会”每年选派优秀华语文教师与专家学者到世界各地培训海外华文教师。历年的华语文教学巡回讲座大致分东南亚、纽澳、美加西、美东、美南、中南美、欧非等路线，每一路线大概由一位大学教师与一位小学教师组合而成，希望借由理论与实务课程，提升海外华语教师的教学专业知能。2008～2011年参加“海外侨校教师研习会”人数汇整如表4。

表4 “海外侨校教师研习会”参加人数统计

单位：人

	2008年			2009年			2010年			2011年		
	合计	男	女	合计	男	女	合计	男	女	合计	男	女
亚洲	1597	366	1231	1375	206	1169	1702	353	1349	1378	404	974
美洲	2453	282	2171	2316	339	1977	2441	375	2066	1416	188	1228
欧非	219	25	194	—	—	—	237	11	226	—	—	—
大洋洲	405	32	373	—	—	—	315	36	279	291	20	271
合计	4674	705	3969	3691	545	3146	4695	775	3920	3085	612	2473

数据来源：“侨委会”全球信息网华侨文化教育，http：//www. ocac. gov. tw/public/public. asp? selno = 142&level = C&no = 142#，上网日期：2013年3月25日。

2. 海外各地华文教师团返台受训

台湾通过特别设置海外华文教师奖励金以及拨专款等多种形式，鼓励海外华文教师回台进修。2008～2011年海外侨校教师回台研习班人数汇整如表5所示。

表5　海外侨校教师回台研习班参加人数统计

单位：人

	2008年			2009年			2010年			2011年		
	合计	男	女	合计	男	女	合计	男	女	合计	男	女
亚　洲	403	106	297	296	45	251	276	75	201	360	78	282
美　洲	80	16	64	90	9	81	131	33	98	182	38	144
欧　洲	16	1	15	25	1	24	32	8	24	40	3	37
大洋洲	30	4	26	—	—	—	13	1	12	2	—	2
非　洲	9	1	8	—	—	—	5	1	4	—	—	—
合　计	538	128	410	411	55	356	457	118	339	584	119	465

数据来源：“侨委会”全球信息网华侨文化教育，http://www.ocac.gov.tw/public/public.asp?selno=142&level=C&no=142#，上网日期：2013年3月25日。

3. 中华函授学校的培训课程

台湾“侨务委员会”的中华函授学校①（简称“函校”），长期推展海外华语文及技术职业教育，为侨胞提供终身学习管道，广获好评。中华函授学校为提供更符合海外需求的服务，课程内容多作调整，招生对象也由仅限侨教人员扩及各界。在授课方式上，除定期邮寄讲义以外，1975～2001年曾开办空中书院，透过调幅频道定期制播语文、历史、文化等课程，为偏远地区侨胞利用广播收听学习提供服务；1997年起，因应信息科技发展，开始将函授课程逐步电子化。

随着网络科技的日趋发达，远距离教学蓬勃发展，顺应学习形态的变革，为函校学生提供更便捷、更实时且更全方位的学习服务；自2007年底建置完成函校远距教学网站②，运用因特网为媒介，开设多样化的课程，并透过电子校务服务机

① 中华函授学校前身为侨民教育函授学校，成立于1940年，后因战争及外在政治环境等因素多次停办，直至1956年在台复校。1956年9月30日，侨民教育函授学校改名为中华函授学校运作至今。中华函授学校相关资料详见 http://chcs-opencourse.org/portal/aboutchcs.php，上网日期：2013年5月27日。

② 中华函授学校远距学习网，http://chcs-opencourse.org，上网日期：2013年5月27日。

制及在线同步互动教学技术，为授课讲师与同学提供交流学习心得之园地。

4. 跨区（洲）同步视讯师资培训

台湾“侨委会”运用数字科技的优势，全力支持海外华文教育，其中最大的工程就是以现有资源结合台湾数字科技优势与产、官、学界力量，建置“全球华文网”虚拟通路，布建全球60处“华语文数字学习中心”实体通路，培训超过1000名网络种子教师，形成跨时空领域数字侨教体系，全方位推广具台湾特色的优质华语文教学，并建置专属在线同步教学平台，正式从“在线异步”迈入“在线同步”阶段。华文网络种子师资培训计划在线基础班使海外教师在所在国就能同步接受数字技能的培训课程。此外，台湾“侨委会”亦协辅海外各侨校、华侨文教服务中心和华语文数字学习中心，以实体教室或运用全球华文网远距同步教学平台，实施“海外数字华语文师资培训计划”，提供“全球华文网—全球在线课程专区”，以零时差、跨国界的“随选即看”服务，为经营管理人员、数字种子教师及当地主流学校教师有效提供最新的数字教学知能。

2011年起，“侨委会”与中正大学展开三学年合作，办理具备学分授予机制之远距华文师资在线培训课程，为海外侨校教师提供更专业、系统化之培训管道。2013年起，为服务有志从事华语文教学工作者，新增“华文教师科”①网络课程“随选随上”服务。该课程参照“教育部”《大学校院华语教学系所及学位学程评核作业要点》② 及《对外华语教学能力认证作业要点》③ 测验科目而设计，期有助于提高海外侨校华语教师的专业素养。2013年中华函授学校所开设的华语教学相关课程，汇整如表6所示。

（二）台湾培育华文师资的学位教育

对海外华文师资队伍的培育，台湾长久以来均鼓励海外侨生尤其是东南亚

① http://chcs-opencourse.org/portal/course_all.php?depco=A，上网日期：2013年5月28日。

② 2006年7月19日，“教育部”台文字第0950090356C号令订定《大学校院华语教学系所及学位学程评核作业要点》。网址：http://edu.law.moe.gov.tw/LawContentDetails.aspx?id=FL039542&KeyWordHL=&StyleType=1，上网日期：2013年5月23日。

③《对外华语教学能力认证作业要点》，“教育部”主管法规查询系统网站，“行政规则”项下，网址：http://edu.law.moe.gov.tw/index.aspx，上网日期：2013年3月1日。

表 6　中华函授学校开设华语教学相关课程一览（2013）

华语教师科	华语文应用科	文史艺术科
1. 华人社会与文化 2. 华语教学导论 3. 华语语音学 4. 中文 5. 华语口语与表达 6. 华语语法教学 7. 多元文化导论 8. 多媒体与华语教学 9. 注音符号教学 10. 华语文教材教法 11. 教育心理学 12. 语言学概论 13. 文字学 14. 教学原理 15. 班级经营	1. 华语(第一册) 2. 华语(第二册) 3. 华语奇遇 A1 4. 华语(第三册) 5. 华语(第四册) 6. 应用文	1. 台湾艺术名家选析 2. 唐诗宋词赏析 3. 纸艺 4. 中国结、香包 5. 生活易经 6. 捏面人童玩 7. 花灯风筝 8. 水墨画 9. 书法 10. 台湾开发史 11. 台湾文选 12. 现代文学 13. 现代小说选读 14. 有趣的汉字文化

国家的侨生回台湾岛就读师范院校，毕业后再返回居住国担任华文教师。对于这些回台湾升学的侨生，台湾提供经济上的资助和补贴；侨生入学台湾各大学均设有名额保障。

1994 年之前，台湾并未设置专门培育海外华语教师的科系。1994 年，台湾师范大学向“教育部”申请设立华语文教学研究所，获得通过。1995 年，台湾师范大学成立华语文教学研究所硕士班，是台湾第一个华语教学研究所，自此台湾的华语文师资培育正式迈入专业化的学科领域。2005 年 12 月 28 日“总统华总”一义字第 09400212621 号令修正公布，台湾“大学法”第 11 条规定：“大学下设学院或单独设研究所，学院下得设学系或研究所。大学得设跨系、所、院之学分学程或学位学程。”① 这条法规赋予大学以“学位学程”招生的依据，打破长期以来台湾各大学的系所开课框架，将大学课程推向跨校院系所整合的新时代。2007 年以后，台湾各大学以及技职院校纷纷设立与华语文教学相关的系所与学程，台湾的华语文教育展开了学术与产业合作的新局

① 数据来源：全国法规数据库，http://law.moj.gov.tw/LawClass/LawSingle.aspx?Pcode = H0030001&FLNO = 11，上网日期：2012 年 9 月 22 日。

面，而华语文教学在职硕士专班亦蓬勃发展①。2006 年，台湾师范大学华语文教学研究所在泰国曼谷成立境外华语教学在职专班②。

虽然华文教育有其独特的学科属性、研究对象和教学目标、教学任务，其文化教学与对外华语文教学中的文化教学相比，更具有独特的教学任务。然而，台湾的华文教育最初仍附属于对外华语文教学③，是台湾师范大学华语文教学研究所的一组。2012 年 7 月 31 日之前，台湾师范大学华语文教学研究所分两个组：华语文教学组和侨教与海外华人研究组④。侨教与海外华人研究组的课程特别重视海外侨教与华文教育。兹将台湾师范大学华语文教学研究所侨教与海外华人研究组的课程架构汇整如表 7 所示。

表 7　台湾师范大学华语文教学研究所侨教与海外华人研究组的课程架构表*

类　别	科目名称	学分数
必修课程	海外华人学与研究方法	3
	华人海外移民史	3
	海外华人教育研究	3
	华人教育教材教法	3
选修课程	区域与华人研究	3
	海外华人文教研究	3
	海外华人文学	3
	跨国主义与海外华人	3
	东西交通与海洋文化	3
	侨教发展与外教	3
	归侨与侨生辅导	3
	侨教政策与行政	3
	移民研究	3
	族群与离散族裔研究	3

① 按：2005 年，台湾师范大学华语文教学研究所为提升在职华语教师的专业素养，开风气之先，首创华语文教学在职硕士专班，招收两届学生后停招。

② 数据来源：台湾师范大学华语文教学研究所，http：//www. tcsl. ntnu. edu. tw/？ md = index&cl = summary&at = objective，上网日期：2013 年 3 月 1 日。

③ 按："对外华语文教学"（Teaching Chinese as a Second/ Foreign Language）是指对外国人进行华语教学。华语作为第二语言教学，成为一个学科，学术界早已形成共识。

④ 按：2012 年 8 月 1 日起，台湾师范大学应用华语文学系与该校华语文教学研究所侨教与海外华人研究组整并，http：//www. ntnu. edu. tw/tcsl/，上网日期：2012 年 10 月 23 日。

续表

类　别	科目名称	学分数
引导研究	侨民教育	3
	区域华人研究	3
	跨国主义	3
	华裔与企业网络	3
	侨教与外交	3
	族裔认同	3
	海外华语文教育	3
	双语教育	3

* 数据来源：台湾师范大学华语文教学研究所网站资料，http://www.ntnu.edu.tw/oces/doc/course-100.pdf，上网日期：2012年10月23日。

合理的课程设置是实现系所培养目标的基础。台湾师范大学华语文教学硕士班华语文教学组和侨教与海外华人研究组两组的毕业学分皆为36学分，但在课程设置上，因培育目标不同，存在着实质上的差异。以下试比较两组的必修课程（见表8）。

表8　台湾师范大学华语文教学硕士班华语文教学组和侨教与海外华人研究组必修课程比较表

组　别	华语文教学组	侨教与海外华人研究组
必修（核心）课程	研究方法(3) 汉语语言学(3) 汉语语法学(3) 华语文教学实习(3) 华语文教材教法(3)	海外华人学与研究方法(3) 华人海外移民史(3) 海外华人教育研究(3) 华人教育教材教法(3)
必修学分	15	12

专业必修课是任何一个专业均学习的主干课程，它体现了一个专业的特点，即必须尽量涵盖一个专业的基本知识和基础理论，所以，要求该专业的学生都必须学习，侨教与海外华人研究组当然也不例外。整体而言，台湾师范大学华语文教学硕士班华语文教学组的课程，华语文学科知识的比例较多，文化与文学方面的课程明显偏少；学生修业规定的36学分中，15学分是必修课程；其余21学分，学生得按照比例选修华语文教育类、汉语语言学类以及第二语言教育类的课程。侨教与海外华人研究组的课程，较偏重在海外华人教育、文化知识

方面，而华语文学科教学知识则仅有华人教育教材教法，为3学分。

2012年8月1日起，台湾师范大学应用华语文学系与该校华语文教学研究所侨教与海外华人研究组整并，系名“应用华语文学系”。该系设系宗旨：“培养全球专业华语文师资，深耕外国大学及中小学等各级学校之华语教学课程；协助海外各地推广侨教；提升学生文化、学术涵养，兼具信息、传媒、广告、广告及企划能力，使其成为国际性华语教育专业人员。”① 在此设系目标下，台湾师范大学应用华语文学系的课程主要涉及四个领域，各领域内容说明如下。①语文教学：教授华语文及专业知能等相关课程。②国际与侨教：加强国际事务、比较教育、侨民教育之发展认知与展望分析。③中国文学与文化：灌输中国学术与华人文化，以奠定华语文教学之根基。④英语及第二外语：学习英语专项技能及第二外国语言课程，以利海外华语教学。

台湾师范大学应用华语文学系的课程架构，在“系必修”和“系选修”之下，又分“华语师资/教学应用”和“华人研究/侨务研究”两大区块，其课程架构见图1。

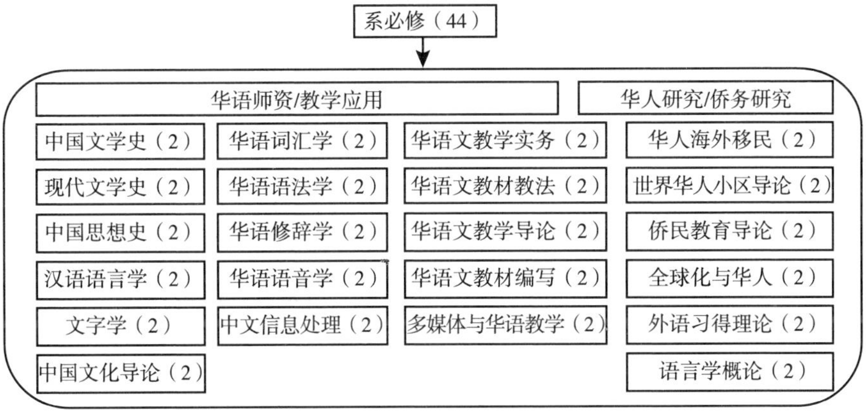

图1　台湾师范大学应用华语文学系“系必修”课程

说明：1. 以上“系必修”课程，左方是“华语师资/教学应用”的课程，右方是“华人研究/侨务研究”的课程。

2. 图中（2）表示一学期2学分。

---

① 数据来源：台湾师范大学应用华语文学系，http：//www. ntnu. edu. tw/acll/，上网日期：2012年10月23日。

台湾师范大学应用华语文学系的“系必修”有44学分，课程主要分四个区块：中国文史（8学分）、语言学（14学分）、教材教法与信息处理（14学分）、华人与侨教（8学分）；其中，有关“华人研究/侨务研究”的课程有：华人海外移民、世界华人小区导论、侨民教育导论、全球化与华人。此外，该系的系选修课程见图2。

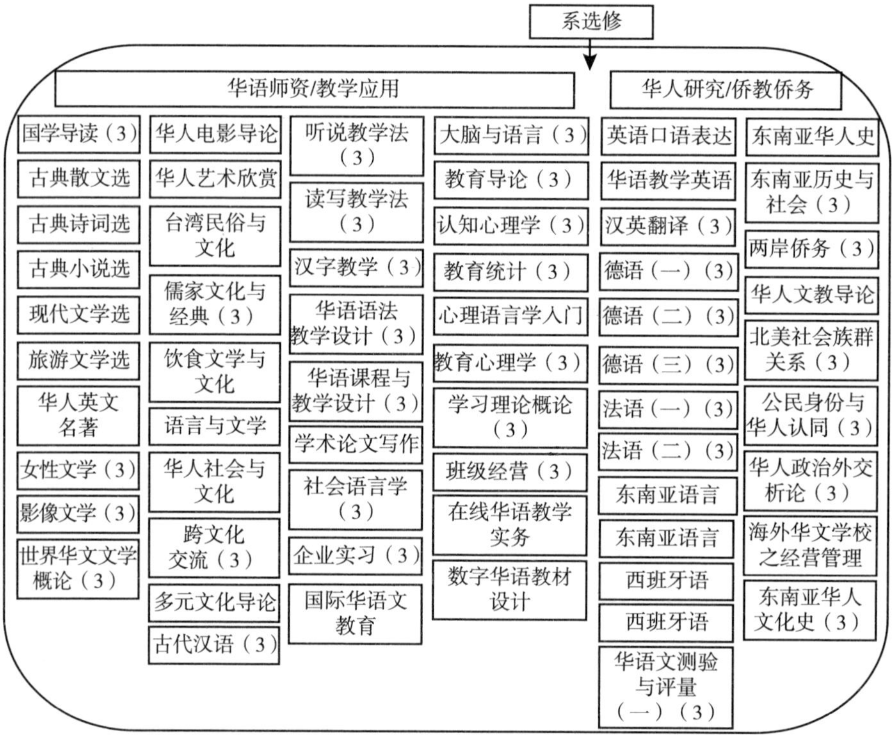

图2　台湾师范大学应用华语文学系“系选修”课程图

说明：1. 以上“系选修”课程，左方是“华语师资/教学应用”的课程，右方是的课程。
2. 图中，（3）表示表示一学期3学分。

“华人研究/侨务研究”以培养侨校华文师资为主，从图2可知，该系有关“华人研究/侨务研究”的选修科目有：东南亚华人史、东南亚历史与社会、两岸侨务、华人文教导论、北美社会族群关系、公民身份与华人认同、华人政治外交析论、海外华文学校之经营管理、东南亚华人文化史等等，这些都是为培养优秀海外华文师资而设置的。

六 教材编写与推广

在台湾，海外台湾学校由“教育部”主管，世界各地的侨校主要由“侨委会”辅导，但教科书由“侨委会”提供及寄发（详见本文第二、三部分）。因此，以下有关台湾华文教育的教材编写与推广，主要以台湾“侨委会”所出版的华语教材为讨论范围。

简单来说，台湾“侨委会”教材编写与推广的重点方向，就是发展具有竞争力的华语文教材和拓展正体字的海外市场。随着海外华文教育的转型，台湾“侨委会”更积极开发各类华语文教材，在种类、内容及数量上皆有相应的配套教材；在推广正体字方面，立场始终如一，但逐渐调整华语文教材的编排惯例，即从过去以正体字为唯一的原则，调整为以“正体字为原则，兼采简化字对照”，其目的在巩固既有的正体字市场，同时争取简化字、正简体字兼教的侨校①和主流学校的认同，以拓展正体字在全球市场的影响力。侨教数字化为台湾“侨委会”近年来的重点工作，数字化教材、教学、学习资源数据库和语料库的成果丰硕，互动社群与网络学校应运而生。以下从纸本教材、数字教材、数字教材数据库和多点多功能云端学习平台等方面，说明台湾华文教育的教材编写概况。

（一）纸本华语文教材

1. 青少年华语文教材

台湾“侨委会”所出版的青少年华语文教材，如“五百字说华语”“一千字说华语”。“五百字说华语”共有 30 课，每课以入门实用的对话形式，强调生活情境需要的功能。“一千字说华语”共有 100 课，每课包括对话、词汇、语法句型等三个单元，内容以实用对话为主。“侨委会”也出版了一些推广中华文化的经典及历史书籍，如《论语》《战国时代》

① 按：部分台湾侨校兼教正体字和简化字，原因是近年来海外侨校普遍面临大陆移民增加、台湾移民减少的状况，以致招生不易，所以部分侨校采用正体字及简化字两者并行的教学模式。

等。“侨委会”的中华函授学校也出版华文教材，如“高级华语会话”“中国历史故事”“唐诗欣赏”“谜语”“歇后语”“谚语”“成语故事”“孟子的故事”“礼貌与语言”等。顺应海外华语热潮，“侨委会”以原有“初中华文”为本，由美国第一线教师改编习作部分，并重新出版为“中文读本”六册，含读本及教学指引，提供给海外侨校及主流学校选用。“中级华语”是话题式教材，内容包含青少年关心的话题，如摇滚音乐、台湾国际美食展、义卖活动、温泉及烟火秀等 12 个主题，以美国外语教学规准 5C3M 为编写依据，适合具备一千个华语词汇量中等程度的高中生或大学生使用。

2. 儿童华语文教材

为了保持侨校学龄前至低年级华裔子弟的中文母语优势，让侨教向下扎根，台湾“侨委会”出版了许多适合海外华裔儿童使用的华语教材与文化教材。例如，“华语”“看图说话”“儿童诗”“儿歌”“老师的话”“幼儿华语文学习活动单”“大家来学ㄅㄆㄇ”“幼童华语读本”等等。

一些刊登在《侨教双周刊》上的文化常识及华语教学专栏，“侨委会”也以专书形式加以收录、出版，以方便教师作更系统性教学应用。例如，“小豆豆学华语”及“幼童华语”，这两本书是针对 K1 ~ K3 及低年级的孩童而编选的，内容借由听音、说话、唱歌、游戏等形式，逐步让学生学会运用华语文数数字、表达喜好，介绍家人、宠物、食物，打招呼，说明大小形状、颜色、季节、气候等事物，希望学习者能从实际的生活经验中奠定华语文的基础。“快乐学华语”，以家庭成员、电话礼仪、饮食、数字、动物、器具等日常生活使用的语言为核心，内容生动活泼。

3. 国别化华语教材

海外华人遍布全球不同国家，各国侨校学生对于华语学习的需求各有不同，通用型教材无法满足不同学习环境的学习者。因此，台湾“侨委会”大幅度修订已出版的儿童侨教教材，朝教材国别化的目标努力；在儿童华语教材部分，台湾“侨委会”首先针对侨校数量最多的东南亚地区编制国别化教材，分别出版了“泰国版新编华语课本”“菲律宾版新编华语课本”“印度尼西亚版新编华语课本”，这些儿童教材内容涵盖生活用语、寓言故事、近体诗、新诗以及历史地理等题材，并引介泰国、菲律宾及印度尼西亚当地风土民情故事和当地人文生活经验，运用对比方式介绍台湾文化。“初级华语会话”和“中级华语会话”以简单华语文对话、生字生词、练习为主，有缅甸文版、法文版、越南文版、韩文版、英文版、印度尼西亚文版、泰文版、西班牙文版等翻译本；“五百字说华语”和“一千字说华语”除了进行内容的新增与调整外，同时增加中泰、中葡、中西、中法、中印度尼西亚文、中德文等不同语种的版本。

长期以来，台湾为海外侨校免费提供华文教科书和教学参考书。近年来，台湾“侨务委员会”平均每年供应全球逾800所侨校，超过110万册教材，最高的年份达400万册。2011年，台湾“侨委会”供应给全球侨校的教材版本汇整见表9。

表9　台湾“侨委会”供应给全球侨校的教材版本汇整（2011年）*

教材版本	册数及所占百分比		书款(新台币元)及所占百分比	
	册数(册)	占比(%)	书款	占比(%)
侨委会教材	214530	19.41	0①	0
蓝　天	362794	32.82	16508209	35.75
流　传	77375	7.00	4727018	10.24
智慧华语	45092	4.08	4212272	9.12
远　东	1796	0.16	291227	0.63
南　一	285052	25.79	13556117	29.36
康　轩	77612	7.02	2964483	6.42
翰　林	16913	1.53	924788	2.00
龙　腾	20594	1.86	2242980	4.86
何嘉仁	2145	0.19	133192	0.29
牛　顿	23	0.00	1126	0.00
纮　谆	1183	0.11	170446	0.37
其　他	367	0.03	440400	0.96
总　计	1105476	100	46172258	100

①按：“侨委会”自编教材，免书款。

*数据来源：台湾“侨委会”全球信息网，http://www.ocac.gov.tw/public/public.asp?selno=925&no=5736&level=B，上网日期：2013年5月28日。

台湾“侨委会”的侨教服务力求现代化与国际化，除了在“侨委会”附设的空中学校开设初、中、高三级华语会话、中华文化、中华历史及商用华语等六种课程，自1999年3月起，陆续加播师资培训课程，委托“中央”广播电台透过“台北国际之声”及“中亚洲之声”，每天定时、定向对全球转播。此外，长期订阅台湾本岛的报纸或优良期刊，寄赠海外各地华侨文教服务（活动）中心、侨团、侨校、图书馆及偏远地区侨胞，供侨界了解台湾讯息。

纸本教材厚重，印制成本高，台湾“侨委会”配合台湾数字化的政策，透过电子化技术将纸本华语文教材数字化，加入多媒体影音及互动设计，并开发华语文数字教材库。详如下文。

（二）数字华语文教材

“数字华语文教材”是一个集合性的概念，它包含了实体的教材，还有虚拟结构性和组织性的学习内容。前者透过视听及多媒体素材，建构具备学习效能的辅助性材料；后者借由有线及无线网络，形成无限时空的学习内容。台湾“侨委会”在过去教材编写的基础上，进行纸本教材数字化工程。例如：“成语”“谚语”“歇后语”“幼儿华语”“儿童华语”等系列教材，皆委托影视产业制作相关影片及动画，以生动活泼的动态形式呈现纸本文字内容；让海外华语文教师及学习者透过计算机读取更丰富有趣的交互式内容，以提高教与学的效能。又如“五百字说华语”和“一千字说华语”的影音交互式光盘，这两套教材都有英、西、法、德、葡、泰、印度尼西亚、日、韩、越等译文版，并辅以整合音标系统及繁简字体对照，更方便不同背景之学习者选用。此外，搭配纸本的《侨教双周刊》[①]，亦同时建置成电子期刊，为海外学习者提供实时且多元丰富的华语文教材，任何人都能用计算机或智能型行动装置，直接浏览、下载、印制，有效达到节能减碳。

自1999年起，“侨委会”为推动数字化华文教育，拓展华语文网络教育，每两年举办一次全球华文网络教育研讨会；截至2013年，台湾“侨务委员会”所举办的全球华文网络教育研讨会汇整见表10。

---

① 侨教双周刊，http：//edu. ocac. gov. tw/biweekly/，上网日期：2013年5月27日。

表 10　台湾“侨务委员会”全球华文网络教育研讨会一览表

届次	日期	名称
第一届	1999. 05. 22 ~ 24	整合信息科技，推动华文网络教育
第二届	2001. 12. 21 ~ 24	全球华文教育数字化
第三届	2003. 10. 24 ~ 26	华语文与科技的对话
第四届	2005. 06. 03 ~ 05	华语文数字学习环境之建构
第五届	2007. 06. 15 ~ 17	开启华语文数字教学新视野
第六届	2009. 06. 19 ~ 21	教学的蜕变——Web2. 0 时代之华语文教学契机
第七届	2011. 06. 17 ~ 19	迈向创新与创意的华语文数位新视界
第八届	2013. 07. 12 ~ 14	云端时代的华语文教与学

全球华文网络教育研讨会是海内外华语文专家学者与数字产业精英的互动平台，充分发挥整合台湾华语文教学资源、导引海外侨教发展华语文数字教学，以及支持海外侨教发展的功能，有效提升世界各地侨校的教学效能。

（三）数字华语文教材库

台湾侨委会在数字化教材之后，更加积极地整合相关资源。2007 年起所建置的“全球华文网”[①]（www. huayuworld. org），即是数字化的典范。

“全球华文网”的前版本为“全球华文网络教育中心”。它的设立目的，最初是为全球侨校老师提供一个交换教学数据与经验的平台。2005 年初，“全球华文网”已整合完成“语言教学”“数字学苑”“文化飨宴”“台湾采风”“交流分享”五大单元，计 198 个网络题材，借由多媒体影音软件呈现多元活泼之在线教学素材。其中，语文教学单元，是台湾“侨委会”为服务海外侨胞学习华语文特别规划的，内容涵盖华语文、闽南语以及客语等数种网络题材；而华语文部分有初、中、高级之分，老师、学生以及家长可依实际需求撷取所需要的语文教材。希望为海外侨胞提供人性化、具亲和力的华语文数字学习环境。

发展至今（2013），“侨委会”因应海外教学实际需求不断努力充实网站内容与功能，增加了华语文的电子书城、资源共享平台及云端学校等服务。“华

① 全球华文网，http：//www. huayuworld. org. tw，上网日期：2013 年 5 月 27 日。

语文电子书坊（e－book）”联结点提供“在线版”和“下载版”，方便学习者使用。“资源共享平台”可上传教学素材、经验分享，达成跨区共同研发教案的理想；“云端学校”如同全球中文学校目录，为中文学校提供轻松建置专属的特色网站。“全球华文网”充分展现台湾在数字学习领域的软实力，将华语文教学实务与云端概念结合，从教材、教案、教学法到在线同步课程，应有尽有，人在哪里，云端教室就在哪里；任何人不管身处何地，只要想教华文或学华文，都可透过移动食指或鼠标，轻松取得丰富的资源。至2012年底，“全球华文网”首页检视次数累计超过1061万人次，会员数达28798人，已开设14470个部落格、7306门Moodle教学课程，facebook粉丝团人数达4006人。“全球华文网”，已成为台湾最大的华语文教学网站及全球最大的华语文师资社群网站之一。

（四）多点多功能云端学习平台

随着通讯技术日新月异的发展，云端运算技术能建构教材共享教育平台，使教学者与学习者随时取得相同且丰富的学习教材。2010年12月起，台湾“侨务委员会”与“行政院”文化建设委员会合作，在全球华文网“全球在线课程”建置“台湾书院数字信息整合平台”，并编制“数字台湾书院”的“华语文学习网”网页。这个平台整合了台湾部会与中央研究院、汉学研究中心、故宫等各文化学术单位，含括：“华语文教学及正体字的推广”“台湾研究及汉学研究”和“台湾多元文化的输出”等学术、教学数据库，提供华语文教学者和学习者精华资源和素材，提供现代化语言学习接口及内容，让华语文学习途径更加多元，学习过程更具趣味性。

2012年推出首部使用云端技术的华文词库网站——“中华语文知识库”[①]；此知识库有：词库检索、汉字艺术、在线学习及全民词汇等单元；在线词库可以随时增修，而且能透过“全民编写，专家审查”的模式，让词库的内容与时俱进。“中华语文知识库”期待结合当代两岸语文的智慧结晶与历代汉字艺术的精华，透过此知识库流传下去。“台湾书院数字信息整合平台”

① 中华语文知识库，http：//chinese－linguipedia.org/clk/index.php，上网日期：2013年4月23日。

打造了一个科技化、数字化、创新化的智慧 e 化华语文学园。如今，学习工具软硬件已成为行动学习平台，供教学者与学习者随时共享与开发；数字华语文教材发展至今，电子书包和电子书成为阅读学习的主要浏览器，并发展为互动学习社群的沟通桥梁；另外，透过多点、多人、多功能的共享机制，发展运用云端运算的跨平台学习。透过云端运算系统为华文教育打造一个学习教材共创（co-creative）资源平台，此系统能让教学者快速了解学习者对课程与教材的学习成效，以及学习者对课程与教材的回馈机制。

五 结语

自 1951 年以来，海外华文教育一直是台湾海外侨务的重点工作；近数十年，随着海外华人社会的变化以及世界华语热潮的兴起，华文教育与主流社会教育制度接轨并逐渐成为海外华文教育发展的主要趋势和必然选择。

近年来，海外华文教育逐渐转型，台湾除了将华文教师的培养从过去的师资培训转向华文师资教育外，还以优惠的条件实施中小学教师赴海外侨校服务计划，因地制宜制订推动各地区侨教发展的方案。例如，对于北美等侨教资源相对充裕的地区，以提供数字教材与建置信息网络平台等方式，积极培养侨校教师进入主流学校；对泰、缅、越南与中南美洲等偏远地区的侨校，则采取持续提供教材、办理师资培训、补助自聘教师经费及派遣替代役男支持教学等方式。此外，在教材与学习方面，台湾运用引以为傲的信息科技设置云端学习平台，提供现代化华语文学习接口及内容，期能让华文教育与国际接轨，从而真正传承与发扬中华文化，并提升台湾的国际声望。

参考文献

纸本资料

蔡振翔：《从华文教育到华语教育》，《华人华侨历史研究》1996 年第 2 期。

华侨大学华文教育研究所：《试论华文教育的学科定位、特征及其他》，《华侨大学学报》（哲学社会科学版）1997 年第 3 期。

黄薇：《再议华文教育中的文化教学》，《牡丹江大学学报》2009年第7期。

贾益民：《华文教育学学科建设刍议——再论华文教育学是一门科学》，《暨南大学学报》（哲学社会科学版）1998年第10期。

马跃：《华文教育专业的定位与海外华文师资素质需求分析》，《暨南大学华文学院学报》2007年第1期。

侨民教育委员会编《划分侨民教育行政权责案节略》，台北侨民教育委员会，1961。

荣幼娥：《政党轮替后的海外侨教政策，2000~2010》，台湾大学硕士学位论文，2010。

杨晓黎：《世界汉语教学的新形势与未来发展》，《世界汉语教学学会通讯》2013年第1期。

Waters, A. (2005). "Expertise in Teacher Education: Helping Teachers to Learn". In K. Richards, J. C. & Nunan, D. (1990). *Second Language Teacher Education*. New York: Cambridge University Press.

网络数据

骆淑慧、林彩云/马来西亚华校教师会总会（教总）秘书处整理《马来西亚华文教育现况与未来发展》，http://www.naer.edu.tw/ezfiles/0/1000/attach/11/pta_400_1476977_53370.pdf。

美国大学理事会，http://apcentral.collegeboard.com/apc/Controller.jpf。

台湾法规数据库，http://law.moj.gov.tw/LawClass/LawContent.aspx?PCODE=H0100006。

侨教双周刊，http://edu.ocac.gov.tw/biweekly/。

全球华文网，http://www.huayuworld.org.tw。

台湾"侨务委员会"全球信息网，http://www.ocac.gov.tw/public/。

台湾"侨委会"全球信息网华侨文化教育，http://www.ocac.gov.tw/public/public.asp?selno=142&level=C&no=142#。

2012年台湾"侨务委员会"会议实录，台湾"侨务委员会"编印（2013年4月），http://www.ocac.gov.tw/public/public.asp?selno=142&no=142&level=Ct。

台湾"教育部"全球信息网，http://www.edu.tw/websetting/list.aspx?Node=1030&Type=1&Code=2010&Index=1&WID=6635a4e8-f0de-4957-aa3e-c3b15c6e6ead，台湾"教育部国际及两岸事务司"，http://law.moj.gov.tw/LawClass/LawAll.aspx?PCode=H0100006。

台湾"教育部"：《办理国内大学校院华语教学系所及学位学程评核作业要点》，http://edu.law.moe.gov.tw/LawContentDetails.aspx?id=FL039542&KeyWordHL=&StyleType=1。

台湾"教育部国际及两岸教育司"海外台湾学校及华语教育科，http://www.edu.tw/userfiles/。

台湾"司法院大法官"，"中华民国宪法"，http://www.judicial.gov.tw/constitutionalcourt/p07_2.asp?lawno=45。

台湾师范大学华语文教学研究所，http：//www. ntnu. edu. tw/oces/doc/course – 100. pdf。
台湾师范大学应用华语文学系，http：//www. ntnu. edu. tw/tcsl/。
中华语文知识库，http：//chinese – linguipedia. org/clk/index. php。
中华函授学校远距学习网，http：//chcs – opencourse. org。

History and Current Status of Chinese Language Education in Taiwan

Tung Pengcheng　Fang Lina

Abstract: The scope of the paper focuses on Overseas Mandarin Chinese Language Education. By analyzing relevant literature, this paper aims to elaborate on the development stages of Taiwan's overseas Mandarin Chinese Education since 1949, ranging from administrative duties and policy-making processes, Overseas Chinese language schools and language centers, teacher training channels, and compilation and promotion of Chinese teaching materials.

The results of this investigation include the following: First, from 1951 onward, overseas Mandarin Chinese education has been one of the major endeavors of Taiwan's Overseas Chinese Affairs. Second, in recent years overseas Mandarin Chinese education has been undergoing a gradual transition. Taiwan has been taking proactive steps in orienting overseas Chinese language teachers to enter mainstream schools. Third, Taiwan's overseas Mandarin Chinese education has utilized (Taiwan's proud) information technology (IT) to implement the cloud learning platform, and provide the content and interface of modern Chinese language learning. It is hoped that by so doing, (Taiwan's) Chinese language teaching will be able to align with international standards, and truly act upon the devolvement and development of Chinese cultural inheritance.

Keywords: Taiwan's Mandarin Chinese Language Education; Overseas Chinese Language Education; Overseas Chinese Language Schools; Overseas Chinese Affairs

B.10
新加坡华文教育政策分析

胡培安*

摘　要：

新加坡的华文教育政策涵盖于民族政策、教育政策、语言政策之中，从自治以来，一直以社会多语和个人双语为基本精神。双语政策的实施及1978年、1991年新教育制度的实施和改革对华文教育来说是釜底抽薪之举。追求多元主义民族国家的认同一直是新加坡华文教育政策的主导，精英教育的治国理念造成了新加坡华文教育日益衰竭的现实，威权主义的统治制度制约了新加坡华文教育的自由发展，实用主义的政策取向使英语逐渐挤占华文教育的生存空间。虽然日益西化的文化观念使华文教育发展前途显得十分黯淡，但新加坡新老领导人对儒家精神的强调和对亚洲价值观的重视是华文教育政策转向的希望。新加坡新老领导人已经意识到华文教育的日益消亡造成了他们一直强调的儒家伦理和亚洲价值观的弱化，引起了一系列的社会问题，他们在呼吁并采取措施加强新世纪的华文教育，相信未来新加坡的华文教育会有所改观。

关键词：

新加坡　华文教育政策　双语　消亡

一　引言

华文教育是指针对华侨华人开展的以中华语言与文化为核心内容的教育，

---

* 胡培安，男，汉族，汉语言文字学博士，华侨大学华文教育研究院副院长，研究方向为现代汉语语法、华文教育。

华文教育的实施主体包括中国各级政府和民间组织及华侨华人所在国各级政府及民间组织，教育对象是长期居住和生活在中国疆域之外的华侨华人。华文教育政策属于一个国家教育政策的一部分，主要由华侨华人所在国政府制定和实施。大多数国家或地区并没有制定专门针对华文教育的政策，而是集中或分散地显现于国家的语言政策、民族政策及教育政策中。语言政策包括语言地位规划和语言本体规划两个部分，华文教育政策主要和语言地位规划有关。

一个国家或地区的华文教育政策不仅仅是一个语言问题，也是国家的民族问题、政治问题、宗教问题，分析和认知一个国家和地区的华文教育政策必须着眼于宏观的社会生态环境。华文教育政策未必会清晰地呈现于法律、法规、措施等有形的文字条例中，因此，分析和认知一个国家或地区的华文教育政策必须深入阐释政策制定者与实施者的立场、态度与理念，必须理性地考察各种有形和无形的制约因素。

新加坡是东盟十国的重要成员，是世界上除中国以外唯一以华人为主体的国家，是传统华文教育的重地，新加坡作为一个多元民族和多元文化的国家，其独立的历史、社会结构、宗教现实、文化传统都有特殊的表现，分析和认知新加坡的华文教育政策对认识华文教育发展的历史，总结华文教育发展的成败得失，思考发展华文教育的战略举措有重要的历史意义和现实价值。

二　新加坡华文教育政策简述

截止到2012年6月的统计，新加坡人口总数约531万，其中常住人口382万，非常住人口149万[①]，按华人人口占76%的比例计算，新加坡华人数量约为403万人，其余为马来人、淡米尔人和其他民族。新加坡华人占绝大多数，但新加坡却没有以华文为国语和行政语文，华文教育日渐式微，甚至有人说今天的新加坡没有华文教育[②]，这是值得思考的问题。

---

① 资料来源：A Sustainable Population for a Dynamic Singapore：Population White Paper，http：//www. population. sg，2013年1月。

② 黄明：《新加坡华文学校教育体系消亡的原因分析》，《河南师范大学学报》（哲学社会科学版）2012年第2期；《李光耀与新加坡华文教育的消逝》，新加坡文献馆，http：//www. sginsight. com/xjp/index. php? id =4063，2010年9月1日。

英属殖民时期，新加坡华人社会开展华文教育的热情高涨，建立了从小学、中学到大学的华文教育完整体系，应当说是新加坡华文教育最兴盛的时期，但这一时期新加坡华文教育的生存环境并不乐观，主要表现在以下几个方面。第一，殖民政府“独尊英语”，与政府施政有关的立法、行政、公告、文书等均以英语进行，英语成为事实上的唯一官方语言。第二，表面上看，殖民政府对各种族的语言持相对宽容的立场，允许民间力量兴办学校，形成了华校、巫校、英校和印校（淡米尔学校）四种源流的学校并存的局面，也允许以不同语言为媒介语言的报刊公开发行。1947 年，新加坡殖民政府还颁布了《新加坡十年教育规划》，规定“各类学校可用本民族的母语普及 6 年免费初等教育”[①]。但这些政策是在不影响英语统治地位的基础上实施的，一旦华校势力壮大到威胁英语的地位，殖民政府就会收紧华文教育缰绳。1950 年，殖民政府颁布了《新加坡教育补充计划》，以补充 1947 年颁布的《新加坡十年教育规划》，规定在新加坡境内应建立一比一的英文学校计划，即凡建有华文学校的地方，同时建一所英文学校，并以低廉的学费来吸引生活贫苦的华人家长，让其子女到英文学校就学，并在政治上打击华文教育者中的“左派”，协助受英文教育者夺取教育方面的优势地位。此外，还规定华文学校的学生要从 1950 年的 7 万多名，在 10 年内减少为 2.5 万名，而在同一时期要把英文和马来文学校的学生人数由 4.2 万人增至 12.84 万人[②]。第三，华人来自不同的方言区，缺乏共同的交际语言，虽然持广义上的闽南语（厦门话和潮州话）者占华人总人口的 63%，但二者之间也不是完全互通。这种状况使以宗乡团体为主体开展的华文教育各自为政，缺乏整合，质量受限。表 1 是 1957 年华族人口方言构成。

在人民行动党领导的争取自治和独立的过程中，领导层也从来没有将华语作为国语的诉求和观念。这主要是出于生存和政治策略的考虑。新加坡是一个小岛，缺乏资源，没有腹地，经济结构单一，工业和农业生产也十分落后，领导层认为新加坡难以建立一个独立的国家，他们最初的目标是脱离殖民统治，

① 高芳英：《论新加坡的教育改革》，《世界历史》1996 年第 3 期。

② 黄明：《新加坡双语教育发展史——英汉语用环境变迁研究（1946～2006）》，厦门大学博士学位论文，2008，第 71～72 页。

表1　1957年新加坡华人分方言的人口构成

单位：人，%

方言	占华族总人口百分比	占全岛人口百分比
福建（厦门）	40.6	30.6
潮州	22.5	16.9
广东（广州）	18.9	14.2
海南	7.2	5.4
客家	6.7	5.0
福州	1.5	1.1
上海	1.0	0.7
兴化（今莆田）	0.8	0.6
福清	0.7	0.5
其他	0.1	—
华族总人口	1090596	—

资料来源：徐杰、王惠：《现代华语概论》，新加坡八方文化创造室，2004，271页。

加入马来亚联合邦。在这种目标的导引下，要想融入马来社会，马来语自然成为国语的唯一选择。人民行动党曾明确宣示："我们需要有一个通用语，而基于道德上、政治上和实用上的考虑，马来语（而非英语）乃是一显然的选择。"① 当时的国际形势也不允许新加坡选择华语作为共同语言。中国共产党领导各族人民建立了新中国，甚至提出了"解放全人类"政治口号，向东南亚输出革命，马来西亚共产党曾经是"中共南洋临时支部"，新加坡、马来西亚、印尼、泰国共产主义组织受此激励，开展了轰轰烈烈的反对殖民主义和专制政府的运动，引起了当地政府和美国等西方国家的焦虑和不安。东西方两大阵营形成对立，冷战开始，新中国成为西方势力围攻和夹击的对象，加之海外华人投入新中国建设的热情，更是让所在国的统治者十分不快。以华人为主体的新加坡，一直有被反中势力看作是第三中国和共产党的第五纵队的风险。李光耀说："在新加坡，华族占人口的百分之七十五。那么，如果我们愿意的话，华语可以成为国

① 郭振羽：《新加坡的语言与社会》，台北正中书局，1985，第107页。

语，成为唯一的官方语言。不过，我可以预料，这样子一定会发生事情，如果我们粗心大意，人家就可以在国际上孤立我们，诬指我们是什么‘第三个中国’”。[①] 由于地缘关系，新加坡处于马来语的包围之中，人民行动党的领导者极力撇清与新中国的关系，极力塑造亲西方的形象，不可能主动选择华语为国语或共同语言，选择马来语才是最明智的决定。1956 年由各党派参与起草的《各党派教育报告书》建议实行“英语 + 母语”的双语政策，这是新加坡双语政策的肇端。1959 年，新加坡实现自治，采纳了这一建议，这也成为此后新加坡语言政策和教育政策的基本精神。由于报告书规定英校兼修母语，非英校兼修英语，英语实际上成为全体学生的必修课程，延续了殖民政府强调英语的传统。

南洋大学文凭事件也可以证明新加坡自治政府对华文教育的打压、限制政策。1949 年，新加坡大学成立，当时还是殖民时期，招收的学生多是英文学校毕业的学生，华文学校的学生很难进入新加坡大学，华人学生出路受限，1953 年侨商陈六使倡办南洋大学，为华文学校中学毕业生开辟升学之路，林语堂为第一任校长，1955 年南洋大学正式成立。1959 年初，新加坡政府下令成立一个名为“白里斯葛评议委员会”的五人小组来南洋大学考察，就大学的组织、行政、课程、教职员、考试、学生生活等提出评估和建议。五位委员为西澳大学白里斯葛教授、哈佛大学教授洪煨莲、台湾大学校长钱思亮、荷兰莱顿大学汉学院院长胡恩威、菲律宾东方大学教授谢玉铭。考察组形成的《白里斯葛报告书》认为，“没有足够的资料来正式建议承认南洋大学文凭”。也就在这一年，新加坡立法议会大选，人民行动党大胜。6 月 3 日，人民行动党秘书长李光耀出任新加坡自治政府总理。7 月 22 日，政府发表《白里斯葛报告书》，建议不承认南洋大学的学位。第二天，政府委派魏雅聆医生组成另一个检讨委员会以评估《白里斯葛报告书》。11 月，《魏雅聆报告书》出炉，对南洋大学提出诸多批评。1960 年 2 月 9 日，政府正式发表《魏雅聆报告书》，建议重组及改进南洋大学，包括由一个临时理事会接管南洋大学，解散执委会与行政委员会，撤销南洋大学有限公司……从此，政府当局与南洋大学

---

① 转引自汤云航、吴丽君《新加坡的语言政策与官方语言的地位和功能》，《承德民族师专学报》2006 年第 3 期。

之间为了学位问题，发生纠葛不断的争议。1963 年，南洋大学入学新生增至 2324 名。9 月，新加坡大选，人民行动党再获大胜。9 月 22 日，陈六使因个人政党理念及学生选举倾向问题，于选举结束第二天，被政府吊销公民权。李光耀执政期间，始终怀疑说华语或方言的群体都是“投身于共产主义”者①。在他眼中，陈六使“没有受过教育，是个家财万贯的树胶商人，他大力维护华族语文和教育，而且独自捐献的钱最多，在新加坡创办了一所大学，让整个东南亚的华校生都有机会接受高等教育”。“他很仰慕新中国，只要共产党人不损害他的利益，他愿意同他们打交道。”② 至于取消陈六使的公民权一事，李光耀坦率地说：“我们知道，陈六使这么做会更方便马共利用南大作为滋生地。但是当时我们还没有条件加以干预，除非付出高昂的政治代价。我也把这件事记在心里——时机到来我会对付陈六使的。”③ 由此可见，人民行动党组成的自治政府不承认南洋大学的文凭，原因不在于南洋大学的办学水平问题，而在于南洋大学的亲共色彩，在于害怕说华语和华语方言的群体都是共产主义者。1980 年，南洋大学被正式撤销，并入新加坡大学④。

自治以后的新加坡依然把加入马来亚联合邦作为政治目标，自治政府颁布的第一部宪法就明确规定马来语为新加坡的国语，并作为各民族的共同语言，而且采取切实措施提高马来语的地位，规定政府学校的教师及公务员必须分别具有一级和二级马来语的水平，外来人员归化也以是否熟练掌握马来语为标准，设立“国语月”，开展“国语周”运动等等，英语、华语和淡米尔语也被作为官方语言，执行国家多语制、个人双语制的语言政策，这一政策一直延续到新加坡脱离马来西亚联邦之后的很长一段时间。

1963 年，新加坡加入马来西亚联邦，保留教育的自主权，在以马来语为国语的基础上，提出各民族语言一律平等的主张，英语实际上是议会、法院及行政机构的工作用语，这和马来西亚执行的单元主义民族政策和语言政策是完

① 李光耀：《李光耀回忆录（1923～1965）》，新加坡联合早报出版社，1998，第 454 页。

② 李光耀：《李光耀回忆录（1923～1965）》，新加坡联合早报出版社，1998，第 247 页。

③ 李光耀：《李光耀回忆录（1923～1965）》，新加坡联合早报出版社，1998，第 382～383 页。

④ 本段关于南洋大学的历史根据陶恒生的《陈六使与南洋大学》整理，《文汇报》2010 年 11 月 21 日。

全不同的。

1965 年新加坡脱离马来西亚联邦独立以后，削弱了马来语的政治地位，但华语的地位和重要性依旧没有得到强调，反而由于大力提倡英文教学，华语的普及性大大降低。

独立初期，新加坡面临一个百废待兴的局面，转口贸易和港口经济大不如前，经济形势严峻，社会稳定受到威胁，政府领导层必须为新加坡寻找一条现实可行的出路。发展工业和现代加工业，吸引外资，建设世界金融中心，引进科技人才，扩大转口贸易等是以李光耀为首的独立政府开出的经济良方。可以说，为了谋生，为了让新加坡尽快融入世界经济格局，为了掌握现代西方科学技术和社会管理模式，强调英语对新加坡的重要性显得更有现实意义。

独立初期新加坡的教育改革政策主要有三个方面：取消马来语作为各民族共同语言的规定，加强第二语言教育，扩大执行混合学校政策的范围。

在 1966 年修订的宪法中，重新对 1963 年的公民权规定作了一些修改，取消了马来西亚出生者或英联邦及殖民地公民的种种优惠，以及对登记归化者必须年满 21 岁、具备马来亚语言基本知识的规定。这实际上是取消了马来语作为新加坡各民族共同语言的规定，从 1967 年新加坡政府明确作出规定，承认马来语为国语，但不再作为各族人民的共同语言，到 1978 年，新政府下令废止有关马来语作为公务员考试任职的必备条件。1981 年规定，过去实行的入籍须具备国语语言能力的条件，现已不必强调。申请者只需懂四种官方语言之一种者即可。除了唱国歌仍用马来语外，学生在学校也可以完全不学国语。

1966 年，《新加坡教育调查委员会报告书》提出，接受 1956 年《各党派教育报告书》的建议，注重科学及数学的学习，以适应工业化社会的需求①。为此，1966 年报告书指出，当前教育的重点是加强双语教育中第二语文的学习和应用。所谓的第二语文，就是当时华、巫、印校的英语以及英校的华语、马来语、淡米尔语。报告书要求加强科学、数学和第二语文的学习，一方面是进一步增强华、巫、印校重视英语的程度，提高他们的英语水平，把英语作为

① 新加坡教育调查委员会：《新加坡教育调查委员会报告书》（*Commission of Inquiry into Education of Singapore—Final Report*），新加坡教育部，1966，第 11 页。

华、巫、印校部分学科的教学媒介语。自1973年起，第二语言的成绩在小学离校会考中占双倍的比重。这一措施使第二语言受到家长的重视。另一方面，加强英校学生对母语的学习与应用，也是为了显示双语教育的公平性以及保留母语的重要性。这是“英语+母语”双语政策的延续，突出了英语作为部门科目教学媒介语的地位，造成了新加坡所有学生都必须学习英语的事实，自此，英语的通用语地位得到进一步加强。

20世纪70年代末期以后，新加坡实施了三项重大举措来改革双语教育政策。这三项措施是实施双语教育分流制度、实施特别辅助计划、开展讲华语运动。

1978年，以副总理兼教育部长吴庆瑞为主的小组对新加坡的教育制度进行了评估，认为之前实行的双语政策并没有达到预期的目的，学校没有培养出优秀的通晓英语和华语的双语人才。其实早在1963年，新加坡加入马来西亚联邦时成立的一个教育咨询委员会就已经指出，自1956年实施至1963年的双语教育制度成效不大①。吴庆瑞小组的研究结论更为明确，实际上是承认双语制度的失败。因此，这一小组撰写的《1978年教育部报告书》（又称《吴庆瑞报告书》）建议改革双语政策，实行分流制度。这是新加坡历史上非常重要而又影响深远的基础教育改革，称为“新教育制度”。这一制度的重要举措就是根据学生的学习能力等情况实行小学三年级、小学六年级和中学四年级分流制度，每年将不同比例的学生按小学离校考试及中学毕业会考的成绩分流到不同要求的双语班级，以实现分类培养。分流制度中的所有双语班级都以英语为第一语文，小学三年级分流时设有单语班级，招收没有双语学习能力的学生，占比大约在20%；小学六年级分流时只有成绩最好的8%的学生才能进入特别双语班，同时以英语和华语为第一语文，另外92%的学生只能将华语作为第二语文修读，并根据学习能力对第二语文——华语作出不同要求②；中学四年级分流时，成绩优良的学生才能进入中学后教育。中学后的教育没有双语班，英语是教学语言，华语等只是一门语言科目。分流制度之后，除了8%特别优

① 刘满堂：《新加坡的语言政策：多语制和双语制》，《陕西教育学院学报》2000年第4期。

② 新加坡教育部：《1978年教育部报告书》第一章，1978。

秀的学生以外，中学阶段的华语等母语教育基本上不再是第一语文教育，可以说中学阶段的华文教育所剩无几。

由于英语的地位越来越重要，作为职业语言的前景更加光明，华人家长自孩子小学时代就送入英校读书，华校的生源日益枯竭，据周清海《华文教学应走的路向》显示，1979 年华人子弟进入华校小学一年级的比例只有 8.9%[①]，华校面临着几年内消失的危险，新加坡政府意识到问题的严重性，1978 年 12 月，制定了所谓的特别辅助计划，简称 SAP 计划，特别遴选出历史悠久、基础良好的 9 所中学，给予经费等方面的特别辅助。SAP 计划初衷是通过提高华校英文水平的方法吸引家长选择，从而保住这 9 所华文中学，并为社会培养双语精英人才。教育部和学校也确实采取了许多措施，如支持这些学校开展旗舰计划，给学生创造到中国主要城市浸濡华语与中华文化的机会等。在特选学校，华语和英语均作为第一语文学习。1990 年、1992 年又分别遴选 10 所和 5 所小学加入特别辅助计划，2000 年增加南华中学为特选学校（见表 2）。由于特选学校主要是通过提高英文水平来吸引优秀学生就读，利用较好的华语交际环境来保持华语水平，这实际上造成了特选学校重视英文学习的氛围，后来也渐渐转化为以英语为主，在招生和教学中对华语的要求逐渐降低，校园的语言环境也逐渐转换为英语环境，有的特选学校也开始将华语作为第二语文来教学，特选学校的特色丧失殆尽，今天华裔子弟的家长也不再把特选学校当作优先的选择[②]。

1979 年，在李光耀总理的亲自倡议下，新加坡开展了华语推广运动，运动分两个阶段，第一阶段是倡议弃方言而讲普通话，第二阶段是深入推广华语。这一运动是很有成效的，据 1988 年新加坡教育部调查，有三分之二的儿童一入学就能讲流利的华语，有 87% 的华人能讲流利的华语[③]，比 1979 年有了本质上的提高。

---

① 周清海：《华文教学应走的路向》，新加坡南洋理工大学中华语言文化中心，1998，第 27 ~ 28 页。

② 黄明：《新加坡双语教育发展史——英汉语用环境变迁研究（1946 ~ 2006）》，厦门大学博士学位论文，2008，第 141 ~ 144 页。

③ 李大光、刘为南、曹青阳：《今日新加坡教育》，广东教育出版社，1996，第 13 页。

表 2 新加坡特选学校名录*

特选中学	特选小学
Anglican High 圣公会中学	Ai Tong School 爱同学校
Catholic High 公教中学	Catholic High School (Primary)公教小学
HIJ St Nicholas Girls' 圣尼各拉女中	CHIJ St. Nicholas Girls' School (Primary)圣尼各拉女小
Chung Cheng High (Main) 中正中学(总校)	Maha Bodhi School 菩提学校
Dunman High 德明政府中学	Maris Stella High School (Primary)海星小学
Hwa Chong Institution 华侨中学	Nan Hua Primary School 南华小学
Maris Stella High 海星中学	Nanyang Primary School 南洋小学
Nanyang Girls' High 南洋女中	Pei Chun Public School 培群公学
River Valley High 立化中学	Red Swastika School 卍慈学校
Nan Hua High 南华中学	Tao Nan School 道南学校
	Holy Innocents' Primary School 圣婴学校
	Hong Wen School 宏文学校
	Kong Hwa School 光华学校
	Pei Hwa Presbyterian Primary School 培华小学
	Poi Ching School 培青学校

说明：前 9 所中学 1978 年成为首批特选中学，南华中学 2000 年成为特选学校，前 10 所小学 1990 年成为特选学校，后 5 所小学 1992 年成为特选学校。

资料来源：新加坡教育部网站，http://www.moe.gov.sg/media/press/2008/02/enhanced - programmes - by - special.php。

1991 年，新加坡发表《改革小学教育报告书》，开始了第三次基础教育改革，对 1979 年《吴庆瑞教育委员会报告书》倡导的改革进行完善和补充，改革后的基础教育制度成为一种定型的教育制度，一直沿袭至今。1991 年的改革相比 1979 年的改革，不同之处如下。①将原来的小学三年级的分流改为小学四年级分流，原来小学三年级分流后至少还有 60% 的学生（实际上更多）可以进入正常双语班，母语（华语）的学习仍能有所保证，这次小学四年级分流后只有 10% 的学生可以进入第一源流（EM1）——同时以英语和母语（华语）为第一语文，其他的学生只能进入以英语为第一语文、华语为第二语文的第二源流（EM2）或只要求母语口语的第三源流（EM3）。这等于进一步压缩了绝大多数小学生将母语作为第一语文学习的时间，以前大多数学生还可以保证在整个小学教育阶段将母语作为第一语文学习，现在 90% 的小学生将母语作为第一语文学习只能维持到小学四年级。②更加强调英语，英语学时数增加，初中一年级、初中二年级阶段的英语学时 10 节，是母语（5 节）的两倍，母语不及格的学生仍可以进入第二源流（EM2）学习，但英语不及格的学生就只能进入第三源流（EM3）学习。③为了强调母语，实行母语为第一语文、英语为第二语文的 ME3 双语课程，但后来的结果显示，没有人愿意选择这样的班级①。

到了 1998 年，新加坡华文教育政策出现了转向的苗头。这一年，新加坡教育部成立了“华文教学检讨委员会”，全面检讨学校的华文教学。发布了《“华文教学检讨委员会”报告书》，报告书虽然仍然强调“英语为共同的工作语言”，但已明确指出，“华文教学不只是听说读写的教学，更重要的是灌输华族文化与传统价值观”。这说明华文教育政策的制定者已经在重新强调华语的文化传承意义，认识到华语语言教育的缺失，必将带来华族文化传统和世界观的缺失。此后新加坡教育部先后实施了华文教学改革和“双文化课程”计划，成立了华文中心，华文教育得到了一定的加强。

新加坡历史上出台的华文教育政策及实施的重大举措见表 3。

表 3　新加坡历史上出台的华文教育政策及实施的重大举措一览表

政策来源/主题	时间	内容
《新加坡十年教育规划》	1947 年	各类学校可用本民族的母语普及 6 年免费初等教育。通过普及小学教育来发展各民族语言
《新加坡教育补充计划》	1950 年	是 1947 年《新加坡十年教育规划》的补充。内容：在新加坡境内应建立一比一的英文学校计划，即凡建有华文学校的地方，同时建一所英文学校，并以低廉的学费来吸引一般贫苦的华人家长，让其子女到英文学校就学，并在政治上打击华文教育者中的“左派”，协助受英文教育者夺取教育方面的优势地位
《新加坡立法议会各党派华文教育委员会报告书》，简称《各党派教育报告书》	1956 年	建议：①平等对待各语文源流教育；②各校均采用共同及具有国家意识的课程；③小学阶段实施英文与母语的双语教育，中学则实行三语政策；④推行联合校外活动，促进不同学校间的交流；⑤将公民课作为道德教育的重要课程；⑥制定教育法令，管理全国学校。实施英文学校兼授母语，母语学校兼授英文的双语政策
《自治邦宪法》	1959 年	自治邦宪法宣布马来语为“国语”，政府当局采取各种措施提高马来语的地位并积极予以推广，如规定在政府学校的教师须具有第一级马来语程度，公务员须具有第二级马来语程度以及推行“国语月”“国语周”运动等

① 王艳萍、黄明：《浅析新加坡英汉双语分流制度》，《沈阳大学学报》2011 年第 6 期。

续表

政策来源/主题	时间	内容
《五年计划书》	1959 年	人民行动党所出版的《五年计划书》:“以马来语为国语,与各党派华文教育委员会报告书的建议并不矛盾,而是相辅相成的”
《白里斯葛报告书》	1959 年	1959 年初,新加坡政府下令成立一个名为“白里斯葛评议委员会”的五人小组来南洋大学考察,就大学的组织、行政、课程、教职员、考试、学生生活等提出评估和建议。报告认为,“没有足够的资料来正式建议承认南洋大学文凭”
《魏雅聆报告书》	1960 年	建议重组及改进南洋大学,包括由一个临时理事会接管南洋大学,解散执委会与行政委员会,撤销南洋大学有限公司
加入马来西亚联邦条件	1963 年	新加坡加入马来西亚联邦,其中有一个重要的条件是保持教育的自主权,新加坡提出各民族语言一律平等,以英语为通用语
新加坡共和国国会独立法案	1965 年	马来文、华文、淡米尔文、英文为新加坡的官方语文,其中马来语为国语
《新加坡教育调查委员会报告书》	1966 年	提出接受 1956 年《各党派教育报告书》的建议,注重科学及数学的学习,以适应工业化社会的需求,当前教育的重点是加强双语教育中第二语文的学习和应用。报告书要求加强科学、数学和第二语文的学习,一方面是进一步增强华、巫、印校重视英语的程度,提高他们的英语水平,把英语作为华、巫、印校部分学科的教学媒介语;另一方面,加强英校学生对母语的学习与应用
修订的宪法	1966 年	对 1963 年的公民权规定作了一些修改,取消了马来西亚出生者或英联邦及殖民地公民的种种优惠,以及对登记归化者必须年满 21 岁、具备马来亚语言基本知识的规定
停止举办“国语宣传周”	1967 年	“国语宣传周”活动停止举办
颁布第一批简体字	1969 年	教育部颁布第一批简体字,以减轻学生书写汉字的负担
“语言接触时间”计划	1972 年	即增加非英文源流学校小学阶段学生接触英语的时间,措施就是增加这些学校用英语讲授的科目。教育部宣布小学课程的“语言接触时间”将逐步增加,目标是在 1975 年达到 40% 。教育部也宣布,自 1973 年起,第二语言的成绩在小学离校会考中提高了一倍的比重。这一措施使第二语言受到家长的重视
颁布《简体字总表》	1976 年	1976 年教育部颁布《简体字总表》,从此,新加坡学校里所学的汉字以及社会上媒体所用的汉字跟中国所用的简化字保持一致
废除马来语作为公务员的语言必备条件	1978 年	废除有关马来语作为公务员语言必备条件的规定
特别辅助计划(SAP)	1978 年	教育部宣布一项特别辅助计划:“这项计划是要通过提高英文程度的办法来保留 9 所历史悠久、基础良好的华文中学。”这 9 所学校被称为特选学校

续表

政策来源/主题	时间	内容
"新加坡浸濡计划"	1979 年	主旨是让华文中学一二年级学生到英文学校学习，以提高华文学校学生的英语水平。自此，到英文学校上课的华文学校学生达到 100%
《吴庆瑞教育委员会报告书》又称《1978 年教育部报告书》	1979 年	提出分流教育的主张，以改革学制，提高教育水准，史称新教育制度。①小学三年级分流。三年级以后进行分流考试，分出智、中、愚三等。其中智的学生约占 60%，将以三年时间学完四、五、六年级的课程，即六年制小学，中的学生约占 20%，将以五年时间学完小学课程，即八年制，愚的学生，约占 20%，则编入单一语文班。以上三类学生，凭其学习、能力与表现可以转校，如成绩好的八年制学生可以转到六年制学校去，而六年制的学生表现太差则下降为八年制。②小学六年级分流。成绩最优秀的 8% 的小学毕业生，将进入九间特别的双语课程学校，学生以四年时间修完中学，两种语文程度都要达到较高水准；成绩次优的 31% 的学生进入普通双语课程学校，四年修完中学课程，两种语文达到一般水平；成绩更次一等的 41% 的学生进入普通课程中学，虽学习两种语文，但只注重第一语文，降低第二语文的水平，并以五年时间修完中学。以上学生约占全部小学生的 80%，其余 20% 在小学三年级分流考试中被列为劣等的学生，只修单一语文的课程，不能进入普通中学，只能进入特种职业学校或者工艺学校。③中学四年级分流。8% 和 31% 的四年制中学毕业生经过会考，及格者进入大学先修班；大学先修班学完后再经一次考试，及格者进入大学，不及格者就业。而五年制中学的毕业生，会考及格者可以进入专科学校，否则只能就业
"人人讲华语运动"	1979 年	李光耀总理亲自发起，要求在 5 年内，以华语（普通话）取代多达 12 种的汉语方言，以利相互沟通
废除归化新加坡必须具备国语基本知识的规定	1981 年	入籍须具备国语语言能力的规定，被国会修改为"只须懂四种官方语之一即可"
"讲学校语运动"	1982 年	从 1982 年起，各中小学及初级学院将在每年 8 月间展开"讲学校语运动"，针对华校学生而言，所谓的"学校语"就是双语教育要求他们学习的英语和华语，"讲学校语运动"也就是鼓励华族学生至少在学校里不讲华族方言，只讲英语和华语
"人人讲英语"（English for all）	1987 年	要求初中入学的每个学生必须会讲英语。同一年，政府规定从小学一年级开始，英语教学按母语的地位对待，各种族的母语按第二语言对待
华文语文特选课程	1990 年	华文语特课程（华文语文特选课程）1990 年推行，据悉，新加坡全国目前有 5 所语特中心，包括最早推出课程的华侨中学（高中部）、淡马锡初级学院，还有自 1999 年陆续加入语特家族的南洋初级学院、裕廊初级学院和德明政府中学
高等教育机构全部实行英语授课	1990 年	新加坡的大学和学院：新加坡国立大学、南洋理工大学、国立教育学院、新加坡理工学院、义安理工学院和淡马锡理工学院，全部开始实行英语授课

续表

政策来源/主题	时间	内容
《改革小学教育报告书》	1991 年	和以前的基础教育改革相比,这次的改革存在明显的差别,主要体现在以下几个方面。①小学教育共分三个阶段,历时 7 年,包括 1 年的学前教育、4 年的基础教育和 2 年的定向阶段教育,教育的重点是强调英语、母语和数学。②课程分布时间修改为:在小学基础阶段,学生学习英语的时间占 33%、数学占 20%、其他课程占 20%、母语和道德占 27%。与 1979 年相比,1991 年改革后母语科的课时数基本保持不变,英语和数学的课时数分别提高了 2~5 个百分点。③1991 年的改革把原来的小学三年级分流改为小学四年级分流,分流考试科目依然是英语、母语和数学,为定向阶段(小学五、六年级)学生提供三种不同的语言课程。④实行小学离校考试(PSLE),既能使学生完成中学课程,又可以对学生适应中学学习的能力作出科学的评估。⑤开设的普通、职业课程包括在中学普通课程范围之内,该课程只是供定向之用,给学生提供更多的受教育机会。⑥为了提高母语的程度,实施母语为第一语文、英语为第二语文的 ME3 双语课程
《共同价值观白皮书》	1991 年	正式提出"国家至上,社会为先,家庭为根,社会为本,关怀扶持,同舟共济,求同存异,协商共识,种族和谐,宗教宽容"等各族人民必须共同遵守的新的核心价值观
《教育法》	1993 年	明确规定学校教育要使学生具备能够准确、流利地在听、说、读、写等方面使用英语的能力,同时还要具备依个人能力所能达到的某种程度的使用母语的能力,但最低标准必须达到能够说、读和理解较简单的文字材料的水平
《"华文教学检讨委员会"报告书》	1998 年	新加坡教育部成立了"华文教学检讨委员会",全面检讨学校的华文教学。报告书对新加坡的第一语文及第二语文教育政策作出定位:"英文是共同的工作语言,将来也是如此。英文是全球商业贸易与科技用语,但母语构成我们的价值观、根源和认同感的重要部分。母语使我们认识自己的文化传统,使我们更具有平衡的、与英语世界相辅相成的世界观,所以华文教学不只是听说读写的教学,更重要的是灌输华族文化与传统价值观"
《华文教学改革白皮书》	2004 年	根据这一文件,新加坡教育部将推行如下改革内容:为不同程度的学生提供不同的课程、改进教材、修改华文考试评估方式、加强师资培训、营造有利于华文学习的环境,以及鼓励学校同华社及媒体合作,让华语成为新加坡的生活用语
双文化课程	2005 年	双文化课程则从 2005 年开始在四所特选学校推行。这四所特选学校是华侨中学、南洋女子中学、德明政府中学和立化中学
设立华语中心	2009 年	教育部设立了华语中心,民间机构设立了一个 1500 万新元的中华语言和文化基金,以推动学习华语和中华文化的活动

资料来源:根据相关文献和新加坡教育部官方网站整理。

三　新加坡华文教育政策分析

建构一个具有高度国家认同的多元主义民族国家一直是人民行动党的最高目标，而这一目标也决定了新加坡华文教育政策的走向；精英主义的治国理念、威权主义的施政风格、实用主义的政策取向，这些因素都直接或间接地影响着新加坡华文教育政策的制定和实施，新加坡华文教育的荣枯浮沉也由之而来；儒家伦理的回归、领导人对亚洲价值观的认同和强调也许是新加坡华文教育政策实现转向的希望。

（一）追求多元主义民族国家的认同一直是新加坡华文教育政策的主导

新加坡处于马来语的包围之中，没有资源，缺乏发展腹地，因此人民行动党最初的目标是加入马来亚联合邦。自 1965 年独立之后，新加坡政府面临的首要问题就是促进国民的国家认同，培养清晰的国家意识。当时的现实是马来人在国家认同上倾向于马来西亚，华人的国家认同是中国，只把新加坡当作谋生之地，等到积累一定的财富，最终是要叶落归根的。少数淡米尔人和欧裔自然也不把新加坡当作自己的国家[①]。新加坡政府如履薄冰，稍有不慎就将面临国家解体、民族动荡的混乱局面。早在自治时期，人民行动党就已经清晰地意识到这一关键问题，在他们主导的《各党派教育报告书》中就明确建议，“各学校均采用共同的、具有国家意识的课程”。1959 年颁布的《自治邦宪法》规定：“新加坡成为自治邦，教育实行不同源流学校的混合制度，让不同种族的学生在一个学校就读，开展体育、艺术等联合活动，使儿童和青少年培育起共同的新加坡意识。”民族国家的形成是和民族对国家认同的形成相伴产生的，应当包括国家和民族两个方面的建构过程。民族的建构过程“是在国家疆域之内具有不同族裔文化背景差异的人口中间创造民族性和民族认同”[②]。不同

① 阮岳湘：《论新加坡语言政策规划的政治考量》，《学术论坛》2004 年第 5 期。

② 王建娥：《国家建构和民族建构：内涵、特征及联系——以欧洲国家经验为例》，《西北师范大学学报（哲学社会科学版）》2010 年第 2 期。

的民族对国家的认同程度反映了国家的整体力量，是国家综合软实力的有机构成。一个多民族的国家，不同民族由于历史、地域、经济和文化传统的不同，必然会形成文化上的强弱之分，对国家的统一、和平和民族团结来说，“高涨的民族认同都不是一件好事”①。文化强势民族认同越是高涨，带给文化弱势民族的生存危机就会越强，也会刺激和激发文化弱势民族认同的高涨，从而影响民族之间的团结和多民族国家的和平统一。安东尼·吉登斯认为，民族国家的特点是“统一的、具有整体的文化和语言认同、垄断了的暴力工具、国界清晰、存在于一个国家体系中”②。新加坡是一个多民族国家，土著民族人口远远少于移民人口，各个民族的人口比例很不均衡，土著民族和外来民族缺乏悠久的共同生活的历史，语言背景及文化传统分属不同的体系，要建立“统一的、具有整体的文化和语言认同”，也就是说像马来西亚及印度尼西亚一样实行同化政策很不现实，因此新加坡只有两条出路，一条是像中华民族、美利坚民族、法兰西民族一样建立新加坡的国家民族，另一条就是实行多元主义的民族政策。要构建国家民族，需要有共同的观念、平等的基础、包容的心态和可塑的民族精神③，而新加坡不具备这些条件。新加坡的华人、欧洲人、马来人、淡米尔人在共同地域生活的历史很短，相互的交往并不深入，民俗、宗教、文化传统各不相同，互不通婚，经济地位和社会阶层差异巨大，甚至还有比较深刻的民族矛盾，没有真正的民族融合，独立后的新加坡想引领各个民族建立起平等、友爱、团结、互助的新型国家民族绝非是一朝一夕的事情，因此新加坡选择了多元主义的民族政策，相互包容、和而不同、共同发展，汲取不同民族传统文化的精华，追求各个民族政治、文化、经济的平等。

1965 年新加坡从马来西亚联邦独立出来以后，为了强调国内各民族地位一律平等，在新加坡宪法中，增加保护本国少数民族的权利，以及未来所有民族政府都必须承认新加坡是一个多元族群的国家的条文④。新加坡的语言政

---

① 都永浩：《民族认同与公民、国家认同》，《黑龙江民族丛刊》2009 年第 6 期。

② 〔英〕安东尼·吉登斯：《全球时代的民族国家：吉登斯讲演录》，郭忠华编译，江苏人民出版社，2010，第 192 页。

③ 陈茂荣：《“民族国家”与“国家民族”——“民族认同”与“国家认同”的紧张关系何以消解》，《青海民族研究》2011 年第 4 期。

④ 南洋商报编《新加坡一百五十年》，新加坡南洋商报出版，1969，第 82 页。

策、教育政策、民族政策都是以多元主义的民族国家认同为主导的。独立后的第一部宪法规定马来语、英语、华语和淡米尔语同为新加坡的官方语言，其精神内核是语言平等。虽然华人的人口比例占绝对优势，但华语只能作为官方语言中的一种，不但没有政治优势、经济优势，甚至由于历史和地理的原因，华语的政治地位不如马来语，经济地位不如英语。建立多元主义民族国家的认同，要特别注意避免文化优势民族的民族主义情绪高度膨胀，避免文化强势民族把这种优越感转为对文化少数民族的歧视和偏见，进而再转为文化沙文主义，避免处于劣势地位的少数民族的边缘化，从而避免激发民族矛盾，引起国家动荡，因此新加坡政府采取了保护马来族民族利益和民族文化的措施，将马来语定为国语，限制华语的发展。李光耀很清醒，他提醒新加坡人民："无论是好是坏，我们是在东南亚，而且永远不能离开这个地方。我们所制定的政策，就是为了要确保我们跟邻国在东南亚地方和睦共处，且有权在自己的家园当家作主。任何活动、任何政策都必须以这个原则为准绳。"[①] 由于英语不是马来族、华族和淡米尔族的母语，选择英语这种中性语言作为政府的工作语言，不会引起民族之间的仇视，不会滋生民族的傲慢与偏见，最容易求得各个民族之间的平衡，避免文化分裂。李光耀深信，"在新加坡这个多元种族多元语言的社会里，我们没有办法不承认英语是唯一能让大家接受的中立语，并能让新加坡立足于国际社会的语言"[②]，所以英语反而得到了突出强调。新加坡本土学者陈寿仁博士撰文写道："四种语文源流学校变成一种，具有重大的社会和政治意义。这种转变将结束各种族集团在语文源流方面的利害冲突，有朝一日，英语将成为各种族集团的共同语言。这一改变无疑将加速新加坡社会一体化过程和国民特性。"[③] 由于华族是文化优势民族，华族人口又占绝对多数，政府对待华文教育的态度就显得特别谨慎，不敢也不愿突出强调，害怕引起少数民族的不满，反而是提倡英语，弱化华语，冲淡华族人的华语情结。特别辅助计划的实施，看起来是遴选历史悠久、基础良好的学校作为特选学校，将英语和华语都作为第一语文来学习，实际上恰恰是褫夺大多数非特选的华文学校

① 李光耀：《新加坡之路——李光耀政论集》，新加坡国际出版社，1967，第209页。

② 李光耀：《我一生的挑战——新加坡双语之路》，新加坡海峡时报出版社，2011，第32页。

③ 转引自林彦群《战后新、马华人"文化认同"问题》，《南洋问题》1986年第4期。

将华语作为第一语文教学的权利。这些华校在政府的政策逼迫下不得不将英语作为第一语文，从此以后，华文教育失去了广泛的基础，可以说特选学校制度的实施，对华文教育来说是釜底抽薪。

新加坡实现自治的 1959 年，政府开展了“国语月”和“国语周”活动，持续达 8 年之久，这其中既有追求加入马来亚联合邦的政治诉求，也有提升马来语地位的多元主义民族国家认同的诉求。李光耀在一次面向众多校长和教师的演说中，对新加坡多元主义教育政策中“爱国精神”的内涵进行了这样的阐释：“新加坡从一个殖民统治下的移民社会成为独立的新国，缺乏一般国家所有的共同文化传统及国家意识；要生存于世局多变的时代，上层要有坚强的领导，下层需要团结精神；必须好好教育将来居于领导地位的下一代，使他们不仅有学术的修养，坚强奋斗的毅力，更要有对国家的效忠精神，即爱国精神。”①

（二）精英教育的治国理念造成了新加坡华文教育日益衰竭的现实

新加坡是一个非常重视人才的国家，一直奉行精英治国的理念。这种理念既表现在人才的选拔及培养上，也表现在教育制度及语言政策上。首任总理李光耀早年在英国留学参加马来亚论坛曾经说过：“马来亚受过英国教育的人，由于种种原因，有责任实现社会团结，并领导反殖斗争。”②“在所有这些国家中，从受过教育的阶级中产生的领导人，即留学生们，在共产主义尚未能组织这些国家的政治生活中成为一种力量时，有时间组织起来……”③ 潜意识中，李光耀就把当时的精英人才——留学生当作国家未来的主宰，“我们留学生将会是英国人比较能够接受的那一类领导人”④。“如果我们这些被认为是马来亚知识阶层的人对这些问题的解决不能做出一个真心诚意的开端，那么前途是冷酷的。在马来亚，再没有一个阶级具备更好的条件可以领导一个马来亚民族主

---

① 转引自宋宁娜《新加坡的多元文化与教育》，《苏州大学学报（哲学社会科学版）》1999 年第 3 期。

② 〔英〕亚历克斯·乔西：《李光耀》，上海人民出版社，1976，第 44 页。

③ 〔英〕亚历克斯·乔西：《李光耀》，上海人民出版社，1976，第 44 页。

④ 〔英〕亚历克斯·乔西：《李光耀》，上海人民出版社，1976，第 45 页。

义运动了。”① 可见，由精英人才组成领导集体是李光耀早已形成的理念。人民行动党发展党员采取的是邀请制，对人民行动党之外的“精英分子”，总理还会亲自找其“喝茶”谈话，邀请其加入人民行动党，通过邀请入党的方式，将社会精英吸收到人民行动党组织中来。然后就是“定向培养”，由人民行动党或国会高层为其设计成长发展路线图。新加坡将国内大学生学位分为优等荣誉生学位和普通学位，归国留学生和优等荣誉生才有机会进入高级公务员行列。这样可以保证有才干、有较高素质的人才参与国家政务、管理国家事务。有一个事例可以看出李光耀的精英主义取向。他曾经倡导高学历的女性一定要和教育水平与其相当的男子结婚，目的是生育“高智商”的下一代，优化人口素质。尽管他的这一主张因许多选择独身的高学历女性纷纷反对，许多其他社会人士也不很认同，最终没有真正实施，但李光耀本人并没有改变观点，坚持自己的立场，并在其自传中引用学者的研究为佐证来支持自己的看法②。他曾说：“治国的成功之道就是栽培优秀的人才，罗致更多的人才，提高政府素质和生活素质。”前总理吴作栋也认为：“新加坡必须争取每年毕业生中的精英人才担任公职。”③

自 1978 年实施的新教育制度，核心内容就是在小学三年级、小学六年级和中学四年级实行分流制，也就是层层选拔精英。根据会考成绩每年分流一定比例的学生到不同层次和要求的班级或学校，将学生智商分为三级，只有最优秀的 8%（1991 年改为 10%）才有机会学习高级双语，将华语和英语均作为第一语文学习。经过三次淘汰，学习华语的学生越来越少，华文教育日益衰竭。即使这部分最优秀的学生，中学后教育阶段也不再将华语作为第一语文学习，因为中学后教育不再实行双语，华语只能作为一种语言科目，其他所有的科目都以英语为教学媒介。这样一来，中学后教育阶段也就没有系统的华文教育了。分流制的初衷是培养少数高智商的兼通英语和华语的高级人才，但由于社会氛围并不重视华语，政府缺乏相应的激励措施，就业和加入公职并没有特殊的照顾，甚至会华语的人受到歧视，这些精英们也不把学好华语当作一种追

① 〔英〕亚历克斯·乔西：《李光耀》，上海人民出版社，1976，第 47 页。
② 童金波：《李光耀治国之道——精英主义》，《人才开发》1997 年第 9 期。
③ 童金波：《李光耀治国之道——精英主义》，《人才开发》1997 年第 9 期。

求，自然也没有达到在精英层面培养华语人才的政策效果[①]。

可以说正是双语政策的实施和分流制度的实施才使华文教育的生存空间逐渐消失。表面上双语制度和分流是为了保护母语教育，发展华文教育，实际上这只是新加坡政府的一个策略，渐进式地提升英语的地位，限制华文教育的空间。李光耀曾说："1965 年……我们必须做个决定。不过我们决定循序渐进，而不是突然的决定……我们知道过了一段时间，英文将成为工作语文——各族的共同语文。结果，果然如此。"[②] 后来的结果都在政府的掌控之中，一切按预定的轨道发展。20 世纪 80 年代以后，华人的语言转用现象十分突出，连家庭语言中华语使用的比例也在逐年降低，转用为英语的现象十分普遍，1980～1989 年十年间，英语作为家庭用语增加了 14%，而以华语为家庭语言的减少了 14%，这个转移是惊人的[③]。

（三）威权主义的执政风格制约了新加坡华文教育的自由发展

实行威权主义的政治制度，维护国家的思想统一和稳定局面，排除异己思潮的干扰，集中国家一切力量，发展国家经济，加速国家现代化进程，摆脱当时的不利局面，是李光耀政治战略的一个重要组成部分，也是新加坡政治形态的主要特点。中国学者常把新加坡式的威权政治称之为精英权威主义。威权政治虽然不是民主政治，领导人具有强烈的政治自信和坚定的执政理念，实行一党独占政权，不允许反对党和反对势力发挥更多作用，对政治生活中违背、干扰自身政治意图的政见、诉求乃至采取封锁、排斥甚至打压的措施。但是新加坡的政治生活中也允许其他政治团体的适度存在，允许具有一定程度的竞争性，实施"半竞争性"的选举制度，公民得以参与政治生活。从实际情况看，新加坡的选举由于受到执政者不同方式、不同程度的控制，选举结果基本上没有逸出执政者的预期。民族构成复杂、文化传统多元、经济结构不均衡，这些因素使新加坡国家意识的培育与形成步履维艰，也很容易引发不同民族的隔阂

① 《新加坡华人的命运》，《华人月刊》1992 年第 1 期。

② 郭熙：《多元语言文化背景下母语维持的若干问题：新加坡个案》，《语言文字应用》2008 年第 4 期。

③ 周清海：《新加坡的语言教育与语言规划》，《中国语文》1996 年第 2 期。

与冲突，建立一个强有力的国家和统治体系是适应这种社会现实的可行选择。因此威权政治的国家民族主义“情结”与理念经常表现为民族主义、社会正义或富国强兵的理念，这大都与经济发展、维持社会秩序、避免内部争斗发生等实际考虑有关，是一种务实主义的、整合社会的理念①。

新加坡当时社会生产力发展水平比较落后，社会经济结构很不均衡，现代化任务艰巨、繁重，这需要一种制约的力量，这就是威权制度的社会土壤。以华人为主体的新加坡社会，具有广泛的儒家文化背景，这给威权政治的形成提供了深厚的社会心理基础。“少数政治精英，则怀有一种‘救世’的报国心态，参政意识十分强烈，导致了对政治权力的垄断。”② 新加坡的历史文化传统“使该地区的具有现代化导向的国家权威可以充分地调动潜涵于本民族深层文化中的传统政治文化因素，实现社会和政治力量的整合，这就构成了威权政治的文化根源”③。李光耀于冷战时期执政，正是国际社会大肆渲染“共产主义威胁”之时，他把抵御这种威胁，镇压共产主义运动，屠杀国内共产党人作为面临的重要任务，并利用这个机会，以反共的名义清除异己势力，树立以人民行动党为基础的统治阶层的权威，建立起威权制度。这种威权制度对维护新加坡的政治稳定，统一观念，集中力量，发展国家经济，发挥了重要的作用，成为世界历史上的一个成功案例，创造了新加坡奇迹。李光耀曾言：“新加坡不需要引进西方的民主概念，以免把问题弄得复杂起来，不要以为西方的民主制度必可带来进步和发展。”④ 这和他的施政实践和一贯观念是一致的。

威权制度使一切社会运行服从于国家政策，不允许超越这种制度的社会化的政治、经济和文化行为，新加坡的各种私立的语言源流学校包括华校都必须在国家教育政策的范围内设立课程，选择教学语言媒介。相较于民主社会，具有完全独立办学体制的华校在新加坡是不存在的。新加坡的双语政策、新教育

① 张斌：《李光耀、苏哈托、马哈蒂尔强国战略研究》，吉林大学博士学位论文，2006，第49~57页。

② 贾都强：《东亚政治发展的一种过渡形态：威权政治与现代化》，北京大学国际关系学院博士学位论文，1999，第22页。

③ 贾都强：《东亚政治发展的一种过渡形态：威权政治与现代化》，北京大学国际关系学院博士学位论文，1999，第22页。

④ 转引自顾长永《东南亚政府与政治》，台湾五南图书出版有限公司，1989，第160页。

制度的实施是涵盖各种私立学校的所有教育机构的，因此，学校没有办学自主权，没有自由设置课程和授课时数的权力，这就完全限制了华校自由发展的空间。

威权制度下，国家政策的制定和实施与统治集团的理念、价值判断甚至是个人喜好都密切相关。以李光耀为首的新加坡执政党——人民行动党一开始就认为语言问题不仅仅是语言问题，语言问题和民族团结、政治运行、国家意识等问题紧密相关，他们将语言和意识形态关联起来。李光耀曾说过："即便时光倒流，我也不会提早这样做，因为这实在不是简单的语文问题，而是严重的、复杂的政治问题。我们是民主制度，一人一票。我一这样做，受华文教育者就认为我是消灭华校，会引起大骚乱。我要给受华文教育的家长时间，慢慢改变他们的思想，慢慢让他们了解整个局势，一旦了解了，对语言问题就不会那么执著。"① 从中可以看出，他是站在建立民族国家的立场上处理华文教育的，他的立场左右政府的行为。政府为树立国家意识，极力淡化新加坡华族的民族认同和祖籍国认同，主张华人是讲英语的华人，而不是中国人，把英语作为选聘官员、升学、就业等的首要条件，只通晓华文、不懂英文的华人在各个方面受到限制，备受歧视。通晓英、华双语的华人没有只通晓英文的华人受到的重视程度高，甚至反而会遭受许多部门的排斥，被认为难以融入英语社会，且有"亲中"或"亲台"的嫌疑。相反，只通英语不通母语者则被认为"可靠"，常可优先获得奖学金到国外著名大学深造，学成归国后被列为"精英"，前途似锦②。

新加坡政府早在国家成立伊始就形成了以英语为真正的通用语的立场，只是在策略上采用了渐进模式。"我们的语言教育目标是在不影响学生掌握英文能力的前提下，为学生定下一个实际的华文水平。"③ "即便在 1965 年之后就决定以英文为工作语言，但在衡量必须付出太大的政治代价后，并没有立即在学校推行英文为第一语言。只能耐心地等，一等等到 1979 年《吴庆瑞报告书》发表（注：吴庆瑞时任新加坡副总理，主持了反思新加坡教育制度的报

① 李光耀：《我一生的挑战——新加坡双语之路》，新加坡海峡时报出版社，2011，第 37 页。

② 庄锡福：《新加坡华文教育省思》，《华侨华人历史研究》1996 年第 4 期。

③ 李光耀：《我一生的挑战——新加坡双语之路》，新加坡海峡时报出版社，2011，第 11 页。

告)，才能确定英文为主、华文为辅的双语教育比重，1987 年才统一语文源流，全国学校（除了特选学校）以英文为第一语文，母语为第二语文。”① 可见，四种语言源流合一，英文成为第一语言，这一切都是政府独立伊始就设计好的结果。

（四）实用主义的政策取向使英语逐渐挤占新加坡华文教育的生存空间

英语是殖民者留下的遗产，新加坡以英语为工作语言进而发展成为实际上的通用语言，有历史的惯性因素，除了这一惯性因素以外，新加坡政府建国时规避民族矛盾以及英语本身作为国际语言的优势也是重要的原因，但这些都不是主要原因，真正的原因应当是新加坡在制定语言政策时的实用主义态度。

不拘泥于历史与传统的实用主义策略一直是新加坡领导层的治国方略。

实用主义关心的是行动能否给个人或集团带来实际的报酬或利益，而不管行动是否符合原则，在实用主义看来，有用就是真理，无用就是谬误②。“我对于西方理论不感兴趣，或者说并不接受西方理论作为教条真理。我的主张是实用主义。行得通的话，做下去。如果行不通，就改变。我相信邓小平也有同样的主张。”③

虽然英语是殖民者的语言，自治初期使用英语的人口不占多数，欧洲裔的人口占比也很少，只有 1.4% 左右④，但采用英语为工作语言可以规避民族矛盾，可以避免国家动荡，可以更好地发展转口贸易，可以和世界经济与科技发展更好地融合，英语就成为新加坡政府毫不动摇的选择。早在 1955 年由人民行动党牵头起草的《各党派教育报告书》就建议小学阶段实行英语和母语双语教育，中学阶段实行三语教育，制定教育法令，实施母语学校兼授英语，英

① 李光耀：《我一生的挑战——新加坡双语之路》，新加坡海峡时报出版社，2011，第 38 页。

② 胡若雨：《新加坡实用主义公共政策分析》，《中国行政管理》2012 年第 4 期。

③ 引自新华网文章《专访新加坡“国父”李光耀：主张实用主义》，新华网（2011－07－25），http：//news. xinhuanet. com/herald/2011－07/25/c_ 13999899. htm。

④ 新加坡统计局 2000 年人口普查数据，参见王天舒《新加坡的多语政策与双语教育》，《国际关系学院学报》2008 年第 1 期。

语学校兼授母语的政策，这实际上就是把英语作为所有民族都必须学习的语言，英语全社会通用语的地位已经确立。1963 年，新加坡加入马来西亚联邦，提出保留教育的自主权，各民族语言一律平等，但以英语为通用语，连“国语”马来语也没有这个待遇。实用主义是一种工具理性，它受到现实环境因素的主导，顺时而变，目的是追求具体情况下最大化的效益①。随着工业化社会的发展，以美国为首的西方资本主义世界第二次世界大战以后特别是 20 世纪 60 年代以后经济腾飞及中国大陆因政治运动造成经济落后，新加坡的实用主义政策全面转向西方，寻求与世界经济接轨，融入发展的洪流，对英语的强调也成为顺时而变的一部分。1966 年，《新加坡教育调查委员会报告书》强调华、巫、印校英语教学，增加英语教学时数，规定这些学校的部分学科必须以英语为教学媒介语，后来又取消公民权对国语的要求，英语的地位进一步提升。1972 年实施“语言接触计划”，通过增加小学阶段非英语源流学校用英语讲授的科目来增加这些学校的学生接触英语的时间，而且要求到 1975 年，语言接触时间不低于 45%，也就是说，非英语源流学校用英语授课的时间占总课时的将近一半，这一比例是惊人的，此时的华校已经基本上不是纯粹的华校了，华校的华语环境受到破坏。1978 年实施的特别辅助计划实际上也是通过提高英语水平的办法来吸引学生及家长报读特选学校。釜底抽薪之举是 1979 年和 1991 年分别实施的分流制度，最多只有 10% 的学生可以选择以华语和英语同时为第一语文的班级，其他的学生都是以英语为第一语文。由于社会整体的英语氛围，即使是选择华语为第一语文的 10% 的学生，其华语水平也明显降低，各个学校也不得不降低对华语的要求。自此，英语日益膨胀，基本上完全占据了华语的教育空间，以致有人认为新加坡现在实际上是英语独大的单语教育②。与之相应的是，新加坡政府主导的华文教育基本消失。虽然 1979 年李光耀号召开展“人人讲华语运动”，但这也只是社会交际语层面的，缺乏教育体系的支撑，不是文化传承意义上的华文教育。

---

① 胡若雨：《新加坡实用主义公共政策评析》，《中国行政管理》2012 年第 4 期。

② 郭熙：《多元语言文化背景下母语维持的若干问题：新加坡个案》，《语言文字应用》2008 年第 4 期。

（五）对儒家精神的重视和亚洲价值观的强调是新加坡华文教育政策转向的希望

新加坡赖以立国和振兴的传统价值观念受到英语教育的严重冲击而趋于衰落。新加坡之所以能取得如此骄人的成就，除了正确的经济战略和有利的国际经济环境之外，最根本的一条，就是新加坡人民源自亚洲价值观的内部凝聚力和顽强奋斗精神[①]。李光耀本人对此深有感触。1994 年他在北京国际儒学联合会成立仪式上致辞时说：“从治理新加坡的经验，特别是 1959～1969 年那段艰辛的日子，使我深深地相信，要不是新加坡大部分的人民，都受过儒家价值观的熏陶，我们是无法克服那些困难和挫折的。新加坡的人民有群体凝聚力，能够以务实的态度，来看待治理国家和解决社会问题。”[②] 而由于英文教育的一枝独秀和华、马、印文教育的日渐式微，随之而来的必然是西方文化影响大增和东方价值观念的备受冲击。正如德国汉学家傅吾康教授指出的：“华人受英文教育的最严重后果（如果他不在家里或他处获得相当全面的华文教育），是完全丧失华人的人文传统。”[③] 左飚、谭慧敏 2006 年 8 月在新加坡华族大学生中进行了“中华根”意识调查。调查结果表明，在新加坡大学生中，67.5% 的人表示还有中华根意识，但已不强烈，6.8% 的人中华根意识已经淡薄，只有 25.7% 的人具有强烈的中华根意识[④]。

日益西化的观念表现在对个人主义、英雄主义、自由主义、法律精神的认同，家庭观念淡薄，团结精神缺失，社会责任感弱化，对儒家伦理及亚洲价值观不屑一顾。新加坡自 20 世纪 80 年代以来出现的家庭平均人数减少、离婚率上升、生育率降低、青少年犯罪增加、人才流失严重、移民倾向强烈等社会问题[⑤]和日益西化的观念不无关系。

---

① 庄锡福：《新加坡华文教育省思》，《华侨华人历史研究》1996 年第 4 期。

② 张永和：《李光耀与儒家思想》，《海峡通讯》2009 年第 1 期。

③ 转引自庄锡福《新加坡华文教育省思》，《华侨华人历史研究》1996 年第 4 期。

④ 左飚、谭慧敏：《新加坡建国以后中华语言与文化升沉荣枯的启示》，《西安外国语大学学报》2009 年第 1 期。

⑤ 庄锡福：《新加坡华文教育省思》，《华侨华人历史研究》1996 年第 4 期。

华文教育的缺失导致青少年的观念日益西化，而日益西化的观念反过来又导致青少年对儒家传统文化不予认同，华文教育失去文化根基，出于对民族精神的追求和价值自觉的态度接受华文教育的年轻人越来越少。据一项调查显示，南洋大学一年级新生之中，将近18%的学生后悔当初投入精力学习华语，而只有不到2%的学生后悔学习英语①。新加坡国立大学的张汉音博士2000年主持了一项“新加坡族群危机调查”，形成了几个结论：“新加坡华族对本身族群的认同感比马来族及印度族都弱；华人族群认同感下跌速度很快，父母辈与子女辈之间就下跌了16个百分点；华族丧失族群认同感的趋势是：受高等教育者多于受较低教育者；日常用英语者多于用华语者；信仰基督教者及无宗教信仰者多于其他宗教信仰者。”② 与之相应的是新加坡新生代华人身份认同逐渐被国家认同取代，也就是说，正从先辈的文化认同转化为对新加坡的国家认同。“事实上，新加坡华人和当今全球化之下其他资本主义国家的人民也没有什么不同。更贴切的说法是，现代的新加坡华人日益变得更像属于国家概念的新加坡人，而不是种族文化或中华文明概念下的传统华人了。这种国家的印记，使得华人对于国家的认同已经超越了对自己种族的认同。”③ 国家认同自是道中之义，但身份认同的缺失令人担忧，在一个华人身份认同缺失的群体里倡导和推广华文教育，其前景自然是黯淡的。

针对价值观念日益西化的社会现实，新加坡政府早在20世纪80年代就开始推行儒家伦理，组建东亚哲学研究所，开展儒家“现代化研究”，开办各种儒家讲座，强化儒学宣传，增设“儒教”选修课，希望以儒家的集体主义伦理取代个人主义、自由主义、享乐主义。但这一儒学复兴计划效果并不理想，最终于90年代初放弃④。1991年，政府推出《共同价值观白皮书》，并获国会

① 郭熙：《多元语言文化背景下母语维持的若干问题：新加坡个案》，《语言文字应用》2008年第4期。

② 《“华族认同”调查引发狮城热烈讨论》，《华声报》2000年1月4日。

③ 徐福山：《多元种族环境下的新加坡华人认同》，赵德润主编《炎黄文化研究》（第十三辑），大象出版社，2011。

④ 梁永佳、阿嘎佐诗：《在种族和国族之间：新加坡多元种族主义政策》，《西北民族研究》2013年第2期。

通过。白皮书正式提出“国家至上，社会为先，家庭为根，社会为本，关怀扶持，同舟共济，求同存异，协商共识，种族和谐，宗教宽容”等各族人民必须共同遵守的新的核心价值观。这些内容延续了李光耀在1979年提出的“亚洲价值”思想，回避了使用“儒家伦理”可能带来的负面影响。随着新加坡新老领导对儒家精神和亚洲价值观的重视和强调，20世纪末21世纪以来，政府出台了多项强调华族母语及其文化教育的措施。1998年《“华文教学检讨委员会”报告书》明确指出“母语使我们认识自己的文化传统，使我们更具有平衡的、与英语世界相辅相成的世界观……”2004年新加坡教育部对华文教学进行了改革，旨在营造华文学习环境，2005年实施了“双文化课程”，2009年设立了华语中心。这些措施虽然尚不系统，也无法改变华文教育的颓势，但似乎表明了一种希望——新加坡的华文教育政策正在缓慢转向。

四 结语

新加坡的华文教育政策涵盖于民族政策、教育政策、语言政策之中，从自治以来，一直以社会多语和个人双语为基本精神。双语政策的实施及1978年、1991新教育制度的实施和改革对华文教育来说是釜底抽薪之举。追求多元主义民族国家的认同一直是新加坡华文教育政策的主导，精英教育的治国理念造成了华文教育日益衰竭的现实，威权主义的统治制度制约了华文教育的自由发展，实用主义的政策取向使英语逐渐挤占华文教育的生存空间，日益西化的文化观念使华文教育发展前途显得十分黯淡。

新加坡的新老领导集体已经认识到华文教育的缺失，造成了新加坡青年一代价值观念日益西化，造成了离婚率上升、犯罪现象严重、家庭观念单薄、生育意愿降低、社会责任感弱化、个人主义及功利主义盛行等突出的社会问题，这些社会问题都和儒家伦理的缺失和亚洲价值观的淡化密切相关。语言是文化的载体，语言教育和价值观的塑造相辅相成，要想改变社会风气，唤起青年人的家庭观念、社会道德及社会责任意识，重塑新老领导人一直强调的亚洲价值观和儒家精神①，加强华文教育，浸濡中华传统文化是唯一可行的途径。随着新一代领导人对华文教育的呼吁和推进，随着中国经济和政治影响力的提高，相信未来新加坡的华文教育会有所改观。

参考文献

中文文献

〔英〕安东尼·吉登斯著《全球时代的民族国家：吉登斯讲演录》，郭忠华编译，江苏人民出版社，2010。

〔以〕博纳德·斯波斯基：《语言政策——社会语言学中的重要论题》，张治国译，商务印书馆，2011。

陈茂荣：《“民族国家”与“国家民族”——“民族认同”与“国家认同”的紧张关系何以消解》，《青海民族研究》2011 年第 4 期。

都永浩：《民族认同与公民、国家认同》，《黑龙江民族丛刊》2009 年第 6 期。

高芳英：《论新加坡的教育改革》，《世界历史》1996 年第 3 期。

顾长永：《东南亚政府与政治》，台湾五南图书出版有限公司，1989。

郭振羽：《新加坡的语言与社会》，台北正中书局，1985，第 107 页。

郭熙：《多元语言文化背景下母语维持的若干问题：新加坡个案》，《语言文字应用》2008 年第 4 期。

胡若雨：《新加坡实用主义公共政策评析》，《中国行政管理》2012 年第 4 期。

华侨华人百科全书编委会：《华侨华人百科全书·教育科技卷》，中国华侨出版社，1999。

《“华族认同”调查引发狮城热烈讨论》，《华声报》2000 年 1 月 4 日。

黄明：《新加坡双语教育发展史——英汉语用环境变迁研究（1946～2006）》，厦门大学博士学位论文，2008。

洪力翔、冬瑛：《东南亚五国的教育语言政策》，《民族译丛》1994 年第 1 期。

贾都强：《东亚政治发展的一种过渡形态：威权政治与现代化》，北京大学国际关系学院博士学位论文，1999，第 22 页。

柯永红：《马来西亚和新加坡华语教育政策之比较》，《东南亚纵横》2009 年第 10 期。

李大光、刘为南、曹青阳：《今日新加坡教育》，广东教育出版社，1996。

李光耀：《新加坡之路——李光耀政论集》，新加坡国际出版社，1967。

李光耀：《我一生的挑战——新加坡双语之路》，新加坡海峡时报出版社，2011，第

① 高芳英：《论新加坡的教育改革》，《世界历史》1996 年第 3 期。

37页。

李光耀：《李光耀回忆录（1923～1965）》，新加坡联合早报出版社，1998。

梁永佳、阿嘎佐诗：《在种族和国族之间：新加坡多元种族主义政策》，《西北民族研究》2013年第2期。

林彦群：《战后新、马华人“文化认同”问题》，《南洋问题》1986年第4期。

刘丽宁：《80年代初至今新加坡华语使用状况分析及展望》，《东南亚研究》2002年第5期。

刘满堂：《新加坡的语言政策：多语制和双语制》，《陕西教育学院学报》2000年第4期。

南洋商报编《新加坡一百五十年》，新加坡南洋商报出版社，1969。

阮岳湘：《论新加坡语言政策规划的政治考量》，《学术论坛》2004年第5期。

宋宁娜：《新加坡的多元文化与教育》，《苏州大学学报（哲学社会科学版）》1999年第3期。

汤云航、吴丽君：《新加坡的语言政策与官方语言的地位和功能》，《承德民族师专学报》2006年第3期。

陶恒生：《陈六使与南洋大学》，《文汇报》2010年11月21日。

童金波：《李光耀治国之道——精英主义》，《人才开发》1997年第9期。

王建娥：《国家建构和民族建构：内涵、特征及联系——以欧洲国家经验为例》，《西北师大学报》（哲学社会科学版）2010年第2期。

王宁、孙炜：《论母语与母语安全》，《陕西师范大学学报》2005年第6期。

王天舒：《新加坡的多语政策与双语教育》，《国际关系学院学报》2008年第1期。

王艳萍、黄明：《浅析新加坡英汉双语分流制度》，《沈阳大学学报》2011年第6期。

吴元华：《务实的决策——新加坡政府华语文政策研究》，当代世界出版社，2008。

新华网：《专访新加坡“国父”李光耀：主张实用主义》，http://news.xinhuanet.com/herald/2011-07/25/c_13999899.htm。

新加坡教育调查委员会：《新加坡教育调查委员会报告书》（Commission of Inquiry into Education of Singapore-Final Report），新加坡教育部，1966，第11页。

新加坡教育部：《1978年教育部报告书》，新加坡教育部，1978。

《新加坡华人的命运》，《华人月刊》1992年第1期。

徐福山：《多元种族环境下的新加坡华人认同》，赵德润主编《炎黄文化研究》（第十三辑），大象出版社，2011。

〔英〕亚历克斯·乔西：《李光耀》，上海人民出版社，1976。

叶君：《语言、社会认同和少数族群》，《吉林大学社会科学学报》2009年第2期。

张斌：《李光耀、苏哈托、马哈蒂尔强国战略研究》，吉林大学博士学位论文，2006。

张永和：《李光耀与儒家思想》，《海峡通讯》2009年第1期。

张西平、柳若梅：《世界主要国家语言推广政策概览》，外语教学与研究出版社，2008。

赵靳秋、郝晓鸣：《新加坡语言教育政策影响下的〈联合早报〉与华人身份认同的变迁》，《国际新闻界》2009 年第 12 期。

周清海：《华文教学应走的路向》，新加坡南洋理工大学中华语言文化中心，1998，第 27 ~ 28 页。

周清海：《新加坡的语言教育与语言规划》，《中国语文》1996 年第 2 期。

周聿峨：《试析新加坡华族母语教育问题》，《比较教育研究》2001 年第 9 期。

周聿峨、曾品元：《战后国际局势对新加坡华文教育演变的影响》，《暨南大学学报（哲学社会科学版）》2002 年第 1 期。

庄锡福：《新加坡华文教育省思》，《华侨华人历史研究》1996 年第 4 期。

左飚、谭慧敏：《新加坡建国以后中华语言与文化升沉荣枯的启示》，《西安外国语大学学报》2009 年第 1 期。

外文文献：

E. Afendras, E. Kuo. *Language and Society in Singapore.* Singapore University Press, 1980.

Gwee Yee Hean (ed.), 150 Years of Education in Singapore, Teachers Training College, 1969.

Lee Hock Guan, Leo Suryadinata, Language, Nation and Development in Southeast Asia. Institute of Southeast Asian Studies, 2007.

Soon Teck Wong, Singapore's New Education System: Reform for National Development. Institute of Southeast Asian Studies, 1988.

Sue Wright, Language Policy and Language Planning—from Nationalism to Globalisation. Palgrave Macmillan, 2004.

Analysis of Singapore's Chinese Language Education Policy

Hu Pei'an

Abstract: Embedded in Singapore's ethnic policy, education policy and language policy, the Chinese education policy of the nation has been taken multi-lingual society and bilingual individual as its fundamental guideline since Singapore regained its sovereignty. The implementation of bilingual policy, the implementation of new education system in 1978 and its reform in 1991 was devastating to Chinese education. The pursuit of a pluralism national identity has been the core guidance of Singapore's Chinese education policy. The elite nation ruling concept, the authoritative political system, the pragmatic policy orientation and the increasingly westernized culture awareness have restricted Chinese education's free development, squeezed its living space and left it with a bleak future. The leaders of the nation have realized the declining situation of Chinese education has caused the weakening scenario of Confucian ethics and Asian values which they had stressed. This has causal effect on a series of social issues. They called on to take measures to strengthen Chinese education in the new century, which makes the future of Singapore's Chinese education more promising.

Keywords: Singapore; Chinese Education Policy; Bilingualism; Dying Out

权威报告　热点资讯　海量资源

当代中国与世界发展的高端智库平台

皮书数据库　www.pishu.com.cn

皮书数据库是专业的人文社会科学综合学术资源总库，以大型连续性图书——皮书系列为基础，整合国内外相关资讯构建而成。该数据库包含七大子库，涵盖两百多个主题，囊括了近十几年间中国与世界经济社会发展报告，覆盖经济、社会、政治、文化、教育、国际问题等多个领域。

皮书数据库以篇章为基本单位，方便用户对皮书内容的阅读需求。用户可进行全文检索，也可对文献题目、内容提要、作者名称、作者单位、关键字等基本信息进行检索，还可对检索到的篇章再作二次筛选，进行在线阅读或下载阅读。智能多维度导航，可使用户根据自己熟知的分类标准进行分类导航筛选，使查找和检索更高效、便捷。

权威的研究报告、独特的调研数据、前沿的热点资讯，皮书数据库已发展成为国内最具影响力的关于中国与世界现实问题研究的成果库和资讯库。

皮书俱乐部会员服务指南

1. 谁能成为皮书俱乐部成员？

- 皮书作者自动成为俱乐部会员
- 购买了皮书产品（纸质皮书、电子书）的个人用户

2. 会员可以享受的增值服务

- 加入皮书俱乐部，免费获赠该纸质图书的电子书
- 免费获赠皮书数据库100元充值卡
- 免费定期获赠皮书电子期刊
- 优先参与各类皮书学术活动
- 优先享受皮书产品的最新优惠

3. 如何享受增值服务？

（1）加入皮书俱乐部，获赠该书的电子书

第1步 登录我社官网（www.ssap.com.cn），注册账号；

第2步 登录并进入“会员中心”—“皮书俱乐部”，提交加入皮书俱乐部申请；

第3步 审核通过后，自动进入俱乐部服务环节，填写相关购书信息即可自动兑换相应电子书。

（2）免费获赠皮书数据库100元充值卡

100元充值卡只能在皮书数据库中充值和使用

第1步 刮开附赠充值的涂层（左下）；

第2步 登录皮书数据库网站（www.pishu.com.cn），注册账号；

第3步 登录并进入“会员中心”—“在线充值”—“充值卡充值”，充值成功后即可使用。

4. 声明

解释权归社会科学文献出版社所有

皮书俱乐部会员可享受社会科学文献出版社其他相关免费增值服务，有任何疑问，均可与我们联系

联系电话：010-59367227　企业QQ：800045692　邮箱：pishuclub@ssap.cn

欢迎登录社会科学文献出版社官网（www.ssap.com.cn）和中国皮书网（www.pishu.cn）了解更多信息